샹그릴라의 포로들

PRISONERS OF SHANGRI-LA: Tibetan Buddhism and the West

by Donald S. Lopez, Jr.
ⓒ 1998 by The University of Chicago Press.
All rights Reserved.
Korean translation edition ⓒ 2013 by Changbi Publishers, Inc.
This Korean translation edition is published
by arrangement with The University of Chicago Press.

이 책의 한국어판 출판권은 저작권자와 독점 계약한 (주)창비에 있습니다.
저작권법에 의해 보호를 받는 저작물이므로 무단 전재와 복제를 금합니다.

샹그릴라의 포로들

도널드 S. 로페즈 주니어 지음 · 정희은 옮김

창비

한국어판 서문

환상 속의 티베트불교

1941년 12월 7일에 이루어진 진주만 폭격과 뒤이은 필리핀 함락 이후, 미대통령 프랭클린 루스벨트(Franklin Roosevelt)는 저하된 사기를 높이기 위해 일본의 통치자들이 난공불락의 요지라 자부해 온 일본 본토를 공격하라고 지시했다. 이 지시 결과가 바로 오늘날 '두리틀 공습'(Doolittle Raid)으로 기억되는 사건이다. 1942년 4월 18일, 제임스 두리틀(James Doolittle) 중령이 이끄는 열다섯대의 B-25 폭격기는 미국 항공모함 USS 호닛(Hornet) 호의 갑판에서 이함해 30초 동안 토오꾜오에 폭탄을 투하했고 폭격 이후 서쪽과 남쪽으로 비행해 중국으로 무사히 탈출했다. 루스벨트 대통령은 이 공습에 대한 공식발표 직후 폭격기들이 어디서 발진했느냐는 질문을 받았다. 대규모 미해군 기동함대가 일본에서 불과 몇백 마일 떨어지지 않은 곳까지 접근해갔다는 사실을 알리고 싶지 않았던 그는 폭격기들이 샹그릴라에서 날아올랐다고 답했다. 훗날 항공모함 USS 호닛 호는 싼타크루즈섬 해전(海戰)에서 침몰했고 호닛 호의 명예를 기리기 위해 만들어진 새 항공모함, USS 샹그릴라 호는 1945년 일본을 향해 출항했다. 당시 해군중장 존 매케인(John McCain, 그는 2008년 미국 공화당 대통령후보였던 존 매케인 3세의 조부이기도 하다)이 탑승했던 기함, USS 샹그릴라호는 일본이 항복을 선언하기에 앞서 토오꾜오에 마지막 폭격을 가했다.

이처럼 1940년대의 샹그릴라는 열대의 태양을 만끽하며 커다란 파라솔 밑에 누워 조그만 우산 장식이 꽂힌 음료를 홀짝일 수 있는 머나먼 휴양지가 아니었다. 그보다는 자유와 문명의 요새요, 선(善)의 세력의 본거지이자, 포악하고 무질서한 적들의 침입을 막는 장소로 여겨졌다. 만일 '샹그릴라'에 본래의 뜻이 있다면 루스벨트 대통령이 사용한 의미는 그 뜻에서 크게 벗어나지 않을 것이다.

프랭클린 루스벨트가 이 단어에 분명한 애착을 가졌고 이것이 1940년대에 즉각적인 반향을 일으킨 것을 보면 이 단어에 오랜 역사가 있음을 짐작할 수 있다. 사실 '샹그릴라'라는 이름은 이보다 수년 앞선 1933년, 제임스 힐턴(James Hilton)의 소설 『잃어버린 지평선』(*Lost Horizon*)에서 처음 쓰였다. 이 책은 당시 굉장한 인기를 끌었고 프랭크 캐프라(Frank Capra) 감독이 1937년에 영화로 제작하기도 했다. 1939년, 이 책은 페이퍼백으로 출간된 최초의 책이 되었다.

소설 『잃어버린 지평선』은 세명의 영국인과 한명의 미국인의 이야기를 들려준다. 이들은 중앙아시아의 교전지역을 벗어나던 중 자신들이 탄 비행기가 납치되었다는 사실을 알게 된다. 이들은 티베트 어딘가에 불시착하고 '장'이라는 이름의 중국인이 이끄는 무리에게 구조되어 카라칼 산꼭대기 아래의 푸른달 골짜기로 호송된다. 이들이 머물게 된 샹그릴라 라마사원은 골짜기 바닥으로부터 한참 떨어진 절벽 틈에 자리 잡고 있다. 이들은 이 사원이 수세기 동안 티베트 승려들이 거주해오다 결국 버려진 불교사원임을 알게 된다. 까뿌친 수도회의 벨기에인 신부 뻬로는 1734년에 이 사원을 재건해 살기 시작한 인물이다. 그는 수십여년에 걸쳐 우연히 푸른달 골짜기로 오게 된 다양한 유럽인 여행자들—영국인, 스페인인, 그리스인, 스웨덴인, 독일인, 러시아인 등—을 새로운 교단에 입회시켜 이 세상의 모든 선하고 진실한 것들을 보존하는 데 전념하게 만든다.

납치된 일행의 리더 격인 콘웨이는 샹그릴라의 도서관에서 이제껏 분실된 것으로 알려진 온갖 귀중한 예술작품과 문학작품들을 발견한다. 그중에는 심지어 세상에 공개되지 않은 쇼뺑의 연습곡도 있다. 그러나 이 교단에 관한 가장 놀라운 사실은 무엇보다 그들의 긴 수명이다. 콘웨이가 뻬로 신부를 만났을 때 그는 250세가 넘는 나이에도 불구하고 여전히 살아 있다. 또 샹그릴라의 주민들은 약물요법과 호흡수련을 통해 자신들의 수명을 현저하게 늘릴 수 있다.

소설 속 샹그릴라는 티베트에 위치해 있지만 그곳에 진정한 기반을 두고 있진 않다. 샹그릴라는 마치 공중에 떠 있는 것처럼 푸른달 골짜기 저 높은 곳에 우뚝 솟아 있다. 사원은 티베트불교를 기반으로 세워졌지만 사원의 건축양식은 유럽식이다. 또 샹그릴라에 사는 사람들, 특히 오랫동안 사원 안쪽에 살아온 사람들은 유럽인이었다가 이제 미국인으로 바뀌었다. 티베트인들은 훨씬 아래쪽에 위치한 골짜기에 산다. 그들은 온화하고 행복한 사람들이며 샹그릴라와 좋은 관계를 유지하지만 접촉 빈도는 그리 높지 않다.

결국 콘웨이는 자신과 동료들이 사실상 납치된 것이며 샹그릴라라 불리는 이 유토피아의 포로들이라는 사실을 깨닫게 된다. 콘웨이는 막중한 책임을 지고 있는 대승정 뻬로 신부의 뒤를 이을 후계자로 선택된다. 뻬로 신부는 거의 모든 문명을 파괴하는 세계대전이 일어날 거라고 예견한다. 전쟁이 끝나면 샹그릴라에 보존된 귀중한 문화유산들은 새로운 르네상스의 토대이자 문명을 부흥시키는 근원이 될 것이다. 콘웨이는 자신의 운명을 부정하고 샹그릴라에서 도망쳐나오지만 결국 마음을 바꿔 그곳으로 돌아가게 된다. (여기서 소설과 영화는 각기 다른 결말을 보여준다. 영화는 콘웨이가 몸을 휘청거리며 푸른달 골짜기로 돌아가는 장면으로 끝이 나지만, 소설은 그가 샹그릴라로 돌아가기 위해 길을 떠났다고만 서술할 뿐 돌아가는 데 성공했는지 아닌지는 알려주지 않는다.)

『샹그릴라의 포로들』은 1998년 영어로 처음 출간되었다. 이 책은 서양이 티베트에 매혹되어온 역사를 보여주려는 의도로 쓰인 것이다. 이러한 매혹의 역사는 먼 과거, 즉 『잃어버린 지평선』이 출간되기 수세기 전으로 거슬러올라가고 오늘날까지 이어져오고 있다. 이 책은 놀랍게도 많은 논란을 불러일으켰고 특히 이 책을 읽지 않은 사람들 사이에서 논쟁거리가 되었다(논란의 대상이 되는 다른 많은 책들이 그렇듯이 말이다). 티베트와 티베트불교를 둘러싸고 수세기 동안 이어져내려온 다양한 환상을 기록하려는 나의 시도는 일부 사람들에게 티베트불교를 비하하고 티베트 독립이라는 대의를 문제 삼는 것처럼 비쳐졌다. 그러나 내 목적은 이와는 정반대에 있었다. 서문에서 분명히 밝히겠지만, 내가 주장하고자 하는 바는 티베트 독립이라는 대의—티베트의 역사를 제대로 이해하는 사람이라면 누구나 지지할 수밖에 없는 대의—가 기본적인 인권, 즉 민족자결권과 문화적·종교적 자유권에 달려 있다는 것이다. 이 대의는 결코 티베트 국민의 영적 성취에 달린 것이 아니다. 내 주장은 다음과 같다. 티베트가 상상 속의 공간인 샹그릴라로 여겨지는 한, 티베트가 처한 인간적 위기를 제대로 이해하고 개선하기란 매우 어려울 것이다.

동양과 서양, 서양과 동양 사이에 서로에 대한 환상이 오가는 가운데 티베트를 샹그릴라로 보는 유럽의 견해는 근대 이후 아시아에까지 전해졌다. 내 책이 한국어로 번역되어 더없이 기쁜 이유도 바로 이 점과 관련되어 있다. 이제 한국독자들도 티베트에 대한 서양의 견해가 어떻게 변화해왔는지 그 역사를 어느정도 이해할 수 있고, 나아가 티베트를 바라보는 한국의 시각에까지 영향을 미친 역사적 요소들을 확인할 수 있기 때문이다. 티베트에 대한 신화는 20세기 동안 지구를 한바퀴 돌아 아시아 그리고 한국에까지 퍼졌다.

오늘날 한국에서 티베트에 대한 견해는 양극단 사이를 오간다. 우선 티베트불교는 한국불교와 비교되어 어딘가 결핍된 종교로 여겨진다. 티베트불교에 쓰이는 강렬한 색채와 분노존들은 원시시대의 잔존물로 여겨지는데, 이는 19세기 빅토리아왕조 시대의 학자들이 주장했던 내용이기도 하다. 실제로 일부 한국인 승려들은 티베트불교를 불법(dharma)의 타락한 형태로 간주한다. 동시에 한국인들은 티베트인들을 유례없이 영적인 민족으로 그려내기도 한다. 티베트인들이 결코 탐욕과 욕심에 지지 않고, 약초를 이용해 히말라야 고산지대의 곤궁한 환경에 용감히 맞선다는 것이다. 이러한 묘사 속의 티베트인들은 푸른달 골짜기나 샹그릴라 라마사원에 사는 행복한 주민들과 다를 바가 없다. 2012년 4월 4일자『법보신문』에는 티베트에서 자살을 하는 경우가 없다는 글이 실렸다. 그러나 당시 분신이나 자살을 통한 자기희생의 물결이 동티베트를 휩쓸고 있었고 이는 곧 중국의 티베트 점령에 대한 절망이 표출된 것이나 다름없었다. 같은 글에는 티베트인들에게는 행복이라는 개념이 없으므로 그들은 우울해지지도 않는다는 내용도 들어 있다. 그러나 티베트에서 가장 흔한 여자 이름 중 하나는 문자 그대로 '행복'을 뜻하는 '데키'(Bde skyid)이다.

이처럼 양극을 오가는 한국 내 티베트에 대한 견해는 거의 한 세기를 거슬러올라가는 오랜 역사를 갖고 있다. 1918년 5월 20일자『조선불교월보』에서 이능화(李能和, 1869~1943)는 티베트불교를 대체로 부정적으로 묘사한다. 그는 선(禪)불교 승려였던 카와구찌 에까이(河口慧海)의 티베트 여행기를 인용해 티베트 승려들의 부도덕한 행위를 강조하고 그들이 섹스와 술, 고기에 탐닉했다고 적었다. 그러나 그로부터 9년 후인 1927년 1월에 발행된『불교』를 보면 백성욱(白性郁, 1897~1981)은 한국불교가 티베트불교(또는 그의 표현대로 '라마교')에서 유래했을지도 모른다며 다음과 같이 말한다. "불교가 한반도로 전해진 후 불교사원 내의 온갖 형식과 제도는 점점 더 확실하게 티베트불교의 형식과 제도를 연상시키게 되었다. 어쩌면 그것들은 그곳에서 왔을지도 모른다."[1)]

  물리적 세계에서 보면 한국은 아시아대륙의 동쪽 끝에 위치해 있으며 삼면이 바다로 둘러싸인 반도다. 한편 티베트는 아시아대륙의 서쪽 끝에 위치해 있으며 사방이 산으로 둘러싸인 곳이다. 티베트와 한국은, 적어도 서구의 상상 속에서, 이웃에 있는 국가들 때문에 비교적 왜소해 보인다는 공통점이 있다. 티베트는 인도와 중국에 비해, 한국은 중국과 일본에 비해 약소국으로 여겨져온 것이다. 한편 티베트와 한국은 둘 다 오래되고 유서 깊은 불교역사를 갖고 있다. 그러나 이들의 불교전통은 최근까지만 해도 그 중요성을 충분히 인정받지 못했다. 티베트는 인도불교경전의 보고(寶庫)로서만 그 가치를 인정받았다. 인도불교경전의 경우 산스크리트어 원본이 분실된 후 티베트어 번역본으로 보존되어온 것이다. 한편, 한국도 중국불교경전의 보고로서 중요시되었다. 중국에서 분실된 줄 알았던 불교경전들이 한국에서 판목 위에 아름답게 새겨진 채로 보존되어온 것이다. 티베트와 한국의 불교는 둘 다 비하대상이었다. 티베트불교를 비하한 것은 외부세력인 유럽인들이었다. 이들은 티베트의 불교를 불교의 타락한 형태라고 보았고 적절한 명칭을 얻을 자격조차 없으므로 '라마교'라 불려 마땅하다고 여겼다. 한편 한국불교를 비하한 것은 내부세력인 유생(儒生)들이었다. 이들은 불교승려들이 서울의 사대문을 드나드는 것을 금지했다.

티베트와 한국은 20세기 중반에 사회적 대변혁을 겪었다. 티베트는 중국의 침략을 받았고 한국은 6·25전쟁을 겪었다. 그러나 50년이 지난 후, 두 나라의 상황은 매우 판이하게 달라졌다. 한국, 아니 적어도 남한은 좀처럼 쉽게 치유되지 않는 상처를 안고 있지만 과거의 트라우마를 제대로 헤쳐나왔다. 그에 반해 티베트의 트라우마는 여전히 현재진행형이다. 20세기 중반 이래로 티베트가 겪은 변화는 주로 상징적인 것으로 티베트는 가장 타락한 형태의 불교가 있는 곳에서 가장 순수한 형태의 불교가 있는 곳으로 거듭났다. 티베트와 한국의 지난 한 세기 역사를 돌이켜보면 많은 악마화 작업이 이루어졌고 이 작업은 지금까지도 계속되고 있다. 티베트의 경우, 중국인들은 달라이 라마와 티베트불교를, 티베트인들은 마오 쩌둥(毛澤東) 주석과 공산주의를 악마화한다. 한편 한국의 경우, 북한과 남한이 서로를 악마화한 사례는 너무나 잘 알려져 있어 굳이 언급할 필요도 없다.

그러나 티베트의 경우 악마화는 신성화를 동반해왔다. 나는 이 책 『샹그릴라의 포로들』에서 서양이 티베트불교를 신성화해온 사례들을 소개할 것이다. 동시에 우리가 사는 세계에서 이것은 너무나도 인간적인 행동이며, 악마화된 쪽에도 신성화된 쪽에도 위험이 도사리고 있음을 보여줄 것이다.

도널드 S. 로페즈 주니어

감사의 글

이 저작의 상당부분은 노스캐롤라이나 주의 리서치 트라이앵글 재단으로부터 벤저민 N. 듀크 연구기금을 지원받아 '학자들의 샹그릴라'로 불리는 국립인문과학센터에서 쓴 것이다. 또 미시간대학교의 연구담당 부학장실에서도 이 책을 쓰는 데 필요한 재정적 지원을 해주었다.

로버트 코너와 켄트 멀리킨 휘하에 있는 국립인문과학센터 직원들의 헌신적인 지원이 없었더라면 이 책을 쓰는 일이 훨씬 어렵게 느껴졌을 것이다. 특히 사서 일라이저 로버트슨과 진 휴스턴에게 고마운 마음을 전하고 싶다. 그들은 좀처럼 잘 알려지지 않은 책들, 또 오랫동안 아무도 읽지 않은 책들을 열람할 수 있게 해주었다. 이 책이 무엇보다 대단한 인용구들의 연속으로 보인다면, 그 공은 노

런한 솜씨로 무수한 자료들을 찾아준 이 두명의 헌신적인 사서에게 돌려야 할 것이다. 한편 고맙게도 국회도서관의 쑤전 마인하이트는 내가 따로 구하지 못했을 여러권의 티베트어 문헌을 복사해 다주었다.

이 책의 집필기간 동안 국립인문과학센터의 동료 펠로우들과 나눈 대화 역시 많은 자극과 도움이 되었다. 그중에서도 특히 데이비드 아미티지, 폴 벌리너, 조지 촌시, 콘스턴틴 파솔트, 제인 게인스, 재클린 홀, 조이 캐슨, 윌리엄 레이, 찰스 스튜어트, 폴 스트롬에게 감사를 전한다.

또 원고의 일부 혹은 전체를 읽어준 재닛 갸초, 클레어 E. 해리스, 엘리자베스 호턴 샤프, 로버트 샤프, 그리고 특별히 캐서린 벨에게도 감사의 말을 전하고 싶다. 시카고대학교 출판부의 앨런 토머스는 이 책이 나오기까지 인내심을 갖고 현명한 조언을 해주었다.

국립인문과학센터는 내 아내 토모꼬 마스자와가 교수로 재직 중인 노스캐롤라이나 주립대학 채플 힐 캠퍼스 근처에 있다. 덕분에 우리는 펠로우십 기간이나마 여느 부부들처럼 함께 지낼 수 있었다. 이런 호사를 누릴 기회가 얼마나 드문지는 장거리 결혼생활의 고충을 이해하는 사람들이라면 아마 잘 알고 있을 것이다. 지난 10여년간 동반자로서 나를 여러모로 지탱해준 데 대해 진심으로 감사하며, 이 책을 그녀에게 바친다.

차례

한국어판 서문 004
감사의 글 012

017__ **서문** 티베트를 읽는 7가지 키워드

043__ **1장** 이름 The Name
　　　　라마교와 티베트불교

097__ **2장** 책 The Book
　　　　샹그릴라의 비밀교리

171__ **3장** 눈 The Eye
　　　　사기꾼의 눈에 비친 티베트

225__ **4장** 진언 The Spell
　　　　세상에서 가장 편한 기도

265__ **5장** 미술 The Art
　　　　극락정토를 담는 그릇

305__ **6장** 학문 The Field
　　　　사기꾼과 학자의 결정적 차이

349__ **7장** 감옥 The Prison
　　　　달라이 라마의 꿈과 현실

역자 후기 398
주석 401
찾아보기 476

일러두기

1. 이 책의 각주는 모두 옮긴이 주이고, 원서의 주는 원서의 체제처럼 미주로 처리했다.
2. 산스크리트어, 힌디어, 몽골어, 아랍어 등은 현지음에 가깝게 표기하는 것을 원칙으로 하되, 이미 굳어져 통용되는 몇몇 인명·지명·고유명사의 표기는 관용에 따랐다(예: 산스크리트어, 탄트라, 마하트마, 팔리어 등).
3. 티베트어의 우리말 표기법은 정부의 공식 표준안이 없는 실정이다. 따라서 이 책의 티베트어 인명·지명·고유명사의 로마자-한글 표기는 가급적 티베트 현지음에 가깝게 음사하는 것을 원칙으로 하여 일러두기 4항의 음가 표기법에 준해 표기했다. 4항의 음가 표기법에서 로마자 표기는 원서에서처럼 학계에서 널리 통용되는 와일리 표기법(Wylie System)을, 로마자-한글 표기는 '티벳장경연구소'의 '티벳어 한글 표기안'을 적용했다. 다만, 이미 굳어져 통용되는 몇몇 고유명사 및 지명의 표기는 관용에 따랐다(예: 티베트, 달라이 라마, 판첸 라마, 라싸, 라다크 등).
4. 티베트어-와일리 표기법-한글의 음가 표기는 아래와 같다.

ka	kha	ga	nga	ca	cha	ja	nya
까	카	가	응아	짜	차	자	냐
ta	tha	da	na	pa	pha	ba	ma
따	타	다	나	빠	파	바	마
tsa	tsha	dza	wa	zha	za	'a	ya
짜	차	자	와	샤	사	아	야
ra	la	sha	sa	ha	a		
라	라	쌰	싸	하	아		

i	u	e	o
이	우	에	오

서문

티베트를 읽는 7가지 키워드

❃

　1996년 애틀랜타 올림픽의 개회식에서는 록그룹 그레이트풀 데드(Grateful Dead)의 퍼커셔니스트인 미키 하트(Mickey Hart)가 만든 곡 'Call to Nature'가 연주되었다. 이 곡은 규또사원에 있는 티베트인 승려가 불경을 읊는 소리로 시작된다. 1993년 텍사스 웨이코에서는 미국 연방수사국(FBI) 요원들이 다윗파 신도들과 대치하는 상황이 벌어졌다. 이때 연방수사국 요원들은 심리전의 일환으로 규또사원 승려들의 독경소리를 귀청이 떨어질 정도로 크게 틀어 다윗파 신도들을 자극했다. 1995년에 개봉한 영화 「에이스 벤추라 2」(Ace Ventura: When Nature Calls)에서는 주인공이 너구리를 구하려다 실패한 후 티베트사원에 머물며 고행을 하는 장면이 나온다. 붉은 승복과 겔룩빠 승려들이 쓰는 황색 모자 차림을 한 그는 '편재하는 초은하적 일체' 상태에 도달하려 한다.[1] 1996년 6월 16일, 쌘프란시스코 골든게이트 파크에는 '티베트 독립'을 기원하는 자선 콘서트를 보기 위해 5000여명의 사람들이 모여들었다. 이 콘서트에서 공연을 한 가수로는 스매싱 펌프킨스(Smashing Pumpkins), 레드 핫 칠리 페퍼스(Red Hot Chili Peppers), 비스티 보이스(Beastie Boys), 오노 요코(Ono Yoko), 존 리 후커(John Lee Hooker) 등이 있고 공연 시작 전에 티베트 승려들이 나와 이들을 축복해주었다. 『보그』(Vogue) 빠리 판 1992년 크리스마스 호에는 달라이 라마(Dalai Lama)가 객원편집자로 참여했다. 1990년에 방영된 TV시리즈물 「트윈 픽스」(Twin Peaks)에는 특수요원인 데일 쿠퍼가 지역 경찰관에게 다음과 같이 말하는 장면이 나온다. "3년 전에 어떤 꿈을 꾼 후로 티베트인들이 처한 곤경에 깊이 공감하게 되었고 그들을 돕고 싶다는 생각이 들었어요. 꿈에서 깨면서 저한테 추리능력이 생겼다는 사실을 깨달았는데 이 능력은 심신의 조화와 가장 깊은 직관력을 필요로 하죠."[2] 한편 일부 고급 식료품점에서는 "티베트에서 재배한 아유르베다 허브에 원기를 회복시켜주는 카더멈(향료의 원료)과 고수를 첨가"한 티베트 루트 비어를 구할 수 있다. 만화 「씸슨 가족」(The Simpsons)의 1991년 에피소드를 보면 시장 '다이아몬드 조'가 마이클 잭슨의 방문을 기다리는 마을 사람들을 향해 다음과 같이 말하는 장면이 나온다. "이번 방문은 1952년의 달라이 라마 방문 이후로 우리 마을에서 벌어지는 가장 고무적인 사건입니다. 따라서 오늘부로 '달라이 라마 고속도로'로 알려진 401번 도로를 '마이클 잭슨 고속도로'로 바꿔 부를 것을 공표합니다." J. 피터먼 사의 1995

년 카탈로그에는 "노획물, 전리품, 약탈품"이라는 품목 아래 "티베트 주술사 재킷(여성용, $175)"이 소개되어 있고 다음과 같은 설명이 나온다. "크리스털 장식은 이미 유행이 지났습니다. 이제 대세는 티베트불교입니다." 이런 문구는 더이상 놀랍게 느껴지지도 않는다.

사실 티베트불교는 이미 오래전부터 인기를 끌기 시작했다. 1983년에 나온 영화 「스타워즈: 제다이의 귀환」(The Return of the Jedi)을 보면 장난감 곰인형처럼 생긴 '이워크'가 등장해 빠른 속도로 티베트어를 구사한다. 비틀스가 1966년에 발표한 노래 'Tomorrow Never Knows'는 "마음을 비우고 긴장을 풀어, 그저 의식의 흐름을 따라가면 돼"라는 가사로 시작한다. 이 노래를 녹음할 때 존 레넌(John Lennon)은 녹음기사에게 그의 목소리가 "산꼭대기에 있는 달라이 라마"처럼 들리게 해달라고 부탁했다고 한다. 프랑스의 극작가이자 시인인 앙또넹 아르또(Antonin Artaud)는 1925년에 쓴 「달라이 라마에게 보내는 편지」에서 다음과 같이 말한다. "우리는 당신의 가장 충직한 종입니다. 오, 위대한 라마여. 유럽인의 오염된 정신이 이해할 수 있는 언어로 우리에게 깨달음을 주시고, 필요하다면 우리의 정신을 바꾸어 더이상 어떠한 고통도 받지 않는 완전한 지점을 향하게 해주십시오. (…) 오, 라마여. 우리에게 공중부양의 이치와 지상에서 벗어나는 법을 가르쳐주십시오."[3] 1948년, 미국 진보당의 대선 후보였던 헨리 월리스(Henry Wallace, 1940년부터 1944년까지 프랭클린 루스벨트 대통령 밑에서 부통령으로 재임)는 어느 편지에서 러시아의 티베트문화 애호가를 "스승님"(guru)이라 부른 사실이 밝혀져 대선에 참패했다. 한편 모리아티 교수와 함께 라이헨바흐 폭포에 떨어져 죽은 것으로 보였던 셜록 홈스는 「빈집의 모험」(The Adventure of the Empty House) 편에 다시 나타나 왓슨에게 자신이 그동안 어디에 있었는지를 다음과 같이 설명한다. "2년간 티베트를 여행했고 라싸(Lhasa)에 가서 대(大)라마를 만나기도 했네. 자네는 씨거슨이라는 노르웨이인의 놀라운 모험담을 읽어보았겠지? 하지만 그 이야기가 바로 자네 친구가 보내는 소식이라는 사실은 꿈에도 몰랐을 걸세."

1995년 9월 6일, 노스캐롤라이나 주의 롤리에서 발행하는 『뉴스 앤드 옵서버』(News & Observer) 1면에는 「불교도, 기독교 우파의 대표 인물을 사로잡다」라는 표제 아래 달라이 라마가 상원의원 제시 헬름스(Jesse Helms, 전 공화당 상원의원으로 시민운동, 여성, 흑인, 장애인, 동성애자 등의 인권운동에 공공연히 반대해온 보수 강경파 인물—옮긴이)의 포옹을 받는 컬러 사진이 실렸다. 이 사진은 다음날 곧바로 채플 힐에서 티셔츠로 만들어졌는데, 사진 아래에 찍힌 "모든 것이 가능하다"라는 문구가 굳이 없어도 될 만큼 사진 속에는 명백한 메시지가 담겨 있었다. 이 책은 그것이 어떻게 가능한지를 이해해보려는 시도나 다름없다.

티베트와 티베트불교는 서구가 오랫동안 품어온 환상의 대상이었다. 베네찌아 출신의 여행자들과 천주교 선교사들이 몽골 황실에서 티베트 승려들을 처음 만난 이래, 산속에 파묻힌 그들의 신비로운 나라와 마력을 지닌 낯선—그러면서도 이상하게 친숙한—종교는 서구인들의 상상력을 사로잡았다. 그러나 지난 2세기 동안 티베트 사회와 종교에 대한 평가는 극심한 변화를 거듭해왔다. 티베트불교는 불법(dharma)에서 가장 멀리 벗어난 종교로 묘사되는가 하면, 이를 정통으로 계승하는 종교로 여겨지기도 했다. 이러한 극과 극의 평가는 20세기 전반에 걸쳐 이루어졌고, 티베트는 세기 초 자신들을 식민지로 만들려는 유럽 열강의 야심에 저항했지만 세기말에는 아시아의 열강, 중국의 야심에 무릎을 꿇고 말았다.

티베트에 대해 부정적인 견해를 가졌던 인물로는 1895년부터 1899년까지 티베트를 여행한 의료 선교사 쑤지 카슨 레인하르트(Susie Carson Rijnhart)를 들 수 있다. 그녀는 『천막과 사원에서 티베트인들과 함께』(*With the Tibetans in Tent and Temple*)라는 책에서 다음과 같이 말한다.

많은 서양인들은 라마가 초월적인 육체적·정신적 능력을 갖춘 우월한 존재라고 믿는다. 그러나 이러한 믿음은 사실과는 거리가 멀다. 그들은 피상적인 감정에 매우 쉽게 휘둘리며 어린아이 수준의 지식을 갖고 있다. 나는 지난 4년간 다양한 지역의 여러 티베트 부족과 함께 지냈다. 그러나 간단한 자연원리에 대해 기초적인 지식이나마 갖춘 라마는 단 한번도 만나보지 못했다. (…) 대부분의 티베트인들은 기독교교육의 계몽적 영향을 받지 못한 다른 모든 종교의 사제들처럼 무지하고 미신에 사로잡혀 있으며 지적 능력이 떨어진다. 그들은 암흑의 시대를 살고 있음에도 불구하고 하나같이 눈이 멀어 그것을 인식조차 못 하고 있다. 현재 그들이 겪고 있는 도덕적·정신적 침체는 지난 1000년간 그들을 지배한 불교 탓이며, 그들에게 진정한 의미의 삶과 진보를 가져다줄 수 있는 것은 기독교의 복음뿐이다.[4]

한편, 이와는 다른 견해를 갖는 사람들도 많은데 그중에 대표적인 예가 바로 신지론자들(Theosophist, 보통의 신앙이나 추론으로 알 수 없는 신의 심오한 본질이나 행위에 관한 지식을 신비적 체험이나 특별한 계시를 통해 알 수 있다고 믿는 사람들—옮긴이)이다.

현재 티베트에는 쫑카빠(1357~1419, 티베트불교 겔룩빠의 창시자—옮긴이)의 예언이 널리 퍼져 있다. 이 예언의 요지는 티베트 불교의 교리를 온전히 지키려면 서구 국가들의 침략을 막아야 한다는 것이다. 이는 근본적인 진리에 대한 서구의 미숙한 사상이 불교를 믿는 사람들을 혼란스럽게 만들 것이기 때문이다. 그러나 서구가 사상적으로 한층 더 성숙해지면 테슈 라마 중 하나인 판첸 린뽀체—위대한 지혜의 보석—의 화신이 나타날 것이고 진리의 빛이 전세계를 밝힐 것이다. 바로 여기에 티베트의 유일성을 이해하는 데 필요한 진짜 열쇠가 있다.[5]

여기서 우리는 순결과 타락, 원조와 모방, 신성(神性)과 마성(魔性), 선과 악 등의 대립을 엿볼 수 있다. 이러한 대립은 역사적으로 아시아에 대한 유럽의 입장을 결정지어왔으며 여기서 생겨난 '서양'과 '동양'이라는 이분법적 대립은 지리적 구성물이라기보다는 역사적 구성물에 가깝다. 뒤이어 나올 장에서 보게 되겠지만 티베트의 경우 이러한 대립은 매우 극단적이고 변덕스러운 양상을 띠어왔으며, 티베트와 티베트불교에 대한 당대의 태도에도 이러한 경향이 남아 있다.

한편 티베트 내부에도 이 같은 원조와 모방의 대립이 존재한다고 여겨졌다. 크리스마스 험프리스(Christmas Humphreys)는 1951년에 출간한 유명한 개론서 『불교』(*Buddhism*)에서 다음과 같이 말한다(이 책은 다른 많은 책들과 마찬가지로 티베트의 자연환경에 대해 언급한다). "광활한 공간과 (…) 사람이 거의 없고 야생동물은 더욱 희귀한 그곳의 정적이 그들을 내향적인 사고로 이끌며 비정상적인 사고방식을 갖게 하여 인간정신에 내재한 많은 힘들 가운데 가장 선한 것과 가장 악한 것을 이끌어낸다."[6] 지난 수십년간 학자들의 관심을 끈 것은 티베트의 문학이나 관습이 아니라 산스크리트어 경전의 티베트어 번역본이었다. 비록 산스크리트어 경전은 인도에서 자취를 감추었지만 티베트어 번역본은 이슬람교도들의 방화나 계절풍 기후로 인한 폭우를 피해 티베트의 고산지대에 안전하게 보관되어온 것이다. 이들은 원본이 아닌 번역본임에도 불구하고 대승불교(초기 학자들로부터 부처의 본래 가르침에서 벗어난다는 비난을 받았던)의 정본으로 여겨졌다. 반면 이 경전들에 대한 티베트어 주석서와 여기에 담긴 내용을 체현한 다양한 종교의식은 원본의 살아 있는 정신이 결여된 사본 또는 모사로 취급되었다. 또 티베트의 '토착'종교는 타락한 관습으로 묘사되었다. 프랑스의 탐험가 앙드레 기보(André Guibaut)는 티베트를 두고 "부처의 고귀한 사상이 원시무속의 사악하고 미개한 의식과 결합해 라마교라는 기형을 만들어낼 수 있는 곳은 바로 이곳, 이 기후밖에 없다"[7]라고 썼다.

한편 티베트에 대해 온갖 공상을 펼치던 유럽인들조차 티베트 고유의 종교적 관습과 비술(秘術) 수행자들의 신비로운 지식을 구별지었다. 신지론자들은 티베트가 위대한 성인들인 마하트마(Mahatmas)의 거처라 믿었다. 전설의 섬, 아틀란티스의 지식을 보존해온 마하트마들이 점차 강해지는 문명의 자기(磁氣)를 피해 티베트의 비밀장소에 모여들었으며 티베트인들은 자신들의 땅에 이러한 성자들이 있다는 사실을 모른다는 것이었다. 제임스 힐턴(James Hilton)이 1933년에 발표한 소설 『잃어버린 지평선』(Lost Horizon)에서 샹그릴라를 특별한 곳으로 만들어주는 것은 토착민들이 지닌 고유의 토착지식이 아니라 벨기에 출신의 천주교 선교사가 수백년 동안 죽지 않고 모아온 유럽문명의 뛰어난 유산(위대한 책들의 초판본과 귀중한 예술작품 및 악보)이다. 샹그릴라의 라마사원에 모여사는 외국인 수사들(대부분은 유럽인이고 일부는 미국인과 중국인)은 세계 대재앙으로부터 이 유산을 지켜낸다. 이 사원은 행복한 티베트인들이 단순한 삶을 이어가는 푸른달 골짜기에 상징적으로 우뚝 솟아 있다. 지난 수세기간 상당수의 티베트 애호가들은 티베트에 살고 있는 사람들보다 거기에 보존되어 있는 보물들에 열광했다.

이처럼 19세기와 20세기 초에 만들어진 티베트불교의 이미지는 식민주의의 유산에 속한다. 그러나 티베트는 아시아에 있는 다른 불교사회들과는 달리 유럽의 직접적인 통치를 받은 적도 없고, 유럽의 기술을 들여오거나 유럽식 대학을 세우고 엘리뜨들을 유럽에 유학 보내는 식으로 '근대화'를 시도한 적도 없다(근대화정책을 시행하려던 13대 달라이 라마의 시도는 끝내 실패로 돌아갔다). 유럽 열강이 티베트에 세력을 뻗칠 수 없었던 여러가지 이유 중 하나는 1792년 청나라의 건륭제가 티베트가 다른 나라들과 접촉하는 것을 통제하고 나섰기 때문이다. 물론 이 때문에 티베트가 중앙아시아나 중국과 맺어온 오랜 관계가 끊어지진 않았지만 유럽과의 교류는 20세기에 이르기까지 국경지대에서만 이루어졌다. 한편 19세기 당시 유럽의 두 열강, 영국과 러시아가 벌인 패권다툼에서 티베트는 승자가 차지할 수 있는 최종 전리품이었다. 두 나라 모두 라싸에 위치한 티베트정부와 외교관계를 수립하려 했고, 불교 순례자로 가장한 스파이를 수시로 티베트로 보내 지도를 그려오게 했다. 바로 이 시기부터 티베트가 '고립된' 사회 또는 '닫힌' 사회로 그려지기 시작한 것이다. 그러나 이러한 묘사는 1839년의 아편전쟁 이후로 영국과 교역을 하기 위해 문호를 강제 '개방'해야 했던 중국과 비교하는 경우가 아니라면 별다른 의미가 없다. 여하튼 티베트는 이와 같은 제국주의적 욕망의 대상이 되었고, 티베트를 정치적으로 지배하려는 유럽 열강의 시도가 실패로 돌아가면서 눈 덮인 산 너머 나라에 대한 유럽인들의 동경과 환상은 더욱 커져만 갔다. 이에 따라 티베트 전통사회를 대단히 낭만적으로 묘사하는 글들이 등장했고 그중 일부는 오늘날까지 매우 큰 영향력을 떨치고 있다.

이처럼 현실과 동떨어진 묘사는 대개 이분법적 논리를 따르는 데, 이는 1950년부터 시작된 중국의 티베트 침략과 점령을 설명하는 데도 적용되었다. 한때 유럽의 시인들과 철학자들은 인도와 중국을 두고 온갖 찬사를 늘어놓았다. 19세기 이전의 프랑스 계몽주의자들은 학자-관리 계급이 엄청난 수의 인구를 다스리는 중국을 이상적인 국가로 보았고, 독일의 낭만주의자들은 인도를 정신의 성지로 보았다. 이는 유럽식 낭만의 초기형태로 서양은 자신의 결핍을 찾아내 동양에 투사하면서 동양 어딘가에 이에 대한 해결책이 있으리라는 환상을 키워온 것이다. 그러나 1800년경에 이르러 유럽이 아시아를 식민지로 만들려는 야심을 드러내면서 중국과 인도에 대한 평가도 완전히 달라졌다. 이제 그들은 부패하고 뒤처진 나라로 여겨졌고 식민지 건설이 정당화될 수 있게끔 자치능력이 없는 나라 취급을 받았다. 한편, 유럽인들이 탐험을 떠나고 식민지를 세우던 이 시기에 티베트는 여전히 닫힌 나라로 남아 있었다. 당시만 해도 산은 차갑고 깨끗한 원시의 순수를 상징했으므로 세계에서 가장 높은 산과 맞닿아 있는 티베트는 잃어버린 지혜를 간직한 곳으로 여겨졌다. 또 티베트는 끝내 유럽의 식민지로 전락하지 않았으므로, 식민정책으로 인해 산산조각난 인도와 중국에 대한 많은 환상이 히말라야 산맥을 넘어 이상화된 티베트로 옮겨가게 되었다. 그러나 많은 신화는 티베트가 직접 만들어낸 것이기도 했다. 신지론자들이 마하트마들이 사는 티베트 내의 비밀장소에 대해 이야기하기 전에, 또 제임스 힐턴이 『잃어버린 지평선』에서 에덴동산 같은 푸른달 골짜기를 묘사하기 전에 티베트인들은 숨겨진 평화로운 골짜기를 소개하는 안내서(sbas yul, 빼율)를 썼다.

19세기 무렵, 많은 유럽 학자들과 식민지 관리들은 티베트와 중국을 '동양의 전제국가'로 여겼다. 티베트는 '신왕'(神王)인 달라이 라마의 통치를 받고 중국은 권력이 쇠한 황제의 통치를 받는다고 본 것이다.[8] 헤겔(Hegel)은 1822년에 쓴 『역사철학강의』(*Lectures on the Philosophy of History*)에서 라마교에 대해 논하면서, 살아 있는 인간인 달라이 라마를 신으로 섬기는 것은 모순적이고도 역겨운 일이라고 말했다. 한편, 제2차 세계대전 발발 당시 중국인들과 중국공산당은 한동안 포학한 일본인들에 대비되어 자유를 사랑하는 자들로 그려졌다. 그러다 중국공산당이 1949년에 정권을 잡은 이후로는 황제 대신 공산당 지도자인 마오 쩌둥 주석이 동양의 독재자를 상징하게 되었다. 또 중국이 티베트를 침략하고 점령한 사건은 한 전제국가가 다른 전제국가를 정복한 것이 아니라 어둠의 세력이 빛의 세력을 삼킨 것으로 이해되었다. 다시 말해 1950년에 이루어진 중국 인민해방군의 티베트 침략은 신을 믿지 않는 사악한 공산주의자들이 수백만명의 티베트인들을 몰살하고 부처의 가르침을 희생시켜 오직 영적인 것만 추구하던 평화로운 땅을 황폐화시킨 사건으로 그려졌다. 여기서 티베트는 고대의 정신적 가치를, 중국은 현대의 물질적 가치를 상징한다. 또 티베트인들은 초인간적인 존재로, 중국인들은 인간 이하의 존재로 여겨진다. 이러한 이분법적 논리에서는 티베트를 높이려면 중국을 끌어내려야 한다. 문명화된 동양이 있으려면 미개한 동양이 있어야 하고, 천사가 있으려면 악마가 있어야 하는 것이다. 자칭 라마 아나가리카 고빈다(Lama Anagarika Govinda)라는 이름의 한 독일인 티베트 애호가는 1966년에 다음과 같이 썼다.

지금 티베트에 일어나고 있는 일은 인류의 운명을 상징한다. 우리는 거대한 무대에서 펼쳐지는 두 세계의 대립을 보고 있다. 제삼자의 입장에서 보면 이것은 과거와 현재의 대립, 퇴보와 진보의 대립, 종교와 과학의 대립, 미신과 지식의 대립이라 할 수 있다. 또는 정신적 자유와 물질적 힘의 대립, 마음의 지혜와 두뇌의 지식 간의 대립, 개인의 존엄성과 군중의 집단본능 간 대립, 내면의 발전을 통해 더욱 숭고한 운명을 개척해야 한다는 믿음과 생산의 증대를 통해 물질적 번영을 이뤄야 한다는 믿음 간의 대립으로 볼 수도 있다.[9]

1959년에 시작된 티베트 디아스포라(이는 압제자 중국이 도덕적으로 더 우월한 군중을 강제로 흩어지게 만들었다는 점에서 진정한 디아스포라라 할 수 있다) 이래로 티베트불교문화는 샹그릴라의 또다른 유물처럼 그려졌다. 샹그릴라는 히말라야의 높은 산 위에 자리 잡은 채 시간과 역사의 바깥에서 고대문명이 영원히 지속되는 공간으로 상상되었다. 1968년에 만들어진 어느 다큐멘터리의 해설에 따르면 "티베트는 이 세상에 속하지 않는 것처럼 보인다. 마치 호박 속에 굳어져 그대로 멈춰버린 사회처럼 말이다. 그곳은 하늘에 너무 가까워 사람들이 자연스럽게 기도만 하게 되는 나라."[10] 티베트역사에 대한 서술은 불교가 들어온 7세기를 기점으로 나뉘는데, 그전까지 티베트는 바깥세상을 향해 나아가며 세계를 정복하려던 나라였다가 불교가 전래된 이후로 모든 에너지를 안으로 끌어들여 정신을 다스리는 나라로 변화된 것처럼 그려진다. 어느 학자의 설명대로 "(불교는) 티베트를 사납고 냉혹한 전쟁 국가에서 평화롭고 다채로우며 활기찬 곳, 또 즐겁고 의미 있는 삶을 살 수 있는 나라로 바꿔놓았다."[11]

이제껏 시대를 초월하는 것으로 여겨져온 티베트의 문화는 중국의 점령으로 인해 특정시대의 영향을 받게 되었다. 이 시대는 앞으로 티베트가 가진 다양한 문화요소를 샹그릴라를 떠난 사람들의 육체처럼 시들거나 사라져버리게 만들 것이다. 프랭크 캐프라 감독이 영화로 각색한 「잃어버린 지평선」(1937)의 마지막 장면에는 젊고 아름다운 러시아여인 마리아가 푸른달 골짜기를 벗어나자마자 순식간에 늙어 죽는 충격적인 장면이 나온다. 이 같은 묵시록적 관점에서 볼 때 티베트인들은 초(超)시간적인 공간에서 영구불변의 진리를 보존해오다 결국 눈 덮인 피난처로부터 역사 속으로 내던져진 존재들이다. 이 역사적 시간에는 끝이 있고 그들이 간직해 온 지혜도 그와 함께 끝나게 되어 있다. (1995년에 방영한 TV 다큐멘터리 「타임-라이프」(Time-Life)의 '잃어버린 문명' 편에는, '티베트: 시간의 끝'이라는 제목이 붙어 있다.) 이러한 특정한 환상 속에서 다른 곳으로 떠나지 못하고 티베트에 남은 사람들은 길 잃은 자들로 보일 수밖에 없다. 한편 망명길에 오른 티베트인들은 근대화의 충격에 어떻게든 대처해야 하는 존재로 그려진다. 이는 그들이 등지고 온 나라가 20세기에 들어서조차 마니차(prayer wheel)는 넘쳐날지언정 자동차는 없는 곳, 또 중생을 해탈의 경지로 실어갈 갖가지 비유적 의미의 운반수단은 있을지언정 정작 변변한 짐수레는 없는 곳으로 여겨지기 때문이다.

중국의 대(對) 티베트 정책은 티베트의 사원, 경전, 예술만 파괴한 것이 아니라 수십만명의 티베트인들을 죽음으로 내몰았다. 이것만으로도 중국 침략 이후의 티베트는 그전의 티베트와 충분히 비교가 된다. 그런데 여기서 또다시 이분법적 논리가 적용된다. 점점 늘어나는 서양의 티베트불교 신자들에게 '티베트 전통사회'가 힘과 정체성의 원천을 의미하게 된 것이다. 그들이 보기에 티베트 전통사회는 한때 지구상에 존재했던 이상적인 나라이자 자비로운 달라이 라마의 통치 아래 어떠한 분쟁도 일어나지 않는 나라다. 또 티베트인들은 부처의 가르침을 충실히 따르고 자연환경을 보호하며 여성의 인권을 수호하는 사람들로 여겨진다.[12] 산악인 마코 팰리스(Marco Pallis)는 티베트에 대해 다음과 같은 글을 남겼다. "히말라야 산맥 뒤에 안전하게 몸을 감춘 티베트는 거의 아무런 피해도 입지 않고 세계 곳곳의 위대한 전통이 근대화라는 괴물의 맹렬한 습격을 받는 것을 지켜봐왔다."[13] 그러나 이처럼 신화화되고 신비화된 티베트문화의 이미지는 한순간에 뒤집어질 수 있다. 예컨대 과거의 티베트사회는 외부의 영향을 거의 받지 않은 것으로 알려졌지만 18세기 초반에 여행자들이 남긴 기록을 보면 타타르인, 중국인, 러시아인, 아르메니아인, 카슈미르인, 네팔인 등 다양한 나라의 상인들이 라싸에 가서 장사를 했던 사실을 알 수 있다. 또 라싸의 사원에 몰려든 승려들은 서쪽으로는 카스피해와 흑해 사이에 자리 잡은 러시아 서부의 깔미끄 지역, 동쪽으로는 중국의 쓰촨성,

북쪽으로는 시베리아의 바이칼 호수 근처에 있는 부랴트 지역, 남쪽으로는 네팔의 셰르파족이 사는 지역으로부터 온 사람들이었다.

티베트는 결코 조르주 바따유(George Bataille)가 말한 "비무장사회"(unarmed society)가 아니었다.[14] 그들은 불교로 개종한 8세기에나 11세기, 또 5대 달라이 라마의 통치 아래에서도 무장투쟁을 포기하지 않았다. 5대 달라이 라마는 자신을 후원하는 몽골 호쇼트 부족의 군주, 귀시 칸의 군대를 개입시켜 깔마 까규빠의 보호자인 창의 왕을 무찌르고 정권을 장악했다. 한편 티베트 군사들은 1681년에는 라다크(Ladakh)를 상대로, 1720년에는 중가르 몽골군을 상대로 전쟁을 치렀고 18세기 내내 부탄을 여러 차례 침략했다. 네팔 군대와는 1788년부터 1792년까지 대전(對戰)했고 1854년에 다시 한번 전투를 벌였다. 또 1842년에는 카슈미르에서부터 라다크를 침략하러 온 도그라 군대를, 1904년에는 영국 군대를 대적했다.

중국 침략 이전의 티베트는 서양인들 사이에서 불교의 가르침을 충실히 따르는 평화로운 사회로 묘사되었다. 또 국민들이 자발적으로 인과응보의 법을 따르기 때문에 경찰이 따로 필요없고 '정신적 민주주의'가 꽃피어 시골뜨기 소년이 위대한 라마가 될 수도 있는 사회로 여겨졌다. 그러나 실제로 티베트 전통사회에도 다른 복잡한 사회와 마찬가지로 심각한 불평등이 존재했다. 소수의 귀족들과 여러 종파의 고승들(환생불을 포함해서), 그리고 대형 겔룩빠 사원이 권력을 독점한 반면 평민들, 비(非)불교도들, 여성들은 사회의 하층에 머물러 있었던 것이다.

20세기에 접어들 무렵 식민주의자들은 환생불을 "죽은 라마의 환생한 영혼이 아니라 온갖 악덕과 타락의 화신"[15]으로 보았다. 반면 오늘날 많은 서양인들은 정반대의 견해를 갖고 있으며, 심지어는 "티베트가 낳은 '깨우친 사람들'(enlightened persons)의 수가 전체 인구에 비례해 역대 그 어떤 다른 나라보다 많을 것"[16]이라고 보는 사람도 있다. 물론 농부의 자식이 달라이 라마로 선출되고 유목민의 자식이 사원의 교육과정을 마친 후 존경받는 학자나 대승이 되는 경우도 있었지만, 환생제도는 결코 정치와 권력이 좌우하는 현실세계에 멀찌감치 벗어나 있는 절대적 능력주의가 아니었다.

그러나 이 책의 취지는 이런저런 사실들을 늘어놓음으로써 우리가 티베트에 대해 가져온 생각이 잘못되었음을 밝히려는 것이 아니다. 또 티베트가 과거에 어떠했는지, 그리고 현재 '실제로 어떤 모습인지'를 정확히 묘사하려는 것도 아니다. 진짜 티베트를 찾으려는 시도야말로 티베트에 대한 환상의 중심에 있으며 식민주의 시대에 파괴적인 영향력을 끼쳤던 지배 이데올로기를 담고 있기 때문이다. 그렇다고 해서 권력에 굶주린 승려들이 티베트불교를 단순히 억압의 수단으로 이용했다고 주장하려는 것도 아니다. 여기서 중요한 문제는 티베트에 대한 신화가 어떻게 해서 지속될 수 있었으며, 또 어떻게 해서 문제시되지 않고 계속 퍼져나갈 수 있었느냐는 것이다.

필립 로슨(Philip Rawson)은 1991년에 출간한 책『신성한 티베트』(Sacred Tibet)에서 다음과 같은 설명을 내놓는다. "우리에게 진정 흥미로운 점은 서구의 자기중심적 생활방식, 짧은 집중력, 무의미한 물질적 만족의 추구, 그리고 이런 것들에 실망하게 될 때 느끼는 절망감에 티베트문화가 강력하고 변치 않는 지속적 대안이 되어준다는 것이다."[17] 사람들은 티베트가 병든 서구문명을 치유해주고 서구의 정신을 회복시켜준다고 믿는다. 또 1959년에 티베트 디아스포라가 시작된 이래로 이러한 효력이 영영 사라지기 전에 하루 빨리 이 치유책을 받아들이려 하는 것처럼 보인다. 그러나 오늘날처럼 티베트가 우리를 직접 찾아오는 시대에는 더이상 우리가 티베트로 갈 필요가 없다. 이제 티베트 승려들은 인도에 있는 티베트 사원의 운영기금을 모으기 위해 유럽과 미국을 돌며 불경을 읽고 춤을 춘다. 1924년에 처음 열린 이런 식의 쇼에 대해 『썬데이 익스프레스』(Sunday Express)의 영국인 기자는 다음과 같은 소감을 남겼다. "불교의 성인들을 런던의 무대 위로 데려와 종교행위를 가장한 연극을 시키는 것만큼 티베트에 대한 낭만과 신비를 깨뜨리는 일도 없다."[18] 아마도 오늘날의 독자들은 이러한 견해에 쉽게 공감하지 않을 것이다.

실제로 티베트는 다양한 의미를 가진 공간으로 상상되는데 그중에서도 특히 티베트를 텅 빈 공간, 즉 외부세계로부터 갖은 영향을 다 받는 무(無)의 공간으로 보려는 경향이 강하게 나타난다. 여기서 외부세계의 영향은 네팔이나 중국의 예술양식일 수도 있고 전체주의적 환상일 수도 있다. 이러한 경향에 따라 티베트는 반(反)아리아인 음모세력(유대인, 천주교도, 프리메이슨 단원들과 한통속인 집단)의 본거지인 동시에 깊은 동굴 속에 고대 아리안문명의 비밀스러운 지혜와 근대 이전의 온갖 훌륭한 것들을 보존해놓은 장소로 여겨지게 되었다.

이 과정에서 티베트사회가 가진 복잡성과 다양한 관점에서 쓰인 티베트역사가 단순화되었고 결국 티베트에 대한 정형화된 이미지만 남게 되었다. 이런 이미지들은 마치 영원한 진리라도 되는 양 단정적인 느낌의 형용사로 표현된다. 예컨대, 티베트는 '고립되었고', 티베트인들은 '매사에 만족하는' 사람들이며, 승려들은 '영적인' 존재라는 식이다. 이 형용사들은 여러 차례 반복되어 쓰이면서 역사성을 띠지 않는 본질적 특성으로 굳어지고, 이렇게 굳어진 특성은 대립되는 두 요소로 나뉘기도 한다.[19] 이에 따라 서구에서 라마교는 정통 불교 또는 타락한 불교로, 티베트 승려들은 성인 또는 탐욕스러운 존재로, 티베트 예술가들은 영감을 받은 신비주의자 또는 아무 생각 없는 자동인형으로, 티베트 농부들은 순수한 사람들 또는 불결한 사람들로 그려진다. 티베트를 묘사하는 이러한 언어들은 티베트에 대한 지식뿐만 아니라 티베트 그 자체를 만들어낸다. 또 망명 중인 티베트인들은 망명정부의 입지를 굳히고 조국의 독립을 꾀하기 위해 이렇게 만들어진 티베트를 전략적으로 이용하기도 한다.

이처럼 반복되는 이분법적 논리에 따라 티베트 망명정부는 과거의 티베트를 좋은 사회로 묘사한다. 반면 (달라이 라마를 향한 최근의 악의에 찬 공격에서 볼 수 있듯이) 중국정부는 티베트를 중국에 편입시키기 위해 과거의 티베트가 해로운 사회였다고 주장하는데, 이는 19세기에 유럽이 했던 주장과 매우 닮아 있다. 우리는 이러한 이분법적 논리를 지적함으로써 중국의 티베트 점령에 대한 반대논거를 강화하고 티베트와 티베트불교를 낭만적으로 묘사하려는 경향의 위험성을 부각시킬 수 있다.

　티베트가 우리가 꿈꿔온 곳이 아니라는 사실을 알게 되면 티베트에 대한 환상이 깨어질지도 모른다. 그러나 비현실적인 이분법적 논리에 티베트를 계속 내맡기는 것은 (설령 티베트가 '좋은' 동양으로 그려진다 하더라도) 티베트의 역사를 부정하는 것이요, 현실세계로부터 티베트를 제외시키는 것이며, 일상적인 현실을 꾸려가는 티베트인들의 주체성(agency)을 부인하는 것이다.[20] 티베트에 대한 환상이 지난 30여년간 티베트 독립문제에 대한 많은 관심과 지지를 불러일으킨 것은 부인할 수 없는 사실이지만, 이런 환상은 독립을 실현시키는 데 결국 위협이 될 뿐이다. 우리가 1950년 이전의 티베트를 계속해서 유토피아로 여기는 한, 1998년(이 책이 쓰인 연도—옮긴이)의 티베트는 어디에도 존재하지 않는 곳일 뿐이다.

　내가 이 책을 쓰게 된 것은 몇년 전 열렸던 어느 티베트 관련 학회에서 겪었던 일 때문이다. 당시 기조연설자는 티베트역사를 낭만적으로 포장하고 중국인들을 악마와 같은 존재로 묘사했다. 강연이 끝나자 청중들은 하나같이 자리에서 일어나 연설자에게 우레와 같은 박수를 보냈다. 그 자리에 모인 수백명의 사람들이 티베트 독립의 지지자가 되었다는 사실이 분명해지는 순간이었다. 물론 선의를 가진 사람이라면 역사적 사실을 알고 난 뒤 티베트 독립을 지지하지 않을 수 없으리라 생각한다. 그러나 그날 강연을 듣고 문득 떠오른 의문은 티베트 독립에 대한 지지가 과연 티베트를 샹그릴라로 보는 낭만적 견해 없이도 가능할 것인가 하는 것이었다.

신화를 끌어들이는 것은 때때로 거부할 수 없는 유혹처럼 보인다. 티베트에 대한 신화가 없었더라면 중국의 티베트 점령과 식민지화는 그저 세상에 난무한 여러 인권침해 행위 중 하나로 보였을 것이다. 티베트가 처한 상황이 팔레스타인, 르완다, 미얀마, 북아일랜드, 동티모르, 보스니아가 처한 상황과 다르게 보이는 까닭은 티베트인들이 불교수행에만 전념하는 행복하고 평화로운 사람들로 그려지기 때문이다. 본래 신왕(神王)의 통치를 받고, 생태학적으로 깨어 있던 그들의 나라는 악의 세력으로부터 침략을 받은 것으로 묘사된다. 이는 분명 이국적인 요소와 영적인 요소, 정치적인 요소를 골고루 섞어놓은 매력적인 이야기다. 그러나 확신컨대 이런 식으로 티베트의 역사와 종교를 계속 이상화하다보면 티베트 독립이라는 대의에 결국 악영향을 끼치게 될 것이다.[21] 이런 관점에서 나는 티베트에 대한 낭만을 만들어내고 지속시키는 데 기여한 요소들을 연구하기 시작했고, 그 연구의 결과물이 바로 이 책인 셈이다.

이 책은 서구-티베트 관계를 다루거나 티베트에 대한 서구의 입장을 서술한 역사서가 아니다. 내가 이 책을 쓰면서 참고한 자료는 주로 19세기 자료들이다. 또 이 책은 티베트의 사회사를 상세하게 다룬 책도 아니다. 그런 책에서는 티베트에 대한 환상이 중심서사가 아니라 암시로만 등장할 것이다. 나는 서구와 티베트 사이에서 일어난 모든 교류를 일일이 나열하려 들지 않았다. 물론 20세기에 일어난 교류도 예외는 아니다. 여행기나 소설(『티베트에 간 땡땡』*Tintin in Tibet*[22]을 포함하여)처럼 티베트가 등장하는 수많은 대중문학 역시 자세히 다루지 않았다. 이들 중에는 티베트 국경을 직접 넘나든 사람들이 쓴 것도 있고 티베트 근처에 가보지도 못한 사람들이 쓴 것도 있다.[23] 또 티베트와 티베트불교에 대한 지식을 형성하는 데 있어서 영국과 러시아와 일본의 첩보활동이 어떠한 역할을 했는지도 다루지 않았다. 9세기경 '빤디따스'(paṇḍitas)라 불리던 인도의 불교학자들이 염주와 마니차를 들고 티베트로 걸어들어갔던 것처럼 19세기에는 영국의 첩보요원 노릇을 하던 인도인들과 티베트인들(이들은 '펀디트'pundit라 불렸다. 이는 전문가, 권위자 등을 뜻하는 영어 단어로 범학자梵學者를 가르키기도 한다—옮긴이)이 순례자로 가장해 티베트에 잠입했다. 이들은 염주를 이용해 거리를 측량했고 마니차 속에 나침반을 숨겼다.[24] 이 두 그룹의 순례자들은 1000년이라는 시간 간격을 둔 채 문헌을 만들고 티베트의 지리적 윤곽을 그리는 데 중요한 역할을 했다. 첫번째 순례자들은 번역자의 역할을 맡아 티베트를 위한 경전을 만들었고, 두번째 순례자들은 측량기사의 역할을 맡아 영국을 위한 지도를 만들었다.

1942년, 미국 CIA의 전신인 전략첩보국(Office of Strategic Services)은 일리야 똘스또이(Ilya Tolstoy, 레프 똘스또이의 손자) 대위와 브룩 돌런(Brooke Dolan) 중위에게 티베트로 가서 도로를 건설할 만한 길과 비행장으로 쓸 만한 부지를 조사해오라는 명령을 내렸다. 이 도로와 비행장은 인도에서 중국으로 군수물자를 운반하는 데 쓰려는 것이었다.[25] 그러나 중립을 택한 티베트정부는 연합군이 티베트 영토 위로 군수물자를 나르는 것을 허가하지 않았다. 한편 1943년 11월 30일, 중국과 인도 사이의 험프(hump, 일반적으로 항공의 장애가 되는 산맥·산봉우리를 뜻하며, 'the Hump'는 제2차 세계대전 시 물자 공수에 장애가 되었던 히말라야 산맥을 가리킨다—옮긴이) 위를 날던 미국 화물수송기 C-87의 연료가 떨어지자 비행기에 타고 있던 승무원들이 탈출을 시도해 쌈얘사원 근처에 떨어졌다. 다행히 이들은 티베트인들에게 구조되어 무사히 인도 국경까지 호송되었다.[26] 티베트 내의 제대로 된 비행기 활주로는 중국이 티베트를 침략한 이후에 만들어졌지만 공상과 상상의 날개를 단 비행기는 이미 수세기 동안 '티베트'에서 날아올랐다. 그중 일부는 다시 땅으로 내려왔는데 티베트로 되돌아오기도 하고 다른 곳에 착륙하기도 했다. 그러나 이들은 이내 연료를 채워 다시 하늘로 날아올랐다. 그리고 대부분은 여전히 궤도를 비행 중이다. 한편 동시에 출발해 완전히 반대방향으로 날아간 비행기들도 있다. 이들은 낮도 없고 밤도 없는 까마득한 상공에서만 서로 엇갈려 지나갈 뿐이다. 그러나 지속적인 추진력이 없으면 비행기는 중력에 이끌려 대기권으로 떨어지고 만다.

이 책은 이러한 비행궤도들 중 몇몇 궤도를 따라 이들의 출발점과 경로를 표시하고, 이들이 지상으로 보내는 신호를 해독하며, 이들 궤도의 교차점을 추적하고, 이들이 계속해서 떠 있을 수 있는 이유는 무엇인지, 또 가끔씩 불길을 휘날리며 지상으로 추락하는 이유는 무엇인지를 연구해보려 한다. 이들은 바로 이름(라마교), 책(『티베트 사자의 서』*The Tibetan Book of the Dead*), 사기꾼(T. 롭상 람파 T. Lobsang Rampa), 진언(옴 마니 빠드메 훔), 미술(티베트불교미술), 학문(티베트불교학) 그리고 감옥(망명 중인 티베트 라마들과 그들의 제자들은 이 감옥의 간수이기도 하고 죄수이기도 하다)이다. 각 비행선은 티베트에서 날아올라 복잡한 담론의 망을 통과하게 되며 티베트에는 숨겨진 계곡, 전생의 기억, 진언의 비밀스러운 의미와 같은 가상실재(simulacra)가 남는다. 그러나 각각의 경우에서 티베트라는 특수성을 배제하면 티베트적인 것으로 여겨졌던 것들이 천주교, 성적 요소(진언의 의미), 환각적 요소(불경 읽기)와 같이 다른 것들을 연상시키기 시작한다. 다시 말해 티베트적인 것들이 특정시대나 특정장소의 것이 아니라 보편적인 것이 되는 것이다. 그리고 이 과정에서 티베트는 어디에나 있기 때문에 결국 아무 데도 없으며, 모든 것을 가능하게 만드는 특별한 요소 역할을 한다.

이 책은 결코 티베트를 치켜세우거나 비판하려 들지 않는다. 또 좋은 티베트학과 나쁜 티베트학, 사실과 허구, 학문적인 것과 대중적인 것을 구별하지도 않는다. 이 책의 목표는 오히려 이들의 합류점을 보여주는 데 있다. 이 책이 던지는 질문은 지식이 어떻게 변질되는지가 아니라 어떻게 구체화되는지이다. 따라서 이 책은 티베트인, 티베트 애호가, 티베트 연구가들이 만들어낸 문화적 미로를 탐험한다. 거울로 뒤덮인 이 미로의 지도를 만들려는 학자들은 미로 속을 직접 헤매야만 한다. 우리는 우리 스스로가 만든 감옥에 갇혀 있다. 우리 모두가 샹그릴라의 포로들인 셈이다. 그렇다면 이 책 역시 감옥의 바깥에서 쓰였다고 할 수 없다. 또 이 책에 감옥을 탈출하게 해주는 열쇠가 들어 있는 것도 아니다. 그러나 누군가는 이 책 곳곳에 감춰진 줄(쇠붙이를 쓸거나 깎는 연장―옮긴이)을 찾아 서서히 감옥의 쇠창살을 갈기 시작할지도 모른다.

1장

이름 The Name

라마교와 티베트불교

'라마교'가 순전히 유럽에서 만들어낸 용어이고 아시아에 알려져 있지 않다는 사실은 굳이 언급할 필요조차 없어 보인다. _ 이자크 야코브 슈미트, 1835

결론적으로 '라마교'는 티베트불교를 일컫는 부적절한 명칭이므로 요즘에 와서는 잘 쓰이지 않는다. _ L. A. 워델, 1915

라마교는 인도, 중국, 일본의 밀교와 히말라야 지역의 토착신앙이 결합된 종교였다. _ 국립미술관 안내책자, 1991

❀

　1992년, 워싱턴 D.C.의 국립미술관에서는 '1492년경: 탐험시대의 미술'이라는 제목의 전시회가 열렸다. 총 네개의 전시실에는 중국 명나라 시대의 미술품이 진열되었는데 어느 저명한 동양미술사가는 그중 한 회화작품을 가리켜 이렇게 평했다. "(당나라와 송나라 시대의) 양식이 비(非)한족 관중을 위한 복잡하고 강박적인 양식과 뒤얽혀 있다. 여기서 중국의 풍부한 미적 자원은 티베트의 복잡한 신학을 표현하는 데 동원되었다."[1] 이 작품은 부처의 제자 중 한명인 인도인 승려를 그린 것이었다. 작품이 염두에 둔 비(非)한족 관중은 아마도 몽골인이나 티베트불교도였을 것이다. 그런데 미술사가는 중국의 풍부한 미적 자원을 가져다 쓴 이 복잡한 종교를 불교나 티베트불교라 부르지 않고 '라마교'(Lamaism)라 부르고 있다. 티베트어에는 '라마교'라는 말이 없지만 서구에서 이 추상명사는 오랜 역사를 가지고 있다. 또 이 역사는 국립미술관이 조심스레 기리고자 한 탐험과 발견 이데올로기와 떼려야 뗄 수 없는 관계에 있다.

라마교는 흔히 '티베트불교'의 동의어로 여겨진다. 그러나 이 두 단어는 서로 다른 의미를 담고 있다. 우선 '티베트불교'는 일본불교나 태국불교와 구별되는 티베트 지역의 불교를 가리킨다. 한편, '라마교'는 이와는 다른 의미를 환기시킨다. 예컨대 앞서 살펴본 미술사가의 비평은 19세기에 쓰인 라마교에 대한 묘사를 연상시키는데, 그 당시 라마교는 원시불교의 정신이 결여되고 여러 비정상적 계통이 뒤섞인 기괴망측한 종교로 그려졌다. 라마교는 특이하게 티베트에만 나타나는 기형으로 여겨졌으며, 인도(영국인 인도학자들)와 중국(청나라)은 라마교의 뿌리가 자신들에게 있음을 부인했다. 또 라마교는 정도(正道)를 너무 심하게 벗어났으므로 티베트 영토를 떠나 이곳저곳을 떠돌게 될 것이고 라마교의 본거지는 사라져버릴 것이라는 견해도 있었다.

한편 서구 기독교 담론은 꾸준히 '라마교'를 '천주교'와 연관지어왔다. 예컨대 『뉴욕타임스』에 실린 1992년의 한 서평은 티베트불교에 대해 다음과 같이 설명한다. "티베트불교가 동양의 천주교로 불려온 것은 어찌 보면 당연한 일이다. 워낙에 오래되고 복잡한 종교인데다 사제계급이 나뉘어 있고 신비주의적이기 때문이다. 또 정교한 예배의식을 갖췄고 성자의 계보가 있으며 종교적 지도자가 성하(聖下)라 불리는 점까지 같다."[2] 그러나 이 필자는 두 종교가 이미 오래전부터 비교되어온 사실을 알지 못했던 모양이다. 이 역사는 미국의 시인 오그던 내시(Ogden Nash)가 "라마에 알파벳 L이 하나면 승려(lama), 둘이면 짐승(llama, 야마)"[3]이라는 시구를 남긴 때로부터 수세기 전으로 거슬러올라간다. '라마교'라 불리는 티베트불교와 천주교 사이의 연관성은 언뜻 보기에 자명한 것으로 비춰진다. 게다가 인과관계, 영향, 차용, 전파 등으로 둘 사이를 설명하려는 이론 탓에 객관적으로 보이기까지 한다. 그러나 라마교와 천주교 사이의 연관성은 결코 자연스러운 것이 아니다.

유럽은 라마교의 원형을 아시아에서 찾으려 들지 않았다. 라마교는 그 무엇과도 닮지 않아 보였던 것이다. 이처럼 계보를 확인할 수 없는 상태에서 라마교는 가장 손쉬운 비교대상이 되었고 천주교와 비슷해 보이게 되었다. '라마교'라는 용어가 유럽에서 천주교의 의식주의(실질적 내용이나 현실보다 명분, 규칙, 형식, 절차, 관례 등을 중시하고 이에 집착하는 성향—옮긴이)를 빗대어 나타낸 말이나 '티베트'를 뜻하는 말로 쓰이게 된 것은 국가로서의 티베트가 사라진 것과 무관하지 않다. 티베트는 19세기경 영국과 중국의 위협을 받았고 20세기에 들어 중국에 강제편입되면서 전시회 도록과 아시아 지도에서 자취를 감췄다. 이와 같은 역사는 '라마교'라는 용어를 탄생시킨 우여곡절 속에서 시작되어 19세기의 언어학자 F. 막스 뮐러(F. Max Müller)가 '언어의 쇠퇴'라 불렀을 법한 과정을 거쳐왔다.

이 책의 1장은 이 쇠퇴의 과정을 따라가보려 한다. 우선 '라마'(Lama)라는 말부터 살펴볼 텐데, 오늘날 이 말은 안경을 끼고 미소를 짓는 불교승려의 모습을 연상시키지만 실제로는 티베트에 불교가 들어오기 전부터 쓰였고 9세기에 이르러 비로소 산스크리트어 '구루'(힌두교, 불교, 시크교의 스승이나 지도자—옮긴이)의 공식 티베트어 번역어로 자리 잡았다. 이 말은 티베트에서 생겨나 몽골과 중국으로 전해졌고 결국 티베트불교 스승뿐만 아니라 그의 가르침까지 뜻하는 말이 되었다. 유럽인들은 아마 몽골이나 중국에서 이 말을 처음 접한 후 '라마교'라는 추상명사를 만들었을 것이다. 이렇게 해서 라마교는 티베트의 종교를 가리키는 말이 되었고 18세기 후반에 가서는 더욱 다양한 용도로 쓰이게 되었다. 한편 이 시기에는 지속적으로 라마교를 천주교와 비교하는 경향이 생겨났다. 처음에 이 둘을 비교한 이들은 천주교도들이었다. 그들은 라마교라는 이교(異敎)와 자신들의 참된 신앙 사이에서 여러가지 유사점을 발견했고 이를 설명해야 할 필요성을 느꼈다. 후에는 개신교도들이 나서서 라마교와 천주교를 비교했는데, 이들의 의도는 티베트의 타락한 승려들처럼 유럽의 사제들도 부패했음을 보여주려는 것이었다. 한편, 유럽에 불교학이 생겨난 이후로 라마교는 붓다가 죽은 후 그의 진정한 가르침이 수세기에 걸쳐 쇠퇴한 상태를 가리키는 말로 쓰이게 되었다. 티베트에 대한 유럽의 다른 많은 담론에서처럼 실제 티베트인들은 이 논의에서 빠져 있었다(실제로 티베트어에는 '라마교'에 해당하는 단어가 따로 없다). 티베트인들이 '라마교'라는 말을 처음 접한 것은 달라이 라마와 수천명의 티베트인들이 1959년에 인도로 망명한 후였다. 그들은 이 말이 경멸적인 의미를 담고 있으며 자신들의 종교가 '불교'로 불릴 자격이 없음을 뜻한다고 생각했다. 그러나 이미 그 쓰임새가 굳어진 탓에 아직까지도 가끔씩 '라마교'는 '티베트'를, '라마교도'는 '티베트인'을 대신하는 말로 쓰이고 있다(특히 이들 용어는 '티베트'라는 말이 중국의 분노를 살까봐 두려워하는 사람들 사이에서 자주 쓰인다). 이번 장에서는 '라마교'라는 말이 어떤 궤적들을 그려왔는지 따라가 보고자 한다.

티베트어 '라마'(bla ma)는 '라'와 '마' 두 단어에서 유래했다. '라'는 보통 '영혼' '정신' '생명' 등으로 번역되며 티베트에 불교가 들어오기 전에 생긴 말이다. '라'는 개인의 생명력이자 인간의 정신과 육체에 근본적인 힘을 실어주는 요소다. '라'는 이동하는 성질이 있어 인간의 몸을 떠나 이곳저곳을 떠돌아다닐 수 있다. 또 신이나 악마가 '라'를 채갈 수도 있는데 '라'가 몸을 떠나면 병에 걸리거나 정신이 이상해지므로 '라'를 몸으로 다시 불러들이는 의식도 있다.[4] 한편 '라'가 원래의 몸으로 되돌아온다 하더라도 동시에 호수, 나무, 산, 동물과 같이 인간의 몸 밖에 머물 수도 있다. 이러한 경우에 인간과 자연물은 제임스 프레이저 경(Sir James Frazer)이 이야기한 '교감관계'에 있는 셈이다. 예컨대 어떤 사람의 '라' 산이 파헤쳐지면 그는 병에 걸리게 된다. 티베트 서사시에 등장하는 영웅인 링 왕국의 게사르 왕은 악마를 물리치기 위해 악마의 '라' 나무를 자르고 '라' 호수를 비운다. 그러나 그는 '라' 양을 죽이지 않았기 때문에 끝내 악마를 물리치는 데 실패한다. 이처럼 외부에 있는 '라'의 정체는 보통 밖으로 드러나지 않는다. 또 '라'가 옮겨다니며 머무는 (터키석처럼) 값진 물건들은 그 '라'를 나눠가진 사람이 특별한 용기 안에 숨겨둔다.5) '라'에는 '위의' '높은'과 같은 다른 뜻도 있는데 이는 '영혼'의 의미와 관련되어 있을 수도 있다.

불교는 7~9세기에 걸쳐 티베트에 들어왔는데 티베트 승려들과 인도의 불교학자들이 산스크리트어 불교경전을 티베트어로 번역하면서 수백개의 신조어가 생겨났다. 이들은 보통 산스크리트어 원어에 가장 가까운 의미를 가진 번역어를 선택했는데 스승을 뜻하는 '구루'를 티베트어로 옮길 때는 이러한 경향에서 벗어나 '라'와 '마'를 합친 '라마'를 번역어로 택했다. '마'에는 적어도 세가지 의미가 있다. 첫번째는 '아니다' 또는 '없다'를 뜻하는 부정 불변화사, 두번째는 '태양'을 뜻하는 니마(nyi ma)나 '보호자'를 뜻하는 쑹마(srung ma)에서와 같은 명사 표시어, 세번째는 '어머니'를 뜻하는 일반명사다. '라'를 불교가 들어오기 전부터 쓰이던 '영혼'이라는 뜻 대신 '높은'의 뜻으로 해석하면 '라마'는 '가장 높은 존재'(문자 그대로 해석하면 '위에-없다', 즉 '위로 아무도 없다'가 된다) 또는 '고귀한 어머니'라는 뜻이 된다.6) 이처럼 라마는 종교적 스승을 뜻하는 표준어가 되었고, "나는 라마에 귀의하고, 부처에 귀의하고, 불법에 귀의하고, 승가에 귀의한다"7)라는 말에서처럼 불교의 삼보(三寶, 불교를 구성하는 세가지 기본요소인 불[佛, buddha]·법[法, dharma]·승[僧, sangha]을 가리키는 말—옮긴이)에 더해질 정도로 중요한 인물을 가리키게 되었다.

한편 라마는 환생불을 지칭하는 말로도 널리 쓰인다. 환생제도(sprul sku, 뚤꾸)가 티베트에 처음 생겨난 것은 늦어도 14세기경이다. 당시 막 고인이 된 깔마빠 승려 랑중 도제(Rang byung rdo rje,

1284~1338)의 전기에는 그가 깔마 팍시(Karma Pakshi, 1206~83)의 화신(化身)이었다고 적혀 있다.[8] 그 이후로 티베트불교의 모든 종파가 위대한 스승의 화신을 확인하는 관례를 따르게 되었다. 그중 가장 잘 알려진 예가 바로 달라이 라마의 환생이고, 그밖에도 수천에 달하는 다른 환생의 계보들이 있다. 이들은 현생에서 학자든 명사(名士)든 스승이든 간에 하나같이 라마로 불린다. 따라서 만일 누군가가 와서 어떤 승려가 라마냐고 묻는다면 그것은 그가 환생불인지를 묻는 것이고, 라충(bla chung)과 라첸(bla chen)은 각각 큰 환생불과 작은 환생불을 가리키는 말로 쓰인다. 이처럼 '라마'가 종교적 스승의 의미로도 쓰이고 환생불의 의미로도 쓰이는 바람에 14대 달라이 라마는 설법을 통해 제자들에게 라마(종교적 스승)가 반드시 환생불은 아니고 환생불이 반드시 라마인 것도 아니라고 일깨워주어야 했다.[9]

한편 서양의 어느 학자는 티베트인들이 구루를 라마로 번역한 것은 '영혼의 어머니'라는 뜻을 드러내기 위해서였다고 주장한다. "불교에서 구루가 맡는 '역할'을 티베트인들의 샤머니즘적 신앙에 녹여내기 위해"[10] 이렇게 번역했다는 것이다. 티베트인들의 신앙이 샤머니즘적이든 아니든 간에 예전에 쓰였던 '라마'라는 말은 '영혼이 있는 사람'[11]을 뜻했을 가능성이 더 높다. 그러나 여기서 주의해야 할 점은 이 뜻의 어원을 불교에서 찾아볼 수 없다는 것이다. 이는 티베트에 불교가 들어오면서 '생명' 또는 '영혼'을 뜻하는 '라'의 예전 의미가 사라졌음을 의미한다.

'라'가 가끔씩 인간의 몸을 떠나는 것처럼 티베트 라마들도 티베트를 떠나 몽골의 칸과 청나라 황제의 황실을 방문했고, '라마'는 티베트 바깥세상에서 '라마교'가 되었다. 그러나 그렇게 되기까지는 어느정도 시간이 걸렸다. 티베트불교 스승들이 맨 처음 몽골과 중국의 권력의 중심지로 향했을 때에는 '라마'라는 말 대신 각각 몽골어와 중국어 단어가 쓰였기 때문이다. 예컨대 마르꼬 뽈로(Marco Polo)는 쿠빌라이 칸의 황실에 있는 티베트인들을 '박시'(bakshi, '스승'을 뜻하는 몽골어)라 불렀다. "이런 일(폭풍우를 막는 일)을 하는 마술사들은 티베트와 카슈미르라는 이교도의 나라에서 왔다. (…) 앞에서 박시들이 수많은 마술을 알고 있다고 했는데 이들은 또 하나의 신기한 기적을 행했다. (…) 이 승려들은 나머지 사람들보다 옷을 점잖게 입었고 머리와 수염을 깎았다."[12] 한편 명나라 초기의 중국 황실에서 티베트 승려들은 중국 승려들과 마찬가지로 '승'(僧)이라 불렸고 티베트의 종교는 '불교'라 불렸다.[13]

중국에서 라마교라는 단어가 공식적으로 처음 쓰인 것은 아마도 만주의 건륭제가 중국을 다스리던 1775년이었을 것이다. 라마교를 뜻하는 영어단어 'Lamaism'은 중국어 단어 '라마자오'(lama jiao, 喇嘛敎)에서 유래했을 수도 있다. '자오'(jiao, 敎)는 '가르침'을 뜻하는 중국어로 다오자오(dao jiao, 도교), 루자오(ru jiao, 유교), 포자오(fo jiao, 불교) 등의 단어에 쓰인다. 과거에 단순히 '불교'로 불리던 티베트의 종교는 건륭제가 통치하던 시기에 이르러 '라마교'로 불리게 되었다.[14] 건륭제는 1792년에 '라마교에 대한 성명서'(Lama Shuo)를 작성해 베이징의 융허궁(雍和宮, 오늘날 관광객들에게는 '라마교 사원'으로 알려져 있다)에 있는 비석에 이를 중국어, 만주어, 몽골어, 티베트어로 새겨놓았다. 그는 이 성명서에서 중국인들 사이에서 '황모파'(黃帽派, 겔룩빠)라 불리는 티베트 종파에 대한 자신의 입장을 변호하면서 자신을 비난하는 중국인들을 향해 자신의 후원은 단순히 전략적인 것이라 주장한다. "우리는 황모파를 후원함으로써 몽골인들 사이에서 평화를 유지하려 한다. 이는 중요한 임무이므로 불가피하게 이(종교)를 보호할 수밖에 없다. (그렇다고) 우리가 한쪽으로 치우친 것은 아니며, 원나라 (때처럼) 티베트 승려들의 비위를 맞추려는 것도 아니다."[15] 다음은 '라마'에 대해 건륭제가 언급한 내용이다.

> 다른 나라의 (불교)승려들은 오랫동안 '라마'로 알려져왔다. 그러나 중국어로 된 책에는 '라마'라는 단어가 나오지 않는다. (…) 나는 이 단어의 의미에 대해 곰곰이 생각해보다 티베트에서 '라'가 '더욱 뛰어난'을, '마'가 '없다'를 뜻한다는 사실을 알게 되었다. 따라서 중국에서 승려가 '뛰어난 사람'(上人)이라 불리는 것처럼 티베트의 라마도 '그보다 더 뛰어난 사람이 없음'을 뜻한다. 또 라마는 황교(黃敎)를 의미하기도 한다.[16]

이처럼 건륭제는 티베트불교에서 '라'가 '가장 높은'의 뜻으로 해석된다는 사실을 분명히 알고 있었다. 그는 자신의 통치권과 '라마'라는 말 사이에 어느정도 거리를 두어 네가지 언어를 쓰는 백성들을 향해 라마는 외국인이며 자신이 그들을 보호하는 이유는 정치적 동기에서라는 사실을 분명히 하려 했던 것으로 보인다. 이처럼 건륭제의 성명서에서 우리는 '라마'에 내포된 의미를 엿볼 수 있고, 나중에 티베트를 겨냥한 청나라의 제국주의적 기획에서는 '라마교'에 함축된 의미를 살펴볼 수 있다. 티베트 라마들의 관대한 후원자이자 열성적 제자였던 건륭제는 외국 승려들이 자신에게 별다른 영향을 주지 못한다는 사실을 백성들에게 확실히 보여주려 했다. 한편, 19세기에 들어 유럽이 티베트에 식민주의적 관심을 갖게 되면서 '라마교'라는 말은 유럽의 여러 제국주의적 기획에서 또 다른 함축적 의미를 얻게 되었다. 그러나 유럽의 이론가들은 청나라 황제에 비해 훨씬 덜 분명한 정치적 함의를 담아 이 말을 사용했다.

다음으로 유럽과 19세기로 넘어가기 전에 유럽인들이 티베트에 대해 무엇을 알고 있었는지부터 살펴보도록 하자. 18세기 중반에는 탐험가들, 무역상들, 선교사들의 이야기를 바탕으로 세계 곳곳에 대한 지식이 책으로 편찬되었는데 1741년에 런던에서 출간된 베르나르 삐까르(Bernard Picart)의 『지금껏 알려진 다양한 나라들의 의식 및 종교 관습』(*The Ceremonies and Religious Customs of the Various Nations of the Known World*)도 바로 이러한 책 중 하나였다. 이 책에는 비록 '티베트'나 '불교'라는 단어는 나오지 않지만 티베트불교에 대한 묘사를 엿볼 수 있다. 삐까르는 티베트불교를 몽골인들(당시에는 타타르인이라 불렸다)과 깔미끄인들('칼무크족'—러시아의 흑해와 카스피해 사이에 사는 몽골인들)의 종교라 부르는데 이는 이 종교에 대한 이야기를 티베트로 가는 여행자들이 아니라 몽골과 깔미끄로 가는 여행자들에게서 전해들었기 때문으로 보인다. 삐까르가 묘사하는 티베트종교는 약 500년 전에 마르꼬 뽈로가 묘사했던 내용을 연상시킨다. 즉 티베트불교는 우상을 숭배하는 이교라는 것이다. 그도 그럴 것이 17세기 유럽에는 겨우 네가지 종교만 알려져 있었는데 기독교, 유대교, 이슬람교 그리고 나머지 종교는 전부 이교였다. 한편 삐까르가 '수도원'이나 '교황'이라는 말을 사용하고 '라마'를 '사제'라 부르는 것을 보면 이때부터 티베트불교와 천주교를 연관시키려는 시도가 싹텄음을 알 수 있다.

몽골의 타타르족과 칼무크족, 그리고 다른 종족들의 이야기를 들어보면 그들은 달라이 라마 외의 다른 신은 믿지 않는다. 그들의 이야기에 따르면 달라이 라마는 만인의 사제를 뜻한다고 한다. 타타르 우상숭배자들의 교황이자 그들이 신이라 믿는 달라이 라마는 중국 국경에 근접해 있는 포톨라(potola)라는 도시 근처에 살고 있다. 그가 사는 수도원은 높은 산꼭대기에 있고 산 아래에는 2만명이 넘는 라마들이 상주해 있다. (…) 라마들의 처소는 산 부근에 따로 있는데 각 라마는 자신의 지위와 직무에 따라 교황이 있는 곳으로부터 가까운 곳에 살기도 하고 멀리 떨어져 살기도 하다. '라마'라는 말은 몽골어로 '사제'를 뜻하고 '달라이'는 '광활한 범위'를 뜻한다. 이를 북인도어로 번역하면 '게한'이 된다. 따라서 달라이 라마와 프레테 게한은 같은 말이고 둘 다 '만인의 사제'를 뜻한다.

탄추트, 보라타이, 또는 바란톨라 왕국이라 불리는 라싸에는 두 명의 군주가 있는데 한 명은 정치적 군주이고 다른 한 명은 종교적 군주다. 이 종교적 군주가 바로 대(大)라마이고 우상숭배자들은 그를 신으로 섬긴다. 그가 외부로 나가는 일은 극히 드물다. 백성들은 그의 배설물이 온갖 질병과 재난을 막아주는 만병통치약이라 생각해 어떻게든 그의 똥이나 오줌을 얻어내려 하고 이를 성물(聖物)로 간직해 작은 상자에 담아 목에 걸고 다닌다. 르 꽁뜨(Le Comte) 신부의 추측에 따르면 '포'(佛, '부처'를 의미하는 중국어)와 대(大)라마는 동일한 신이다. 타타르인들은 대라마가 항상 자신들이 감지할 수 있는 모습으로 나타나며 영원히 죽지 않는다고 믿는다. 그는 사원 밖으로 나오는 일이 거의 없으며 사원 안에서는 그를 섬기는 무수한 라마들이 그의 시중을 든다. 라마들은 갖가지 수단을 동원해 자신들과 같이 일반대중도 대라마를 향한 이런 끔찍한 신앙을 갖게 만든다. 대라마는 사람들 앞에 모습을 거의 드러내지 않으며 만에 하나 그럴 경우 눈이 가장 밝은 사람조차 그가 어떻게 생겼는지 알아볼 수 없게끔 먼 거리에만 나타난다. 그가 죽으면 곧바로 그와 가장 비슷한 다른 라마가 그를 대신하게 된다. 따라서 그의 죽음이 가까워져오면 이 가짜 신의 가장 열성적인 신자이자 가장 높은 지위의 사제들이 전국 방방곡곡을 여행하며 뒤를 이을 후계자를 찾으러 다닌다. 르 꽁뜨 신부의 이야기에 따르면 이 경건한 모의는 아주 기민하고 교묘하게 이루어진다. 한편 키르허(Kircher) 신부의 말이 사실이라면 대라마가 신으로 받아들여질 수 있는 건 일찍이 그들이 프레스터 존(Prester-John)에 대해 가졌던 놀라운 믿음 덕분이다.[17]

이때 한낱 인간에 지나지 않는 달라이 라마가 신으로 추앙받는다는 대목에서는 신성모독에 대한 암시를, 대중들이 그의 배설물을 숭배한다는 대목에서는 불결함에 대한 암시를 엿볼 수 있다. 뻬까르는 현(現) 달라이 라마가 죽은 후에야 새로운 달라이 라마를 찾는다는 사실을 몰랐기 때문에 달라이 라마의 죽음이 가까워졌을 때 승려들이 믿을 만한 후계자를 찾아나선다고 설명하고 있는데 이는 매우 부정하고 사악한 일인 것처럼 묘사된다. 마지막으로, 뒤에서 또다시 보게 되겠지만, 행여 티베트불교에 진실된 부분이 있다면 이는 하나같이 기독교인의 영향 때문이라는 암시를 엿볼 수 있다. 뻬까르는 라싸에 사는 사람들이 한때 프레스터 존(아시아 또는 아프리카에 이상적인 가톨릭 왕국을 세웠다는 전설상의 사제)을 믿었고 그 믿음이 나중에 가짜 신 달라이 라마에게 옮겨간 것이라고 설명한다.

티베트종교는 단순한 묘사뿐 아니라 자세한 설명의 대상이었다. 요한 헤르더(Johann Herder)는 1784년에 출간한 『인류의 역사철학에 대한 이념』(*Outlines of the Philosophy of the History of Man*)에서 라마들의 종교가(이는 당시에도 여전히 불교와 다른 종교로 여겨졌다) 험한 티베트 북부지역이 아니라 더 따뜻한 기후에서 생겨났을 것이라고 추측한다. 그가 보기에 이 종교는 "무엇보다 육체적 안식을 누리고 생각없이 지내는 것을 좋아하는 유약한 사람들이 만들어낸 것"이다. 헤르더는 "지구상에 기괴망측하고 도무지 앞뒤가 안 맞는 종교가 있다면 그것은 바로 티베트종교"[18]라고 말한다. 티베트 종교에 대한 이 같은 비판은 당시 유럽에 만연해 있었다. 루쏘는 『사회계약론』(The Social Contract, 1762)에서 "라마들의 종교"에 대해 이야기하면서 이 종교는 일본의 종교, 천주교와 더불어 "사제들의 종교"로 분류되며 "너무나 형편없는 종교여서 이를 증명하려 드는 것조차 시간낭비"[19)]라고 설명했다.

'라마교'라는 용어가 유럽언어로 처음 쓰인 것은 독일의 박물학자 페터 지몬 팔라스(Peter Simon Pallas)의 보고서였던 것으로 보인다. 그는 쌍뜨뻬쩨르부르그 왕립과학아카데미의 교수로 재직하면서 예까쩨리나 2세의 영토를 여행하고 이에 대한 보고서를 작성했다. 그중 1769년에 작성된 보고서는 존 트러슬러(John Trusler) 목사가 영어로 번역해 자신의 책 『우리가 사는 세계』(The Habitable World Described, 1788)에 실었다. 이 책에는 팔라스가 기독교로 개종한 깔미끄인들과 나눈 대화를 토대로 그들이 원래 믿던 종교를 길게 묘사하는 부분이 나오는데 여기서 그는 '라마의 종교'와 '라마교 교리'에 대해 언급한다.[20)] 한편 1825년에 쓰인 장 삐에르 아벨 레뮈자(Jean Pierre Abel Rémusat)의 「라마제도의 기원에 대한 논문」(Discours sur l'origine de la hiérarchie lamaïque)에서도 라마교도(des lamaïstes)라는 용어가 등장한다.[21)] 윌리엄 무어크로프트(William Moorcroft)는 1819년부터 1825년까지 서부 라다크를 여행하고 쓴 글에서 "여전히 라마교가 세력을 떨치는 곳들"에 대해 언급한다.[22)] 헤겔도 1824년부터 1827년까지 강의한 내용을 수록한 『종교철학강의』(Lectures on the Philosophy of Religion)와 1822년부터 1831년까지 강의한 내용을 수록한 『역사철학강의』에서 라마교에 대해 논한다. 그는 달라이 라마에 대해 설명하면서 한 세기 전에 삐까르가 말했던 것처럼 살아 있는 인간을 신으로 숭배하는 것은 모순적이고도 혐오스러운 일이라고 주장한다. 헤겔의 문장을 여기에 인용해보면 "추상적 사고(Abstract Understanding)는 대개 이 신인(God-man) 개념에 반대한다. 이 개념의 문제는 정신(Spirit)에 부여된 형식(form)이 직접적인〔정제되지 않은, 매개체를 거치지 않은〕존재, 즉, 실재하는 인간이라는 것이다. 지금 여기서 언급한 신학적 관점은 이 민족의 특성과 밀접한 관련이 있다."[23]

헤겔은 티베트어 문헌보다는 천주교 선교사들이 남긴 보고서에 근거해 이 같은 주장을 편 것으로 보인다. 그러나 티베트어 문헌이 영어로 처음 번역되었을 당시 티베트 종교는 헤겔의 주장에조차 미치지 못하는 논리적 일관성이 결여된 종교로 보였다. 프랑스의 탐험가 빅또르 자끄몽(Victor Jacquemont)은 1832년 5월 22일 엘로라에서 보낸 편지에서 헝가리 학자 알렉산더 초마 데 쾨뢰시(Alexander Csoma de Kőrös)가 번역한 티베트 문헌을 가리켜 다음과 같이 묘사했다. "그 번역서는 이루 말할 수 없이 지루합니다. 이를테면 라마들이 어떤 신발을 신어야 하는지 설명하는 장(章)만 해도 20장이나 됩니다. 이 책에 가득한 터무니없는 이야기 중 하나를 예로 들면, 승려는 물살이 빠른 강을 건널 때 소꼬리를 잡아서는 안 됩니다. 또 그리핀(독수리의 머리와 날개에 사자의 몸통을 가진 신화 속 동물—옮긴이), 용, 유니콘의 살갗의 특성이나 날개 달린 말의 발굽이 갖춘 뛰어난 장점을 다룬 심오한 논설도 넘쳐납니다. 제가 직접 본 그곳 사람들의 모습과 초마의 번역서를 바탕으로 판단하건대 그들은 미치광이나 바보에 가까운 종족으로 보입니다."[24] 그러나 이 같은 티베트어 문헌의 번역서나 실제 목격담조차 티베트에 대한 유럽인들의 환상을 쉽게 깨뜨릴 수 없었던 것으로 보인다. 물론 이따금씩 다른 의견도 있긴 했지만 말이다.

이자크 야코프 슈미트(Isaac Jacob Schmidt, 1779~1847)는 1804년부터 1806년까지 러시아의 깔미끄인들 사이에서 불교를 연구했다. 그는 1835년에 쓴 글「라마교와 이 단어의 무의미함에 대하여」(Ueber Lamaismus und die Bedeutungslosigkeit dieses Nahmens)에서 '라'는 '영혼'을 뜻하고 '마'는 '어머니'를 뜻한다고 설명했다. 또 이 용어에 대한 일반적인 가설에도 이의를 제기했다(이 가설은 심지어 다음 세기까지 이어져 내려왔다).

얼마 전까지만 해도 티베트인들과 몽골인들은 '라마교도'라 불렸고 그들의 종교는 '라마교'라 일컬어졌다. 실제로 오늘날 견문이 넓은 지식인들 사이에서조차 불교와 라마교가 근본적으로 다르다고 생각하는 사람이 많은데, 이 글은 이러한 차이가 사실상 허상이라는 점과 티베트와 몽골의 종교가 불교역사에 나타난 특정한 현상임을 보여주려 한다. '라마교'가 순전히 유럽에서 만들어낸 용어이고 아시아에 알려져 있지 않다는 사실은 굳이 언급할 필요조차 없어 보인다. 이 종교를 믿는 사람들은 자신들을 가리켜 '부처의 가르침을 따르는 자'라 부른다. 즉, 유럽식 표현대로라면 이들은 불교도인 것이다. 이것은 산스크리트어의 'Bauddha'(불교도)와 정확히 같은 의미다.[25]

몽골학자였던 슈미트는 중국어 단어 '라마자오'에서 '라마교'라는 말이 나왔을지도 모른다는 사실을 미처 인식하지 못했던 것으로 보인다. 그럼에도 불구하고 라마교가 본질적으로 유럽에서 만들어낸 범주라는 그의 주장에는 놀라운 통찰력이 담겨 있다. 더욱 놀라운 사실은 이러한 통찰이 서구 내 라마교 담론의 오랜 역사 속에서 아무런 주목도 받지 못했다는 점이다.

라마교에 대한 서구의 담론이 어떻게 변화해왔는지를 보려면 청나라 말기와 19세기의 유럽을 벗어나 마르꼬 뽈로와 다른 유럽인들이 원나라 황실을 방문했던 14세기로 되돌아가야 한다. 티베트 불교와 천주교 사이의 유사성에 대한 논의가 처음 등장한 것이 바로 이 시기이기 때문이다. 천주교와 개신교의 동양 전문가들은 각각 다른 방식으로 이 둘을 비교했다. 먼저 최초로 동양을 찾은 천주교도들 중에는 도미니꼬회 수사인 주르댕 까딸리니 드 쎄베라끄(Jourdain Catalini de Séverac)가 있었다. 그는 '대(大)타타르' 제국을 방문해 다음과 같은 기록을 남겼다.

> 그곳에는 우상을 섬기는 신전과 수도원과 수녀원이 있다. 그들에게도 우리처럼 성가대와 기도문이 있고, 그들의 교황도 우리의 추기경처럼 붉은 예복을 갖춰 입고 붉은 모자를 썼다. 그들의 제물은 우상에게 바치는 것이라고는 믿기 어려울 정도로 호화롭고 그들의 의식도 놀라울 만큼 장엄하다.[26]

뽀르뚜갈인 예수회 선교사 안또니우 드 안드라드(António de Andrade)가 1626년에 남긴 기록에 따르면 그의 미사 집행을 보고 한 티베트 승려가 다음과 같은 사실을 일러주었다고 한다. "우창(중앙 티베트)의 대(大)라마는 신에게 소량의 빵과 술을 바친다. 이때 그가 먼저 술을 마시고 나머지를 다른 라마들에게 나누어준다. 그는 신에게 바치는 술에 입김을 불어넣는데 이것은 오직 그만이 할 수 있는 일이다. 대라마는 머리에 관(冠)을 쓰는데 이 관은 내가 미사를 집행할 때 쓰는 것과 흡사한 모양이지만 크기는 훨씬 더 크다고 한다."27) 한편, 1661년에 라싸에 도착한 독일인 예수회 선교사 요한 그뤼버(Johann Grueber)는 티베트인들에 대해 다음과 같이 적었다.

그들은 미사를 드릴 때 빵과 술을 바치고 축성의 표시로 기름을 붓는다. 또 결혼한 사람들에게 축복을 내리며, 병자들을 위하여 기도를 해준다. 그들은 수녀원을 짓고, 예배 중에 성가대 찬양을 드리며, 연중 여러 차례 금식기간을 갖는다. 또 매우 가혹한 고행을 하는데 그중에는 채찍질도 있다. 그들은 주교를 임명하고 선교사를 파견하는데 극도로 빈곤한 이 선교사들은 맨발로 사막을 건너 멀리 중국까지 간다.28)

티베트불교와 천주교 간에 이와 같은 유사성이 발견된 이상 그에 대한 설명이 필요했고, 중국과 티베트로 간 천주교 선교사들은 티베트 라마들이 성스러운 천주교회의 사제들과 비슷해 보이는 이유를 설명하기 위해 역사학과 신학에 의지했다. 1844년부터 1846

년까지 중국과 티베트를 여행한 빈첸시오회 선교사 위끄(Huc)와 가베(Gabet)는 그들이 '라마교식 숭배'라 부른 것과 천주교 사이의 닮은 점들을 기록했다.

　십자장식, 주교관, 대관식복, 대라마가 여행길에 오르거나 사원 밖에서 의식을 행할 때 걸치는 성직자용 외투, 예배 중의 이중합창, 찬송가, 귀신을 쫓는 의식, 다섯개의 사슬이 달려 있고 수시로 열었다 닫았다 할 수 있는 향로, 라마들이 신도들의 머리 위에 손을 얹고 드리는 축복기도, 묵주, 성직자의 금욕, 은거수행, 성인숭배, 축전, 행렬, 호칭기도(사제·성가대 등이 선창한 기도문에 신자들이 응답하는 형식—옮긴이), 성수. 이 모든 것들이 불교도들과 우리 사이의 유사점이다. 그렇다면 이것들은 천주교에서 유래한 것이라 할 수 있을까? 우리가 생각하기에는 그렇다.[29]

위끄와 가베는 뒤이어 쫑카빠(Tsong kha pa, 1357~1419)에 관한 이야기를 들려준다. 쫑카빠는 겔룩빠의 신격화된 '창시자'인데 빈첸시오회 선교사들이 티베트를 방문했을 때 이미 두 세기가 넘게 정치적 영향력을 떨치고 있었다. 위끄와 가베의 이야기에 따르면 어린 쫑카빠는 "서양의 어느 머나먼 지역에서 온" 라마를 만났고 이 라마는 안락한 죽음을 맞기 전 쫑카빠를 자신의 제자로 삼아 그를 "서양의 모든 교리에 입문시켰다"고 한다. 이 라마에게서 주목할 만한 점은 그가 깊이를 헤아릴 수 없을 정도의 학식뿐 아니라 빛나는 눈과 큰 코를 가지고 있었다는 점이다. 예상대로 위끄와 가베는 이 큰 코를 가진 외국인을 천주교 선교사로 단정짓는다. 또 "이 선교사는 일찍 죽었기 때문에 자신의 제자에게 종교적 가르침을 전하는 임무를 완수하지 못한 것으로 보인다. 제자는 후에 사도가 되었는데 기독교 교리를 불완전하게 이해해서인지 변절해서인지 새로운 불교의례를 도입하는 데에만 전념했다."[30] 물론 이 이야기에는 천주교 선교사가 더 오래 살았더라면 쫑카빠 역시 교회의 교리를 더욱 완전하게 깨우쳤을 것이고 티베트를 기독교로 개종할 수 있었으리라는 아쉬움이 담겨 있다.

이 이야기에서 우리는 유사성을 설명하는 가장 흔한 방법인 차용(借用), 아니 더 정확히 말하면 '계보학'(genealogy, 인류학에서는 '문화전파론'으로도 알려져 있다)을 엿볼 수 있다. 계보학적 설명은 서로 다른 지역에 동일한 현상이나 특성이 나타나는 원인을 역사적 영향에서 찾으려 하는데, 둘 사이의 직접적인 역사적 관계를 규명하려 들 뿐 아니라 다른 쪽에 영향을 주는 쪽이 원조에 더 가깝다는 가정을 바탕으로 둘 사이의 서열을 정하려 든다. 위끄와 가베는 쫑카빠가 주창한 불교에서 자신들의 구미에 맞는 것들을 하나같이 천주교 선교사에게서 기원한 것으로 간주함으로써 이 모든 요소들이 원래 자신들의 종교에 속한다고 주장할 수 있었다. 동시에 쫑카빠가 기독교의 가르침을 완전히 깨닫지 못했으므로 티베트불교에 결함이 있다고 보았고, 오래전 정체불명의 서양인 선교사가 미처 끝내지 못한 일을 완수한다는 점에서 자신들의 선교가 정당화된다고 생각했다. 이처럼 유럽인들은 티베트불교 역사에서 가장 중요한 인물로 보이는 쫑카빠를 놓고 권력의 우위, 즉 원조로서의 우위를

주장했다.[31]

유럽이 티베트불교를 처음 접한 것은 문헌학이 생겨나기 훨씬 전의 일이었다. 당시에는 지구상의 서로 다른 지역에서 유사하게 나타나는 발전상을 설명할 '인류'의 원형유산이라는 개념이 없었다. 따라서 티베트 라마들과 천주교 사제들 사이의 분명한 유사점을 설명할 방법은 두가지뿐이었다. 이것은 유럽에서 생겨나 티베트로 전해진 것이거나 티베트에서 생겨나 유럽으로 전해진 것이어야 했다. 카타이(중국)와 티베트로 떠난 예수회 선교사들은 전자를 믿었다. 그들은 프레스터 존(일부 사람들은 그가 제1대 달라이 라마라고 생각했다)이 세운 교회의 흔적을 발견할 수 있으리라는 믿음에서 카타이나 티베트로 갔다(뻬까르의 글에서도 볼 수 있듯이 이 믿음은 18세기까지 지속되었다).[32] 만일 이들 사이의 유사점이 유럽에서 유래한 것이 아니라면 티베트에서 유래했을 수밖에 없는데 이는 위끄와 가베의 글에 담긴 기쁨 대신 예수회 선교사 아타나시우스 키르허(Athanasius Kircher)의 글에서 엿볼 수 있는 극심한 불안감을 초래했다. 1667년, 키르허는 달라이 라마 숭배를 다음과 같이 묘사했다.

이방인들은 땅에 엎드려 그(달라이 라마)에게 입을 맞추는데 이는 우리가 로마교황에게 경의를 표하는 방식과 하나도 다를 바가 없다. 그러므로 여기서 악마의 속임수가 분명하게 드러난다. 악의와 원한을 품은 악마는 이제껏 그가 일으킨 기독교의 다른 모든 불가사의한 사건들처럼 지구상에 오직 하나뿐인 그리스도의 대리인, 로마교황이 받아야 할 숭배를 야만인들의 미신숭배로 바꿔놓았다.

그러므로 기독교인들이 로마 대사제를 신부들의 신부라 부르는 것처럼 야만인들도 자신들의 가짜 신을 대라마(즉 대사제) 또는 라마들의 라마(즉 사제들의 사제)라 부른다. 이 가짜 신은 야만인들이 믿는 종교의 온갖 관례와 형식, 아니 역겨운 우상숭배의 원천이므로 그들은 그를 하느님 아버지라 부르기도 한다.[33]

이것은 순교자 유스틴(Justin Martyr)과 다른 신부들이 2~3세기에 주장한 악마 표절 이론의 극단적인 형태다. 이 이론에 따르면 교회의식과 이교(異敎)의식이 서로 비슷해 보이는 이유는 악마가 농간을 부렸기 때문이다. 실제로는 기독교의식의 많은 요소들이 이교의식에서 왔지만, 기독교는 악마 표절 이론을 내세워 이 요소들이 본래 자신들에게서 유래했고 이교는 자신들을 모방했다고 주장했다. 다시 말해 원조로서의 정통성은 자신들이 차지하고 모방자로서의 불명예는 경쟁자에게 떠안긴 셈이다.[34]

그렇다면 이러한 유사성이 악마의 소행으로 여겨진 까닭은 무엇일까? 여기에 대한 부분적인 답은 기독교 교회가 주장하는 역사적·존재론적 특수성에 있다. 선교사의 임무는 특수성을 띤 기독교의 복음이 아직 전파되지 않은 곳으로 가서 이 복음을 널리 전하는 것이다. 다시 말해 복음의 근원지로부터 이 복음을 최대한 널리 퍼뜨리는 것이 그들이 해야 할 일이다. 그런데 복음을 들고 동양으로 향한 로마의 선교사들은 그곳에서 이미 각종 기독교의식이 행해지고 있음을 알게 된다. 그러나 동양에 기독교의식이 전해졌을 리가 없으므로 이 현상은 역사를 뛰어넘는 힘이 작용하고 있다는 증거로밖에 볼 수 없다. 다시 말해 이러한 유사성은 그들의 눈에 악마의 소행으로 비춰지는 것이다. 그들이 보기에 동양인들이 입고 있는 의복과 동양인들이 드리는 예배의식은 원조가 따로 있는 모방물에 지나지 않는다. 천주교 사제는 멀고 먼 중국에 도착해 거울에 비친 자신의 모습을 보게 되는데 거울 속 모습은 전형적인 악마상처럼 뒤집혀 있다. 그에게 이 기나긴 여행의 목적은 복음을 전파해 지구상에 마지막 남은 지역에 진정한 믿음이 생겨나고, 그동안 우상을 숭배해온 동양인들이 서양신부의 옷을 입고 신성한 교회의 의식을 치르게 되는 것이다. 그런데 사제가 처음으로 마주친 불교승려가 이미 이러한 모습을 하고 있는 것이다. 그가 한참 후에나 이룰 거라 생각했던 목적, 즉 기독교세력을 확장해나가리라는 꿈이 이미 달성된 것이다. 천주교 사제 앞에 서 있는 불교승려는 마치 거울 속에 비친 사제의 모습처럼 보인다.

　'거울단계'(mirror stage)의 유아는 거울 속에 비친 자신의 모습을 환희에 차서 바라본다. 그러나 천주교 사제는 거울 속에 비친 자신의 모습에서 두려움을 느낀다. 그는 아이와는 달리 거울에 비친 모습을 덫이요, 미끼로 인식한다. 여기서 해괴망측한 것은 불교승려의 존재가 아니라, 사제가 자신을 승려의 모습, 즉 "모호한 관계 속에서 그가 만들어낸 세계가 완성되는 자동인형"[35)]과 동일시한다는 점이다. 사제는 동일성이 없는 곳에서 동일성을 본다. 중국이나 티베트불교의 복장과 의례는 결코 천주교의 그것과 같지 않다. 이

둘이 비슷하다는 인식이 생겨나려면 분열된 교회조직이 자기 자신을 완전한 상태로 상상해야 하며 티베트에 도착하기에 앞서 이미 라마교 사제의 복장을 한 채로 존재하고 있어야 한다. 원물(原物)은 그것의 이미지를 따라 뒤늦게 목적지에 이르고, 이는 자아형성(self-constitution)과 소외(alienation)라는 결과를 낳는다. 천주교 사제는 자신을 불교승려의 모습과 동일시하지만 그와 동시에 그를 악마로 매도함으로써 그에게 대항하려 든다. 한편 불교승려는 철저히 천주교 사제의 상대자로만 존재해야 함에도 불구하고 사제보다 그곳에 먼저 나타나 사제가 '자연스레' 복음을 전파하고 이교도들을 개종시키는 것을 어렵게 만든다. 그렇다면 천주교 사제와 티베트 승려의 만남은 거울단계와 마찬가지로 "운명적인 비극: 짧은 순간의 돌이킬 수 없는 영광이자 잃어버린 낙원"[36)]인 셈이다.

　청나라 황실을 방문한 뽀르뚜갈인 선교사는 티베트의 의식에 대해 다음과 같이 적었다. "의복, 사제들의 직무, 로마교황청의 의식 가운데 그 어느 하나도 악마가 이 나라에 똑같이 복제해놓지 않은 것이 없다."[37)] 이처럼 티베트불교가 천주교의 계보에 있다는 상상은 계몽주의시대 이전의 악마 표절 이론에서 그친 것이 아니라 18~19세기까지 지속적으로 등장했다.[38)]

　한편 개신교도들이 18세기 중반부터 천주교와 티베트불교를 비교하고 나선 것은 또다른 이유에서였다. 그들의 목적은 천주교도 저자들처럼 우상숭배자들과 천주교도들 사이에 '있을지 모르는' 유사점을 해명하는 데 있는 게 아니라 이들 사이에 유사점이 '있을 수밖에 없다고' 주장하는 데 있었다. 그들이 보기에는 천주교의 신앙도 사실상 우상숭배와 다르지 않았기 때문이다. 영국인 개신교도 토머스 애스틀리(Thomas Astley)는 1745년에서 1747년 사이에 『지금껏 전세계에 출판된 유럽, 아시아, 아프리카, 아메리카 대륙의 놀라운 이야기들 중 가장 호평받은 이야기들만 모아놓은 여행담 모음집』(*A New Collection of Voyages and Travels Consisting of The most Esteemed Relations which have been hitherto published in any Language Comprehending Everything Remarkable in its Kind in Europe, Asia, Africa and America*)을 펴냈다. 이 책은 비슷한 시기에 출간된 프랑스 출신의 천주교도 삐까르의 책 『지금껏 알려진 다양한 나라들의 의식 및 종교 관습』과 많은 유사점을 지니고 있다. 그러나 애스틀리는 타타르 황실에 대해 논하면서 삐까르와는 다른 결론을 내린다.

앞서 소개한 불교 이야기가 아무리 우회적이고 불완전하다 해도 독자들은 불교와 천주교 사이의 놀라운 유사점을 발견했을 것이다. 여기서 말하는 것은 포괄적 의미의 기독교 전반이 아니다. 물론 불교에 성육신, 구세주, 성령처럼 일부 선교사들이 삼위일체의 상징으로 여기거나 다른 이들이 삼위일체 그 자체라 여기는 요소들이 있긴 하지만 말이다. 그보다 불교를 이루는 크고 작은 요소들은 천주교 체제의 구성요소와 거의 비슷하다. 이를테면, 성상(聖像)숭배, 성인과 죽은 사람들에게 올리는 기도, 연옥, 면죄부, 대사(大赦), 고해성사, 사죄, 보속(補贖), 구마(驅魔), 교회의 보물, 보상과 공덕, 기적의 과시, 교황이 수장으로 있는 성직자 계급제도, 수사 및 수녀들, 탁발수사, 성수와 묵주 등 대부분의 관례가 비슷하다고 볼 수 있다. 불교에는 천주교처럼 숭배의 대상을 먹는 성체성사(천주교의 전례 중 하나로 그리스도의 살과 피를 상징하는 빵과 포도주를 먹는 의식—옮긴이)가 없다. 그러나 그들에게는 성변화(聖變化)를 통해 인간의 형상을 띠게 된 신[달라이 라마]이 있다. 이 신은 실제로 불교도들 사이에 살고 있으므로 우리가 생각하기에는 훨씬 더 합리적인 숭배의 대상이다.

선교사들은 우상을 숭배하는 이교가 천주교 신앙과 놀랄 정도로 닮아 있다는 사실에 당황한 나머지 몇가지 술책을 써서 이 사실을 숨겨왔다. 즉 일부 선교사들은 불교 교리의 한가지 측면에 대해 이야기하고, 다른 선교사들은 또다른 측면에 대해 이야기함으로써 불교의 전체적인 모습을 보여주지 않으려 한 것이다. 또 여기에 대해 가장 많이 서술한 선교사들은 일정한 체계나 질서를 갖추지 않고 두서없이 이야기를 늘어놓았다. 그러나 이 같은 술책에도 불구하고 둘 사이의 유사성이 너무 두드러져 보이는 바람에 많은 선교사들이 이를 설명하느라 애를 먹었고 끝내 불교가 천주교의 타락한 형태라고 주장하기에 이르렀다. 일부 선교사들은 네스토리우스 교도들이 7~8세기경에 티베트인들과 타타르인들을 개종시켰다고 주장하고, 또다른 선교사들은 사도시대(그리스도교 초창기의 한 시기를 일컫는 말—옮긴이)에 기독교 신앙이 티베트로 전해졌다고 주장한다. 그러나 우리가 보기에 이러한 주장은 헛수고에 지나지 않는다. 그들도 중국역사에 나오는 대로 불교가 그리스도교보다 1000년이나 앞서서 생겨났다는 사실을 알고 있기 때문이다.[39]

이처럼 애스틀리는 티베트불교와 천주교 사이의 유사성을 나열하면서 천주교도들이 이를 감추려 든다고 주장한다. 그는 불교와 천주교가 단 한가지 항목, 즉 천주교의 가장 터무니없는 관례인 성체성사를 제외하면 거의 모든 면에서 일치한다고 본다. 또 불교가 그리스도교보다 먼저 생겨났다는 점을 들어(그러나 불교는 겨우 7세기에 들어 티베트에 전래되었다) 역사적으로 전자가 후자의 영향을 받았을 가능성이 없다고 주장한다. 애스틀리가 보기에는 중국과 티베트에서 천주교 선교가 실패한 이유도 바로 이 유사성에 있다. 불교도들은 천주교로 개종을 한들 새롭게 얻을 것이 없었던 것이다.

> 본자(불교승려)들이 천주교가 퍼지는 것을 보고 불안해하지 않아도 되는 이유는 두 종교가 굉장히 비슷하기 때문이다. 신도들은 새로운 종교가 들어온다 해도 자신들의 상태가 이전과 달라지지 않으리라는 사실을 깨닫는다. 몇가지 형식의 차이를 제외하면 이 종교에는 새로운 요소가 전혀 없다. 게다가 그들은 애초부터 외국에서 들어온 관습보다는 자기 나라의 성인, 성상, 의례에 훨씬 더 큰 존경심을 갖고 있다.[40]

라마교와 천주교 사이에 분명히 존재하는 것처럼 보이는 유사점은 20세기에 들어서도 계속해서 개신교도들의 관심을 끌었다. 1895년부터 1899년까지 티베트를 여행한 네덜란드 선교사 쑤지

C. 레인하르트 박사는 1901년에 다음과 같은 기록을 남겼다. "기독교 종파 가운데 천주교와 성공회에서 여태껏 성행하는 여러 의식과 겔룩빠 의식 간의 유사성만큼 개신교 학자들의 관심을 끄는 것도 없다."[41] 그러나 이러한 유사성에 대해서는 이미 19세기 후반에 영국에서 심도 있는 연구가 이루어졌다. 당시 불교는 유럽에서 큰 인기를 끌었고 이에 따라 붓다의 삶을 다룬 에드윈 아놀드(Edwin Arnold)의 책 『아시아의 빛』(*The Light of Asia*)도 큰 성공을 거두었다. 이 책에서 붓다는 인도 아리안족의 위대한 철학자로 그려졌다. 또 그의 가르침은 의례, 미신, 사제제도 대신 이성과 절제에 바탕을 둔 완전한 철학적·정신적 체계로 묘사되었고, 제도화된 종교의 격식 없이도 개개인이 어떻게 도덕적 삶을 살아낼 수 있는지를 보여 준다고 여겨졌다. 한편, 인도의 불교는 힌두교와는 달리 그리스, 로마, 이집트 문명처럼 오래전에 사라졌기 때문에 현대 인도의 영적이고 감각적인 이국적 정취와 뚜렷한 대조를 이루며 고전종교의 반열에 오를 수 있었다.[42]

영국 후기 빅토리아 시대의 뛰어난 동양학자들은 인도의 불교가 기원전 6세기경에 나타난 인도의 사제술(priestcraft)에 합리주의적이고 인도주의적인 태도로 맞섰다고 보았다. 이 사제술은 서구가 아시아를 연구대상으로 삼을 때 갖다붙이는 접미사 '교'(ism)가 붙어 '브라만교'라 불리게 되었다. "온갖 사제제도와 종교의식에 반대하는 불교는 대중을 희생시키는 브라만 제도를 가능한 한 폐지하려 했다. 또 온갖 형식이나 베다(브라만교 사상의 근본성전—옮긴이) 의식보다는 청렴한 생활과 도덕이 더 낫다고 보아 끔찍한 방식의 고행을 거부했다."⁴³⁾ 이같이 초기의 불교는 마치 어떠한 의식요소도 갖추지 않은 것처럼 잘못 묘사되었다. 예컨대 남녀 승려들의 수계식이 치러졌음에도 불구하고 이러한 사실이 간과되었고, 붓다의 승인을 받은 것으로 전해지는 포살법회(승려들이 한자리에 모여 계율을 어긴 행위를 고백하고 참회하는 의식 — 옮긴이)나 우란분재(장마철이 끝날 때 하안거를 마치는 의식 — 옮긴이)도 언급되지 않았다. 옥스퍼드대학교의 산스크리트어 교수였던 모니어-윌리엄스(Monier-Williams)는 1888년에 열린 더프 강연에서 다음과 같이 말했다. "불교에는 제대로 된 체계가 없다. 즉, 교회도, 사제도, 일정한 기도방식도, 종교의식도, 제전(祭典)도 없는 셈이다."⁴⁴⁾

불교가 이같이 묘사된 이유는 빅토리아 시대의 동양학자들이 하나같이 팔리성전협회(Pali Text Society)가 골라서 편집하고 번역한 문헌들(이들은 막스 뮐러의 『동방성서 전집』과 팔리성전협회의 『불교경전 전집』에 수록되었다)에 의존했기 때문이다. 그들은 이 문헌들을 원시불교의 정전으로 여겼다. 한편 불교에 대한 이와 같은 묘사는 불교와 천주교를 비교하는 데 이용되었는데, 이를테면 붓다가 브라만교의 사제제도에 반대한 것은 종교개혁 당시 서양이 구교에 반대한 것의 전조로 해석되는 식이었다. 뮐러는 자신의 책에 다음과 같이 적었다. "고대의 브라만교가 불교로 이어진 것처럼 중세의 천주교도 개신교로 이어졌다."⁴⁵⁾ 『열가지 위대한 종교』(*Ten Great Religions*)를 쓴 제임스 프리먼 클라크(James Freeman Clarke)는 '동양의 개신교, 불교'라는 제목의 장에서 이 점에 대해 좀더 폭넓고 단호한 설명을 들려주었다.

불교의 형식적 특성은 하나같이 천주교를 닮았는데 어찌해서 동양의 개신교라 불리는 것일까?

우리의 대답은 다음과 같다. 브라만교와 천주교, 그리고 불교와 개신교 간에 훨씬 더 근본적이고 깊은 연관성이 있기 때문이다. 인간의 정신이 아시아에서 겪은 일련의 과정은 후에 유럽에서 되풀이되었다. 이것은 바로 인류를 위하여 특권층인 사제계급에 저항한 것이다 (…)

아시아의 불교는 유럽의 개신교처럼 자연이 영혼에 맞서고 인류가 계급에 저항한 결과이다. 또 개인의 자유가 교단의 독재에 맞서고 믿음을 통한 구원이 성사(형상 있는 표적으로 형상 없는 성총聖寵을 표하는 거룩한 행사로 세례·견진·고백·성체·병자·신품·혼인의 일곱가지 성사가 있다—옮긴이)를 통한 구원에 저항한 결과이기도 하다. (…) 끝으로 브라만교와 천주교는 좀더 종교적이고 불교와 개신교는 좀더 도덕적이다.[46]

영국 내에서는 19세기 후반에 들어 불교에 대한 관심이 높아졌다. 동시에 '반(反)천주교' 운동이 일어나 1866년부터 1871년까지 머피(Murphy) 폭동이 이어졌고, 1865년에 개신교 선교연합회와 선거조합이 국회의원들에게 나눠준 리처드 웨이틀리(Richard Whately)의 『천주교의 오류』(*Essays on the Errors of Romanism*, 1856), 『고해실의 정체』(*The Confessional Unmasked*, 1867)와 같은 책들이 큰 인기를 끌었다.[47]

한편, 개신교 내의 라마교 담론은 이 같은 원시불교와 반(反)천주교 담론을 배경으로 탄생했다. 따라서 천주교가 영국 내에서 비난의 대상이 된 이후부터 1903년의 티베트 침입사건(영국 군대는 무역상의 특혜를 요구하며 영허즈번드(Younghusband) 대령의 지휘 하에 라싸로 진격했다)이 일어나기 전까지의 기간 동안 교활하고 부패한 사제들과 무의미한 사제제도가 있는 라마교가 가장 타락한 불교형식으로 비판받게 되었다.

19세기 영국의 뛰어난 불교학자이자 팔리성전협회의 창시자인 토머스 W. 라이스 데이비즈(Thomas W. Rhys Davids)는 1877년에 대중적인 불교입문서를 펴냈다. 이 책은 기독교 지식보급협회(the Society for Promoting Christian Knowledge)에서 비기독교 종교체계 시리즈 중 하나로 출판한 것이었다. (라이스 데이비즈는 웨일즈 조합교회 목사의 아들이었다.) 이 책의 끝부분에서 데이비즈는 팔리경전에 '원시불교' 또는 '진정한 불교' 또는 '근본불교'의 핵심이 담겨 있음을 역설한 뒤 팔리경전이 만들어진 이래로 "불교 교리가 어떻게 발전해나갔는지"를 논한다.

펀자브, 네팔, 티베트에서 불교 교리가 어떻게 발전했는지를 살펴보는 것은 대단히 흥미롭고도 중요한 일이다. 이는 천주교 국가들에서 기독교가 발전한 양상과 상당히 닮아 있다. 라마교는 불교 교리가 발전해서 생겨난 종교다. 이 종교는 여러가지 면에서 원시불교와 다를 뿐 아니라 실제로 서로 상극이나 마찬가지다. 이는 단순히 교리에서뿐만 아니라 교단조직에서도 마찬가

지다.⁴⁸⁾

이 구절에서 우리는 두가지 비교 결과인 유사점과 차이점을 엿볼 수 있다. 불교 교리의 발전이 중요한 이유는 이것이 천주교 국가들에서 기독교가 거쳐온 변화와 유사하기 때문이다. 한편 라마교는 이미 오래전에 사라진 원시불교와 대조되는데, 교리와 교단조직이 단순히 다르기만 한 것이 아니라 서로 상반된다고 여겨진다. 모니어-윌리엄스의 말대로 "티베트불교는 사실상 모든 불교제도와 다르기 때문에 별도의 책에 단독으로 다루어져야 한다."⁴⁹⁾

라이스 데이비즈는 1881년에 책으로 출간한 『인도불교 역사를 통해서 본 종교의 기원과 발전에 대한 강연』(*Lectures on the Origin and the Growth of Religion as Illustrated by Some Points in the History of Indian Buddhism*)에서 천주교와 라마교를 비교하면서 "전세계 역사에서 가장 신기한 사실 가운데 하나"인 다음의 유사점들을 한장 가득 나열했다. "두 종교 모두 사어(死語)로 예배를 드리고 예배의식에서 성가대, 행렬, 교리문답, 향 등을 볼 수 있다. 평신도들은 이 의식의 구경꾼에 지나지 않고 머리를 깎은 승려들이 화려한 의복을 걸친 채 신비로운 의식을 거행한다. 두 종교 모두 교황의 통치를 받는데, 교황은 머리에는 삼중관을 쓰고 손에는 세속적 권력의 상징인 홀을 들고 있다. 그는 하늘에 있는 만고불후의 신을 위한 땅의 대리인이다!"⁵⁰⁾

이제 두 종교 간의 유사점에 대한 장황한 설명은 독자들에게도 익숙하게 들릴 것이다. 한 세기 전의 토머스 애스틀리처럼 불교를 서양, 그중에서도 특히 영국과 미국에 소개한 후기 빅토리아 시대의 학자들은 더이상 이 명백한 유사점이 직접적인 역사적 교류에서 생겨났다고 주장하지 않았다.[51] 대신 라이스 데이비즈는 위베가 썼던 표현을 사용해 혼합은 또다른 혼합을 낳는다고 설명했다.

서양과 동양의 야만인 무리는 더 오래되고 앞선 문명을 침략한 뒤 각각 천주교와 라마교를 새로운 종교로 채택했다. 이들은 몸은 장성한 어른이지만 정신은 어린아이와 같고, 감정에 쉽게 치우치며, 정령을 숭배하는 잘못된 신앙에 사로잡혀 있다. 그런 이들이 오랜 기간 종교적 정서와 철학적 추론을 훈련해온 민족의 정복자요, 동시에 제자가 된 것이다. 그러므로 우리는 초기의 천주교와 티베트불교에서 날카로운 추리력과 정서적 무지, 의식을 고양하려는 열성적인 노력과 잘못된 방법에 대한 맹목적인 신뢰, 진정한 박애주의와 사제의 권력욕, 망설임 없는 자기희생과 홀로 높아지려는 이기적인 사리사욕 등이 이상하게 혼합된 모습을 엿볼 수 있다.[52]

천주교 선교사들이 주장한 계보학이 인류학 이론 중 하나인 문화전파론의 출현을 앞당겼든 아니든 간에, 개신교학자들은 훗날 문화전파론으로 대체될 계보학의 변형인 '비교연구'를 고수했다. 제임스 프레이저 경 때문에 유명해진 이 이론은 모든 사회가 비슷한 패턴으로 발전하며 연속적인 발전단계에서 어느 단계에 있는지, 또 얼마나 빨리 발전하는지에 따라 각 사회를 구별할 수 있다고 보았다. 이 이론에 '비교연구'라는 명칭이 붙은 까닭은, 같은 발전 단계에 있는 사회들은 장소나 시간에 관계없이 동일한 특징을 갖고 있으므로 그중 한 사회에 대한 지식을 다른 사회를 분석하는 데 적용할 수 있다고 보았기 때문이다. 이와 같은 이론에서 원시사회는 서구문명이 이미 오래전에 거쳐간 단계에 있으며 서구의 지지와 원조에 힘입어 언젠가 그 단계에서 벗어날 것처럼 그려졌다. 프레이저 경의 비교연구가 불교학에 영향을 끼친 사실은 라이스 데이비즈가 1896년에 남긴 글에서 분명하게 드러난다.

> 우리 서구인들에게 종교의 진화를 가장 잘 보여주는 곳은 바로 인도다. 우리는 인도의 종교사에서 이러한 변화를 완전하고 분명하게 볼 수 있으며 독자적이고 공정한 판단을 통해 이 변화를 뒤쫓아볼 수 있다. 물론 이 변화는 서구의 종교사와 다른 점도 많지만 대체로 비슷한 노선을 밟아왔으므로 우리에게 매우 귀중한 교훈을 안겨준다. (…) 이처럼 우리와 발전단계 및 발전방식이 매우 비슷하면서 최종적인 결과가 흥미롭게도 정반대인 곳은 다른 어느 곳에서도 찾아볼 수 없다.[53]

한편 이 글이 발표되기 일년 전, 티베트에 대해서도 비슷한 의견이 나왔다. L. 오스틴 워델(L. Austine Waddell)이 『티베트불교 또는 라마교』(*The Buddhism of Tibet, or Lamaism*)라는 책에서 다음과 같이 말한 것이다. "실제로 라마교는 원시사회의 종교와 신화가 어떻게 발전했는지를 보여주는 축소판이며, 야만에서 문명으로 진보해간 대표적인 예다. 이 종교는 우리 아리안족 조상들이 가졌던 고대의 지식과 신앙을 여전히 간직하고 있다."[54] 그런데 이보다 더 흥미로운 사실은, 비록 라이스 데이비즈나 워델은 모르고 있었지만, 이미 반세기 전에 독일에서 이자크 야코브 슈미트가 이와 같은 견해를 훨씬 더 강력하게 주장했다는 점이다. 슈미트는 영국 학자들과는 달리 라마교와 불교를 따로 구별하지 않았다. 그는 1835년에 '라마교'라는 용어에 대해 쓴 글에서 다음과 같은 결론을 내렸다.

이처럼 인류문화사에서 결코 하찮다고 할 수 없는 주제를 간단히 살펴보기만 해도 (…) 라마교에 대한 유럽의 주장이 터무니없음을 충분히 증명할 수 있다. 또 라마교가 기독교의 영향을 받아 생겨났으며 라마교 조직은 천주교의 성직자 계급제도를 모방해 만든 것이라는 견해에도 반박할 수 있다. 이러한 견해는 약 150년 전에 티베트에 선교를 하러 간 까뿌친 수도회 수사들이 주장한 것으로 유럽에서는 아무런 의심 없이 받아들여졌다. (…) 수사들의 이 같은 편견은 주변환경이 비슷하면 사회의 발전상도 비슷하다는 사실을 제대로 깨닫지 못한 데서 나온 것이다. 예컨대 일찍이 유럽의 반(半)야만상태가 기독교에서 교황제도를 탄생시킨 것처럼, 오늘날까지 이어지는 아시아의 반(半)야만상태도 불교(천주교보다 더 오래되었고 마찬가지로 교조적인 종교)에서 대중들 위에 군림하는 사제계급을 탄생시켰다. 이때 이들 중 어느 한쪽(의 사제들)이 다른 쪽에 영향을 주었다고 볼 필요는 전혀 없다. 모든 종교단체는 어느정도 세력이 커지고 더 높은 차원의 정신적 우월함을 내세워 어리석고 무지한 대중들을 지배하게 되면 시대와 국가를 막론하고 비슷한 모습을 보인다. 그러나 전인류의 유산인 탐구력과 식별력과 지식이 깊어질수록 이러한 모습은 점차 자취를 감추고 결국 완전히 사라지게 된다.[55]

슈미트의 희망적인 결론은 계몽주의 시대의 사회철학을 반영하는 것일 수도 있다. 그럼에도 불구하고 그는 라이스 데이비즈나 워델에 앞서 사회진화론적인 모델을 제시했다. 빅토리아 시대의 학자들이 보기에 티베트불교 또는 라마교는 불교역사의 마지막 단계에 해당했다. 이들은 인도불교가 합리적이고 불가지론적인 초기의 모습으로부터 끊임없이 타락해 각종 의식과 미신이 난무하는 퇴폐적인 종교로 전락했다고 보았다. 영국인 불교학자들의 설명에 따르면, 우선 대승불교가 생겨나면서 원시불교의 불가지론적 관념론과 단순한 도덕률이 "사변적인 유신론 체계와 궤변적 허무주의의 경향을 띤 신비주의"[56]로 바뀌었고, 뒤이어 유가행파(the Yogācāra school, 대승불교의 한 학파로 요가를 중요한 수행방법으로 여긴다—옮긴이)가 생겨나면서 불교가 더욱 심하게 타락했다. 그 이유는 확실치 않지만 유가행파는 서양인 학자들 사이에서 특별히 많은 반감을 샀다. "탄트라교(Tantrism) 세균을 가진 요가 기생충은 숙주의 몸을 장악한 뒤 괴물을 키워냈다. 이 괴물은 대승불교에 남아 있던 순수한 불교 군체(群體)의 삶을 짓밟고 파괴했다."[57] (앞의 두 인용문을 쓴 L. 오스틴 워델은 스코틀랜드 장로교 목사의 아들로, 다르질링 주(州) 자치구에서 보조 위생행정관으로 일하면서 화학과 병리학을 연구했다. 그가 쓴 논문 「독뱀은 자가중독인가?」는 『인도군 군의관들의 논문집』(1889)에 실렸다.) 그러나 불교의 타락은 여기서 그치지 않았다. 서양인 학자들은 인도에 탄트라교가 생겨나면서 원시불교의 순수한 본질이 또다시 오염되었다고 본 것이다.

   이처럼 티베트에 뒤늦게 전파된 것은 원시불교의 희미한 흔적일 뿐이었다. 워델의 글에 따르면 불교가 들어오기 이전에 티베트인들은 "야만인이자 식인종이었고, 문자도 없었으며, 정령을 숭배하고 악마의 춤을 추는 샤머니즘 종교, 뵌(Bön)교를 숭배했다. 이 종교는 여러 면에서 중국의 도교와 닮아 있다."[58] 워델은 이 같은 환경을 가진 티베트에 타락한 형태의 인도불교가 도입된 결과 '원시 라마교'가 나타났다고 말한다. 그의 정의에 따르면 원시 라마교는 "사제제도, 시바파 신비주의, 주술, 인도와 티베트의 귀신숭배 등을 하나로 합쳐 얄팍한 대승불교로 포장한 종교다. 라마교는 오늘날까지도 이러한 특성을 간직하고 있다."[59] 이미 타락한 상태로 티베트에 들어온 불교는 티베트인들의 악마숭배와 합쳐져 더욱 심하게 변질되었다. "우리는 라마교에서 훨씬 더 뿌리 깊은 악마숭배를 엿볼 수 있다. (…) 라마교는 무늬만 불교지 자세히 들여다보면 여러 악마를 섬기는 사악한 미신이 그 흉험한 모습을 드러낸다."[60] 우리는 여기서 다시 한번 악마 담론이 등장하는 것을 볼 수 있다. 인도와 티베트에서 불교 외의 다른 미신적 종교들은 마침내 숙주인 불교를 잡아먹는 기생충으로 묘사되며 라마교는 초기의 불교가 오염되고 타락하는 긴 과정의 마지막 지점에 있다고 여겨진다. 러디어드 키플링(Rudyard Kipling)의 『킴』(*Kim*)에 등장하는 테슈 라마(영국인들은 판첸 라마를 이렇게 불렀다)도 이와 동일한 의견을 내놓는다. "내 생각에 예로부터 전해내려온 규율은 제대로 지켜지지 않았네. 대신 자네도 잘 알듯이 악마의 지배, 주문(呪文), 우상숭배가 덧입혀졌지."[61] 워델을 라싸로 데려간 영허즈번드 대령은 당시 가장 위대한 학자였던 간덴의 승원장(dGa' ldan khri pa, 간덴 띠빠) 로상 겔첸(Blo bzang rgyal mtshan)에게 별로 깊은 인상을 받지 못했다. "조약을 체결한 후 그와 길게 대화를 나눠봤는데 그의 종교적 학식은 방대한 분량의 경전을 단순히 암기한 지식에 지나지 않았다. 실제로 경전을 외우는 티베트 승려들의 능력은 놀라울 따름이다. 그러나 그들은 경전에 담긴 진정한 의미에는 주의를 기울이지 않는다."[62] 한편, 티베트에 사는 마하트마들을 받든다던 블라바쯔끼 여사(Madame Blavatsky)도 그들의 지혜가 티베트인들의 손에 넘어가면서 타락했다고 비판했다. "이 위대한 계시들의 순수성이 어떻게 다루어졌는지를 보려면 오늘날 중국과 다른 불교국가들 및 여러 티베트 종파에서 성행하는 이른바 고대 '밀교'를 연구하면 된다. 티베트에서 이 계시들은 정식으로 입문하지 않은 라마들과 몽골인들의 손에 내맡겨졌다."[63] 그녀는 자신의 책『이시스의 정체』(Isis Unveiled, 1877)에서 라마교가 원시불교의 타락한 형태라고 주장한다. "원래 순수한 불교였던 이 지역의 종교는 라마교로 변질되었다. 그러나 라마교가 아무리 형식주의적이고 본질이 손상되었다고 해도 교리 자체에는 큰 문제가 없다. 따라서 그 모든 결점에도 불구하고 라마교는 천주교보다 훨씬 낫다."[64]

한편, 타락하는 과정의 종점으로 지목되었던 라마교는 언젠가부터 시간을 다시 거슬러올라가는 것처럼 보였다. 라이스 데이비즈는 1877년에 출간된 『불교』(Buddhism)에서 대승불교경전에 대해 논하면서 다음과 같이 말했다.

이 후기 (대승불교)경전들은 나중에 티베트어로 번역되었고 새로운 교리가 티베트에서 크게 발전하면서 티베트불교, 아니 라마교는 초기불교와 정반대의 모습이 되었다. 물론 초기경전 가운데 일부도 티베트어로 번역되었지만 라마교가 공식종교가 될 정도로 흥하는 바람에 초기불교의 발전을 막아버렸다.[65]

이 책에서 주목할 만한 점은 라이스 데이비즈가 중국, 일본, 티베트의 대승불교를 전부 티베트불교에 포함시키고 있다는 것이다. 따라서 '그 이후의' 다른 모든 불교는 자연스레 라마교의 범주에 속하게 된다. 이는 마치 워델이 기생충에 빗댄 라마교가 과거로 퍼져 유럽 도서관에 소장된 초기 불교 문헌들과 다른 모습을 한 불교, 즉 유럽의 통제를 받지 않는 다른 모든 불교들을 감염시킨 것처럼 보인다.

티베트불교는 동양학 이데올로기들의 복잡한 상호작용 속에서 이중(二重)의 타자로 여겨지게 되었다. 낭만주의 시대의 동양학은 산스크리트어 및 팔리어 문헌을 발굴하고 번역함으로써 불교를 통제했고 이 불교를 '근본불교'라 부르면서 주체와 닮은 타자로 만들었다. 한편 빅토리아 시대의 영국에서 이 불교는 교단제도나 종교의례 없이도 도덕 추구와 자유로운 지적 탐구가 가능한 '이성(理

性)의 종교'로 그려졌다. 이와 같이 유럽과 미국의 문헌학자들은 '고대불교 전통'의 진정한 보호자 노릇을 자처했다. 한편 티베트불교는 이 타자(근본불교)의 또다른 타자였다. 티베트불교는 이성적 종교의 산물이 아니라 인도의 문헌적 전통이 타락해서 생겨난 대승불교와 탄트라(Tantra)였다. 여기서 '탄트라'는 종교상 금지된 행위(가장 대표적으로는 성행위)를 수반하는 인도 수행법을 가리키는 용어로 수세기 동안 혹독한 비난을 받아왔으며, 19세기의 동양학자들은 이를 가장 혐오스럽고 퇴폐적인 행위로 보았다. 까뿌친회 선교사인 오라찌오 델라 뻰나(Orazio della Penna)는 이미 1730년에 티베트의 탄트라경전을 묘사하면서 다음과 같이 주장했다. "내가 이 추잡하고 악명 높은 탄트라계율을 읽지 않은 것은 이것이 무익하기 때문일 뿐만 아니라 내 정신을 더럽히고 싶지 않았기 때문이다. 이 계율에 반박하려면 탄트라경전에 무슨 내용이 나오는지 대강 알고 있어야 하는데, 이 문헌에 설령 괜찮은 내용이나 유익한 부분이 있다 해도 이는 훨씬 더 많은 분량을 차지하는 마법, 주술, 외설과 뒤섞여 있다."[66]

결론적으로 티베트에서 발견되는 불교의 타락한 형태, '라마교'는 여러가지 복잡한 흐름이 결합되어 만들어진 것이었다. 먼 과거의 순수한 원시불교에서부터 오늘날의 부패하고 타락한 상태에 이르기까지 라마교의 역사는 크게 두가지 재현방식을 통해 다루어졌고, 둘 다 유럽인 동양학자들의 통제를 받았다. 우선 초기불교나 원시불교 또는 참불교로 알려진 불교는 경전에 근거한 것이었다. 한편 이 경전에서 크게 벗어난 '현대불교'에 대한 지식은 직접적인 관찰을 통해 얻어졌다. 모니어-윌리엄스는 더프 강연에서 다음과 같이 말했다. "오늘날 불교가 어떤 상태에 이르렀는지를 직접 겪어 보지 않고 단순히 고대의 경전만 연구한다면 잘못된 결론에 이를 가능성이 높다. 이 같은 실질적인 경험은 현재 불교가 퍼져 있는 나라에 가서 일정기간 살거나 여행해야만 얻을 수 있다."[67] 결국 남아 있는 문헌은 참불교의 모습만 보여주고 현재 불교가 어떤 상태에 '이르렀는지'를 살펴보려면 선교사들과 식민지 관료들의 '실제 경험'을 참고해야 한다는 이야기이다.

실제로 빅토리아 시대의 모든 학자들이 라마교가 불교의 본래 가르침에서 크게 벗어난다고 주장한 것은 아니었다. 모니어-윌리엄스처럼 선교활동에 연관되어 있던 사람들은 이 같은 타락의 근본적인 원인이 부처에게 있다고 보았다. 부처가 현실을 초월하고자 하는 인간의 열망을 부정하고, 구원을 얻는 데 도움이 될 수도 있는 초자연적인 힘의 가능성을 부인했다는 것이다. 게다가 부처가 만들어낸 종교에는 우주를 지배하는 신도 없었다. 따라서 부처의 종교는 뛰어난 도덕적 가르침에도 불구하고 그와 정반대의 모습으로 변질될 운명이었다.

그것은 사실상 발전이 아니라 반동이었다. 손으로 용수철을 힘껏 눌렀다 놓을 때 생기는 것 같은 반동 말이다. 이는 인류의 끊임없는 본능에서 생겨난 것으로, 이 본능은 부처가 인간들에게 가한 부자연스러운 속박에도 불구하고 겉으로 확연히 드러날 수밖에 없었다. 그 결과 그가 가르친 모든 교리는 운명의 장난처

럼 정반대로 발전하게 되었다.[68]

라마교는 이처럼 서로 반대되는 흐름들이 한데 모여 체현된 결과였다. 한편 진정한 불교가 따로 있다고 여겼던 사람들의 눈에 라마교는 초기의 교리가 자연스럽게 발전한 결과가 아니라 심하게 타락한 결과로 보였다. 라마교는 천주교의 비교대상이 되면서 더욱 심한 비난을 받았고, '라마교'라는 단어는 '교황제도'를 대신하는 말로 쓰이게 되었다. 티베트인들은 원시불교의 정신을 잃어버리고 영국인들이 이미 오래전에 벗어난 사제제도의 억압과 착취로 인해 고통받고 있다고 여겨졌다. 이때 (19세기 말 영국의 통제를 받은) 팔리불교와 (19세기 말 영국이 적극적으로 통제하려 들었던) 티베트불교의 관계가 개신교와 천주교의 관계와 같다는 주장은 단순한 유추가 아니었다. 이는 아직 자신의 지배하에 두지 못한 머나먼 대상(티베트불교)을 이미 오랜 기간 지배해온 가까운 대상(천주교)에 비교함으로써 그 가치를 낮추려는 전략이었다. 영국 내의 천주교는 개혁 이전의 종교였고 다른 유럽국가들 및 아일랜드 국민들이 섬기는 종교로 지위가 격하되면서 이미 통제의 대상이 되어 있었다. 예컨대 워델의 책을 보면 '승려계급과 환생한 라마들'이라는 제목의 장은 "왕은 죽었다. 새로운 왕을 경배하라!"라는 글귀와 탈무드에 나오는 구절로 시작되고, 바로 다음 페이지에는 '제1대 달라이 라마-교황'이라는 제목이 붙어 있다. 그는 여기서 라마교도들을 프랑스인들, 유대인들, 천주교도들과 연관시킨 것이다.[69] 이처럼 자기 안의 타자(천주교)를 공격하기 위해 자기 밖의 타자(티베트불교)를 이용한 주류서사(master narrative)에서 '라마교'는 '교황제도'라는 말의 암호처럼 쓰이게 되었다. 이와같이 타종교를 다룬 학술서적에 개신교식 논증이 등장한 것은 이때가 처음이 아니었다. '천주교 이단(Pagano-Papism)'이라는 명칭으로도 불리는 고대 후기종교의 연구 자체가 사실상 이러한 논증으로 이루어진 것이나 다름없었기 때문이다.[70] 한편, 천주교와 마찬가지로 라마교도 세계정복론과 관련되어 있었다. 쌕스 로머(Sax Rohmer)가 1917년에 출간한 소설 『푸 만추의 손』(*The Hand of Fu Manchu*)에서 세계정복 음모를 꾸미는 사악한 푸 만추 박사의 본부는 티베트에 있다. 또 "라마교의 베일 뒤에는 세계로부터 감춰진 비밀"[71]이 있다는 구절이 나오기도 한다. 한편 나치당원이었던 J. 슈트룽크(J. Strunk)는 1937년 『유다와 로마-티베트: 세계 정복을 향한 그들의 투쟁』(*Zu Juda und Rom-Tibet: ihr Ringen um die Weltherrschaft*)이라는 제목의 책을 펴냈다.[72]

워델이 티베트에 관하여 쓴 두권의 책의 결말 부분에는 그가 생각하는 티베트의 미래가 나온다. "착실하고 순진한 티베트인들은 언젠가 라마의 과도한 폭정에서 벗어날 것이다. 또 그들에게 악몽 같은 시련을 준 사나운 악마의 손아귀에서도 빠져나올 것이다."[73] 그는 천주교가 이미 12세기에 더이상 손을 쓸 수 없을 정도로 타락한 것처럼 보였지만 뒤이어 단테(Dante)와 르네상스 시대가 찾아온 것을 보면 희망이 있다고 말한다. 또 천주교는 '창시자가 사라진' 이래로 계속 타락의 길을 걸어왔는데 만일 불교의 지식을 받아들였더라면 이 길에서 벗어났을지도 모른다고 주장한다. 워델은 예수의 가르침이 사도 바울, 성 아우구스띠누스, 루터(Luther)보다는 붓다의 가르침에 더 가깝다는 사실을 기독교인들이 드디어 깨닫기 시작했다면서, 자신이 아는 불교가 (티베트인들은 모르는) 진정한 불교임을 보여주려 한다. 마지막으로 그는 다음과 같은 주장으로 책을 끝맺는다. 영국이 할 일은 티베트불교를 타락한 종교로 매장시키는 것이 아니라 "동양에 새로운 별이 뜬 소식을 널리 알리는 것이다. 이 별은 앞으로 긴 세월, 어쩌면 수세기 동안 이 매혹적인 땅과 흥미로운 사람들 위로 은은한 빛을 비출 것이다. 한편 머지않아 영국의 지시를 받아 라싸에 대학이 설립되면 티베트종교의 기원을 연구하는 학과가 가장 중요한 자리를 맡게 될 것이다."[74] 워델은 결코 티베트에 제국주의적 야심을 드러내는 입장에서 이 구절을 쓴 것이 아니다. 이것은 그가 군의장교로 복무한 1903년과 1904년에 영국이 티베트를 침공한 이야기를 담고 있는 『라싸의 신비』(*Lhasa and its Mysteries*, 1906)의 끝부분에 나오는 구절이다.

이처럼 라마교는 후기 빅토리아 시대의 식민주의가 써낸 역사에서 매우 중요한 수사(修辭) 역할을 했다. 모든 역사주의와 마찬가지로 식민주의도 순결한 기원과 최후에 대한 환상을 갖고 있었고 여기서 그 기원은 원시불교, 최후는 라마교라 불리는 티베트불교로 구체화되었다. 라마교가 부처의 본래 가르침에서 크게 변질된 것이든 이 가르침을 오히려 실현시킨 것이든 간에 라마교는 피할 수 없는 최후로 여겨졌다. 또 티베트불교는 원시불교가 타락하는 과정의 마지막 지점으로서 어느 단계부터는 역사적 변화를 겪는 대신 정체해 있는 것으로 보였다. 이제 변화는 외부로부터만 올 수 있었다. 원시불교의 부흥을 통해서든 기독교로의 개종을 통해서든 티베트는 서양의 구제를 받아야만 했고, 많은 이들은 식민지화가 티베트를 통치하는 최상의 수단이라 믿었다. 또 서양은 19세기 말에 자신들의 지배하에 놓인 다른 아시아 국가들의 불교와 티베트의 불교를 구별함으로써 좀더 쉽게 티베트를 철저한 타자이자 자기 자신을 재현할 수 없는 존재로 묘사할 수 있었다.

'라마교'(Lamaism)가 19세기에 갖고 있던 뜻은 옥스퍼드 영어사전에 실린 훨씬 낡은 단어 '라마니즘'(Lamanism)에 간결하게 설명되어 있다.

> **lamanism**(라마니즘). 폐어. [프랑스어 lamanisme (Huc)에서 옴.] = lamaism(라마이즘). 형용사(a) = lamaic(라마익)
> 1852 Blackw. Mag. LXXI. 339 티베트인들이 거주하는 지역에는 (…) 하나같이 거친 사람들뿐이다. (…) 이들은 새롭게 접목된 라마니즘 아래 많은 미신과 원시신앙을 간직하고 있다. 1867 M. Jones *Huc's Tartary* 243 라마 식의 승려 계급제도는 로마교황청을 모방해 만든 것이다. Ibid. 252 황제들이 라마니즘을 후원하는 것은 (몽골 왕자들의 힘을 약화시키려는) 의도에서다.

이처럼 1852년 문헌에서 라마교는 티베트 고유의 종교가 아니라 다른 나라의 티베트인 거주지역에서 믿는 원시신앙에 새롭게 '접목된' 종교로 묘사된다. 또 1867년 문헌(243면)에는 라마교가 천주교의 성직자 제도를 모방했다는 내용이 나온다. 한편 같은 문헌의

252면에 나오는 구절은 건륭제의 성명서를 연상시킨다. 이 구절의 내용에 따르면 중국황제들이 라마교를 후원하는 것은 한낱 겉치레에 지나지 않는다. 여기에 실린 세 구절 모두 '불교'에 대해서는 언급하지 않으며 라마교에 정통성이 결여된 것처럼 묘사한다. 여기서 정통성은 원조로 여겨지는 것과의 관계에 따라 결정된다. 첫번째 구절에 나오는 라마교는 티베트 미신의 부속물이고, 두번째 구절에서는 원조의 모방물이며, 세번째 구절에서는 현실정치의 구실이 되는 대상이다.

종교학의 수많은 '~교(敎)'들이 그렇듯이 라마교처럼 새로운 이름을 부여받은 이들은 자신들의 '잃어버린 문화'를 어떻게 규정할 것인지에 관한 논쟁에 휘말릴 때, 또 서양이 만들어낸 정의(즉, 정통성을 놓고 다투는 다른 이데올로기가 만들어낸 정의)에 직면할 때에야 비로소 그 이름을 사용하게 된다. 이미 앞에서도 언급했듯이 티베트어에는 '라마교'에 해당하는 단어가 따로 없다. 티베트인들은 자신들의 종교를 '불교'(sangs rgyas pa'i chos, 상게뻬최), 더 일반적으로는 '내부인들의 종교'(nang pa'i chos, 낭뻬최)라 부른다. 티베트 문화의 대변인인 현(現) 달라이 라마(그의 이름에서부터 벌써 라마교라는 말이 생겨난 배경을 떠올리게 된다)는 '라마교'라는 단어가 적절치 못하다고 말한 바 있다. 그는 1963년에 처음으로 외국인 독자들을 대상으로 하는 티베트불교 관련 책을 펴냈는데 거기서 다음과 같은 결론을 내렸다.

어떤 사람들은 티베트의 종교를 '라마교'(말 그대로 '라마들의 종교', bla ma'i chos, 라메최)라 부른다. 마치 우리의 종교가 부처의 가르침을 따르지 않는 종교인 것처럼 말이다. 그러나 이것은 사실이 아니다. 티베트불교 내 모든 종파의 근원이 되는 경전들은 우리의 스승인 부처에게서 나온 것이다. (…) 티베트 승려들은 이들을 신앙의 기초이자 근원으로 삼아 부지런히 듣고 사색하고 명상할 뿐이다. 우리의 주요 교리 가운데 (부처의 가르침에) 어긋나는 교리는 단 하나도 없다.[75]

우리는 여기서 다시 한번 정통성과 관련된 수사를 엿볼 수 있다. 이 수사는 (빅토리아 학자들의 주장과는 반대로) 티베트불교가 부처와 인도 성인들의 가르침을 충실히 따르고 있다고 주장함으로써 티베트불교의 발전에 있어서 티베트가 공헌한 바를 축소시킨다. 그러나 '라마교'라는 용어에 대한 티베트인들의 반응이 하나같이 비슷했던 것만은 아니다. 몽골인 승려 게셰 왕걀(Geshe Wangyal)이 1955년 뉴저지 주의 프리우드 에이커스에 세운 미국 최초의 티베트불교사원은 '미국 라마불교사원'이라 불렸다.[76]

한편 중국의 티베트 침략 및 합병이 이루어진 이후인 1960년대와 1970년대에는 티베트불교(이때까지도 여전히 라마교로 불리곤 했다)를 타락한 형태로 보던 초기의 불교학적 평가가 정반대로 바뀌었다. 젊은 학자들은 티베트가 정통불교의 교리와 수행법을 간직한 곳이라고 치켜세웠다. 티베트불교가 중국, 일본, 동남아시아의 불교와 달리 서구의 통제를 받지 않아 오염되지 않았다는 것이었다. 이제 불교학자들에게 티베트의 가치는 오래전 사라진 산스크리트어 원본 대신 매우 정확한 티베트어 번역본으로 남아 있는 인도불교경전에만 있는 것이 아니었다.[77] 게다가 달라이 라마가 1959년에 인도로 망명하면서 시작된 티베트 디아스포라로 인해 이제껏 연구되지 않은 방대한 양의 티베트불교 문헌이 외부에 알려지게 되었다. 특히 뉴델리에 있는 미국의회도서관 사무소는 유럽과 북미의 대학들이 이들 문헌을 이용할 수 있게끔 큰 도움을 주었다. 19세기 말에 '경멸스러운 허례허식'으로 불리며 워델의 비웃음을 샀던 이 문헌들은 20세기에 와서 전문가나 단순한 애호가를 가릴 것 없이 많은 동양학자들의 찬사를 받았다. 이들은 앞서 살펴본 달라이 라마의 주장처럼 이 문헌들이 부처에게서 나온 고대의 지혜를 담고 있다고 주장했다.[78] 티베트불교는 계속해서 천주교와 비교되었지만 예전과는 달리 천주교보다 더 참된 신앙으로 여겨졌으며, 달라이 라마 또한 로마교황보다 우월한 존재로 생각되었다. 프랑스의 대표적 전위예술가인 아르또가 쓴 「달라이 라마에게 보내는 편지」(1925)는 다음과 같은 내용을 담고 있다. "우리 주변에는 큰소리치는 교황, 삼류시인, 비평가, 망나니 들뿐입니다. 우리의 정신은 속세의 일에만 연연하고 눈앞의 문제에만 급급한 개들처럼 되어버렸습니다. (…) 당신은 영혼의 진정한 해방이 무엇인지, 또 마음속 깊은 곳의 자유가 무엇인지 너무나도 잘 알고 계십니다. 오, 고마운 교황이시여. 우리의 정신을 다스리시는 진정한 교황이시여."[79]

티베트가 서양의 식민지로 전락할 거라 예상한 동양학자들이 티베트를 수사적으로 정복하기 위해 라마교라는 용어를 쓰기 시작한

지 수십년이 지난 지금, 라마교는 어떠한 위치에 있을까? 미국의 회도서관에서는 '라마교'가 여전히 주제명 표목으로 쓰이고 있다. 또 이 용어는 아직까지도 미술사가들 사이에서 통용되고 있다. 예컨대 서구의 가장 권위있는 티베트미술 전문가 프라타파디트야 팔(Pratapaditya Pal)은 1969년에 다음과 같은 설명을 남겼다. "'라마'라는 단어는 불교승려를 뜻한다(실제로는 티베트 승려의 극히 일부만이 '라마'로 불린다). 이들은 티베트대중의 사회생활과 정신생활을 통제하므로 '라마교'는 특별히 티베트에서 발전한 불교를 지칭하는 데 적절한 용어라 할 수 있다."[80] 한편 라마교를 인도불교와 티베트의 원시신앙이 결합된 종교로 보는 빅토리아 시대의 견해도 지금까지 이어져오고 있다. 이를테면 1991년, 동양미술사가 셔먼 리(Sherman Lee)는 티베트에 불교가 전래되기 훨씬 전부터 인도에서 쓰이던 산스크리트어 단어 '바즈라야나'(vajrayāna)를 "자연신과 귀신을 숭배하는 티베트 뵌교가 혼합된 탄트라불교"[81]로 정의했다.

"라마교는 인도, 중국, 일본의 밀교와 히말라야 지역의 토착신앙이 결합된 종교였다."[82] 이 정의는 '1492년경: 탐험시대의 미술' 전시회에서 대중들에게 무료로 나누어준 팸플릿에 실려 있던 것이다. 여기서 가장 눈에 띄는 점은 동사의 시제가 과거형이라는 것이다. 이는 라마교 또는 티베트불교가 정체된 과거 속에만 존재할 뿐임을 암시한다. 이 문장은 과거형 동사를 제외하면 100년 전에 쓰인 문장과 별로 다를 바가 없다. 한편 여기서 라마교는 진정한 불교와 구별된다. 이 정의에 따르면 라마교는 일반불교나 (나중에 발전한) 밀교가 아니라 다양한 형식의 밀교와 토착신앙이 결합된 종교다. (만일 빅토리아 시대의 학자들이었다면 일본의 밀교가 티베트불교에 영향을 끼쳤다는 잘못된 견해를 바로잡았을 것이다.) 이 관점에서 보면 라마교는 외부의 영향과 토착 원시종교의 잡종이자 혼합물이다. 그러므로 당연히 라마교의 정의에 '티베트'라는 기표(signifier)가 등장해서는 안 된다.

서구는 티베트를 특정한 방식으로 재현하는 데에는 성공했지만 정치적으로 지배하는 데에는 실패했다. 한편 중국은 1950년에 인민해방군을 앞세워 티베트를 침공했고 식민지배를 통해 티베트를 재현할 힘을 갖게 됐다. 중국어 단어 '라마자오'가 라마교를 뜻하는 말이 된 것은 청나라 시대에 들어서였다. 그리고 그 당시 시작된 수사학적 궤도는 한바퀴를 돌아 다시 원점으로 되돌아오게 되었다. 서구의 동양학 담론에 약 200년 동안 등장하던 라마교가 다시 '라마자오'가 되어 동양인들에게 되돌아간 것이다. 물론 중국 내에 티베트문화를 폄하하는 그들만의 오랜 역사가 없었던 것은 아니다. 그러나 '라마자오'라는 단어는 청나라 시대에 만들어져 티베트를 중국문화권과 구별하는 말로 쓰여왔고 지금은 티베트를 중국의 일부로 흡수시키기 위해 티베트종교를 비판하는 도구로 쓰이고 있는 것이다. 1959년 이래로 중국에서 출간된 티베트 관련서적을 보면 티베트불교와 관련된 내용은 '불교 및 종교 일반' 항목에 포함되어 일반대중을 억압한다는 비판을 받아왔다. 그러나 중국은 이것만으로는 충분치 않았는지 티베트불교를 라마교, 즉 타락한 원시불교로 재현해낸 서구의 담론을 가져다 자신들의 티베트 침략과 식민지화를 정당화하는 데 이용했다. 1964년에 티베트 방문허가를 받은 유일한 서양인들은 중국공산당의 지지자들이었다. 스튜어트 겔더와 로마 겔더(Stuart and Roma Gelder)는 1964년에 펴낸 여행기 『때맞춰 내리는 단비: 새로운 티베트로의 여행』(*The Timely Rain: Travels in New Tibet*)에서 빅토리아 시대의 라마교 담론을 다시 살려내 중국이 티베트불교를 파괴하는 것을 변호하고 나섰다. "어떤 사람들은 중국이 티베트의 귀중한 영적 유산을 파괴하고 있다고 말한다. 그들은 티베트불교를 제대로 알고 있는 사람들이라기보다는 공산주의를 두려워하는 사람들이다. 그들이 말하는 영적 유산은 현실에 존재하지 않는다. 이 유산은 기계적으로 의식을 치르고 종교적 관습을 따르는 티베트인들을 보고 영적 체험을 하고 있다고 착각하는 사람들의 상상 속에만 있을 뿐이다."[83]

결국 서구에서 만들어진 추상명사는 마치 실재하는 대상을 가리키는 것처럼 쓰이게 되었다. 나아가 단순한 수사의 영역 너머까지 영향을 미치게 되었다. 이제 라마교는 너무나도 특별하고 다른 존재가 되어버렸고 항상 부정형으로만 규정되므로 그 어디에도 묶이지 않은 채 '선'(禪, zen)이나 '신비주의'처럼 자유롭게 떠다닌다. 그 사이에 라마교의 '본고장'인 티베트는 중화인민공화국에 흡수되어 국경을 잃고 실종선고를 받았다. 일찍이 티베트에 간 호주인 선교사가 『신비의 땅, 티베트』(*The Land of Mystery, Tibet*)에도 썼듯이 "티베트의 국가적 존립과 라마교는 결국 동일한 것이다."[84] 유럽인들이 제대로 답사할 수도 없었고, 식민지로 삼을 수도 없었던 티베트는 어느새 중국에 흡수되었다. 라마교라는 용어의 사용에는 자신들에게 통합되고 동화되지 않은 대상을 통제하려는 의도가 숨어 있다. 처음에는 청나라가 티베트를 상대로 이 단어를 사용했고, 다음에는 영국이 아일랜드와 유럽의 다른 천주교 국가들을 상대로 '교황제도'라는 말을 대신하여 이 단어를 사용했으며, 마지막으로 유럽의 불교학이 식민화할 수 없고 제대로 읽어낼 수 없는 티베트를 상대로 이 단어를 사용했다. 지도상에 '티베트'라는 이름만 표기되어 있고 오랫동안 텅 빈 공간으로 남겨져 있었던 자리에는 등고선이 그려지고 강의 수원지와 산의 높이가 표시되었다. 이제 이 자리에는 중국의 국경이 생겨났고 '티베트'라는 이름은 지워졌다. 지금은 심지어 티베트 독립운동의 지지자들조차 그 어느 곳에도 위치하지 않고 현실과 역사를 초월하는 티베트에 초점을 맞춘다. 또 티베트의 종교는 티베트 문화의 유일한 유산이자 가장 본질적인 정수로 여겨진다. 현재에든 과거에든 티베트는 없다. 라마교만 있을 뿐이다. 이처럼 티베트를 가리키는 단어(라마교)만 남아 있을 뿐, 티베트는 그 어디에서도 찾아볼 수 없는 것이다.

티베트인들의 믿음에 따르면 영혼을 의미하는 '라'(la)가 몸을 떠난 사람은 이성을 잃은 채 미쳐버리고 만다. '라마'라는 말이 만들어지면서 '라'의 원래 의미는 라마를 떠났고, 이 말은 균형을 잃은 채 결국 '라마교'라는 말을 낳았다. 그런 의미에서 이 장은 '라'를 원래의 자리로 다시 불러들이려는 뒤늦은 의식이라 할 수 있다.

2장 책 The Book

샹그릴라의 비밀교리

언표(言表)는 한번 말해지고 마는 것이 아니다.
전쟁 결과나 자연재해나 왕의 죽음처럼 과거로 사라져버리지도 않는다.
언표는 형체와 지위를 갖고 있으며, 다양한 의미망 속으로 들어가 여러가지 용도로 쓰인다.
언표는 여기저기로 옮겨지고 변형되며 여러 작전과 전략에 통합되면서
본래의 정체가 유지되거나 소멸된다.

_ 미셸 푸꼬,『지식의 고고학』

호르헤 루이스 보르헤스(Jorge Luis Borges)는 「에드워드 피츠제럴드에 관한 수수께끼」(The Enigma of Edward FitzGerald)에서 어느 기적 같은 사건을 들려준다. 19세기에 영국에 살던 한 괴짜 시인이 우연한 기회에 13세기의 페르시아 천문학자가 남긴 500여편의 4행시 원고를 발견한 것이다. 영국 시인 에드워드 피츠제럴드는 이 원고의 번역을 맡아 원문을 "다듬고, 살을 붙이고, 새로운 어구를 삽입해" 19세기 유럽문학에서 가장 유명한 작품 중 하나로 여겨지는 『루바이야트』(Rubaiyat)를 펴냈다. 스윈번(Swinburne)의 말을 빌리자면 이렇게 해서 페르시아의 천문학자 "오마르 카이얌(Omar Khayyám)은 영국의 주요 시인들 가운데 영원히 한자리를 차지"하게 되었다. 이 사건을 보고 "초자연적인 현상을 떠올린" 보르헤스는 오마르가 영국에서 환생했거나 오마르의 영혼이 1857년경 피츠제럴드의 몸속으로 들어갔을지도 모른다고 상상했다.[1]

이렇게 『루바이야트』처럼 선대의 저자와 후대의 괴짜의 우연한 만남을 통해 탄생한 또 한권의 책이 있다. 서양에서는 『티베트 사자의 서』(The Tibetan Book of the Dead)라는 제목으로 널리 알려진 이 책은 14세기의 티베트인 저자와 20세기의 캘리포니아 주 쌘디에이고에 사는 미국인 월터 웬츠(Walter Wentz)가 우연히 만나 생겨난 결과물이다. 이 책은 1927년에 처음 출판된 이래로 여러 차례 환생할 기회를 얻었다. 이 책의 티베트어 원본은 『바르도 퇴돌』(Bar do thos grol, 문자 그대로 옮기면 '사후세계의 중유中有* 상태에서 듣는 것만으로 해탈에 이름'을 뜻한다)이라는 제목으로 알려진 많은 불교 문헌들 중 하나로 '감추어진 귀중한 문헌'을 뜻하는 뗄마(gter ma)다. 뗄마는 빠드마삼바바가 8세기 후반에 티베트에 머무는 동안 숨겨놓았다는 수천권의 문헌을 가리키는 말이다. 빠드마삼바바는 8세기 당시 티베트인들이 아직 이 문헌을 받아들일 준비가 되어 있지 않다고 여겨 적절한 시기가 오면 그때 가서 발견할 수 있도록 이들을 바위틈, 호숫가, 기둥 주변뿐만 아니라 후손들의 마음속에까지 숨겨놓았다고 한다.

이러한 뗄마 문헌 중 하나인 『바르도 퇴돌』은 서양에서 『티베트 사자의 서』로 환생하면서 한 세기 동안 여러 차례 발견되고 재발견되었다. 1919년 이래로 최소한 다섯권(덜 중요한 책들도 여러권 있

---

* 불교의 사유(四有) 중 하나로 사람이 죽어서 다음 생(生)을 받을 때까지 49일 동안의 기간을 가리킴.

다)[2)]에 달하는 주요저작이 출간되었고 각각의 저작은 당시의 시대적 요구에 부응하는 것이었다. 이 다섯권의 책을 모아보면 『바르도 퇴돌』이 쓰이는 다양한 용도를 엿볼 수 있다. 이들을 서양에서 출판된 순서대로 열거하면 월터 Y. 에번스-웬츠(Walter Y. Evans-Wentz)의 『티베트 사자의 서』(1927), 티모시 리어리(Timothy Leary), 랠프 메츠너(Ralph Metzner), 리처드 앨퍼트(Richard Alpert)의 『환각체험』(*The Psychedelic Experience*, 1964), 프란체스카 프레맨틀(Francesca Fremantle)과 최걈 퉁빠(Chögyam Trungpa)가 번역한 『티베트 사자의 서』(1975), 소걀 린뽀체(Sogyal Rinpoche)의 『티베트의 생명과 죽음의 서』(*The Tibetan Book of Living and Dying*, 1992),* 로버트 서먼(Robert Thurman)이 번역한 『티베트 사자의 서』(1994)다. 1927년에 영어로 처음 출간된 후 나름의 생명력을 얻어 영원한 세계고전으로 불리게 된 『티베트 사자의 서』는 그동안 다방면에 걸쳐 다양한 용도로 쓰여왔다. 그러나 정작 원본인 『바르도 퇴돌』이 수세기 동안 티베트역사에서 어떻게 쓰여왔는지보다는 유럽과 미국의 20세기 문화양식에 맞춰 그 쓰임새가 결정되었다.

다섯권의 저작 가운데 최초로 나온 책이자 가장 잘 알려져 있는 책은 물론 에번스-웬츠의 『티베트 사자의 서』다. 이 책은 뒤에 나올 다른 책들의 원조 격으로 티베트어로 된 '원문' 『바르도 퇴돌』보다 다른 책들에 훨씬 더 큰 영향을 미쳤다. 『티베트 사자의 서』

---

*이 책은 국내에서 『삶과 죽음을 바라보는 티베트의 지혜』(소걀 린포체 지음, 오진탁 옮김, 민음사 1999)라는 제목으로 출간되었다.

는 개정판 형태로 여러 차례 환생했으며 새로운 개정판이 나올 때마다 저자 및 다른 사람들이 쓴 서문과 해설이 덧붙여졌다. 이 책은 1927년에 초판이 나온 이래로 이후의 개정판들을 포함하여 영어로만 52만 5000부가 팔렸고 유럽 각국의 다양한 언어로 번역되었다. 이 책의 원제는 『라마 카지 다와삼둡이 번역한 티베트 사자의 서 또는 바르도 상태에서의 사후체험』(The Tibetan Book of the Dead or the After-Death Experiences on the Bardo Plane, according to Lāma Kazi Dawa-Samdup's English Rendering)이고 "W. Y. 에번스-웬츠가 편집 및 교정을 맡았다." 또 이 책은 에번스-웬츠가 라마들에게 번역을 맡기고 자신이 직접 편집·출간한 네권의 티베트불교 관련 책들 가운데 첫번째 책이기도 하다. 나머지 세권은 카지 다와삼둡이 번역한 『밀라레빠: 티베트의 위대한 요기』(Tibet's Great Yogī Milarepa, 1928)와 『티베트 요가와 비밀교리』(Tibetan Yoga and Secret Doctrines,* 1935) 그리고 세명의 씨킴(Sikkim)인들이 번역한3) 『티베트 해탈의 서』(The Tibetan Book of Great Liberation, 1954)다. 『티베트 사자의 서』의 초판에는 에번스-웬츠가 쓴 서문과 「죽음의 과학」이라는 제목이 붙은 존 우드로프 경(Sir John Woodroffe)의 해설이 실려 있다. 존 우드로프 경은 영국령 인도의 콜카타 고등법원 판사로 재직하면서 힌두 탄트라 학자 겸 신자가 되었고 아서 애벌론(Arthur Avalon)이라는 필명으로 『뱀의 힘』(The Serpent Power)이라는 제목의 책을 펴냈다. 한편 에번스-웬츠

---

*이 책은 국내에서 『티베트 밀교 요가』(라마 카지 다와삼둡 지음, 유기천 옮김, 정신세계사 2001)라는 제목으로 출간되었다.

는 『티베트 사자의 서』에 긴 서문을 싣고 라마 카지 다와삼둡의 번역문에 방대한 주석을 달았다. 에번스-웬츠는 이 책의 제2판(1949)에 또 하나의 서문을 실었으며, 오늘날 가장 잘 알려진 제3판(1957)에는 C. G. 융(C. G. Jung)의 「심리학적 해설」을 덧붙였다. 이 「심리학적 해설」은 1935년 취리히에서 출간된 독일어판 『티베트 사자의 서』(*Das Tibetanische Totenbuch*)에 실린 독일어 원문을 R. F. C. 헐(R. F. C. Hull)이 번역한 것이다. 뿐만 아니라 제3판에는 라마 아나가리카 고빈다가 쓴 서문도 실려 있다. 끝으로 제4판(페이퍼백 초판, 1960)에는 에번스-웬츠의 또다른 서문이 실려 있다.

에번스-웬츠는 초판 서문의 첫머리에 "나는 이 책에서 나 자신의 견해를 최대한 내려놓고 나를 정식 제자로 삼았던 티베트 현인의 대변인 노릇을 하고자 한다."[4]라고 썼다. 그러나 오늘날 우리가 가지고 있는 『티베트 사자의 서』는 다른 목소리들(책의 절반 이상을 차지하는 다양한 서문, 해설, 주석, 부록 등)로 가득 차 있다. 『티베트 사자의 서』가 점차 유명해지자 다양한 분야의 대가들이 저마다 이 책의 본문에 해설을 달았고 결국 이 다양한 목소리들이 본문을 압도하는 기이한 결과가 나타났다.

이처럼 영어로 번역된 티베트어 본문에 다양한 해설이 덧붙여진 『티베트 사자의 서』는 오늘날 서양에서 가장 널리 읽히는 '티베트 문헌'이 되었다. 이 책이 맨 처음 대중의 관심을 끌 수 있었던 것은 제1차 세계대전이 끝난 후 심령주의가 유행하고 죽은 자들의 사후에 대한 관심이 되살아났기 때문일지도 모른다. 당시 셜록 홈스의 작가, 아서 코넌 도일 경(Sir Arthur Conan Doyle) 같은 사람도 심령술을 통해 전쟁 통에 죽은 아들을 만나려 했던 것이다.[5] 그런데 『티베트 사자의 서』의 인기는 시간이 지나도 식을 줄을 몰랐다. 영어(와 다른 유럽 언어들)로 번역 출간된 이 책은 티베트어 원본이 티베트 내에서 읽혔던 것보다 훨씬 더 많이 읽히게 되었다. 1959년 이전까지 대부분의 티베트학자들은 '티베트 사자의 서'(또는 이같은 제목이 붙은 티베트어 번역본)에 대해 들어보지 못했다. 물론 닝마빠 문헌에 정통한 학자들은 티베트어 문헌 '바르도 퇴돌'에 대해 들어보았을 테고 이것을 닝마빠 라마들이 사용하는 장례문헌의 장르이름으로 알고 있었을 것이다. 그중 에번스-웬츠의 책에 번역되어 실린 글은 이 장르에서도 비교적 잘 알려진 문헌의 일부분이었다.[6]

에번스-웬츠의 책을 자세히 다루기 전에 『바르도 퇴돌』을 잘 모르는 젊은 세대의 독자들을 위해 먼저 이 문헌의 내용을 간단히 요약해보고자 한다. 『바르도 퇴돌』은 죽어가거나 이미 죽음을 맞은 사람 옆에서 다른 사람이 소리 내어 읽어주는 장례문헌이다. 이 문헌은 죽음과 환생의 과정을 세 단계의 중간상태인 바르도—바르도(bar do)는 티베트어로 '둘 사이'를 뜻하는 말이다—로 나타낸다. 가장 짧은 첫번째 단계는 죽음을 맞는 순간의 바르도('chi kha' i bar do, 치케바르도)다. 이 단계에서는 '투명한 빛'이라 불리는 깊은 의식상태가 시작되는데 만일 고인이 이 빛을 존재의 실재로 인식하면 그 즉시 윤회의 수레바퀴에서 벗어나 해탈에 이르게 된다. 그러나 이 빛을 깨닫지 못하면 실재를 깨닫는 바르도(chos nyid bar do, 최니바르도)라 불리는 두번째 단계의 바르도가 시작된다. 죽음으로 인한 육체와 의식의 분열은 존재의 실재를 드러낸다. 그러나 이 단계에서는 투명한 빛이 아니라 쉰다섯명의 분노존(忿怒尊)과 마흔두명의 적정존(寂靜尊)──평화의 신──이 만다라(mandala)의 형상으로 나타난다. 이 신들은 고인이 죽음을 맞은 뒤 며칠간 고인의 의식 속에 차례로 모습을 드러낸다. 만일 이 두번째 단계의 바르도에서도 존재의 실재를 깨닫지 못하면 속세로 돌아가는 바르도(srid pa'i bar do, 시빼바르도)라 불리는 세번째 단계의 바르도가 시작된다. 이 단계에서는 반드시 천(天)·아수라(阿修羅)·인간(人間)·축생(畜生)·아귀(餓鬼)·지옥(地獄)의 육도(六道) 가운데 한 곳에 환생해야 한다.

에번스-웬츠는 이 티베트 문헌을 발견하기 전에 또다른 환생제도를 연구했다. 그는 1878년 뉴저지 주의 트렌턴에서 태어나 어린 시절 아버지의 서재에 꽂혀 있던 심령술 책에 관심을 갖게 되었고 십대시절에 블라바쯔끼 여사가 쓴 『이시스의 정체』와 『비밀교리』(*The Secret Doctrine*)를 읽었다.

헬레나 뻬뜨로브나 블라바쯔끼 여사(Madame Helena Petrovna Blavatsky)와 헨리 스틸 올콧(Henry Steele Olcott) 대령은 1875년 뉴욕에 신지학협회(the Theosophical Society)를 창설했다. 이 협회의 설립 목적은 인종, 종교적 신념, 성별, 계급, 피부색의 구별없이 인류의 보편적 형제애를 형성하고, 비교종교학·철학·과학 연구를 장려하며, 설명할 수 없는 자연법칙과 인간의 잠재능력을 연구하는 것이었다. 신지학협회는 여러 측면에서 다원주의에 대한 대응이라 할 수 있었다. 그러나 이들은 과학으로부터의 도피처를 종교에서 찾기보다는 과학적인 종교를 세우려 했다. 따라서 새로운 지질학적 발견을 받아들이고 다윈(Darwin)의 진화론보다 한층 더 정교한 고대의 영적 진화론을 신봉했다. 신지학협회가 설립된 19세기 후반에는 미국 내에서 심령주의에 대한 관심이 최고조에 달해 있었다. 심령주의는 강령회(살아 있는 사람들이 죽은 이의 혼령과 교류를 시도하는 모임—옮긴이), 영혼의 체현, 초자연적인 힘을 받아 무의식적으로 쓴 글 등 다양한 기법을 통해 죽은 이의 영혼과 접촉할 수 있다는 믿음[7]으로, 블라바쯔끼 여사는 이러한 심령술뿐만 아니라 다른 비술에도 능한 것으로 알려졌다.

18세기의 유럽인들은 인도를 기원의 땅으로 보았고 일부 사람들은 기독교조차 인도에서 생겨났다고 주장했다.[8] 19세기와 20세기에 걸쳐 티베트는 점차 인도를 대신할 만한 곳으로 떠올랐고, 신비사상 열풍에 힘입어 신비스러운 지식의 보고이자 사라진 종족이 머무는 곳으로 여겨졌다. 또 어떤 사람들은 예수가 성경에 기록이 없는 공백기 동안 티베트에 있었다는 증거를 내놓기도 했다.[9] 블라바쯔끼 여사는 자신이 7년간 티베트에 머물며 대백색형제단(the Great White Brotherhood)이라 불리는 깨우친 성인들의 비밀결사에 들어갔다고 주장했다. 그녀가 위대한 스승 또는 위대한 영혼이라 불렀던 마하트마들은 티베트에 살긴 했지만 티베트인은 아니었다. 블라바쯔끼 여사의 제자인 A. P. 씨넷(A. P. Sinnett)은 『비밀불교』(*Esoteric Buddhism*)에서 이들에 대하여 다음과 같이 설명했다.

티베트에는 오랜 옛날부터 비밀스러운 장소가 있었다. 달인들이 모이는 이곳은 오늘날에도 미지의 장소로 남아 있고 입문자들을 제외한 일반대중은 마음대로 갈 수 없는 곳이다. 붓다가 살던 시대에는 티베트가 아직 대형제단의 거주지가 아니었다. 과거의 마하트마들은 오늘날과는 달리 세계 곳곳에 훨씬 더 퍼져 살았던 것이다. 그런데 문명이 발달하면서 그들이 견디기 힘들어하는 강력한 자기력(磁氣力)을 발생시키자 그전까지 흩어져 있던 신비주의자들이 14세기경 티베트를 향해 모여들기 시작했다. 당시 신비스러운 지식과 힘은 이미 인류의 안전을 위협할 정도로 널리 퍼져 있는 상태였다. 이에 쫑카빠는 엄중한 규칙과 법으로 이 지식과 힘을 통제하기 시작했다.[10]

블라바쯔끼 여사는 마하트마들의 지도하에 자신의 대표작인 『비밀교리』의 근간을 이루게 될 『잔의 시』(Stanzas of Dzyan)를 연구했다. 『비밀교리』 5권을 보면 다음과 같은 내용이 나온다.

『잔의 서』(Book of Dzyan) ─ 이 제목은 신비명상을 뜻하는 산스크리트어 '디야나'(Dhyâna)에서 왔다 ─ 는 일곱권짜리 큐테(Kiu-te) 서적에 대한 해설서 중 첫번째 권이자 같은 이름(큐테)을 가진 대중서적의 용어풀이집이다. 티베트 겔룩빠사원의 서고에는 대중들을 위한 서른다섯권짜리 큐테와 비밀교리를 전수받은 스승들이 쓴 열네권짜리 해설서 및 주석서가 있다.

이 서른다섯권의 책에는 꾸며낸 이야기, 속임수, 오류가 가득하므로 『비밀교리』의 '대중서'라 불려야 마땅하다. 반면 열네권짜리 해설서는 온갖 신비과학의 요지를 담고 있다.『세상의 신비스러운 지혜』(the Book of Secret Wisdom of World)라는 제목의 작고 낡은 책을 바탕으로 쓰인 이 해설서에는 각종 해석과 주석이 담겨 있고 다양한 신비과학 용어가 풀이되어 있다. 이 책들은 시가체의 테슈 라마가 비밀리에 따로 보관해온 것으로 추정된다. 큐테는 지난 1000년 사이에 편집되었으므로 비교적 최근에 만들어진 책이라 할 수 있다. 그에 반해 제일 초기에 만들어진 해설서들은 헤아릴 수 없을 정도로 오래되었으며 이들을 넣어두었던 원통형 통의 일부가 지금까지 보존되어 내려오고 있다.[11]

블라바쯔끼 여사(후에 가서는 신지학협회의 다른 회원들까지)의 주장에 따르면 그녀와 마하트마들 사이의 비밀스러운 접촉은 때때로 꿈이나 환상을 통해 이루어졌지만 대부분은 그녀의 방에 있는 진열장에 갑자기 나타난 편지나 초자연적인 힘에 의해 무의식적으로 받아 쓴 글을 통해 이루어졌다. 마하트마들의 가르침은 곧 엄청난 분량의 글로 쓰여 가장 일상적인 사회문제에 대한 지침을 주었을 뿐만 아니라 신지학의 고전으로 여겨지는 책들의 주요 내용을 이루게 되었다. 이러한 책들로는 A. P. 씨넷의『비밀불교』, 블라바쯔끼 여사의『비밀교리』, 더 최근에 와서는 앨리스 베일리(Alice Bailey)의 저작 등이 있다. 특히 앨리스 베일리는 성인 즈왈 쿨(Djwaul Khul)의 가르침을 받아적었다고 주장했는데 책 속에서는 그를 본명 대신 간단히 '티베트인'으로 지칭한다.[12]

신지학협회는 미국, 유럽, 인도 등지에서 큰 인기를 끌었고(끊이지 않는 스캔들과 블라바쯔끼 여사가 사기꾼이라는 심령연구협회 the Society for Psychical Research의 공식적 발표에도 불구하고) 인도에서 힌두교가, 또 스리랑카에서 불교가 새롭게 부흥하는 데 있어서 다소 모호하긴 하지만 중요한 역할을 했다. 신지학협회의 인기는 창시자들이 죽고 난 후에도 좀처럼 가라앉지 않았고 20세기에 들어서까지 계속되었다. 블라바쯔끼의 후계자인 애니 베전트(Annie Besant)는 1909년 인도의 한 힌두 소년을 새롭게 인류를 이끌 메시아인 '세계의 스승 크리슈나무르티(the World Teacher Krishnamurti)'로 선포했다. 그러나 그는 이 신성한 지위를 버리고 1930년 협회에서 탈퇴했다. 머지않아 베전트와 다른 지도자들이 세상을 떠났고 결국 협회는 쇠퇴의 길을 걷게 되었다. 그럼에도 불구하고 신지학협회는 20세기에 유럽과 미국이 불교를 받아들이는 데 지대한 영향을 끼쳤다. 블라바쯔끼 여사가 비전(秘傳) 언어인 쎈자르(Senzar)어를 영어로 번역했다고 주장한 『침묵의 목소리』를 두고 D. T. 스즈끼(D. T. Suzuki)는 "이 책에 진정한 대승불교가 있다"[13]라고 평가했다. 또 크리스마스 험프리스가 1960년에 펴낸 선집 『불교의 지혜』 (*The Wisdom of Buddhism*)에는 겨우 다섯편의 티베트 문헌이 실려 있는데 그중 한편은 사실 인도에서 온 것이고 가장 긴 마지막 문헌은 『침묵의 목소리』에서 발췌한 것이다. 한편 『반야심경』 연구가인 에드워드 콘즈(Edward Conze)는 평생을 신지학협회 회원으로 살았으며 미르체아 엘리아데(Mircea Eliade)에게 자신은 블라바쯔끼 여사를 쫑카빠의 화신이라 믿는다고 말했다.[14] 또 달라이 라마의 첫번째 책인 『지혜의 눈뜨기』(*The Opening of the Wisdom Eye*)도 신지학협회에서 출간되었다.

한편 캘리포니아로 거처를 옮긴 월터 웬츠는 1901년 그곳에서 신지학협회 미국지부에 가입했다. 당시 신지학협회의 본부는 포인트 로마에 있었고 '퍼플 마더'(Purple Mother)로 알려진 캐서린 팅글리(Katherine Tingley)가 대표를 맡고 있었다.[15] 웬츠는 팅글리의 권유로 스탠퍼드대학교에 들어갔고 그곳에서 윌리엄 제임스(William James), 윌리엄 버틀러 예이츠(William Butler Yeats)와 함께 공부했다. (예이츠는 1888년 신지학협회의 비전祕傳 부서에 입회했으나 2년 후 블라바쯔끼 여사에게 쫓겨났다.) 웬츠는 스탠퍼드 대학을 졸업한 후 옥스퍼드대학교의 지저스 칼리지에서 켈트 민속학을 연구했다. 그는 그곳에서 자신의 원래 성에 어머니의 성을 붙여 월터 에번스-웬츠라는 새로운 이름을 얻었다. 에번스-웬츠는 훗날 『켈트국가의 요정신앙』(*The Fairy Faith in Celtic Countries*, 1911)이라는 제목으로 출간될 논문을 쓰고 플로리다의 부동산 임대를 통해 얻은 수입으로 세계일주에 나섰다. 제1차 세계대전이 터졌을 당시 그는 그리스에 있었고 전쟁 중에는 대부분의 시간을 이집트에서 보냈다.

이집트에서 스리랑카를 거쳐 인도로 간 그는 아디아르(Adyar)에 위치한 신지학협회 본부를 방문해 애니 베전트를 만났다. 그는 북인도에 머물며 여러 힌두교 스승들의 가르침을 받았는데 그중에는 스와미 사탸난다(Swami Satyananda) 같은 사람도 있었다. 1919년, 에번스-웬츠는 인도 내 히말라야의 남쪽 경사면에 위치한 다르질링에 도착했다. 열성적인 문헌수집가였던 그는 가는 곳마다 낯선 언어로 쓰인 다양한 문헌을 손에 넣었고(한 예로 스리랑카에서는 팔리 패엽사본〔야자수 잎에 쓰인 팔리어 원고―옮긴이〕을 수집했다) 티베트에서 갓 돌아온 영국군 장교에게 티베트어 문헌들을 얻어냈다. 이 문헌들은 깔마 링빠(Karma gling pa)가 쓴 『적정존과 분노존과의 만남을 통해 마음의 해탈을 얻게 하는 심오한 교리』(*Profound Doctrine of Self-Liberation of the Mind 〔through Encountering〕 the Peaceful and Wrathful Deities*, 티베트어 제목: *Zab chos zhi khro dgongs pa rang grol*)의 일부로 『깔마 링빠가 소개하는 적정존과 분노존』(*Peaceful and Wrathful Deities according to Karmalingpa*, 티베트어 제목: *Kar gling zhi khro*)이라는 제목으로도 알려져 있다. (만일 영국인 소령 캠벨이 에번스-웬츠에게 건넨 문헌이 티베트불교 승원의 논리학 교과서였다면 서구의 역사가 어떻게 달라졌을지 자못 궁금하다.) 에번스-웬츠는 지역 경찰서장으로부터 소개장을 받아 강톡의 마하라자 남학교에서 영어교사를 하고 있던 카지 다와삼둡에게 이 문헌들을 가져갔다. 카지 다와삼둡은 알렉상드라 다비드-넬(Alexandra David-Néel, 그녀는 1892년에 신지학협회 수료증을 받았다)의 통역사로 일하면서 이미 서양의 불교 애호가들과 안면을 튼 사이였다.[16] 다비드-넬은 『티베트의 마법과 신비』(*Magic and Mystery in Tibet*)*에서 다와삼둡에 대해 다음과 같이 묘사한다.

다와삼둡은 비술(秘術)을 행하는 사람이었고 어떤 면에서는

---

*이 책은 국내에서 『티베트 마법의 서』(알렉산드라 다비드 넬 지음, 김은주 옮김, 르네상스 2004)라는 제목으로 출간되었다.

신비주의자였다. 그는 비범한 힘을 얻고자 다키니(Dâkinîs)나 다른 무시무시한 신들과 비밀스러운 교류(intercourse, 이 단어에는 '성교'의 의미도 있다―옮긴이)를 시도했다. 그는 눈에 보이지 않는 존재들이 가득한 신비 세계에 푹 빠져 있었지만 먹고살 돈을 버느라 자신이 좋아하는 연구에 많은 시간을 쏟을 수 없었다. (…)

그의 고향사람들은 특별히 술에 약했고 이것은 다와삼둡의 인생에 내려진 저주이기도 했다. 그의 욱하는 성미는 술만 마시면 더욱 격해져 한번은 거의 살인을 저지를 뻔하기도 했다. 나는 강톡에 살면서 그의 삶에 어느정도 영향을 주었고, 그를 설득해 발효주(불교도들에게 금지된 술)를 완전히 끊겠노라는 약속을 받아내기도 했다. 그러나 술을 마시지 않고 견디기에는 그의 의지가 너무 약했다. (…)

나는 얼마든지 보까치오가 했던 식으로 내 훌륭한 통역사에 대해 재미난 이야기를 들려줄 수 있다. 그는 신비주의자이자 학교 교장이고 작가였지만 그외에도 여러가지 다른 일을 했다. 그의 영혼이 평안히 잠들기를! 나는 결코 그를 낮춰보고 싶지 않다. 그는 꾸준히 노력해 진정한 학식을 쌓았고 호의적이며 흥미로운 사람이었다. 그를 만난 것은 큰 기쁨이었으며 이 자리를 빌려 그에게 감사한 마음을 전하고 싶다.[17]

카지 다와삼둡에게 문헌을 가져간 에번스-웬츠는 그후 두달 동안 매일같이 학교수업 전에 그를 만났고, 그가 에번스-웬츠를 위해 번역해준 내용은 『티베트 사자의 서』의 핵심본문을 이루게 되었다. 그들이 함께 보낸 시간은 결코 길지 않았다. 에번스-웬츠가 요가 수행을 위해 곧 스와미 사탸난다의 아쉬람으로 돌아갔기 때문이다. 그는 그곳에서 매일같이 4시간 40분 동안 움직이지 않고 앉아 있는 법을 배웠다. 에번스-웬츠는 스리 유케츠와(Sri Yuketswar)나 라마나 마하르쉬(Ramana Maharshi)처럼 당대에 잘 알려진 신(新)베단타(Vedanta)학파 지도자들의 제자였지만 티베트불교 신자였던 적은 없는 것으로 보인다. 에번스-웬츠의 전기를 쓴 작가는 그와 카지 다와삼둡의 관계에 대하여 다음과 같이 적었다. "그들이 주고받은 몇장의 편지는 매우 형식적인 어조로 쓰여 있고 놀라울 정도로 거리감이 느껴진다. 다와삼둡의 일기에도 좀더 친밀한 관계를 암시하는 내용은 나오지 않는다. 다와삼둡이 월터 에번스-웬츠의 스승이었다는 추후 진술을 뒷받침해주거나 에번스-웬츠에게 '가르침'을 주었다는 내용은 그 어디에서도 찾아볼 수 없다."[18]

에번스-웬츠는 카지 다와삼둡이 죽고 난 뒤인 1935년 다르질링으로 돌아왔고 티베트 혈통의 세명의 씨킴인을 고용해 훗날 『티베트 해탈의 서』라는 제목으로 출간될 또다른 문헌을 번역하게 했다. 그는 이후에도 계속 신지학협회의 회원으로 남았고 마지막 23년 동안 쌘디에이고의 키스톤 호텔에 머물면서 여러 신지학 간행물에 글을 썼다. 그는 캘리포니아 주 엔시니타스에 있는 스와미 요가난다 자아실현협회(the Self-Realization Fellowship of Swami Yogananda)에서 생을 마감했다.

에번스-웬츠가 지지한 환생론은 1885년에 A. P. 씨넷의 『비밀불교』에 처음 등장했고 블라바쯔끼 여사의 『비밀교리』(1888)에서 더욱 자세히 설명(및 '수정')되었다. 블라바쯔끼 여사는 쎈자르어로 쓰인 고대문헌인 『잔의 서』를 연구했다고 주장했고 우리가 사는 세계의 일곱가지 발전단계와 일곱 종(種)의 근원인종 및 하위인종에 대해 묘사했다. 그녀의 설명에 따르면 지구는 지금까지 세 단계를 거쳐왔고 그동안 영적인 형태에서 물적인 형태로 진화해왔다. 우리는 현재 네번째 단계에 있고 앞으로 남은 세 단계를 거치면서 다시 천천히 영적인 형태로 되돌아갈 것이다. 우주는 개별자들의 영혼인 단자들(monads)로 이루어져 있는데 이들은 궁극적으로 우주의 대신령(大神靈, 에머슨Emerson 등의 사상에서 만물을 생성시킨다고 하는 영―옮긴이)과 같다고 할 수 있다. 단자들은 카르마(Karma, 업)의 법칙에 따라 환생하며 네번째 단계에서 일곱 인종의 모습으로 연달아 지구에 나타난다. 첫번째 인종은 '자생체'(Self-born)라 불리는 영적 실체로 육체가 따로 없었다. 이들은 불멸의 성지가 바다 아래로 가라앉기 전까지 그 성지에 살았다. 두번째 인종인 북방인들(Hyperboreans)은 북극에 살았고, 그들 역시 육체가 없었다. 세번째 근원인종인 레무리아(Lemuria)인들은 아직 미각이나 후각을 갖지 못한 최초의 인간이었다. 그들이 살던 광대한 레무리아 대륙은 태평양 위로 뻗어 있었고 지금의 아프리카 대륙까지 포함하는 넓은 땅이었다. 이 땅은 화재로 인해 멸망했고 그 일부였던 호주 대륙과 이스터 섬이 아직까지 남아 있다. 네번째 근원인종은 아틀란티스 대륙에 살았다. 발전한 문명을 가지고 있었던 그들은 전기를 사용하고 비행기를 타고 다녔다. 그러나 그들의 문명은 대홍수로 종말을 맞았다.[19)] 아틀란티스에서 살아남은 네번째 근원인종의 하위인종은 다섯번째 근원인종인 아리아인들의 초기 하위인종에 흡수되었는데 그리스인, 이집트인, 페키니아인들이 바로 이 초기 하위인종이다. 아리아인들은 후에 아틀란티스에서 살아 남은 '황인과 홍인, 갈색인과 흑인'을 정복해 각각 아시아와 아프리카로 몰아냈다.[20] 어느 마하트마는 『비밀불교』에서 이를 다음과 같이 설명했다.

앞서 말했듯이 현재 지구상에서 (영적으로) 가장 우월한 인종은 다섯번째 근원인종의 첫번째 하위인종인 아시아의 아리아인들이고 (지성에 있어서) 가장 우월한 인종은 다섯번째 근원인종의 마지막 하위인종인 백인 정복자들, 당신들이다. 대다수의 인류는 네번째 근원인종의 일곱번째 하위인종에 속하는데 이들은 위에서 언급한 중국인들과 그들에게서 갈라져나온 말레이인, 몽골인, 티베트인, 자바인 등이다. 나머지 사람들은 네번째 근원인종의 다른 하위인종들과 세번째 근원인종의 일곱번째 하위인종에 속한다.[21]

1888년, 블라바쯔끼 여사는 미국인들 사이에서 다섯번째 근원인종의 여섯번째 하위인종을 찾아냈다며 이들을 "오늘날 유럽인들의 뒤를 이을 개척자들"이라고 불렀다.[22] 다른 신지학협회 회원들은 캘리포니아가 이 문명의 중심지라 믿었다. 블라바쯔끼 여사의 설명에 따르면 일곱번째 하위인종은 2만 5000년 후에 나타난다. 또 유럽과 아메리카 대륙은 결국 대재앙으로 멸망하고 지구의 네번째 단계에서 여섯번째 근원인종의 시대가 열린다.[23]

한편 아틀란티스인종이 살던 시대의 중간시점부터 소수의 단자들이 환생을 거듭해왔는데 이러한 경향은 전체 진화단계에 걸쳐 계속된다.[24] 이때 인간은 오직 인간으로만 다시 태어날 수 있으며 동물들은 상위종으로 환생할지는 몰라도 그 반대현상은 일어나지 않는다.[25] 동물에서 인간으로 환생하는 사람들은 『잔의 시』에서 '낮은 지능'을 가진 것으로 묘사되는 남양제도인, 아프리카인, 호주 원주민 등이다. "이 미개종족들의 추리력은 거의 동물 수준이나 다름없다. 그들은 일부 사람들이 생각하는 것처럼 우월한 성질을 물려받지 못했거나 '혜택을 받지 못한' 것이 아니다. 그들은 인간 단자들 중에서도 이 땅에 '가장 늦게 도착해 아직 준비가 되어 있지 않을' 뿐이다. 그들은 이번 단계에서 진화해야만 (…) 다섯번째 단계에 이르렀을 때 평균적인 수준에 도달할 수 있다."[26]

1927년에 나온 『티베트 사자의 서』의 초판 서문은 에번스-웬츠가 신지학 연구에 전념했다는 사실을 염두에 두고 읽어야 한다. 그는 서문의 첫머리에서 다음과 같이 말한다. "나는 이 책에서 나 자신의 견해를 최대한 내려놓고 나를 정식 제자로 삼았던 티베트 현인의 대변인 노릇을 하고자 한다." 실제로 이것은 블라바쯔끼 여사가 곧잘 하던 말이다. 이어서 에번스-웬츠는 자신이 5년 동안 "야자나무로 둘러싸인 실론의 해변에서부터 힌두인들이 사는 경이로운 나라를 거쳐 빙하로 뒤덮인 히말라야의 고지대까지 동양의 현자들을 찾아다녔다"라고 말한다. 그가 여행길에서 만난 동양의 여러 현인들과 성자들은 자신들의 종교적 믿음과 수행("이중 일부는 구전으로만 전수되어왔다")이 서양의 그것과 닮았으며 이러한 유사점은 역사적 관련성에서 비롯된 것이라 믿었다.

에번스-웬츠는 『티베트 사자의 서』의 주석에서 여러 차례 되풀이했던 이야기를 1948년에 출간된 제2판 서문에서 다시 한번 강조한다. 요지인즉, 서구문명이 죽음의 기술과 관련된 고유의 전통을 거의 잃어버렸다는 것이다. 죽음의 기술은 고대 이집트인들, '고대 신비종교'의 입문자들, 중세와 르네상스 시대의 기독교인들 사이에 널리 알려져 있었다. 이것은 기독교 이전에 생겨난 전통이었고 (에번스-웬츠의 설명대로라면 티베트에서 행해지는 죽음의 기술이 불교가 들어오기 이전의 전통인 것처럼) "초기의 다양한 기독교 교회들, 그중에서도 특히 로마, 그리스, 영국 성공회, 시리아, 아르메니아, 콥트(이집트 재래의 기독교파—옮긴이) 교회"의 의식에 순조롭게 녹아들었다. 그러나 안타깝게도 현대의 의학은 이러한 전통을 무시해왔다. 에번스-웬츠의 설명에 따르면 이미 고인이 된 카지 다와삼둡이나 다른 학식 높은 라마들의 바람은 『티베트 사자의 서』의 번역본이 서양에 영감을 주어 죽음의 기술을 재발견하고 실천할 수 있게 해주며 서양인들이 이 기술을 통해 부처가 말했던 마음속 지혜의 빛과 "인류를 이끄는 가장 중요한 가르침"을 발견할 수 있게 되는 것이다.

한편 1955년에 출간된 제3판의 서문에는 서구의 잃어버린 전통을 재발견해야 한다는 이야기 대신 다음과 같은 내용이 나온다. "이 책은 지구에 환생해 인류라는 한가족을 이룬 모든 구성원들에게 가장 중요한 메시지를 전하고 있다. 지금껏 동양인들에게만 알려져 있던 죽음과 환생의 과학을 서양인들에게도 드러내 보이는 것이다." 제3판에는 융과 고빈다의 해설이 처음으로 수록되었고 이들의 통찰력 있는 해설은 에번스-웬츠의 서문에서 다시 한번 길게 언급된다. 이 서문에서는 불교나 티베트에 대한 내용보다 『우빠니샤드』(Upaniṣad)와 『바가바드기따』(Bhagavad Gita)와 같은 힌두경전에 대한 내용이 더 비중 있게 다뤄진다. 한편 에번스-웬츠의 설명에 따르면 융의 해설은 서양의 심리학자들이 드디어 프로이트(Freud)를 넘어서기 시작했음을 보여준다. "형이상학에 대한 프로이트의 두려움은 그들(심리학자들)이 신비의 영역으로 들어가는 것을 막아왔다. 그러나 이 두려움을 극복해야만 진정한 진보를 이룰 수 있다." 에번스-웬츠는 19세기의 심령학이나 신지학 서적에 등장하는 견해(현 달라이 라마도 같은 견해를 가지고 있다)를 거듭해서 강조하는데 이 견해는 서양의 과학이 동양이 가진 통찰, 그중에서도 특히 환생의 존재를 받아들이는 수준까지 발전하리라는 것이다.

어느 시대에나 최고의 깨달음을 얻은 현자들은 전생과 환생이 실제로 존재한다고 가르쳐왔다. 따라서 지금 우리 서구의 과학자들이 전생과 환생의 심오한 원리를 연구하고 있다는 사실은 매우 중요한 역사적 의미를 갖는다. 특히 이들 중에 일부 과학자들은 서구에 과학이 생겨나기 훨씬 이전에 동양의 현인들이 발견한 사실에서 서양과 동양이 상호이해를 이루게 되어 있는 지점에 점점 더 가까이 다가가고 있는 듯하다.

에번스-웬츠가 보기에 "서양의 과학과 동양의 사상이 마침내 하나가 되는 것"은 지금의 '이단적인' 심리학자들이 동양의 요가수행자들로부터 명상과 자기분석의 방법을 받아들일 때라야 가능한 일이다. 그는 블라바쯔끼 여사를 연상시키는 다음과 같은 발언을 한다.

또 그때가 되면 이 심오한 원리를 지지한 이들이 옳았던 것으로 밝혀질 것이다. 이들 중에는 피타고라스, 플라톤, 플로티누스, 그노시스교도, 크리슈나, 부처만 있는 것이 아니라 고대 이집트, 그리스, 로마의 신비종교 사제와 켈트족의 드루이드 사제도 있다. 최면에 걸려 잘못된 정설을 받아들였던 서구인들은 이제 무지의 잠에서 깨어날 것이다. 그리고 그들의 형제임에도 불구하고 오랫동안 주목을 받지 못했던 동양의 현자들을 두 팔 벌려 맞이할 것이다.

C. G. 융(그는 블라바쯔끼 여사의 전직 비서인 G. R. S. 미드Mead가 쓴 책을 여러권 읽었다)이 1935년에 쓴 '심리학적 해설'에는 『티베트 사자의 서』(그는 이 책을 시종일관 『바르도 퇴돌』이라 부른다)가 1927년에 처음 출간된 이후로 그가 항상 이 책을 지니고 다녔으며 "이 책에서 많은 흥미로운 발상과 중요한 통찰을 얻었다"라는 내용이 나온다. 따라서 그는 "이 책에 담긴 위대한 사상과 문제들을 서구의 독자들이 좀더 쉽게 이해할 수 있도록" 도움을 주는 작업에 착수한다. 그는 이 티베트 문헌이 심리학적 관점을 드러

내 보인다며 이것을 프로이트의 관점(융이 보기에 좀더 제한된 관점)과 비교한다. 그는 자신의 글에서 죽음과 환생의 세 단계를 나타내는 티베트어 단어를 자주 사용하는데 첫번째 단계는 죽음을 맞는 순간의 중간상태를 뜻하는 치케바르도다. 이 단계에서는 죽음의 여러가지 현상이 나타나며 투명한 빛이 밝아오면서부터 이러한 현상이 멈춘다. 두번째 단계는 실재의 중간 상태를 일컫는 죄니바르도다. 이 단계는 죽은 후부터 환생하기 전까지의 시기로 『바르도 퇴돌』에 생생하게 묘사된 환영이 나타난다. 마지막 세번째 단계는 실존의 중간상태를 뜻하는 시뻬바르도다. 이 단계에서는 여기저기를 떠돌던 의식체가 부모가 성교하는 원초적 장면을 보고 자궁 속으로 들어간다.

  융의 주장에 따르면 프로이트의 정신분석학은 『티베트 사자의 서』와 반대방향으로 진행되며 세 단계의 바르도 중에 마지막 단계이자 유아기의 성적 환상을 특징으로 하는 시뻬바르도까지만 발견해냈다. 일부 정신분석학자들은 인간이 자궁 속에 머물 때의 기억까지 알아냈다고 주장하지만 이 지점에서 "서양의 이성은 불행히도 한계에 부딪치고 만다." 융은 프로이트의 정신분석이 자궁 이전 상태까지 더 파고들어갈 수도 있었다며 아쉬움을 표한다. "만일 그가 이 과감한 분석에 성공했더라면 틀림없이 시뻬바르도를 넘어서 죄니바르도의 낮은 차원까지도 거슬러올라갈 수 있었을 것이다." 이렇게만 되었더라면 프로이트는 환생의 실체를 밝힐 수 있었던 것이다. 여기서 융의 주장은 환생의 존재를 밝히는 고전불교의 논증을 연상시킨다. 고전불교에서는 지금 이 순간의 의식이 그 이전

순간의 의식에서 나왔다고 본다. 따라서 자궁 속 태아의 의식이 그 이전 단계의 의식에서 왔다는 점을 인정하면 환생이 입증되는 것이다. 그러나 실제로 융에게 더 중요했던 것은 자신의 주장을 펴기에 앞서 이처럼 프로이트의 이론을 비판하는 것이었다. 물론 융 자신도 이 해설을 쓴 이후로 수십년 동안 (상징적 차원 너머로는) 환생의 실체에 대해 연구한 바가 없으니 일부 독자들은 그의 비판이 공정하지 않다고 느낄 수도 있다.

융은 이처럼 프로이트의 이론을 비평한 후 더욱 중요한 다음 과제로 넘어간다. 이는 바로 동양의 지혜를 자신의 심리학이론과 결합시키는 것이다. 융의 이 같은 경향은 그가 동양의 다른 경전들에 대해서 쓴 해설에서도 드러난다. 우선 그는 서양인들에게 『바르도 퇴돌』을 거꾸로 읽으라고 제안한다. 즉, 가장 먼저 시뻬바르도를 읽고 다음으로 최니바르도와 치케바르도 순으로 읽으라는 것이다. 우리는 이미 앞에서 시뻬바르도 단계의 심리학적 특성에 대해 살펴보았다. 다음 단계는 최니바르도인데 이 단계에서 고인(故人)은 "카르마의 환영"을 보게 된다. 융은 카르마를 정신의 유전으로 해석하고 이를 집단무의식의 원형과 연결시킨다. 그는 비교종교학과 신화학에 등장하는 원형들에 대해 다음과 같이 설명한다. "지구 곳곳에 있는 이 원형적 이미지들과 여기에 담긴 사상은 놀랄 정도로 닮아 있다. 그 때문에 그토록 터무니없는 문화이동설이 제기되었던 것이다. 그러나 모든 시대와 장소를 불문하고 인간의 정신이 근본적으로 비슷하다고 생각하는 편이 훨씬 더 이치에 맞을 것이다." 이처럼 융은 에번스-웬츠와는 달리 아시아의 명상수행자들과 그리스 신비종교의 입문자들이 서로에게 아무런 영향도 주지 않았다고 보았다. 그가 보기에 그들의 사상은 원초적이고 보편적이며 어디에나 존재하는 정신구조에서 나온 것이었다. '고인은 자신이 죽었다는 사실을 스스로 깨닫지 못한다는 것'을 『바르도 퇴돌』과 미국의 심령술과 스베덴보리(Swedenborg, 스웨덴의 종교적 신비 철학자—옮긴이)가 동시에 지적하고 있다면 이것을 달리 어떻게 설명할 수 있단 말인가?[27]

최니바르도 단계에서 보게 되는 무시무시한 환영은 의식의 제약을 받지 않고 환상과 상상에 빠진 결과다. "최니 상태는 일부러 일으킨 정신이상 상태나 마찬가지다." 여기서 융은 동양에 대한 그의 다른 모든 글에서 했던 이야기를 다시 한번 반복하며 요가를 수행하는 서양인은 큰 위험에 처하게 된다고 경고한다. 또 그는 티베트 경전에 묘사되어 있는 불교 지옥 속의 사지절단이 심리학의 정신분열을 상징한다고 주장한다.

융이 보기에 서양사상과 동양사상의 근본적 차이 중 하나는 종교에 입문하는 것이 기독교에서 죽음에 대한 준비라면 『바르도 퇴돌』에서는 환생에 대한 준비이고 "영혼이 육체로 내려올 수 있도록" 준비시켜주는 과정이라는 것이다. 이것이 바로 유럽인들이 『바르도 퇴돌』에 나오는 세 단계를 거꾸로 읽어야 하는 이유다. 즉 개인무의식의 경험에서 출발해 집단무의식의 경험을 거치고, 마지막으로 모든 환영이 멈추고 "온갖 형상과 대상에 대한 집착에서 자유로워진 의식이 영원한 태초의 상태로 돌아가는 것"이다. 융은 이 일련의 과정이 "유럽인들이 무의식의 '입문과정'을 거칠 때, 다시 말해 무의식 분석을 받을 때 겪는 경험과 매우 유사하다"라고 말한다. 끝으로 융은 "신과 영혼의 세계는 사실상 자기 안에 있는 집단무의식에 '지나지 않는다'"라는 말로 해설을 마친다.

이처럼 융은 『바르도 퇴돌』을 자신의 이론의 원재료로 삼았다(그가 동양의 다른 경전들에 대해 쓴 해설에서도 마찬가지 경향을 엿볼 수 있다).[28] 그는 마치 식민지 경영주처럼 (번역된) 동양의 경전들에서 원재료를 캐냈고 이 과정에서 자신이 이 문헌들에 가한 (인식적인 그리고 그 외의) 폭력은 인정하지 않았다. 『바르도 퇴돌』에 나오는 세 단계의 바르도 순서를 뒤집는 것은 그저 한가지 예일 뿐이다. 그런 후 그는 분석심리학 공장에서 이 원재료들을 가공해 집단무의식이라는 제품을 만들어냈다. 이 제품은 유럽과 미국의 소비자들 사이에서 심리치료 요소로 홍보되었고 아시아 식민지들로 역수출되어 그들의 문화를 가장 잘 설명하는 이론으로 팔리게 되었다.

한편 『티베트 사자의 서』 제2판(1949)에 실린 또다른 서문은 라마 고빈다가 쓴 것이다. 그는 서구에 티베트불교를 알리는 데 가장 큰 영향을 끼친 인물 중 하나다. 라마 아나가리카 고빈다는 1895년 독일 카셀에서 태어났고 본명은 에른스트 로타 호프만(Ernst Lothar Hoffmann)이다.[29] 그는 제1차 세계대전 당시 이딸리아 전선에서 복무했고 전쟁 이후 스위스 프라이부르크대학교에서 수학했다. 그는 카프리 섬에서 유럽 및 미국 출신의 예술가들과 어울려 지내면서 불교에 관심을 갖게 되었고 1920년에는 첫번째 저서인 『불교의 근본사상과 신학과의 관계』(*The Basic Ideas of Buddhism and its Relationship* to Ideas of God)를 펴냈다(지금은 더이상 이 책을 구할 수 없게 되었다). 1928년, 배를 타고 씰론(지금의 스리랑카)으로 향한 그는 독일 태생의 테라바다(Theravada)불교 승려인 니야나틸로카 마하테라(Nyānatiloka Mahāthera, 고빈다라는 이름은 그가 지어준 것이다)와 함께 명상과 불교철학을 공부했고 버마와 인도를 여행했다. 1931년, 히말라야 고지대에 자리 잡은 다르질링에 머물던 그는 봄철의 눈보라를 피해 굼(Ghoom)에 있는 티베트사원에 갔다가 우연히 겔룩빠 승려인 도모 게셰 린뽀체(Gro mo dge bshes rin po che)를 만나게 되었다. 그는 30여년 후에 출간한 자서전『흰 구름의 길』(The Way of the White Clouds)에서 도모 게셰 린뽀체를 만나 티베트불교에 입문한 시기를 자신의 인생에서 가장 중요한 순간으로 꼽고 있다. 그러나 티베트 승려와 티베트어라고는 한마디도 못하는 독일 여행가(그는 당시에 정식으로 계를 받지는 않았지만 테라바다불교 승려의 옷차림을 하고 다녔다) 사이에서 무슨 일이 있었는지, 또 이 '입문'이 정확히 어떤 것이었는지는(이는 아마도 불교의식의 맨 처음 단계인 귀의의식이었을 것이다) 제대로 알기 어렵다. 고빈다가 자신이 어떤 가르침을 받았는지 분명하게 서술하고 있지 않기 때문이다. 티베트에서 보통 '입문'이라 하면 스승인 라마에게 특수한 탄트라 의식과 명상에 참여할 권한을 전수받는 것을 의미하므로 고빈다는 '입문'이라는 말을 티베트어 본래의 의미와 다르게 이해한 것으로 보인다.『위대한 진언 옴 마니 빠드메 훔의 밀교적 가르침에 따른 티베트 신비주의의 기초』(Foundations of Tibetan Mysticism according to the Esoteric Teachings of the Great Mantra Om Mani Padme Hūm)에서 고빈다는 다음과 같이 말한다. "여기서 '입문자들'은 특정 조직이나 단체에 속한 사람들이 아니라 특별한 감수성을 지니고 있어 상징물들이 발산하는 미묘한 기운에 반응하는 사람들이다. 이들은 전통이나 직관을 통해 이 상징물들에 대해 알게 된다."[30]

고빈다는 1932년, 티베트 남서부에 있는 카일라스 산으로 순례 여행을 떠났고 여행에서 돌아온 뒤에는 한동안 파트나대학교와 (라빈드라나스 타고르Rabindranath Tagore가 설립한) 샨티니케탄에서 학생들을 가르쳤다. 이 기간 동안 그는 다양한 신지학 학술지들뿐만 아니라 콜카타의 불교학회 학술지인 『마하보디』(Mahabodhi)에 여러편의 논문을 실었다. 그가 파트나대학교에서 했던 강의는 『초기 불교철학의 사고방식』(The Psychological Attitude of Early Buddhist Philosophy), 샨티니케탄에서 했던 강의는 『불탑의 정신적·우주적 상징성』(Psycho-Cosmic Symbolism of the Buddhist Stūpa)이라는 제목의 책으로 출간되었다. 그는 샨티니케탄에서 파시교 여성 라티 페티트(Rati Petit)를 만나 1947년에 결혼했다(그의 부인도 남편처럼 리 고타미 Li Gotami라는 새로운 이름을 얻었으며 남편이 직접 디자인한 티베트 양식의 옷을 입고 다녔다). 고빈다는 1930년대에 국제불교대학협회, 국제불학원협회, 아리야 마이트레야 만달라(the Arya Maitreya Mandala)와 같은 여러 단체를 설립했다. 또 1942년에는 독일인 하인리히 하러(Heinrich Harrer, 그는 영국군으로부터 탈출해 티베트에서 7년의 시간을 보냈다), 『불교 명상의 핵심』(The Heart of Buddhist Meditation)을 쓴 독일 출신의 테라바다불교 승려 니야나포니카 마하테라(Nyānaponika Mahāthera)와 함께 데라 둔에서 영국군에게 억류

되기도 했다.

라마 고빈다와 리 고타미는 1947년과 1948년에 『인도 사진 주간지』(Illustrated Weekly of India)의 후원을 받아 서부 티베트, 그중에서도 특히 짜빠랑과 톨링에 위치한 사원들의 사진을 찍으러 원정대를 이끌고 떠났다. (리 고타미의 사진은 중국이 티베트를 침략한 이후로 그 이전의 모습을 보여주는 중요한 기록으로 평가받았으며 고빈다의 『흰 구름의 길』과 『티베트 신비주의의 기초』, 리 고타미의 『사진으로 보는 티베트』 Tibet in Pictures 등에 실려 있다) 그들은 여행 도중 쩨출링사원의 아조레빠 린뽀체를 만났는데 고빈다는 이 승려가 자신들을 까규빠 교단에 입문시켜주었다고 주장했다. 그러나 티베트불교의 그 어떤 종파에도 이러한 입문의식이 따로 없으므로 이 의식의 정체는 아직까지 불분명하게 남아 있다. 라마 고빈다는 도모 게셰 린뽀체의 경우와 마찬가지로 아조레빠 린뽀체에게 어떤 가르침을 받았는지 분명히 밝히지 않았다. 그럼에도 불구하고 그는 이 시기부터 자신을 까규빠 입문자 또는 '유럽 혈통의 인도 국민이자 티베트교단에 속하고 인류의 형제애를 믿는 불교도'라 칭했다.

라마 고빈다와 리 고타미는 티베트에서 인도로 돌아와 월터 에번스-웬츠의 집에 세를 든 후 그곳을 영구 거처로 삼았다. 카사르 데비에 있던 그들의 집은 1960년대에 들어 영적 구도자들이 반드시 거쳐가야 할 곳이 되었고(1961년에는 비트 세대 시인인 게리 스나이더Gary Snyder와 앨런 긴스버그Allen Ginsberg가 이곳을 찾기도 했다) 훗날 방문자들이 너무 많아져 집 주변에 그들을 쫓는 경고문을 써붙여야 할 정도였다. 한편 1966년 『흰 구름의 길』이 출간되면서 고빈다의 명성은 더욱 높아졌다. 그는 1985년에 사망하기 전까지 유럽과 미국을 돌며 20여년간 강연을 했고 쌘프란시스코 선원(the San Francisco Zen Center)에서 마련해준 밀 밸리Mill Vallery의 집에서 말년을 보냈다. 그는 1981년, 자신의 가장 중요한 저작으로 꼽은 『역경(易經)의 내부구조』(*The Inner Structure of the I Ching*)를 펴냈다. 그가 이 책을 쓰게 된 계기는 "이제껏 중국과 유럽의 여러 철학자들 및 학자들이 역경에 대해 어떻게 생각하는지만 들어왔지, 정작 역경이 무슨 이야기를 하는지에는 주의를 기울이지 않았기 때문"[31])이다. 이에 따라 그의 연구는 이 같은 상황을 바로잡는 데 역점을 두었으며 그가 정작 중국어를 읽을 줄 모른다는 사실은 연구에 방해가 되기는커녕 오히려 도움이 된 것처럼 보인다. 『역경의 내부구조』는 앨런 와츠 비교연구협회(the Alan Watts Society for Comparative Research)의 지원을 받아 출간되었다.

실제로 고빈다는 평생 서양언어로 된 광범위한 문헌에 의존해 글을 썼고 번역되지 않은 불교경전 원본을 참고한 적은 한번도 없었던 것으로 보인다. 『초기 불교철학의 사고방식』(1935년에 파트나 대학교에서 했던 강의를 엮은 책)에 실린 팔리어 문헌은 영국 학자 토머스 라이스 데이비즈와 캐럴라인 라이스 데이비즈(Thomas and Caroline Rhys Davids), 독일 승려 니야나틸로카 마하테라가 번역한 것이었다. 또 『불탑의 정신적·우주적 상징성』은 전적으로 서양 문헌에만 의존했다. 고빈다는 자신의 글과 그림과 시를 엮어 신지학협회에서 출간한 『창조적 명상과 다차원 의식』(*Creative Meditation and*

Multi-Dimensional Consciousness) — 이 책에는 '개념과 현실'(Concept and Actuality), '삶의 근원'(The Well of Life), '참선과 우리 시대의 지성적 태도(Contemplative Zen Meditation and the Intellectual Attitude of Our Time)'와 같은 에세이들이 실려 있다 — 에서 마르틴 부버(Martin Buber), D. T. 스즈끼, 앨런 와츠, 하인리히 침머(Heinrich Zimmer), 에번스-웬츠 등을 인용한다. 그는 스스로 티베트불교의 대변인이라 자처하는데, 이렇게 주장하는 모습이 꼭 에번스-웬츠의 신지학을 연상시킨다.

티베트의 전통이 우리가 사는 시대와 인류의 영적 발전에 중요한 이유는 티베트가 우리를 먼 과거의 문명과 이어주는 마지막 연결고리이기 때문이다. 이집트, 메소포타미아, 그리스, 잉카, 마야 문명의 신비종교는 이들 문명이 멸망하면서 함께 사라져버렸고 지금까지 남아 있는 것은 얼마 되지 않는 유물뿐이다.
한편 인도와 중국의 고대문명은 미술이나 문학의 형태로 지금껏 잘 보존되어왔고 근대사상의 잿더미 아래 여전히 그 불씨가 남아 있긴 하지만 그 위로 타문화로부터 받은 영향이 수많은 지층을 이루며 쌓이는 바람에 다양한 요소들 가운데 원래의 특성을 가려내기가 어렵게 되었다.[32]

에번스-웬츠가 자신은 카지 다와삼둡의 대변인일 뿐이라고 했던 것처럼, 라마 고빈다도 자신의 사색이 도모 게셰 린뽀체의 가르침에서 나왔다며 자신의 책 『위대한 진언 옴 마니 빠드메 훔의 밀교적 가르침에 따른 티베트 신비주의의 기초』를 그에게 헌정했다. "25년 전 나를 티베트불교에 입문시켜준 이 위대한 스승은 살아 있는 본보기로서 내 삶에 깊은 영적 자극을 주었고 티베트의 신비로 통하는 문을 열어주었다. 나는 그의 본을 따라 이제껏 쌓은 지식과 경험을 내 말과 글이 허락하는 범위에서 다른 사람들과 더 넓은 세상에 전하려 한다."[33] 이 책에 실린 해석을 그 어떤 티베트 문헌에서도 찾아볼 수 없는 걸 보면 그가 왜 이 책을 '비밀스러운 가르침'이라 불렀는지(에번스-웬츠의 경우와 마찬가지로) 이해할 수 있을 듯하다.

라마 고빈다는 자신의 서문에서 융과 마찬가지로 심리학 용어를 사용한다. "일부 사람들은 집중력을 발휘하거나 다른 요가수행을 통해 잠재의식을 분별력 있는 의식의 영역으로 끌어낸다. 이들은 잠재의식 속에 감춰진 무한한 기억의 보고를 활용할 줄 아는 사람들이다. 이 보고에는 우주 속의 생명을 가능케 하는 의식을 비롯하여 우리 개개인의 전생에 대한 기록과 우리 민족, 전인류, 나아가 인류 이전에 살았던 모든 생명의 전생에 대한 기록이 담겨 있다." 이처럼 고빈다는 '집단적이고 원형적인 기억의 보고'라는 융의 개념과 『티베트 사자의 서』가 자신의 전생을 기억하는 동양인 수행자들의 실제 기억에서 나온 것이라는 에번스-웬츠의 믿음을 하나로 결합시킨다. 그러나 그의 주장에 따르면 이러한 지식은 그것을 받아들일 훈련이 되지 않은 사람들에게 파괴적인 결과를 가져올 수 있으므로 『바르도 퇴돌』은 '일곱 겹의 침묵으로 봉인되어' 비밀스레 전해져왔다. 고빈다는 에번스-웬츠가 했던 이야기를 반복하며 다음과 같이 말한다. "이제 이 침묵의 봉인을 뜯을 때가 왔다. 지금의 인류는 물질계를 정복하는 것으로 만족할 것인가, 아니면 이 기적인 욕망을 가라앉히고 스스로 만든 한계를 뛰어넘어 정신계까지 정복할 것인가를 결정해야 하는 중대한 시점에 놓여 있다." 고빈다는 서문의 나머지 부분에서 빠드마삼바바가 8세기에 숨겨놓았다는 티베트의 뗄마가 위조가 아닌 진본이며 『바르도 퇴돌』은 뵌교의 영향으로 인해 더럽혀지지 않은 순수 불교경전이라 주장한다. 뒤에서 더 자세히 설명하겠지만 고빈다는 바로 이 지점에서 에번스-웬츠와 의견을 달리한다.

한편 존 우드로프 경이 쓴 서문에서 주목할 만한 점은 그가 힌두 경전, 그중에서도 특히 자신이 심취해 있던 힌두 탄트라 경전을 끌어와 『티베트 사자의 서』와 비슷한 내용뿐 아니라 『티베트 사자의 서』의 전례가 되는 내용을 찾으려 든다는 것이다. 그는 서문의 중간 부분에서 티베트인들이 외우는 산스크리트어 진언의 발음이 잘못되었다며 이에 대한 비판을 늘어놓는다.

이제 에번스-웬츠가 직접 쓴 긴 해설로 넘어가보자. 맨 앞부분에는 그의 해설이 어떤 역할을 하는지에 대한 설명이 나오는데, 이 부분은 여기에 자세히 인용할 만한 가치가 있다.

고(故) 라마 카지 다와삼둡은 씨킴의 강톡에서 『바르도 퇴돌』을 번역하는 동안 나에게 이 책에 대한 해설과 주석을 들려주었다. 이 해설문은—대부분—이때 받아적은 내용을 바탕으로 쓴 것이다. 그는 『바르도 퇴돌』을 영어로 번역 출간할 때 본문의 난해한 부분이나 비유적 부분에 대한 자신의 해설을 반드시 함께 실어야 한다는 의견을 갖고 있었다. 그래야 자신이 한 번역이 좀 더 온전해질 뿐 아니라 자신의 작고한 스승의 뜻에도 부합한다는 것이었다. 그의 스승은 그를 티베트불교의 대완성파에 입문시켰고, 이 종파에 전해져 내려오는 비밀스러운 가르침을 유럽의 언어로 번역할 때에는 해설이 반드시 필요하다고 믿었다. 따라서 번역자 카지 다와삼둡은 자신의 스승에게 들은 해설을 바탕으로 『바르도 퇴돌』에 대한 자세한 해설을 들려주었고 편집자인 나는 여기에 그것을 기록하게 된 것이다.

내가 편집자로서 한 일은 이렇게 받아적은 해설에서 서로 관련된 부분을 찾아내 이들을 주제별로 분류하고, 이 해설의 주된 독자로 상정한 서양인들의 이해를 돕기 위해 여기저기 흩어져 있는 다른 자료들에서 적절한 내용을 가져와 필요한 설명을 덧붙인 것뿐이다.

번역자인 카지 다와삼둡도 이 해설문 같은 안전장치가 반드시 필요하다고 느꼈다. 그렇지 않으면 일반불교나 북방불교의 특정 종파가 가르치는 교리에 대해 적대감을 가진 자들이 『바르도 퇴돌』의 번역본을 잘못 해석하거나 나쁜 목적으로 이용할 가능성이 높기 때문이었다. 또 카지 다와삼둡은 이 해설문이 철학적 절충주의의 결과물로 비춰져 비판을 받을지도 모른다는 사실을 잘 알고 있었다. 그러나 앞서 서문에서도 말했듯이 내가 편집자로서 의도한 바는 이 해설문뿐만 아니라 본문에 직접 단 많은 주석을 통해 『바르도 퇴돌』에 담긴 특별한 의미와 가르침을 좀더 분명하게 드러내 보이는 것이었다. 물론 내가 이렇게 할 수 있는 것은 『바르도 퇴돌』에 정통한 해설자들로부터 가르침을 받았기 때문이다. 이들만이 『바르도 퇴돌』을 설명할 충분한 자격과 권한을 가지고 있다.

일부 비평가들은 편집자인 내가 『바르도 퇴돌』의 가르침을 기독교인의 입장보다는 불교인의 입장에서 해설한다고 비판할지도 모른다. 기독교인들은 『바르도 퇴돌』에 나오는 내용을 전부까지는 아니더라도 어느정도 믿지 않는 데 반해, 불교인들은 이 내용을 있는 그대로 다 받아들인다는 것이다. 나로서는 이런 비판에 대해 마땅히 할 말이 없다. 『바르도 퇴돌』의 가르침을 달리 설명해야 할 이유가 없다고 보기 때문이다. 인류학에서는 대상을 있는 그대로 보려 한다. 또 아무런 종교적 편견도 갖지 않는 진정한 비교종교학 연구자라면 언젠가 인류의 후손들이 진리를 발견할 수 있도록 과학적인 자료를 모아두려 할 것이다. 여기서 말하는 진리는 모든 사람들이 종교와 종파를 초월해 종교의 본질과 믿음의 보편성을 깨닫게 되는 보편적 진리다.

이 놀라운 해설문은 에번스-웬츠가 의도한 여러가지 목적을 달성한다. 먼저, 그는 앞의 설명을 통해 뒤이어 나올 내용의 권위가 에번스-웬츠 자신이 아니라 번역자인 티베트 승려에게 있음을 강조한다. 다시 말해 에번스-웬츠가 쓴 글은 티베트 승려가 구전으로 전해준 가르침을 바탕으로 한다는 것이다. 이 해설문의 내용이 원래 카지 다와삼둡의 스승에게서 나왔고 스승과 제자의 관계를 통해 이루어지는 지식전승의 오랜 전통에 따라 다시 에번스-웬츠에게 전해졌다는 주장은 확실한 계보를 내세움으로써 해설문의 권위를 한 단계 더 높인다. 에번스-웬츠는 초판의 서문에서 밝힌 대로 대부분의 경우 스승의 대변인 노릇만 하고 이따금씩 "서양인 독자들의 이해를 돕기 위해 여기저기 흩어져 있는 다른 자료들에서 적절한 내용을 가져와 필요한 설명을 덧붙인다." 그는 카지 다와삼둡이 자신을 "걸어다니는 영어사전"이라 불렀다고 주장한다. 실제로 그가 쓴 해설문에는 앞서 이야기한 '적절한 내용', 특히 카르마 사상, 환생 사상, '상징기호'와 관련된 내용이 적지 않게 등장한다. 이러한 내용들은 대부분 『바르도 퇴돌』의 본문내용에서 크게 벗어나지만 에번스-웬츠는 마치 이들이 자신의 스승 라마와 그의 또다른 스승 라마로부터 승인을 받은 내용인 것처럼 이야기한다. 나아가 에번스-웬츠는 자신이 입문자의 지위에 올랐다고 주장한다. 그가 해설을 쓸 수 있는 것은 "『바르도 퇴돌』에 정통한 해설자들로부터 가르침을 받았기 때문"이며 이렇게 가르침을 받은 자들만이 "『바르도 퇴돌』을 설명할 충분한 자격과 권한을 가지고 있"는 것이다. 여기서 그가 말하는 입문자들이 티베트 승려인지 신지학에서 말하는 마하트마인지는 불분명하지만 그는 자신을 그들의 제자라 자처한다.[34] 동시에 그는 마지막 구절에서 특정신앙에 치우치지 않고 대상을 '있는 그대로' 보는 인류학자들을 언급하며 학자의 권위를 내세운다. 이처럼 그는 자신이 동양 종교의 권위(자신의 티베트 스승을 통해)와 서양 과학의 권위(그가 옥스퍼드대학교에서 받은 학위를 통해)를 동시에 가지고 있다고 주장한다. 그의 임무는 훗날 모든 종교의 모든 종파 사람들로 하여금 믿음의 본질을 깨닫게 해줄 과학적 자료를 수집하는 것이다. 추정컨대 여기서 에번스-웬츠가 말하는 믿음의 본질은 신지학인 것으로 보인다.

한편 해설의 본문은 『바르도 퇴돌』과 『이집트 사자의 서』 사이에 "근본적인 문화적 관련성"이 있다는 주장으로 시작된다. 『바르도 퇴돌』에 담긴 가르침은 "신의 보호를 받는 나라, 티베트의 눈 덮인 고원에서 성자들과 선각자들이 오랫동안 보존해온" 것이다. 에번스-웬츠는 이어서 상징기호에 대해 논하며 다음과 같이 말한다. "더 높은 학식을 쌓은 일부 라마들은 아주 먼 옛날부터 입문자들 사이에서 공통으로 사용하는 국제 비밀 상징기호가 있다고 믿어왔다. 이 상징기호는 인도, 티베트, 중국, 몽골, 일본의 여러 종교단체에서 오늘날까지 충실히 지켜온 온갖 비술적 가르침의 의미를 밝히는 열쇠다." 에번스-웬츠는 바로 이 상징기호에 관해 『바르도 퇴돌』에서 가장 멀리 벗어난 수상하기 짝이 없는 주장을 펼친다. 그의 설명에 따르면 상징기호는 불교도들만 사용한 것이 아니라 이집트와 멕시코의 상형문자에도 나타나고 플라톤, 드루이드 사제들, 예수, 붓다도 사용했다. 또 붓다의 가르침 가운데 글로 기록된 적이 없는 내용, 즉 "경전에 적히지 않은 비밀불교"의 가르침은 붓다의 제자들이 수세기에 걸쳐 보존해왔다.

에번스-웬츠는 해설문 전반에 걸쳐 신비주의적 전통에 입문한 자들만이 알고 있는 비술적 가르침에 대해 이야기한다. 이때 신지학을 염두에 두고 그의 해설을 읽으면 새로운 의미들이 드러난다. 신지학에서 상징기호는 가장 핵심적인 요소라 할 수 있다. 예컨대

1888년에 출간된 『비밀교리』는 전체 분량인 1500면에서 약 4분의 1 정도가 상징기호에 관한 내용이다. 블라바쯔끼 여사는 이 책에서 다음과 같이 말한다. "나는 전세계 모든 나라들의 종교적 신화와 세속적 신화—그중에서도 특히 동양의 신화—에 숨겨진 의미를 밝히는 데 인생의 대부분을 보냈다."[35] 그렇다면 에번스-웬츠가 자신이 읽은 모든 문헌에서 신비주의적 의미를 찾으려 했던 이유도 쉽게 이해할 수 있다. 심지어 그는 이 과정에서 블라바쯔끼 여사가 알고 지낸다고 주장한 티베트 라마들의 격려를 받았다고 한다. 블라바쯔끼 여사는 1894년에 출간한 『루시퍼』(*Lucifer*)에서 마하트마들 중 한명에게 받았다는 편지를 공개했다. 그녀의 주장에 따르면 편지를 보낸 사람은 "달라이 라마와 타쉬룬포 라마-린뽀체의 비밀도서관에서 문서담당자로 일했던 린차체(티베트)의 초한-라마(Chohan-Lama)"였다. 초한-라마는 이 편지에서 (그 어떤 19세기 티베트학자도 썼을 리 없는 문장으로) 티베트경전에 대해 다음과 같이 설명한다.

신지학협회 회원들이 우연히 이 경전들을 보게 된다 하더라도 이들의 고유한 특성과 숨겨진 의미를 해독하는 열쇠가 없으면 경전에 담긴 내용을 절대 이해할 수 없다.

우리의 언어체계에서는 모든 장소가 비유적으로 표현되고 모든 이름과 단어가 의도적으로 감춰진다. 초심자는 다른 가르침을 받기 전에 먼저 암호를 해독하는 법을 익혀야 하고, 그다음으로 우리의 종교언어에 쓰이는 거의 모든 단어의 동의어, 즉 같은 의미를 가진 비밀단어를 배워야 한다. 고대 이집트의 민중문자나 신관문자 체계는 우리의 신성한 암호를 해독하는 것에 비하면 어린애의 장난이나 마찬가지다. 심지어 일반대중이 접할 수 있는 책에서도 모든 문장들은 이중적 의미를 갖고 있으며 한가지 의미는 깨우치지 못한 사람들을 위한 것이고 다른 한가지 의미는 기록에 담긴 비밀을 밝힐 열쇠를 가진 사람들을 위한 것이다.[36]

이어서 에번스-웬츠는 숫자 7이 갖는 상징적 의미에 대해 이야기한다. 여기서 7이 중요한 까닭은 바르도 상태가 7 곱하기 7인 49일 동안 지속되기 때문이다. 이 숫자는 힌두교, 연금술 문헌, 요한복음 등에서도 상징적인 의미를 갖는다. 한편 자연계에서 7은 화학 원소의 주기율표와 "색과 소리의 물리학"에서 중요하게 여겨지는데 이는 곧 『바르도 퇴돌』이 "과학에 기반을 둔다"는 증거가 된다.[37] 에번스-웬츠는 바르도 상태가 지속되는 49일의 신비적 의미에 대해 논하면서 블라바쯔끼 여사의 『비밀교리』에 나오는 몇몇 구절들을 언급한 뒤 다음과 같이 덧붙인다. "고(故) 라마 카지 다와 삼둡은 블라바쯔끼 여사의 저작에 대한 부정적인 비판에도 불구하고 이 저작들에서 그녀가 라마교의 고차원적 가르침에 정통했다는 내적 증거를 충분히 찾아볼 수 있다고 보았다." 이어서 에번스-웬츠는 해설문의 뒷부분에서 다음과 같이 말한다. "다시 말해 『바르도 퇴돌』은 인간의 생리적이고 심리적인 체험에 관한 증명 가능한 자료를 바탕으로 쓰인 것으로 보인다. 또 이 문헌은 사후상태의 문제를 정신적·물질적 특징이 공존하는 심신의 문제로 본다. 따라서 이 문헌의 내용은 대체로 과학적이라 할 수 있다." 에번스-웬츠는 『바르도 퇴돌』 또는 적어도 이 문헌에 담긴 신비사상이 과거 모든 위대한 문명의 성인들과 선각자들에게 승인을 받은 가장 오래된 사상이라 보는 듯하다. 예를 들어 심판 장면은 고대 이집트, 플라톤의 『국가론』(Republic), "원래 이교도였던 성 패트릭(St. Patrick)의 아일랜드 연옥"에서도 찾아볼 수 있다. 동시에 신비사상은 선견지명이 있는 미래 과학자들의 승인을 기다리는 가장 현대적인 사상이기도 하다. 이는 레리나 서먼처럼 에번스-웬츠 이후에 『티베트 사자의 서』에 대해 해설한 사람들이 훗날 반복해서 내놓은 주장이다.

앞서 언급했듯이 에번스-웬츠가 『티베트 사자의 서』의 해설에서 가장 독창적인 설명을 들려주는 부분이자 '고(故) 라마 카지 다와삼둡'과 그의 스승이 좀처럼 동의할 것 같지 않은 부분은 환생 사상에 대한 해석이다.

일반적인 불교 교리에는 삼사라(saṃsāra, 윤회)라 불리는 탄생과 죽음의 순환 과정에 대한 내용이 나온다. 이때 삼사라는 환생의 육도 — 천, 아수라, 인간, 축생, 아귀, 지옥(아수라는 가끔씩 생략되기도 한다) — 로 이루어져 있다. 우주의 생성과 소멸까지 포함하는 환생의 전체주기에는 최초의 시작점이 존재하지 않는다. 환생의 육도 가운데 축생, 아귀, 지옥은 엄청난 고통을 받게 되는 곳인 데 반해 천에서는 더없는 행복을 누린다. 한편 이들 사이에 있는 인간의 세계에서는 행복과 고통을 동시에 느끼게 된다. 이때 삼사라의 바퀴는 카르마, 즉 업보에 따라 돌아간다. 다른 인도 종교들과 마찬가지로 불교 교리도 모든 고의적인 육체적·언어적·정신적 행위가 그 행위를 하는 주체에게 잔여물을 남긴다고 본다. 이 잔여물은 마치 종자와 같아서 미래의 어느 시점에 가서 그 행위를 한 사람에게 행복 또는 고통의 결과를 낳는다. 불교도들의 도덕적 우주관에 따르면 덕이 있는 행위는 행복한 경험을 낳고 부도덕한 행위는 고통스러운 경험을 낳는다. 여기서 부도덕한 행위란 일반적으로 열가지 악덕, 즉 살생, 절도, 음행, 거짓말, 이간질, 모진 말, 분별없는 말, 탐욕, 성냄, 어리석음을 가리킨다. 이 열가지 악덕과 관련된 행위와 각각에 따른 업보의 무게는 불교경전에서 빈번하게 다뤄지는 주제다.

이러한 행위에 따라 현세의 삶의 질뿐만 아니라 내세에 어떤 영역에서 환생하는지가 결정된다. 살면서 얼마나 나쁜 짓을 했는지에 따라(예컨대 생명을 죽이는 행위는 분별없는 말을 내뱉는 행위보다 더 중대한 죄이고, 그중에 사람을 죽이는 것은 곤충을 죽이는 것보다 더 심각한 악행이다) 축생으로 다시 태어날 수도 있고 아귀로 다시 태어날 수도 있는 것이다. 아니면 팔열팔한지옥(八熱八寒地獄) 가운데 한 곳에서 평균수명보다 훨씬 더 긴 수명을 가지고 태어날 수도 있다. 어떤 지옥은 다른 지옥들보다 훨씬 더 끔찍한데, 이 중 가장 고통스러운 곳은 다섯가지 극악무도한 행위 중 하나를 저지른 자, 즉 자신의 아버지를 죽이거나, 어머니를 죽이거나, 아라한(阿羅漢, 테라바다 불교의 수행자들 가운데 가장 높은 경지에 오른 이—옮긴이)을 죽이거나, 부처의 몸을 해치거나, 승단의 화합을 깬 자들이 가는 곳이다.

육도에서 천도나 인간도로 다시 태어나는 것은 공덕의 결과이며 매우 드물게 나타나는 일이다. 대부분의 생명은 안타깝게도 축생이나 아귀로 태어나거나 지옥의 세계에 다시 태어나기 때문이다. 한편 부처의 가르침을 접할 수 있는 인간으로 태어나는 것은 더욱 드문 일이다. 잘 알려진 이야기 하나를 예로 들어보자. 앞을 보지 못하는 거북이 한마리가 광대한 바다를 헤엄쳐다니다 숨을 쉬기 위해 100년에 딱 한번 수면 위로 올라온다고 한다. 이 바다의 수면 위에는 하나밖에 없는 황금 멍에가 떠다니고 있다. 부처가 말하기를, 인간으로 환생해 부처의 법(法)을 수행할 기회를 얻는 것은 이 거북이가 100년 만에 한번 숨을 쉬러 수면 위로 올라와 우연히 이 황금 멍에에 머리가 걸리는 것보다 더 드문 일이다. 한편, 육도의 천도에 다시 태어나는 것은 자선을 베푼 결과다. 즉, 주변사람들에게 자신이 가진 것을 나누어주고 나중에 더 큰 부를 얻게 되는 것이다. 또 부도덕한 행위를 의식적으로 자제하면(이를테면 살생을 하지 않겠다고 맹세하고 이를 지키면) 인간으로 환생할 수 있다고 한다. 이처럼 아시아 전역에서 오랫동안 행해져온 불교수행의 대부분은 승려들과 사원들을 대상으로 자선을 베풀어 다음 생애에서 인간이나 (되도록) 신으로 환생하기 위한 것이었다.

그런데 에번스-웬츠가 보기에 이 모든 내용은 그저 겉으로 드러나 보이는 가르침일 뿐 이 뒤에 숨어 있는 비밀스러운 사상은 사뭇 다른 것이었다.[38] "『바르도 퇴돌』에 나오는 윤회론은 두가지 방식으로 해석할 수 있다. 먼저 첫번째는 문자 그대로 풀이하는 표면적 해석으로 일반대중도 이를 쉽게 이해할 수 있다. 한편 두번째는 상징적이고 비밀스러운 해석으로 경전의 권위나 신앙에 기대지 않고 참다운 지식을 쌓은 소수의 입문자들만이 이 해석이 옳다는 것을 알고 있다." 에번스-웬츠의 설명에 따르면 "힌두교뿐만 아니라 북방불교와 남방불교에서 공통적으로 받아들이는" 표면적 해석에서는 하나의 의식이 인간의 몸을 취했다가 바로 다음 생에서 인간 이하의 존재의 몸을 취할 수 있다고 본다. 이 같은 해석은 "일부 구루들과 사제들의 검증되지 않은 주장을 바탕으로 한 것이다. 이들은 경전을 문자 그대로 해석하는 것이 무조건 옳다고 믿으며, 요가 수행조차 제대로 할 줄 모르는 이들이다." 그러나 "축생의 의식과 인간의 의식이 통째로 바뀔 수 있다"라는 생각은 에번스-웬츠가 보기에 "명백히 비합리적인 믿음"이다. 물론 그도 인정하듯이 『바르도 퇴돌』을 문자 그대로 읽으면 인간이 다음 생애에서 동물로 태어날 수 있다고 주장하는 것처럼 보인다.

그러나 "편집자(에번스-웬츠)에게 가르침을 준 힌두교와 불교의 많은 철학자들의 주장을 근거로 한" 비밀스러운 해석은 표면적 해석과 상당한 차이를 보인다. 이들의 설명에 따르면 인간의 정신은 인간의 외형과 마찬가지로 진화의 결과물이다. 따라서 동물이나 식물이 그 이전의 형태로 퇴화하는 것이 불가능하듯이 "인간이 가진 '생명 흐름'도 개나 새나 곤충이나 벌레의 몸으로 들어갈" 수 없다. "따라서 인간이 저지른 죄가 아무리 극악무도할지라도 가장 고차원적 동물인 인간이 가장 낮은 차원의 동물이 되는 일은 결코 일어나지 않는다." 신비주의자들은 이처럼 인간이 동물로 다시 태어날 수 있다는 생각이 비과학적이라고 믿었다. (여기서 우리는 올콧 대령이 『불교 교리 문답』(The Buddist Catechism, 1881)에 쓴 내용을 살펴볼 필요가 있다. "143. Q: 불교의 가르침에 따르면 인간은 지구에서만 다시 환생할 수 있습니까? A: 그렇습니다. 그것이 일반적인 가르침입니다. 인간이 다음 단계로 진화하기 전까지는 말입니다.") 점진적인 진화나 퇴화는 같은 종 안에서만 일어난다. 인간이 한 단계 아래의 동물이 되려면 헤아릴 수 없이 오랜 기간 동안 지속적인 퇴화가 이루어져야 한다. 에번스-웬츠는 이것이 바로 고인이 된 스승의 견해였다고 주장한다. 또 동물의 모습으로 환생하는 것은 인간의 의식 자체가 아니라 "희미하게 흩어진 이 의식의 그림자일 뿐"이라는 스승의 말을 인용하는데, 티베트 승려가 영어로든 티베트어로든 이런 말을 했다고는 상상하기 어렵다. 그러나 무엇보다도 에번스-웬츠가 가장 놀랍게 여기는 사실은 그의 스승이 "무의식 중에 말한 내용이 이집트 사제들이 비밀리에 믿어오고, 헬리오폴리스의 사제학교에서 이집트 사제들의 제자가 된 헤로도토스가 공공연히 드러내놓고 믿었던 이론과 매우 유사하다는 것이다."

『티베트 사자의 서』에 실린 이 설명을 『티베트 해탈의 서』(1954)와 『티베트 요가와 비밀교리』(1958)에서 다시금 언급하는 것을 보면 에번스-웬츠는 동물로 환생하는 것이 불가능하다는 입장을 평생 동안 고수했던 것으로 보인다. 그는 『티베트 해탈의 서』에서 빠드마 짤락(Padma Tsalag)이 파리로 환생하는 장면을 두고 다음과 같이 설명한다. "많은 사람들은 이 기이한 내용의 민간설화를 문자 그대로 받아들이겠지만, 위대한 구루의 제자들 중에 영적으로 좀 더 높은 경지에 이른 이들은 전기에 나오는 다른 모든 내용과 마찬가지로 이 내용을 상징적으로 해석할 것이다. 그들이 보기에 파리는 빠드마 쨜락의 억제되지 않은 음탕한 성격을 상징한다."[39]

하지만 에번스-웬츠가 주장하는 내용이 참된 가르침이라면『바르도 퇴돌』은 왜 이것과는 전혀 다른 내용을 가르치는 것처럼 보일까? 이에 대해 에번스-웬츠는 다음과 같이 설명한다. "죽음과 환생의 사상을 다룬 『바르도 퇴돌』은 팔리어, 산스크리트어, 티베트어로 된 다른 많은 경전들처럼 처음에 기록되지 않고 구전되어 내려오면서 수세기 동안 많은 내용상의 발전을 이룬 것으로 보인다. 그러다 완전한 내용을 갖춰 비로소 글로 쓰이게 되었을 때에는 아마도 처음의 순수성을 어느정도 잃었을 것이다. 『바르도 퇴돌』은 문헌 자체의 특성과 종교적인 쓰임새 때문에 일반적 혹은 표면적인 해석의 영향을 받기가 매우 쉬웠을 것이다. 실제로 우리는 『바르도 퇴돌』이 이러한 일반적인 해석의 영향을 받아 일반적인 해석과 상징적인 해석을 조화시키려는 불가능한 일을 시도하게 되었다고 생각한다. 그럼에도 불구하고 원래부터 이 문헌에 담겨 있던 비밀스러운 가르침은 여전히 두드러져 보이며 얼마든지 이를 식별해낼 수 있다."[40] 이처럼 수세기에 걸쳐 티베트에 전해내려온(에번스-웬츠는 고빈다와는 달리『바르도 퇴돌』의 핵심적인 내용이 불교가 들어오기 이전에 생겨났으며 어쩌면 아틀란티스 시대부터 내려왔을지도 모른다고 주장한다) 라마들의 신성한 가르침도 그 속에 담긴 비밀스러운 지식이 글로 옮겨질 때는 얼마든지 변질될 위험이 있는 것이다. 따라서 『바르도 퇴돌』에 담긴 고차원적인 가르침도 "경전의 내용이 변질됨에 따라" 일부분 잘못 기록되었을 수 있다.

그러나 우리는 여전히 이 문헌에서 진정한 의미를 발견할 수 있다. "문자 그대로밖에 해석할 줄 모르는 불교도들과 힌두교도들이 감춰진 의미를 염두에 두고 자신들의 경전을 다시 한번 찬찬히 읽는다면 상징적 해석에 대한 반론을 포기하게 될 것이다."[41]

이처럼 『바르도 퇴돌』은 사후세계에 대한 인류의 오랜 믿음을 기록하고, 수세기에 걸쳐 구전되어 내려온 고대의 가르침을 새롭게 다듬었다. 그러나 입으로 전해지던 내용이 글로 쓰이면서 문헌의 내용이 변질되었으므로 모든 세부사항이 다 정확할 수는 없다. 그럼에도 불구하고 이 책의 핵심적인 내용은 여전히 과학적인 성격을 띤다. "이 책은 많은 종교연구가들에게 여태껏 알려지지 않은 숭고한 진리를 드러내고, 플라톤의 이론만큼 예리한 철학과 아직 초창기 단계에 불과한 심령연구협회(블라바쯔끼 여사를 사기꾼이라 비난한 단체)의 심령과학보다 훨씬 앞선 연구성과를 담고 있다. 따라서 이 책은 중세사상의 속박에서 벗어나 새로운 시대에 눈을 뜨고 특정종교에 관계없이 인류의 모든 경전에서 지혜를 얻고자 하는 서양세계의 주목을 받을 만하다."

『티베트 사자의 서』의 맨 마지막 부분에서 에번스-웬츠는 다음과 같은 견해를 밝힌다. "오늘날 기독교나 유대교의 특징으로 여겨지는 상징기호들은 대부분 고대 이집트나 동양의 종교에서 사용해오던 것을 변형시킨 것으로 보인다. 따라서 이들은 동양과 서양의 사고방식이나 사고과정이 근본적으로 매우 비슷하다는 사실을 보여준다. 전세계 인류는 인종이나 종교적 신념이나 물리적·사회적 환경이 다 다름에도 불구하고 아득한 먼 옛날부터 정신적으로나 영적으로 하나였고 지금도 이 사실에는 변함이 없다."

한편 『티베트 사자의 서』는 이 같은 정서를 바탕으로 49일 후가 아닌 37년 후(1964년)에 티모시 리어리, 랠프 메츠너, 리처드 앨퍼트 (그는 나중에 바바 람 다스Baba Ram Dass라는 새로운 이름을 얻었다)의 『환각체험: 티베트 사자의 서에 기초한 설명서』(*The Psychedelic Experience: A Manual Based on the Tibetan Book of the Dead*)로 다시금 환생했다. 이들은 에번스-웬츠가 말했던 영적이고 정신적인 일체감을 향정신성 약물의 복용을 통해 체험할 수 있다고 주장했다. 이처럼 환각제 사용에 대한 안내서인 이들의 책은 『바르도 퇴돌』에 묘사된 죽음, 중유(中有)상태, 환생의 단계를 '애시드 트립'(acid trip)이라 불리는 환각체험의 단계로 바꿔놓았다. "만일 환각상태에 들어가기에 앞서 이 설명서를 여러번 읽거나 환각을 체험하는 동안 믿을 만한 사람이 옆에서 기억을 거듭 상기시켜준다면, 그의 의식은 평소에 가지고 있던 '인격체'라는 환상으로부터 자유로워질 것이고 의식이 확장된 상태에서 가끔씩 나타나는 긍정적-부정적 환각(부재하는 것이 존재한다고 느끼거나 존재하는 것이 부재한다고 느끼는 환각—옮긴이)도 떨쳐버릴 수 있을 것이다."[42] 그러나 시간이 지나면서 이 책은 대부분의 사람들의 기억 속에서 잊혀졌고, 아직까지 이 책에 대해 언급하는 사람이 있다면 그것은 비틀스의 1966년 앨범 「리볼버」(Revolver)에 실린 곡 'Tomorrow Never Knows'의 첫 소절이 이 책에 실린 구절 "의심이 들 때마다 마음을 비우고 긴장을 푼 채로 그저 의식의 흐름을 따라가라"에서 왔다는 것을 기억하는 소수의 사람들일 것이다.

이 책의 앞부분에 실린 주장은 오늘날에 와서는 한물 간 엉터리 이론 취급을 받지만 1964년에는 꽤 흥미롭게 들렸을지도 모른다.

환각체험은 의식의 새로운 영역으로 떠나는 여행이다. 환각체험의 범위나 내용에는 어떠한 제한도 없지만, 몇가지 대표적인 특징을 꼽자면 언어적 개념의 초월, 시공간 차원의 초월, 자아나 정체성의 초월 등을 들 수 있다. 의식의 확장체험은 감각차단, 요가수행, 훈련을 통한 명상, 종교적·심미적 황홀경, 자연발생 등 여러가지 방식을 통해 이루어진다. 게다가 최근에 와서는 LSD, 실로시빈, 메스칼린, DMT 등과 같은 환각제의 복용을 통해 누구나 의식을 확장할 수 있게 되었다. (…)

그렇다면 바로 여기에 2500년이 넘게 전해져 내려온 미스터리를 푸는 열쇠가 있다. 살아 있는 상태에서 치르는 사망과 환생 의식(儀式)은 바로 의식(意識)의 확장체험이었던 것이다. 베다의 현자들, 고대 그리스 엘레시우스의 입문자들, 탄트라수행자들은 하나같이 이 비밀에 대해 알고 있었다. 그들의 신비주의적인 글은 하나같이 이 메시지를 전하고 있다. 인간은 얼마든지 자아의 의식 너머로 갈 수 있으며, 빛의 속도로 진행되는 신경작용을 감지해 몸속의 모든 세포핵에 고대인들의 방대한 지식이 녹아 있는 것을 인식할 수 있다. (…)

(라마 고빈다도 지적했듯이) 현 시점은 인류역사에서 대단히 중요한 시기다. 이제 우리는 인류역사상 최초로, 준비가 된 사람이면 누구든 깨우침에 이르게 해줄 수단을 갖게 되었다. (깨우침

은 항상 우리의 신체와 신경계통에서 새로운 에너지 작용으로 나타난다.) 바로 이러한 이유에서 우리가 『티베트 사자의 서』의 환각체험 버전인 이 책을 쓰게 된 것이다. 이제 비밀은 다시 한번 새로운 언어로 그 모습을 드러냈다. 그리고 우리는 인류가 한발 앞서 나아가 현대과학이 마련해준 새로운 수단을 활용할 것인지 아닌지를 조용히 지켜보고 있다.[43]

LSD에 대해 연구하던 초창기에 리어리와 앨퍼트는 이 세상에 있는 모든 신비주의자들과 명상수행자들의 종교체험이 본질적으로 같다고 믿었다. 이들의 종교체험은 우주의 근본적이고 영원한 진리를 드러내며, 과거의 현자들이 이미 오래전에 깨달은 이 진리는 조만간 현대과학에 의해 그 타당성이 밝혀지리라는 것이었다. "실제로 역사가 4000년도 더 된 동양의 철학은 핵물리학, 생화학, 유전학, 천문학 분야의 최신 발견들과 상통하는 부분이 있다." 나아가 환각제 복용을 통해서도 이 같은 체험을 할 수 있었다. 티베트경전(더 정확히 말하면 에번스-웬츠의 책)을 환각체험의 용도로 쓰기 위해서는 장례문헌으로서의 전통적인 용도에서 벗어나게 만들어야 했다. 이 변화를 가져오기 위해 저자들은 에번스-웬츠가 『바르도 퇴돌』에서 신지학의 가르침을 찾아냈을 때처럼 '신비적 의미'라는 수사에 의존했다. "육체적 죽음의 개념은 티베트 뵌교의 전통에 맞추기 위한 표면적 장치였을 뿐이다. 실제로 이 문헌은 장의사들을 위한 안내서가 아니라 자아를 잃는 법, 개인의 성격을 벗어버리고 의식의 새로운 영역으로 들어가는 법, 자아가 무심결에 생각과 행동을 제한하는 것을 막는 법, 의식 확장체험이 일상생활에서 지속되게 만드는 법 등을 자세히 설명해주는 책이다."

『환각체험』의 저자들은 이 책을 올더스 헉슬리(Aldous Huxley)에게 헌정하고 책의 앞머리에서 에번스-웬츠, 카를 융, 라마 고빈다에게 감사의 말을 전한다. 그후 이들은 자신들이 새로 고안한 용어를 써서『티베트 사자의 서』에 나오는 세 단계의 바르도에 대해 논한다. 첫번째 바르도, 즉, 투명한 빛이 동터오는 죽음의 순간의 바르도(치케바르도)는 이 책에서 '자아상실 단계' 또는 '실제 황홀경'이라 불린다. 환각제를 복용한 사람은 환각체험의 첫번째 단계에서 현실을 있는 그대로 보고 해탈할 기회를 얻는다. 이 책에서 해탈은 "신경계에서 정신과 사고의 작용이 일어나지 않는 상태"를 뜻하며 이 상태에서는 "형체가 없는 것의 고요한 화합"을 볼 수 있다. 이어서 저자들은 티베트경전에 나오는 이미지를 자신들의 구미에 맞게 해석한다.

티베트불교도들의 믿음에 따르면 정신이 흐트러지지 않은 사람은 천체물리학에서 확인되는 현상을 경험할 수 있다고 한다. 중앙의 드야니불이자 현상을 나타나게 만드는 비로자나불은 깨달음에 이르는 최상의 길이다. 그는 모든 생명체의 근원이고, 눈에 보이거나 눈에 보이지 않는 모든 만물이 그 안에서 완성되고 통합된다. 그는 모든 우주적 힘의 근원과 만물이 빽빽이 들어찬 중앙계와 관련이 있다. 이처럼 현대의 천체물리학과 고대의 라마교가 놀라운 일치를 보이는 것은 복잡한 설명이 따로 필요없는 일이다. 우주론적 인식 — 그리고 다른 모든 자연현상에 대한 인식 — 은 대뇌피질에서 생겨난다. 물론 아직 개념화되지 않은 이 신비적인 지식은 경험적인 관찰과 측정을 통해서도 확인할 수 있지만, 이미 우리의 머릿속에 다 들어 있는 것이다. 신경세포들은 자연현상과 연결되어 있고 그 일부에 해당하므로 이러한 지식에 대하여 잘 '알고' 있다.

『환각체험』의 저자들은 적정존과 분노존의 환영이 나타나는 두 번째 바르도(최니바르도)를 '환각단계'라 부른다. 이들은 이 단계에 나타나는 티베트의 신들 역시 자신들이 고안한 용어로 바꾸어 부른다. 이를테면 여섯째 날에 나타나는 환영을 '망막에 맺힌 써커스'(Retinal Circus)라 부르는 식이다. 환각제를 복용한 사람은 이 단계에 나타나는 환영에 마음을 빼앗기거나 혐오감을 느끼지 말고 가만히 앉아서 "확장된 의식을 제어해야 한다. 이때 확장된 의식은 계속해서 장면이 바뀌는 텔레비전과 같다." 실제로 저자들은 바르도 상태의 체험을 줄곧 텔레비전(그리고 가끔씩은 로봇)에 비유한다.

사실 모든 물질과 물체의 외형은 에너지가 일시적으로 모여서 생겨난 결과다. 우리는 텔레비전 화면에서 깜빡이는 빛과 같은 존재다. 이 사실을 직접적인 체험을 통해 깨닫는 것은 즐거운 일이다. 자신이 분리된 형상이라는 착각에서 벗어나 우주의 율동에 몸을 맡기는 것이다. 의식은 전파망을 따라 빛의 속도로 고요히 미끄러져간다.

이 모든 것이 일시적이라는 사실을 깨달으면 갑자기 두려움이 엄습한다. 일정불변한 것은 아무것도 없으며 어떠한 형상도 고정적이지 않다. 당신이 느낄 수 있는 것은 '오직' 전파뿐이다. 당신은 결국 속았다는 느낌을 받는다. 텔레비전을 만든 자의 희생양이었던 것이다. 갑자기 불신이 싹튼다. 주변사람들은 생명을 잃은 텔레비전 로봇이고, 주위에 있는 세계는 무대장치에 지나지 않는다. 당신은 스스로 아무것도 할 수 없는 꼭두각시이며 가짜 세상의 가짜 인형일 뿐이다.

리어리와 메츠너와 앨퍼트는 『티베트 사자의 서』를 시종일관 환각제 복용에 대한 안내서로 읽는다. 따라서 이들은 세번째 바르도를 죽은 자의 영혼이 윤회의 육도(천, 아수라, 인간, 축생, 아귀, 지옥) 중 하나로 환생하는 단계로 보지 않고, 약의 효과가 사라지기 시작할 때 '각성제 기운에서 깨어나는' 단계로 본다. 이처럼 『환각체험』에서 세번째 바르도는 '자아로의 재진입 단계'다. "원래 『바르도 퇴돌』이 주는 가르침의 궁극적인 목적은 '해탈', 즉 윤회의 수레바퀴에서 영원히 벗어나는 것이다. 이 목적을 신비주의적으로 해석해보면 현실사회라는 게임으로 돌아가지 않고 완전한 깨달음의 단계에 머무는 것이다." 그러나 가장 높은 단계의 여행자들을 제외하면 나머지 사람들은 모두 여섯가지 '게임세계' 중 하나로 돌아가야 한다. 이처럼 『환각체험』의 저자들은 에번스-웬츠가 그러했듯이 불교의 윤회사상을 자기들만의 방식대로 해석한다.

티베트경전에 나오는 내용에 따르면 환각여행을 하는 사람은 결국 여섯가지 게임세계 중 하나로 되돌아간다(윤회). 다시 말해, 자아로의 재진입은 여섯가지 단계(또는 성격유형) 중 하나로 되돌아가는 것이다. 이때 두가지 단계는 보통 인간들보다 더 높은 존재들의 영역이고 나머지 세가지 단계는 인간보다 더 낮은 존재들의 영역이다. 가장 높은 단계는 데바(deva)들의 영역인데 이들은 서양인들 사이에서 흔히 성인이나 현자 또는 신성한 스승이라 불린다. 이들은 지구상에 살았던 사람들 중에 가장 많이 깨우친 자들이다. 이들 중에는 부처로 불리게 된 고타마 붓다, 노자, 예수 등이 있다. 한편 두번째 단계는 아수라(asura)들의 영역인데 이들은 타이탄(titan)이나 신인(神人)이라 불리며 보통 인간보다 힘이 세고 뛰어난 예지력을 갖고 있다. 세번째 단계는 평범한 인간들의 영역인데 이들은 게임망 속에서 허우적거리며 아주 가끔씩만 여기서 빠져나온다. 네번째 단계는 원초적인 동물 화신(化身)들의 영역이다. 이 영역에는 질투와 과도한 성욕을 상징하는 개와 수탉, 욕정과 어리석음과 불결을 상징하는 돼지, 부지런히 일해서 뭐든 쌓아두는 개미, 저속하고 비굴한 기질을 상징하는 곤충과 벌레, 분노로 눈을 번뜩이는 뱀, 야성적인 힘이 넘쳐나는 유인원, 으르렁거리는 '초원의 늑대', 자유롭게 높이 날아다니는 새 등이 있고 이밖에도 훨씬 많은 동물들이 있다. 전세계 모든 문화권의 인간은 동물의 모습으로 자신의 정체성을 드러내왔는데, 이러한 경향은 특히 어린시절이나 꿈속에서 쉽게 찾아볼 수 있다. 신경증 환자들의 영역인 다섯번째 단계에서는 생기 없는 영혼들이 미처 충족되지 않은 욕망을 끊임없이 채우려 든다. 한편 가장 낮은 여섯번째 단계는 지옥 또는 정신이상 상태다. 이처럼 자아를 초월하는 체험에서 성인의 지위나 정신이상 상태에 이르는 사람들은 전체의 1퍼센트도 안 된다. 대부분의 사람들은 평범한 인간의 단계로 되돌아간다.

이와 같은 해석은 티베트나 다른 불교문화권에서 받아들이는 환생 사상과는 매우 큰 차이가 있다. 불교에서 부처는 신이 아닌 인간의 형상으로 이 세상에 왔고 환생의 업으로부터 해탈했기 때문에 오히려 다른 신들보다 훨씬 더 우월한 존재로 여겨진다. 한편 리어리와 메츠너와 앨퍼트는 에번스-웬츠의 견해와 마찬가지로 인간의 세계에 환생하는 것이 가장 흔하다고 보았다. 그러나 티베트에 전해내려오는 속담에 따르면 축생이나 아귀나 지옥의 생명으로 환생하는 이들은 맑게 개인 밤에 보이는 별들만큼 많고, 천, 아수라, 인간으로 다시 태어나는 이들은 맑게 개인 대낮에 보이는 별들만큼 드물다. 이처럼 환생사상을 문자 그대로 해석하지 않고 심리학적으로 해석하려는 경향은 이 책뿐만 아니라 미래의 또다른 『티베트 사자의 서』에서도 드러난다.

『환각체험』의 후반부를 이루는 '환각체험의 형식과 절차에 대한 설명'에서는 조명, 음악, 비품, 예술작품, 음식 선택(이왕이면 "고대로부터 먹어오던 빵, 치즈, 와인, 신선한 과일"이 좋다)과 같은 장소 세팅, 환각제를 함께 복용할 사람들의 인원수와 그들의 성격적 특성, 환각여행을 떠날 수 있는 자격조건, 항공관제사 역할을 할 사람(두명이면 더욱 좋다. 이때 한명은 환각제를 복용하고 다른 한명은 복용하지 않는다), 그리고 환각제 복용량에 대한 자세한 설명이 나온다. "환각제의 복용량은 목적에 따라 다르다. 이 책에서는 두가지 복용량을 제시할 텐데 첫번째 복용량은 경험이 없는 사람이 자아를 초월하는 세계로 들어가기에 충분한 양이다. 한편 두번째 복용량은 경험이 더 많은 사람이나 집단체험에 참가하는 사람을 위한 것으로 첫번째 복용량보다 적은 양이다." 이 책의 지시사항에 따르면 환각체험을 하려는 사람은 환각여행을 떠나기 전에 책에 적힌 내용을 주의 깊게 읽고, 일부 구절을 테이프에 녹음해 여행하는 도중 필요할 때마다 이 부분을 재생해야 한다.

한편 저자들은 '종교적인 해석'에 대한 지시사항으로 책을 마무리한다. "환각상태에 들어가면 맨 처음에는 의식의 흐름을 따라가면서 최대한 오래 '깨어' 있어야 한다. 그리고 종교적인 해석은 맨 끝이나 다음번으로 미뤄야 한다." 이때 저자들이 깨닫지 못한 사실은 이들처럼 환각체험을 임상적으로 읽는 것 자체가 이미 다분히 종교적인 해석이라는 점이다. 이 같은 해석은 에번스-웬츠의 이론과 마찬가지로, 시대와 문화를 뛰어넘어 영적 각성(gnosis)의 체험을 공유해온 신비주의 단체가 있다는 믿음에 근거를 두고 있다. 리어리와 메츠너와 앨퍼트가 에번스-웬츠의 이론에 덧붙인 내용은 그가 예언한 과학과 종교의 결합이 이미 이루어졌으며 LSD를 복용하기만 하면 모든 사람이 이를 체험할 수 있다는 것이다. 이들은 인간의식의 심층구조가 언제 어디에서나 동일하다고 가정한다. 이는 인류학자들 사이에서 여전히 논쟁거리로 남아 있으며, 인류학자들은 '의식'이라는 개념 자체가 서로 다른 문화권 사이에서 애초부터 번역 가능한 것인지부터 생각해보라고 충고할 것이다. 한편 리어리와 메츠너와 앨퍼트는 불교경전에 나오는 여러 단계의 의식상태가 명상체험을 묘사한 것이라고 전제한다. 그렇다면 불교학자들은 다음과 같은 질문을 던질 것이다. 대승불교경전에 묘사된 기이한 극락세계를 과연 어디까지 명상 중에 본 환영으로 생각해야 될까? 아니면 단테가 설명한 천국처럼 지극히 문학적인 묘사로 받아들여야 할까?

그러나 불교명상을 한 결과와 환각제를 복용한 결과가 구조상 비슷하다는 견해는 무엇보다 불교와 과학이 양립한다는 가정에 바탕을 두고 있다. 즉 과학자들이 지금에 와서 발견하는 것들을 부처는 이미 오래전에 알고 있었고, 과학자들이 화학약품을 발명해 가장 깊은 단계의 의식상태가 존재한다는 사실을 입증하기 전부터 불교의 명상수행자들은 이 상태에 도달할 수 있었다는 것이다.

그렇다면 도대체 불교의 어떤 요소가 우리로 하여금 불교명상과 환각제 복용의 결과가 유사하다는 결론을 내리게 하는 것일까? 예컨대, 힌두교 근본주의자들이 베다(Veda)경전에 기관차와 로켓 여행에 대한 내용이 나온다고 말한다면, 또 시바(Śiva)의 이마에서 뿜어져나오는 빛줄기가 현대과학에서 말하는 레이저 광선이라고 주장한다면 우리는 그냥 한번 웃고 말 것이다. 그런데 (베다경전이나 시바가 등장하는 문헌과 같은 시기, 같은 문명에서 만들어진) 불교경전의 내용(이를테면, 진화기와 퇴화기를 거치는 우주에 대한 내용)을 읽으면 우리는 그 즉시 이것을 물리학자들이 미처 발견하지 못한 사실로 믿어버린다. 이와 같은 믿음은 또다른 『티베트 사자의 서』에서도 마찬가지로 엿볼 수 있다.

『티베트 사자의 서』의 두번째 영역본은 1975년 샴발라 출판사에서 '투명한 빛' 총서 중 한권으로 출간되었으며 에번스-웬츠에게 헌정되었다. 이 번역본의 역자는 프란체스카 프레맨틀과 1970년대 초반부터 미국에서 많은 추종자들을 거느려온 저명한 까규빠 승려, 최감 퉁빠였다.[44] 이 책은 이전이나 이후에 나온 번역본들과는 달리 역자와 편집자의 해설이 티베트어 문헌을 번역한 본문의 분량보다 길지 않다. 퉁빠는 비교적 짧은 29면짜리 해설문에서 살아 있는 상태로 『티베트 사자의 서』에 나오는 환영을 인식하는 법에 대하여 설명하고 이원성을 극복해야 한다고 주장한다. 퉁빠의 해설은 대단히 심리학적이며 신경증, 과대망상, 무의식적 경향에 대한 내용이 심심치 않게 등장한다. 또 프레맨틀은 리어리와 메츠너와 앨퍼트를 연상시키는 설명을 들려준다. "불교의 가르침을 가장 잘 나타내는 몇몇 단어들은 현대 심리학 용어들이다. 이것은 일부 심리학 학파들이 서양의 철학이나 종교학보다 불교에 더 근접한 사고방식을 보이기 때문이다. (…) 지금까지 쓰인 종교학 용어보다는 조건형성, 강박사고 유형, 무의식 작용과 같은 심리학적 개념들이 이 책에 담긴 내용을 더 잘 설명하는 것처럼 보인다."[45]

프레맨틀과 퉁빠가 『바르도 퇴돌』을 심리학적으로 해석하려는 경향은 해설문 전반에서 나타난다. 원래 티베트 문헌에 나온 대로라면 흙, 물, 불, 바람의 4원소는 죽음의 초기단계에서 각각 그다음

상태의 원소로 모습을 바꾼다. 18세기에 쓰인 한 티베트 문헌은 이를 다음과 같이 설명한다. "흙의 주성분인 바람의 힘이 약해져 흙이 물이 되면 몸에 힘이 없어지는 증상이 나타난다. 이러한 증상을 겪는 사람은 땅속으로 가라앉는 느낌을 받으며 '아래쪽에서 무언가가 자신을 끌어당기는 것 같다'라고 말한다. 한편 물이 불이 되면 입과 코의 물기가 마르고 입술이 오므라든다. 또 불이 바람이 되면 몸의 온기가 팔다리로부터 심장으로 모이고 몸에 흐르던 윤기가 사라진다. 마지막으로 바람이 의식으로 바뀌면 숨이 차서 헐떡이게 되고 고르지 못한 숨 때문에 쌕쌕대는 소리를 낸다."[46] 앞에서 살펴보았듯이 리어리와 메츠너와 앨퍼트는 『바르도 퇴돌』의 가르침을 죽음이라는 원래 문맥에서 떼어내 환각체험에 대한 묘사로 바꿔놓았다. 마찬가지로 툥빠도 4원소가 그다음 상태로 모습을 바꾸는 해체현상이 죽음을 경험할 때뿐만 아니라 매일같이 일어난다고 설명한다.

이러한 현상은 지속적으로 일어난다. (…) 우선 생명체계의 물리적 특성이 점차 모호해진다. 다시 말해 신체적인 접촉을 할 수 없게 되는 것이다. 이렇게 되면 자동적으로 아직까지 제대로 작동하는 원소인 물에서 위안을 얻으며 당신의 머리가 여전히 돌아가고 있다고 안심한다. 그러나 다음 단계로 가면 머리가 제대로 돌아가는지 아닌지조차 확실치 않아지고, 우리의 몸속에서 순환하던 무언가가 작동을 멈추기 시작한다. 이제는 감정을 통해서만 몸과 연결된 상태를 느낄 수 있으므로 사랑하거나 증오하는 사람 또는 생생한 기억을 떠올리려 애쓴다. 그러다 물조차 더이상 작동하지 않게 됨에 따라 불처럼 뜨거운 사랑과 증오가 더욱 중요해진다. 그것조차 서서히 공기로 바뀌면 희미하게나마 열린 상태를 경험하게 되고 사랑에 집중하는 것도, 사랑하는 사람을 떠올리려 하는 것도 불가능해진다. 이제 모든 것은 속이 텅 비어 보인다.[47]

그렇다면 퉁빠가 환생의 육도를 "여섯가지 유형의 본능"으로, 또 각각의 세계에 대한 티베트 문헌의 설명을 "각 유형에 대한 심리학적 묘사"로 해석하는 것도 그리 놀랍지 않다. 그에게 얼어붙을 정도로 추운 지옥은 "타인과의 소통을 완전히 거부하는 공격성"[48]을 의미한다. 또 그는 (애완동물을 키우는 많은 사람들이 실제로 느끼는 바와는 다르게) "축생의 세계에 유머감각이 없다"[49]라고 설명한다.

한편 1992년에는 죽은 자를 다룬 책 중에 두번째로 많이 팔린 책이 출간되었다. 이 책은 영국에 사는 티베트 승려, 소갈 린뽀체가 쓴『티베트의 생명과 죽음의 서』다. 이 책의 표지에는 "죽음, 죽어가는 과정, 우주의 본성에 대한 최신 연구를 고대 티베트의 지혜와 결합시킨" "영적 걸작"이라는 설명이 적혀 있다. 소갈은 "모든 스승들이 들려준 핵심적인 조언 중에서도 정수만 뽑아놓은 이 책을 새로운『티베트 사자의 서』이자『티베트 생명의 서』로 만들려 했다.[50] 지금(1998년)까지 이 책은 30만부가 넘게 팔렸는데 이 책의 가장 큰 매력은 티베트 문헌을 번역한 다른 책들이나 이 시대 라마들의 가르침을 받아적은 다른 글들과는 달리 쉽고 대중적인 문장으로 쓰였다는 점이다.[51] 이 책에는 소걀 린뽀체가 티베트에서 알고 지낸 위대한 스승들에 대한 회고담과 그들이 어떻게 죽었는지에 대한 내용이 나온다. 그러나 이러한 내용은 시중에 있는 다른 티베트불교 관련 대중서적에서도 얼마든지 볼 수 있는 이야기다. 한편, 이 책에는 불교의 가르침을 담은 고전적인 이야기들도 나온다. 그러나 이들 역시 얼마든지 다른 책들에서 볼 수 있는 내용이다. 그렇다면 다른 책들과 이 책의 차이점은 일반 불교서적에서는 볼 수 없는 다양한 장르의 책들이 이 책에 인용되어 있다는 점이다. 예를 들어, 엘리자베스 퀴블러로스(Elisabeth Kübler-Ross)의 저작에서는 "죽음과 죽어가는 과정"에 대한 내용이, 이언 스티븐슨(Ian Stevenson)의 저작에서는 "환생을 연상시키는 사건들"이, 레이먼드 무디(Raymond Moody)의 저작에서는 "임사(臨死)"체험에 관한 내용이 인용된다. 그런가 하면 현대 산업사회가 자연에 가하는 위협에 대해 브라질의 환경부장관이 했던 이야기가 인용되기도 한다. 소걀은 보통사람들과 위대한 스승들의 죽음에 대해 번갈아가며 이야기하고, 밀라레빠, 빠드마삼바바, 현(現) 달라이 라마의 말을 인용한다. 이밖에도 그는 다른 여러 대가들의 말을 인용해 자신의 요지를 뒷받침하는데, 이를테면 몽떼뉴, 블레이크(Blake), 릴케(Rilke), 헨리 포드(Henry Ford), 볼떼르(Voltaire), 오리게네스(Origen), 셸리(Shelley), 모차르트(Mozart), 발자끄(Balzac), 아인슈타인(Einstein), 루미(Rumi), 워즈워스(Wordsworth), 베다의 글이 인용되어 있다. 이들을 통해 소걀의 메시지는 세계 곳곳의 다양한 사상과 결합되고 결과적으로 티베트불교 사상이라기보다는 블라바쯔끼 여사가 따랐던 마하트마들처럼 비밀단체에 속한 사람들에게 알려져온 보편적 가르침이나 영원한 진리에 가까워 보이게 되었다. 실제로 에번스-웬츠나 소걀의 책이 큰 인기를 끌 수 있었던 이유는 그들이 티베트 문헌에 비역사적이고 보편적인 지혜를 섞어놓았기 때문이다(티베트 문헌이 소걀의 책 전반에서 얼마나 철저히 다루어졌으면 번역문은 따로 실리지도 않았다).

소걀 린뽀체는 이제 티베트는 사라졌고 남은 것은 티베트의 지혜뿐이라고 말한다.[52] 그는 이 지혜를 이제껏 어느 티베트인 저자도 인용한 적 없는 사상가들의 계보에 가져다놓는다. 이 계보는 시대와 지역을 초월한 영적 계보다. 소걀은 이 시대의 존경받는 티베트 승려에 대해 언급하면서 다음과 같이 말한다. "나는 그를 떠올릴 때마다 '아마도 아시시(Assisi)의 성 프란체스꼬도 그와 같았으리라'고 생각한다."[53] 독자들은 이런 문장을 읽으면서 소걀이 이 책을 쓰는 데 대필작가의 도움을 받았을지도 모른다는 의심을 품게 된다. 실제로 소걀은 이 책을 쓰면서 패트릭 개프니(Patrick Gaffney)와 앤드루 하비(Andrew Harvey)의 도움을 받았다고 밝혔고 이들은 에번스-웬츠와 라마 카지 다와삼둡처럼 공동작업을 했을지도 모른다. 그러나 에번스-웬츠의 경우와는 달리 이 책에는 서양인 저자의 이름 대신 티베트인 저자의 이름만 적혀 있다. 앤드루 하비는 이른바 '영적인 것'에 관해 여러권의 베스트셀러를 쓴 작가다. 영적인 것은 1990년대 초에 이르러 블라바쯔끼 여사가 살던 시대와는 다른 의미를 갖게 되었다. 이것은 이제 더이상 죽은 영혼과 접촉하는 교령술을 뜻하지 않는다. 대신에 단순한 종교의 한계를 뛰어넘는 에토스(ethos)를 의미하게 되었다. 즉, 종교의 진정한 원동력이면서 제도와 역사에 얽매인 종교적 전통으로부터는 자유로운 것, 따라서 보편적이면서도 동시에 개인적인 것, 이것이 바로 영적인 것이다. 이것은 위대한 '세계종교'를 따르는 신비주의자들의 의식뿐 아니라 좀더 원형적인 의식, 즉 동양의 전통, 샤머니즘, 자연숭배, 한때 원시적이라 여겨졌던 여신숭배를 통해서도 체험할 수 있다.

소걀의 책은 앞서 나온 에번스-웬츠의 책과 마찬가지로 영적 세계에 관심이 있는 독자들을 위하여 쓰인 것이다. 실제로 이 두권의 책에는 놀랄 정도로 닮은 구석이 많다. 우선 이들은 모든 전통의 신비주의자들에게 알려져 있지만 티베트에 가장 완벽하게 보존되어온 보편적 가르침에 대해 설명한다. 또 외부세계에 대한 지식은 풍부하지만 내면세계에 대한 고대의 지식을 잃고 위기에 처한 현대세계에 하루빨리 이 가르침을 전해야 한다고 주장한다. 두권의 책 모두 티베트인과 서양인이 공동으로 저술한 책이며 서양인 저자의 결정적인 역할은 겉으로 잘 드러나지 않는다. 소걀은 에번스-웬츠(그리고 리어리와 퉁빠)와 마찬가지로 불교의 환생사상을 자신만의 방식대로 해석한다. 그는 환생의 영역이 "각자의 카르마에 따라 환영을 보게 되는 단계 너머에 있을지도 모른다"라는 점은 인정하지만 환생의 육도가 "우리 주변세계에 투영되어 나타나는" 방식에 더 많은 관심을 보인다.

예컨대 천도(天道)에는 어떠한 고통도 없으며 시들지 않는 아름다움과 관능적인 희열을 맛볼 수 있다. 이때 신들이 금발머리의 키가 큰 써퍼들(파도 타는 사람들)의 모습을 하고 있다고 상상해보자. 그들은 눈부신 햇살이 내리쬐는 바닷가나 풀밭에 편안히 드러누워 자신이 고른 음악을 들으며 흥을 돋우는 여러가지 요소들에 탐닉해 있다. 그들은 명상, 요가, 보디워크 요법, 자기수양에 열광한다. 그러나 결코 머리를 쥐어짜는 일도 없고 복잡하고 괴로운 상황에 직면하는 일도 없다. 그들은 결코 자신의 진정한 본성을 깨닫지 못하며, 정신이 마비되어 자신의 상태가 어떤지 의식하지 못한다.

이러한 신들의 세계로 캘리포니아나 호주의 일부 지역을 꼽을 수 있다면, 아수라의 세계는 음모와 경쟁이 판치는 월스트리트나 바람 잘 날 없는 워싱턴과 런던 중앙 관청가의 일상이라 할 수 있다. 그렇다면 아귀의 세계는? 엄청나게 부유하면서도 만족을 모르고 온갖 회사들을 닥치는 대로 인수하려 들거나 법정소송까지 불사하면서 마지막까지 욕심을 놓지 못하는 사람들이 있는 곳, 그곳이 바로 굶주린 영혼들이 있는 곳이다. 텔레비전을 켜면 채널을 돌릴 때마다 아수라와 아귀의 세계를 엿볼 수 있다.

소걀은 환생의 육도를 문자 그대로 '죽음 이후에 다시 태어나는 물리적 영역'이라 해석하면 독자들이 깜짝 놀랄 것이라 생각한 모양이다. 그리하여 이 영역들을 미국 땅에 빗대어 천도는 캘리포니아에, 아수라도는 동부에 있다고 설명한 것인지도 모른다.

한편 맨 마지막으로 출간된 『티베트 사자의 서』 번역본의 속표지에는 "빠드마삼바바가 쓰고 깔마 링빠가 발견하고 로버트 A. F. 서먼이 번역했다"라고 쓰여 있다. 이 번역본은 1994년에 '밴텀 지혜의 책' 총서 중 한권으로 출간되었으며 이 총서의 다른 책들로는 『도덕경』『바가바드기타』『역경』『오륜서』(17세기의 사무라이, 미야모토 무사시宮本武藏가 쓴 검술에 대한 책), 루미가 쓴 신비주의 시선집, 선문답 풀이집 등이 있다. 『티베트 사자의 서』가 이러한 영적 고전들 틈에 끼어 있다는 사실은 이 문헌이 그동안 얼마나 철저하게 탈문맥화되어왔는지를 보여준다.

머리말에서 번역자 서먼은 처음에 『티베트 사자의 서』의 또다른 번역본을 내기가 꺼려졌다고 말한다. 그는 원래 죽음을 다루는 겔룩빠 문헌을 연구하던 학자다. 그 문헌은 그가 겔룩빠의 '창시자'인 쫑카빠의 저서에서 발견한 것으로 "고대로부터 전해내려온 영적 기술에 관한 내용이고 이 기술은 현대의 물리적 기술만큼이나 정교하다."[54] 그에 비해 닝마빠 문헌에서 유래한 『티베트 사자의 서』는 그 내용이 체계적이지도 않고 불분명해서 그에게는 "덜 의미 있는" 문헌으로 보였다. 그러나 서먼은 결국 이 책의 번역을 맡기로 했다. "죽음을 앞둔 사람들에게 (에번스-웬츠나 프레맨틀과 퉁빠가 번역한 책보다) 더 명료하고 이해하기 쉬운 책이 필요하다"고 느꼈기 때문이다. 에번스-웬츠의 책과 마찬가지로 서먼의 번역서도 전체 분량의 절반 정도가 해설과 용어설명으로 채워져 있다. 해설에 실린 글에는「티베트: 영적인 문명」「불교의 개요」「몸과 마음의 복합체」「해탈의 실체」와 같은 소제목이 달려 있다. 또 용어설명을 보면 카르마는 '진화'로, 고뜨라(씨족)는 '영적 유전자'로, 아비달마는 '명료한 과학'으로, 다키니는 '천사'로 풀이되어 있다.

서먼이 선택한 번역어들을 보면 『티베트 사자의 서』와 불교 전반을 종교적으로 설명하기보다는 과학적으로 기술하려는 의도를 엿볼 수 있다. (예를 들어, 그는 문자 그대로 번역하면 '지식 보유자'가 되는 '비드야다라'(고대 인도에 살았던 탄트라수행자들의 무리)를 '영웅적인 과학자'라 부른다. "그들은 비물질주의적 문명에 살던 전형적인 과학자들이었다.") 서먼이 보기에 티베트는 독특한 문명을 가진 곳이었다. 서구가 물질세계와 우주공간을 탐험하고 정복하는 데 전념해왔다면, 티베트사회는 내면세계에 초점을 맞춰왔다. 그 결과 수세대에 걸쳐 영적 지도자들이 탄생했는데 이들은 영적 기술(탄트라)을 익히고 "가장 용감한 내면세계의 탐험가"가 되었다(서먼은 이들을 '심리탐험가'psychonauts라고 부른다). 이들은 "자신들이 속한 사회가 탐험하고자 했던 세계의 최전방까지 항해해갔다. 즉 의식의 가장 깊은 곳으로 들어가 우리의 삶과 죽음 너머에서 의식이 어떻게 변화하는지를 추적한 것이다." 『티베트 사자의 서』(서먼은 티베트어 문헌의 제목을 『중유상태에서 깨달음을 얻어 영원한 자유에 이르는 법』으로 번역했다)는 바로 이러한 사회의 산물로, 죽음에 대해 불교적 관점에서 접근한 책이 아니라 '심리탐험가'들이 알아낸 사실을 바탕으로 죽음을 맞는 과정을 과학적으로 묘사한 책이다. 죽음에 대한 티베트의 사상은 태양계 구조에 대한 서구의 현대 이론만큼이나 종교와 거리가 멀다. 사실상 불교는 종교가 아니다. 붓다는 종교를 세운 적이 없다. 대신 대중들에게 가르침을 주는 교육활동을 벌였고 "편견에 치우치지 않은 경험에 자유롭게 열려 있는" 현실을 강조했다. 또 교육 및 연구 기관들(이 기관들은 사원으로 불리기도 한다)을 설립했는데 "이 정신과학 연구소에 있는 연구원들은 특별히 죽음과 환생 그리고 중유상태에 대해 연구했고 연구결과는 방대한 양의 과학적 저술로 집대성되었다."

서먼은 환생이 실제로 존재한다고 주장한다. 또 '감상적 영혼 소멸론자들' '탁상공론에 젖은 우주 도피론자들' '유물론적 과학자들'에 반대한다. 이들은 무(無)에 대한 신념 때문에 인간의 의식이 사후에도 지속된다는 증거를 무조건적으로 묵살하는 자들이다. 서먼이 보기에 빠스깔의 내기(Pascal's Wager)는 설득력 있는 논증이다. 빠스깔은 설령 신이 존재한다 해도 인간은 그의 존재를 헤아릴 수 없다고 말한다. 따라서 신이 존재하는지 아닌지를 확실히 아는 것은 불가능하다. 만일 신이 존재하지 않는다면 신을 믿어도 그만 믿지 않아도 그만이다. 그러나 실제로 신이 존재한다면 신을 믿는 것과 믿지 않는 것은 현세와 내세에 전혀 다른 결과(천국행과 지옥행)를 가져올 것이다. 따라서 빠스깔이 보기에는 신이 존재한다고 믿는 편이 아무것도 잃지 않으면서 모든 것을 얻을 수 있는 분별 있는 선택이다.[55] 서먼은 여기서 '신'을 '환생'에 대한 믿음으로 간단히 대체해버린다. 이렇게만 하면 티베트의 환생사상을 받아들이기는 그리 어렵지 않다.

유익하고 건전한 믿음은 죽음에 대한 연구를 발전시키는 데 아무런 걸림돌도 되지 않는다. 죽음에 대한 연구를 발전시키려면 과거의 모든 시도들을 고찰해야 하고 특히 오랜 시간에 걸쳐 발전해오면서 수많은 문헌들을 남긴 전통을 잘 살펴보아야 한다. 모든 전통들 가운데 아마도 인도-티베트 전통에 보존되어온 죽음의 연구가 가장 풍부한 내용을 담고 있을 것이다.

서먼은 티베트 환생사상의 과학적 가치를 옹호한 후 『티베트 사자의 서』의 이전 번역자들처럼 육도의 존재 여부에 대해 논한다. 그는 『티베트 사자의 서』를 영어로 번역하면서 티베트 승려와 공동으로 작업하지 않은 유일한 번역자다. 또 불교에서 말하는 천국과 지옥은 인간이 사는 이 세계와 마찬가지로 실제로 존재하는 곳이라 주장하면서 육도에 대한 '상징적' 해석을 거부한 유일한 번역자이기도 하다. "전생을 기억하는 사람들은 천국과 지옥이 실제로 존재한다고 말한다. 또 논리적으로 봤을 때 끝없는 진화의 세계에는 우리가 오늘날 이 작은 지구에서 볼 수 있는 종의 수보다 훨씬 많은 생명체들이 살고 있어야 한다."

그렇다면 『티베트 사자의 서』의 변천사에서 서먼이 차지하는 독특한 지위를 어떻게 설명해야 할까? 에번스-웬츠의 설명에 따르면 라마 카지 다와삼둡은 환생을 진화체계로 보는 '신비적인' 견해를 지지했고 축생으로 퇴화하는 것은 불가능하다고 보았다. 한편 에번스-웬츠의 번역본을 바탕으로 『환각체험』을 쓴 리어리와 다른 저자들은 환생의 육도를 상징으로 보는 견해를 발전시켜 『티베트 사자의 서』가 실제로는 죽음이 아니라 삶에 대한 내용이라고 주장했다. 뿐만 아니라 그들은 『티베트 사자의 서』를 여덟시간 동안 지속되는 환각체험에 대한 이야기로 읽을 수 있다고 보았다. 한편 퉁빠 린뽀체는 환생의 육도를 인간의 심리상태로 묘사했고, 소걀 린뽀체는 이것을 캘리포니아의 써퍼들과 뉴욕의 금융전문가들을 풍자할 기회로 삼았다. 그렇다면 오직 서먼만이 실제로 티베트인들이 믿는 내용을 받아들인 것처럼 보인다.

에번스-웬츠, 리어리, 퉁빠, 소걀은 환생의 육도를 실제로 존재하는 것으로 보지 않고 대중적인 믿음으로 해석한다. 이것은 이들이 티베트인들의 관습과 아무런 '계약적 관계'[56]도 맺고 있지 않기 때문이다. 이들은 티베트인들의 관습보다는 다른 것들을 더 중요하게 여긴다. 에번스-웬츠에게는 신지학이, 레리에게는 LSD가, 퉁빠에게는 초개인심리학(인간의 초개인적 경험을 연구대상으로 하는 심리학―옮긴이)이, 소걀에게는 뉴에이지가 바로 그 대상이다. 그렇다면 오직 서먼만이 티베트 사상을 있는 그대로(어쩌면 '전통적'인 모습으로) 보여주는 데 관심이 있는 것처럼 보인다. 이것은 아마도 그가 티베트인이 아니기 때문일 것이다. 그는 날 때부터 자연스레 정통성을 부여받는 티베트 혈통이 아니므로 다른 곳에서 자신의 정통성을 끌어와야 한다. 이에 따라 그는 자신의 학위, 1964년 미국인 최초로 티베트불교 승적을 받은(이후 소멸됨) 특이한 이력, '불교 평신도'(그는 자신을 이렇게 부른다) 혹은 미국의 대표적 불교도(기자들은 그를 이렇게 묘사한다)로서의 신분, 그가 종종 맡는 달라이 라마(달라이 라마도 환생을 상징으로 해석하지 않는다)의 비공식적 대변인 역할, 컬럼비아대학교의 '제(Jey) 쫑카빠 석좌

교수'(불교학)로서의 지위 등에서 정통성을 획득한다. 이 모든 자격이 그에게 공식적인 지위와 정통성(이를테면 미국에 사는 티베트인 승려 소걀에게는 따로 필요하지 않은 것)을 부여해주는 것이다. 한편, 서먼은 티베트 독립운동에 활발히 참여하면서 위기에 처한 티베트문명의 중심교리를 더욱 적극적으로 받아들이게 되었다. 그에게 환생은 상징일 수 없다. 환생은 이미 확립되거나 앞으로 확립될 과학적 사실인 것이다.

그러나 서먼이 쫑카빠에 지나치게 큰 비중을 두는 데에는 나름의 문제가 있다. 서먼은 『티베트 사자의 서』와 자신의 다른 저작들에서 쫑카빠의 삶과 업적이 티베트문명의 부흥기를 불러일으킨 것처럼 묘사한다. 그는 다른 책에서 "쫑카빠가 일으킨 부흥기 이후로 티베트불교의 영적 통합이 완성되었다"[57]라고 주장했다. 물론 티베트불교의 겔룩빠(쫑카빠는 후대에 와서 겔룩빠의 '창시자'로 여겨지게 되었다)에 속한 사람들은 그의 주장에 동의할 것이다. 그러나 다른 종파에 속한 사람들은 그렇지 않을 것이다. 여기서 문제는 『바르도 퇴돌』이 닝마빠 문헌이라는 사실이다. 서먼은 이 사실을 알면서도 마치 이 문헌이 겔룩빠 문헌인 것처럼 해석했다. 그는 '죽음에 대한 일반적인 준비'라는 제목이 붙은 장에서 죽음을 다룬 광범위한 닝마빠 문헌(이들 중에 일부 문헌은 영어로도 번역되어 있다)[58] 대신 쫑카빠가 쓴 '수행의 세가지 핵심요소'(lam gtso rnam gsum)에 대해 이야기한다. 또 '특별한 예비단계'라는 제목의 장에서도 닝마빠 문헌 대신 겔룩빠의 잘 알려진 문헌을 참고한다. 서먼은 이러한 문제를 분명히 알고 있었으면서도 티베트불교의 본질적인 가르침은 종파를 초월한다는 식의 주장으로 문제를 봉합해버린다.

티베트에는 수많은 종류의 탄트라경전이 있고 티베트불교의 여러 종파들은 서로 다른 탄트라경전의 가르침을 따른다. 그러나 이 모든 경전들은 고대 인도의 위대한 수행자들이 초창기에 남긴 저작에서 유래한 것이다. (…) 이들은 하나같이 출리심(出離心), 보리심(菩提心), 공성(空性)을 깨닫는 지혜(쫑카빠의 가르침)를 추구하는 길에서 나왔다. (…) 이들은 깨달음의 경지에 이르는 성불의 과정을 '대원만법(족첸)' '대수인(마하무드라)' '낙공불이(樂空不二)론'과 같은 다양한 교리로 설명하지만 개념체계나 용어만 다를 뿐 깨달음에 이르는 길이나 이 길을 통해 얻는 결실 자체는 다르지 않다.

서먼이 보기에 이처럼 다 비슷비슷한 교리 중에 어느 상황에나 적용할 수 있는 가장 훌륭한 사상은 쫑카빠의 가르침이다. 서먼은 간단한 명상법에 대해 설명하면서 각 개인은 자신의 믿음에 따라 명상 중에 떠올릴 대상을 선택해야 한다고 말한다. "만일 당신이 기독교인이면 예수의 성화상을 떠올리고, 이슬람교도면 경전에 적힌 글자를 떠올려라. 따로 믿는 종교가 없으면 모나리자, 꽃, 지구의 위성사진 등을 떠올리면 된다." 그러나 티베트불교에 전해내려오는 더 높은 단계의 탄트라 수행은 다른 전통에서는 이미 상당부분 사라진 것이다.

진정한 주술사는 죽음의 과정에 대해 잘 알고 있다. 또 자신에게 도움을 주는 우호적인 신과 훼방을 놓는 악령에 대해서도 잘 알고 있으며, 선행과 신뢰의 근원이 되는 자비의 신을 찾아내기도 한다. 동서고금에 걸쳐 많은 수도자들이 사후세계로 여행을 떠났고 그중 일부는 살아 돌아와 자신들의 경험을 귀중한 책으로 남겼다. 수피교(이슬람 신비주의)와 도교의 수도자들 역시 많은 가르침을 남겼고 여전히 자신들의 전통을 이어가고 있다. 이러한 신비주의적 전통을 추구하는 사람이라면 누구든 티베트 전통에 담긴 체계적인 기술과 예리한 통찰을 배울 수 있다.

이처럼 서먼의 주장에 따르면 티베트 전통의 기술은 누구에게나 열려 있다. 그 이유는 간단하다. 이것이 진리이기 때문이다. 이제 더이상 『티베트 사자의 서』의 다른 번역자들처럼 불교와 과학의 조화를 찾아(이러한 시도는 블라바쯔끼 여사, 그리고 다윈의 이론을 상쇄시키려는 그 이전의 노력에까지 거슬러올라간다) 티베트 문헌을 상징적으로 해석하지 않아도 된다. 서먼에게는 불교 자제가 곧 과학이기 때문이다.

『티베트 사자의 서』는 새롭게 환생할 때마다 원래의 본문에 담긴 내용과 동떨어진 내용으로 해석되었다. 이 새로운 책들은 항상 주어진 내용과는 다른 의미를 가리켰는데 이 의미들은 복잡한 설명을 필요로 하는 것이어서 본문의 내용이 긴 서문과 해설문에 가려질 수밖에 없었다(프레맨틀과 뚱빠의 책만은 예외였다). 게다가

리어리와 소걀의 책에서는 본문이 불필요한 것으로 여겨져 아예 실리지도 않았다. 『티베트 사자의 서』를 번역한 이들의 주장과는 달리 그들의 해석은 결코 상징적이지 않다(이는 낭만주의에서 말하는 상징도 아니고, 퍼스Peirce가 이야기하는 기호도 아니다). 그들의 해석에는 상징과 그것이 표상하는 대상 사이에 있어야 할 자의성이 없다. 대신 『티베트 사자의 서』는 더 정통성 있는 다른 문헌을 가져다놓고 비교해가며 해독해야 하는 암호로 읽히거나 이 책보다 앞서 나온 다른 문헌에 대한 알레고리로 읽힌다. 『티베트 사자의 서』의 내용은 감춰진 "다른 의미"를 가리키므로 "일단 숨겨진 의미가 밝혀지고 나면 이를 암시하던 잠재력은 사라져버린다."[59] 에번스-웬츠에게 티베트 문헌의 원문(urtext)은 블라바쯔끼 여사가 『잔의 시』를 해독한 내용을 바탕으로 쓴 『비밀교리』였다. 한편 리어리와 메츠너와 앨퍼트에게 『티베트 사자의 서』는 환각체험을 설명한 글이었고, 퉁빠에게는 초개인 심리학의 원리를 담은 글, 소걀에게는 뉴에이지의 자기 치료적 언어로 쓰인 글, 서먼에게는 겔룩빠 교리에 끼워 맞춰진 닝마빠 문헌이었다. 이 모든 경우에 『티베트 사자의 서』는 다른 글들과 대조되어 읽혀야 했다. 그래야만 이 책에 숨겨진 진정한 의미가 드러난다는 것이었다.

그러나 역설적이게도 현대의 번역가들은 자기 나름대로 전통을 따르고 있는 셈이었다. 이는 『바르도 퇴돌』이라 불리는 티베트 문헌이 뗄마에 속하기 때문이다. 뗄마는 8세기경에 쓰인 귀중한 문헌이다. 당시의 티베트인들은 그 안에 담긴 심오한 사상을 제대로 이해할 수 없다고 여겨졌으므로 뗄마는 오랜 기간 동안 숨겨져오다 6

세기가 지난 후에야 다시 발견되었다. 그러나 이 문헌이 발견되었을 당시 그 내용은 비밀스러운 다키니 언어로 적혀 있었고 이 문헌을 발견한 사람만이 그 암호를 해독해 대중적인 언어로 옮길 수 있었다. 따라서 예언된 시기에 이 문헌을 발견한 사람은 일종의 대필 작가 노릇을 하면서 자신이 찾아낸 문헌을 당대의 의미에 맞는 내용으로 옮기고 이미 사본에 해당하는 문헌을 독창적인 문헌으로 만들어야 했다.

3장

눈 The Eye

사기꾼의 눈에 비친 티베트

> 그는 바위에서 자신이 오래전에 숨겨둔 설교를 찾아냈다.
>
> _오스카 와일드

> 요즘과 같은 암흑의 시대에는 마음이 불안정한 자들이 많다. 그들은 가짜 기적을 가지고 장난치기 좋아하는 다른 귀신들에게 사로잡혀 있다. 이들은 가짜로 발견된 문헌만큼이나 부정적인 영향을 끼친다.
>
> _툴쿠 손둡

사전에 따르면 영어 단어 'mystify'('신비화하다' 또는 '미혹시키다'라는 뜻)는 그리스어 'mystos'에서 왔다. 'mystos'는 원래 입문식이나 종교의식에서 눈을 감고 입을 닫는 것을 의미한다. 티베트에 관한 최고의 베스트셀러를 쓴 저자 튜즈데이 롭상 람파(Tuesday Lobsang Rampa)는 자신이 라마교에서 행하는 비밀스러운 컬트(cult)의 입문자라고 주장했다. 그러나 학계의 공인을 받은 티베트 역사 및 문화에 대한 지식 앞에서 그의 두 눈은 감겨 있었다. 이것은 그가 또 하나의 컬트, 즉 티베트학이라는 컬트의 입문자가 아니었기 때문이다. 그렇다면 그는 두가지 의미에서 'mystifier'로 불릴 수 있을 것이다. 첫번째로 그는 자신만의 신비적 공상으로 티베트의 여러 현실을 윤색해내고 티베트를 '신비화했다'. 두번째로 그는 무엇이든 쉽게 잘 믿는 독자들의 특성을 이용해 그들을 '미혹시켰다'. 여기서 '미혹시키다'라는 'mystify'의 두번째 의미는 '고의적인 속임수'를 뜻한다. 그러나 티베트학의 역사에서 희대의 사기꾼으로 여겨지는 람파는 이러한 사기혐의에 대해 극구 부인했다. 일찍이 알렉상드라 다비드-넬은 자신의 정체를 감추기 위해 티베트인으로 변장했고, 라마 고빈다는 자신의 새로운 정체성을 알리기 위해 티베트 복장을 고집했지만, T. 롭상 람파라는 필명을 사용한 영국인은 자신의 몸속에 티베트 라마의 영혼이 들어왔으며 7년이라는 긴 시간에 걸쳐 겉모습뿐만 아니라 몸속의 세포들까지 진짜 티베트인의 것으로 바뀌었다고 주장했다. 그의 주장에 따르면 이런 일이 가능한 것은 공중부양 능력 덕분이었다. 처음에 그는 거대한 연에 올라탄 채 중력에서 벗어나 공중을 날아다녔고 나중에는 시공간의 제약에서 벗어나 아스트랄계(요가에서 말하는 육체와 분리된 영적 세계―옮긴이)를 자유롭게 여행했다.

이번 장에서는 화신(化身)의 개념과 빙의(憑依)의 개념을 고찰하면서 과연 무엇이 글쓴이(author)에게 티베트에 대한 글을 쓸 권한(authority)을 주는지 살펴보고자 한다. 이 같은 질문은 T. 롭상 람파가 쓴 세권의 책을 읽으면서 떠오른 것이다. 그는 자신의 눈이 감기기는커녕 도리어 새로운 눈이 떠졌다고 주장한다. 그의 말대로라면 이 눈은 "세상사람들을 겉으로 꾸며진 모습 대신 있는 그대로 보게" 해주는 눈이다.

『제3의 눈』(The Third Eye)*은 1956년 영국에서 처음 출간되었고 T. 롭상 람파의 자전적인 이야기를 담고 있다. 그는 달라이 라마의 수

뇌부 중 한명이었던 라싸 귀족의 아들로 태어났다. 『제3의 눈』의 이야기는 그의 어린시절로부터 시작된다. 그에게는 형 빨쵤(Paljör)과 누나 야소다라(Yasodhara)가 있었다. 빨쵤은 일곱번째 생일을 맞기 전에 죽어 "많은 사원들이 있는 땅으로 되돌아갔다." 그러나 일반적으로 티베트의 아이들은 더 강인하게 키워졌다. 이들은 갓난아기였을 때 티베트의 혹독한 기후를 견뎌낼 능력이 있는지 없는지를 알아보는 시험에서 죽지 않고 살아남은 아이들이었다. 티베트의 할머니들은 갓 태어난 아기를 얼음장처럼 차가운 개울에 빠뜨려 얼굴이 붉으락푸르락해지다 울음을 그칠 때까지 내버려두었다. "만일 아기가 살아남으면 그것은 하늘의 뜻이었고 아기가 죽으면 살면서 겪을 무수한 고통을 미리 면하는 셈이었다."[1] 라싸의 상류층 가문에서 자란 롭상 람파는 키가 7척이나 되는 캄(Kham) 출신의 전직 승려경찰에게 엄격한 교육을 받았다. '쭈(Tsu) 할아버지'로 불리는 이 경찰은 1904년 영국이 티베트를 침략했을 때 영허즈번드 대령의 군대와 싸우다 부상을 입은 인물이었다. 롭상 람파는 학교에 다니면서 티베트어, 중국어, 산수, 목각기술(목판인쇄를 위한 기술)을 배웠다. 학교에 있는 학생들은 매일같이 규율을 복창했다. "첫째, 은혜는 원수가 아닌 은혜로 갚아라. 둘째, 온화한 사람들과 싸우지 마라. 셋째, 경전을 읽고 익혀라. 넷째, 이웃을 도와라. 다섯째, 규율은 부유한 사람들에게 엄격한데 이는 타인에 대한 이해와

---

* 이 책은 국내에서 『나는 티벳의 라마승이었다(1부, 제3의 눈)』(롭상람파 지음, 박영철 옮김, 정신세계사 1986)라는 제목으로 출간되었다.

공평을 가르치기 위함이고, 여섯째, 가난한 사람들에게는 관대한데 이는 자비를 보여주기 위함이다. 일곱째, 빚을 지면 곧바로 갚아라."[2] 롭상 람파는 운동 중에서도 활쏘기, 장대높이뛰기, 죽마타기를 즐겼고 티베트의 대표적인 운동인 연날리기를 가장 좋아했다. 가을이 시작되는 첫번째 날, 포탈라궁에서 연 하나를 띄워올려 신호를 보내면 공식적인 연날리기 철이 시작되었다.

롭상 람파의 일곱번째 생일잔치는 성대하게 치러졌다. 이 잔치에는 라싸의 모든 귀족들이 초대되었고, 샥스핀 스프와 설탕에 조린 철쭉 꽃잎이 상 위에 올랐다. 또 나뭇가지와 장식용 호수 위에 놓인 버터 등불이 잔치 분위기를 한결 살려주었다. 이 잔치에 초대된 몇몇 점성가들은 롭상 람파의 미래를 예언했다. "일곱살 난 소년은 고된 인내력 시험을 통과한 후 사원에 들어가 승려의사가 될 것이다. 그는 온갖 시련을 겪을 것이며 조국을 떠나 낯선 사람들 틈에 살게 될 것이다. 언젠가 모든 것을 잃고 처음부터 다시 시작해야 하는 순간이 오겠지만 끝내는 성공을 이룰 것이다."

처음에 롭상 람파는 티베트의학을 가르치는 착포리사원에 들어가려 했다. 그러나 승단에서 높은 지위에 오르려는 사람은 반드시 시험에 통과해야 했고 소년 롭상 람파는 사원 대문 앞에 명상 자세로 꼼짝 않고 앉아 있어야 했다. 결국 이 시험에 통과한 람파는 착포리사원에서 수학과 불교경전의 암기에 초점을 맞춘 수업을 받게 되었다. 사원에 있는 스승들은 학생들에게 "거기 너, 캉규르 경전 7권 18면의 다섯번째 줄을 외워봐" 하고 질문을 던지는 식이었다. 람파는 여러 학생들 사이에서 두각을 나타냈고 밀교적 가르침을 전수받을 학생으로 뽑혔다. 이처럼 따로 전수자를 뽑는 이유는 티베트가 외국의 지배에 놓이게 된 후에도 신비스러운 지식을 보존해나가기 위해서였다. 람파는 곧 집중훈련을 받게 되었는데 이 훈련은 보통 승려들이 평생에 걸쳐 배우는 내용을 몇년 안에 끝내는 것이었다. 사원의 원장은 그에게 다음과 같이 충고했다. "자네가 가야 할 길은 어렵고 고된 길이네. 예지력을 얻으려면 고통스러운 과정을 거쳐야 하고 아스트랄계를 여행하려면 그 무엇도 파괴할 수 없는 신경조직과 바위처럼 굳은 투지가 있어야 하네." 람파는 계를 받으면서 '이자 믹말 랄루'(Yza-mig-dmar Lah-lu)라는 새로운 이름을 얻었고 위대한 라마 밍걀 돈둡의 후견을 받게 되었다. 그는 밍걀 돈둡에게 예지력 수술을 받았고 그때부터 최면상태에서 스승의 지시를 받을 수 있게 되었다. 이 수술은 그의 여덟번째 생일에 치러졌는데 두 눈 사이의 두개골에 구멍을 뚫어 제3의 눈을 만드는 수술이었다. 그는 제3의 눈을 갖게 되면서 사람들에게서 뿜어져나오는 기운을 읽을 수 있게 되었다. 다시 말해 "겉으로 꾸며진 모습 대신 있는 그대로의 모습을 볼 수" 있게 된 것이다. 그는 수술에서 회복하자마자 포탈라궁으로 불려갔고 그곳에서 달라이 라마와 은밀한 만남을 가졌다. 달라이 라마는 그의 전생의 기록(롭상 람파는 전생에 세라사원의 원장이었다)과 미래를 꿰뚫어보는 예지력을 유심히 살핀 후, 앞으로 그가 인류를 위해 티베트의 지혜를 보존해야 한다고 일러주었다.

　롭상 람파는 열두번째 생일이 지나자마자 승려의사인 '트라파'가 되기 위한 시험을 치렀다. 시험을 보는 학생들은 가로가 1미터

80센티미터, 세로가 3미터, 높이가 2미터 40센티미터인 독방에 갇혀 총 6일간 매일 14시간씩 한가지 주제에 대한 답을 작성했고 이 기간 동안 벽에 난 통풍구로 차와 짬빠(tsampa, 보리로 만든 티베트인들의 주식—옮긴이)를 받아먹었다. 람파는 훌륭한 성적으로 시험에 합격한 뒤 라마 밍걀 돈둡과 약초를 채집하기 위해 여행을 떠났다. 이들은 여행 도중 잠시 들른 트라 예르파 사원에서 성인 한명을 거뜬히 태울 만한 거대한 연을 만드는 장면을 보게 되었다. 롭상 람파는 이 연에 올라타 여러 차례 하늘을 날았고 연을 만드는 기술자에게 내공성을 개선하려면 연의 모양을 바꿔야 한다고 충고했다.

  라싸로 돌아오자마자 달라이 라마에게 불려간 롭상 람파는 노블링카 여름궁전의 알현실에 몸을 숨긴 채 제3의 눈을 통해 중국사절들의 기운을 읽고 그들의 숨겨진 의도를 파악했다. 중국사절들의 마음은 증오로 가득 차 있었고 그들이 내뿜는 기운은 "물질주의와 악행에 생명력을 빼앗긴 자들이 보이는 오염된 빛깔이었다." 얼마 후 롭상 람파는 다시 한번 노블링카로 불려가 한 영국인 방문객의 기운을 읽게 되었다. 그는 영국인의 옷차림을 보고 깜짝 놀랐다. 이 영국인은 롭상 람파가 한번도 본 적 없는 양복바지를 입고 구두를 신고 있었던 것이다. 또 이따금씩 하얀 천을 코에 대고 작은 나팔소리를 냈는데 롭상 람파는 이것이 달라이 라마에게 경의를 표하하는 행동이라고 생각했다. 그런가 하면 영국인은 네개의 막대기가 달린 나무틀에 앉아 있었는데 람파는 이것을 보고 그가 절름발이일 거라 생각했다. 영국인이 내뿜는 기운에서는 허약한 건강상태가 보였지만 그는 진정으로 티베트를 돕고 싶어했다. 단, 그렇게 하면 영국정부에서 나오던 연금이 끊길까봐 두려워하고 있었다. 롭상 람파는 그의 이름이 C. A. 벨(찰스 벨 경Sir Charles bell, 1870~1945, 씨킴, 부탄, 티베트를 관할한 영국행정관)이라는 사실을 알게 되었다.[3]

롭상 람파는 라마 밍걀 돈둡과 티베트 북쪽에 있는 창탕고원으로 여행을 떠났다. 그들은 얼어붙은 황무지를 지나 따뜻하고 울창한 자연에 둘러싸인 에덴동산 같은 곳을 발견했고 거기서 예티를 만났다. 롭상 람파가 여행을 마치고 라싸로 돌아왔을 때는 그의 열여섯번째 생일 무렵이었고, 그는 다시 한번 독방에 들어가 시험을 치러야 했다. 이번에는 열흘 동안 해부학, 신학, 형이상학, 요가 분야의 필기시험이 진행됐고 이틀 동안 구술시험이 치러졌다. 람파는 이 시험에서 동기들 중에 가장 우수한 성적을 받아 트라파에서 라마로 지위가 올라갔다. 그는 이후에도 시체처리자들과 함께 일하면서 계속해서 해부학을 공부해나갔다.

마침내 달라이 라마는 롭상 람파에게 '작은 죽음의 의식'인 입문식을 거쳐 사원의 원장 자리를 맡으라고 명했다. 람파는 철저한 단식과 명상을 하면서 세달간의 준비과정을 마친 뒤 세명의 나이든 원장의 손에 이끌려 포탈라궁의 지하로 내려갔다. 그들은 미로 같은 동굴을 지나 번쩍이는 검은 집 앞에 도착했다. 집 안에는 검정색 관 세개가 놓여 있었고 각 관에는 선사시대에 살던 티베트 신들의 거대한 황금빛 시체가 누워 있었다. 람파는 신들의 시체와 함께 이 집에 남겨졌고 거인들의 위대한 문명으로 시간여행을 떠나게 되었다. 그들은 지구가 다른 행성과 충돌하면서 티베트를 따뜻한 바다에서 눈 덮인 산맥으로 밀어내기 전에 그 땅에 살던 신들이었다. 이처럼 롭상 람파가 3일 동안 신들의 무덤에 갇혀 시간여행을 다녀온 것은 곧 죽음에서 살아돌아온 것을 의미했다.

얼마 지나지 않아 그는 다시 한번 달라이 라마에게 불려갔다. 달라이 라마는 그에게 즉시 중국을 떠나라고 명하면서 다음과 같은 주의를 주었다. "외국인들의 방식은 하도 이상해서 뭐라고 설명할 수가 없네. 내가 전에 말했듯이 그들은 자신들이 할 수 있는 것과 자신들의 과학기술로 검증할 수 있는 것만 믿네. 그러면서 가장 위대한 과학인 초자아의 과학에 대해서는 아무런 관심도 없지. 이것이 자네의 길이네. 자네가 이번 생에 태어나기 전부터 선택한 길." 『제3의 눈』은 롭상 람파가 말에 올라탄 채, 연 하나가 날아오르는 포탈라궁을 마지막으로 한번 뒤돌아본 후 중국으로 떠나는 장면에서 끝이 난다.[4]

롭상 람파는 1959년에 『라싸에서 온 의사』(*Doctor from Lhasa*)*라는 제목의 후속편을 펴냈다. 이야기는 『제3의 눈』의 마지막 장면에서부터 시작된다. 때는 1927년, 롭상 람파는 라싸를 떠나 중국 서남부에 있는 도시 충칭으로 향한다. 그는 이 여행길에서 티베트에 알려져 있지 않은 많은 것들을 보게 된다. 무겁고 습한 공기, 낚시(티베트에서는 물고기들이 인간을 두려워하지 않기 때문에 애완동물로 키워진다), 자동차, 자전거, 실내 화장실, 스프링이 달린 침대, 달구지에 올라탄 채 공산주의를 찬미하는 러시아인들. 이들은 하나같

---

* 이 책은 국내에서 『나는 티벳의 라마승이었다(2부, 죽음의 저편)』(롭상람파 지음, 박영철 옮김, 정신세계사 1987)라는 제목으로 출간되었다.

이 롭상 람파가 난생처음 보는 것들이었다. 그는 충칭에서 중국 의과대학에 입학했고 등록부에 다음과 같이 기재했다. "튜즈데이 롭상 람파, 티베트의 승려, 착포리사원의 승려의사, 환생불, 원장 지명자, 라마 밍걀 돈둡의 제자."5) 의과대학에서는 중국의학과 미국의학, 수술방법 등을 가르쳤고 특별히 전류와 자기에 대해서도 가르쳤다. (람파는 전기수업 시간에 아무런 고통도 받지 않고 250볼트짜리 전기충격을 참아내고 제3의 눈을 통해서 본 자기장을 그려내 교수를 깜짝 놀라게 만들었다.) 그는 중국과 미국의 의술뿐 아니라 티베트의 신비스러운 치료법을 결합해 특별한 장치를 만들고자 했다. 이 장치는 그가 예전에 창탕고원에 숨겨진 깊은 골짜기의 고대도시 유적에서 본 것으로 사람의 기운을 읽어내고 육체와 정신에 생기는 병을 예견할 수 있었다.

롭상 람파가 현대세계에 와서 가장 놀랐던 순간은 비행기를 처음 보았을 때다. 티베트에 관심이 있던 중국인 조종사는 롭상 람파를 자신의 비행기에 태워주었다. 롭상 람파는 이 비행기를 '빌려' 혼자서 비행길에 올랐고 짧은 시간 안에 다양한 조종술을 터득해 무사히 땅에 착륙할 수 있었다. 그 후로 그는 장 제스(蔣介石) 군대에 속한 군의관 특별부대에 뽑혀 전쟁에 참전하게 되었다.

몇년 후, 그는 라싸에서 텔레파시로 보낸 전갈을 받았다. "13대 달라이 라마가 곧 세상을 떠나실 것이다." 그는 장례식에 참석하기 위해 자동차와 말을 타고 라싸로 돌아갔다. 그리고 그곳에서 "티베트에 새로 환생할 달라이 라마(14대 달라이 라마)가 공산주의의 노예가 되어 이방인 주인들을 섬기게 될 운명"임을 알게 되었다.

그는 장례식이 끝난 후 다시 중국으로 돌아갔다.

그 무렵 중국은 일본과의 전쟁을 앞두고 있었다. 롭상 람파는 중국군에서 군의관으로 일하라는 명령을 받고 중국군 사령관의 요청에 따라 상하이로 가게 되었다. 그는 상하이에 개인의원을 열어 환자들을 치료하면서 남는 시간에 항공술과 비행이론을 공부했다. 1937년, 드디어 중국과 일본 사이에 전쟁이 일어났고 롭상 람파는 환자수송기를 조종하는 임무를 맡게 되었다. 그러나 그가 몰던 비행기가 격추되는 바람에 일본군에 붙잡혀 포로 신세가 되고 말았다. 일본군은 그를 잔혹하게 고문하며 취조했지만 그는 자신이 중국군의 비전투장교라는 말만 반복했다. 그는 어린시절에 사원에서 받은 훈련 덕분에 각종 고문을 참아낼 수 있었고 여기에 대한 내용은 책에 자세히 설명되어 있다. 그는 죽은 척을 해서 중국 전선으로 도망쳐나왔고 충칭으로 돌아가 일본군으로부터 입은 부상에서 회복했다.

롭상 람파는 야전병원의 원장으로 지명되어 다시 군대로 돌아갔지만 이번에도 일본군에게 붙잡혀 취조를 받고 고문을 당했다. 일본군은 티베트 승려가 왜 중국군에서 싸우고 있는지를 알아내려 했다. 롭상 람파는 포로수용소로 보내졌고 다시 한번 그곳에서 탈출을 시도하다 일본군에게 발각되어 붙잡히고 말았다. 일본군은 그가 더이상 도망칠 수 없도록 그의 두 다리를 부러뜨렸다. 그는 포로수용소에 남겨진 채 다른 포로들의 병을 고쳐주며 시간을 보냈다. 특히 약초를 이용한 티베트의 민간요법은 그가 다양한 열대병을 치료하는 데 도움을 주었다. 전쟁이 끝날 무렵, 롭상 람파를 비롯한 몇몇 악명 높은 포로들은 일본에 있는 특별수용소로 옮겨졌다. 이 수용소는 히로시마 근처의 작은 마을에 자리 잡고 있었는데 원자폭탄이 투하되던 날, 롭상 람파는 가까스로 수용소에서 탈출해 인근 바닷가로 도망쳤고 거기서 고기잡이배를 훔쳐 타고 일본해를 지나 알 수 없는 곳까지 표류해갔다. 이것이『라싸에서 온 의사』의 마지막 장면이다.

  3부작 중 마지막 권에 해당하는『람파 이야기』(*The Rampa Story*, 1960)*는 그로부터 15년 후인 1960년의 이야기로 시작된다. 티베트 라마들은 아스트랄계를 통해 티베트 내에서 가장 외진 곳에 위치한 여러개의 굴을 찾아내 라싸에서 가장 신성하고 신비스러운 종교유물들을 옮겨다놓았다. 중국공산당의 눈을 피해 이곳에 감춰진 유물로는 과거 환생불들의 황금상, 성물(聖物), 고대문헌 등이 있었고 가장 학식 높은 승려들도 이곳으로 불려왔다. 예지력을 통해 중국의 침략에 대해 미리 알고 있었던 사원의 원장들은 이미 여러해에 걸쳐 이 과정을 준비해왔다. 그들은 영적으로 가장 깨우친 승려들을 선발해 이곳으로 데려왔고 '지식보존학파'라 불리는 새로운 교단을 만들어 고대의 지식을 보존해나갈 예정이었다. 한편 이 무렵 롭상 람파는 캐나다 윈저에 살고 있었다. 그는 티베트에 있는 라마들과 텔레파시로 교신을 했다. 라마들은 그의 다음 임무가 책을 쓰는 것이라고 일러주었고 이 책에서 "상호합의하에 한 인간의 영

---

*이 책은 국내에서『나는 티벳의 라마승이었다(3부, 영혼의 여로)』(롭상람파 지음, 박영철 옮김, 정신세계사 1988)라는 제목으로 출간되었다.

혼이 다른 인간의 몸속으로 들어갈 수 있음을 보여주어야 한다"[6] 라고 말했다. 저자는 앞서 출간된 두권의 책에 나오는 내용을 『람파 이야기』에서 다시 한번 요약하고 미처 다루지 못한 이야기들을 새롭게 첨가하는데, 이중에는 롭상 람파가 라마 밍걀 돈둡과 다른 행성으로 우주여행을 떠나 외계인들에게 가르침을 받는 내용도 있다.

롭상 람파는 일본에서 탄 어선이 좌초되면서 정신을 잃고 만다. 그가 탄 배는 일본해를 지나 러시아 국경 근처까지 표류해갔고 그가 작은 오두막에서 눈을 떴을 때는 나이든 승려가 그를 내려다보고 있었다. 롭상 람파는 사나운 러시아 경찰견('티베트 맹견들보다는 덜 사나운')을 진정시키는 텔레파시 능력 덕분에 블라지보스또끄에 있는 러시아 군대에서 맹견 조련사로 일하게 되었고 '사제 동지'라는 호칭으로 불리게 되었다.

롭상 람파는 몇주 후 모스끄바로 향하는 화물열차에 몰래 올라탔다가 비밀경찰에 체포되었다. 그는 루비앙카 감옥에서 고문을 당한 뒤 풀려나와 폴란드로 추방되었다. 그러나 폴란드로 향하는 길에 그가 타고 있던 러시아 트럭이 교통사고를 당해 심각한 부상을 입게 되었다. 그는 병원에 입원해 있는 동안 아스트랄계 너머에 있는 '금빛 세계'로 보내져 라마 밍걀 돈둡(그는 티베트에 있는 공산당원들에게 살해당했다)과 말하는 고양이 샤루를 만났다. 또 13대 달라이 라마도 만났는데 그는 람파에게 지구로 돌아가 하던 일을 계속하라고 말했다. 물론 람파의 몸은 이미 죽음에 근접한 상태였지만 달라이 라마에게는 다른 계획이 있었다. "우리가 영국땅에 네가 들어갈 몸을 찾아놓았다. 그 몸의 주인은 누구보다 빨리 세상을 뜨고 싶어하고, 그의 기운은 너의 기운과 근본적인 조화를 이룬다. 그러므로 나중에 때가 되면 네가 그의 몸을 취하게 될 것이다." 이런 식으로 영혼이 몸을 바꾸면 몸속의 세포들까지 완전히 바뀌는 데 7년이 걸렸고 그후에는 새로운 몸이 예전 몸과 같아져 상처까지도 똑같아졌다.[7] 그러나 롭상 람파는 지구로 돌아가면 "곤경, 오해, 불신, 증오에 부딪힐 운명이었다. 지구에는 인류의 진화에 도움이 되는 것이라면 뭐든 막으려 드는 악의 세력이 있었기 때문이다."

지구로 돌아온 롭상 람파는 건강을 되찾았고 다시 폴란드로 추방되었다. 그곳에서 그는 도로 작업요원으로 일하다 다른 포로들과 함께 차를 훔쳐 체코슬로바키아로 도망쳤다. 체코슬로바키아에 도착한 그는 처음에 오스트리아 빈 출신의 밀수업자와 미국인 자동차 중개인 밑에서 일했고 나중에는 건설 중장비를 프랑스까지 차로 실어나르는 일을 맡게 되었다. 프랑스 셰르부르에 도착한 그는 뉴욕으로 향하는 무역선의 삼등기관사에 지원했다. "그리하여 역사상 처음으로 미국인으로 가장한 티베트인 승려가 당직근무 기술자의 자격으로 배에 오르게 되었다."

미국에 도착한 람파는 브롱크스에서 교통사고를 당했다. 그는 의식을 잃고 누워 있는 동안 라마 밍걀 돈둡을 만났고 스승은 그에게 다음과 같이 말했다. "너는 네 모든 업을 씻는 중이다. 또 악의 세력이 훼방을 놓으려드는 중대한 임무를 수행하고 있다." 람파는 9주간 병원에 입원해 있다 퇴원해서 일자리를 구했다. 그는 처음에

접시닦이 일을 하다가 나중에 뉴욕의 스키넥터디에서 라디오 아나운서로 일했고 전국의 고속도로를 누비는 택배회사의 운전사로 일하기도 했다. 그러다 퀘벡에서 배를 타고 영국으로 건너갔는데 영국에 도착하자마자 악덕 세관원에게 걸려 뉴욕으로 돌려보내졌다. 뉴욕에 돌아온 그는 경찰에 체포되었지만 경찰보트에서 도망쳐 한 흑인 가족과 함께 지내게 되었다. 그들의 보살핌을 받으며 건강을 회복하는 동안 그는 다시 한번 아스트랄계로 보내졌고 라마 밍걀 돈둡을 만났다. 스승은 람파에게 자신의 몸을 포기하려는 영국인과 논의를 끝냈다며 다음과 같이 일러주었다. "그는 우리의 설득에 따라 이름을 바꿨고 너에게 더 잘 어울리는 이름을 갖게 되었다." 이제 롭상 람파가 해야 할 일은 "티베트로 돌아가 자신의 원래 몸을 보존시키고" 새로운 몸으로 들어가는 것이었다. 그는 티베트로 떠나기 전, 흑인 가족들에게 기도하는 법과 대아(大我, 우주의 본체로서의 참된 나—옮긴이)와 고대 이집트에서 염체(念體, 사람의 사념에 의해 만들어지는 생명력을 가진 존재—옮긴이)를 만들던 기술에 대해 가르쳐주었다. 람파는 한 후원자의 도움을 받아 배를 타고 무사히 인도까지 갔다. 그리고 칼림퐁에서 변장을 한 채로 그를 기다리고 있던 라마들을 만났다. 그들은 라싸가 내려다보이는 한 외딴 사원으로 향했다. 거기서 그는 "갓 태어난 아기의 몸을 받은" 달라이 라마처럼 새로운 몸을 받아들일 준비를 했다.

그는 나이든 라마와 함께 아스트랄계에 있는 아카식 레코드(Akashic Record)로 가서 그가 앞으로 들어갈 몸의 예전 주인인 영국인의 과거를 살폈다. 영국인은 기혼이었고 교정용 기구를 만드는 일을 했다. 전쟁이 일어났을 당시 그는 건강상태가 좋지 않아 현역 대신 공습 대피 지도원으로 복무했다. 이 영국인은 꿈에서 한 라마를 만난 후 자신의 이름을 바꿨다. "이는 티베트 수학에 비추어봤을 때 그가 가진 원래 이름의 울림이 좋지 않았기 때문이다." 롭상 람파는 아스트랄계에서 그를 만나보기로 결심했다. 그는 계급사회인 영국을 몹시 싫어했고 항상 티베트와 극동에 관심이 있었다. 그는 올빼미의 사진을 찍으려다 나무에서 떨어져 의식을 잃었는데 이때 한 라마가 찾아와 다음과 같이 말했다고 했다.

내가 너에게 끌려온 것은 네가 가진 특별한 생명의 파장이 내가 대변하는 이의 파장과 근본적으로 조화를 이루기 때문이다. 나는 너의 몸을 얻으러 왔다. 내가 대변하는 이는 이번 생을 서구에서 살아야 하고 누구도 막을 수 없는 중대한 일을 수행해야 한다. (…) 네 업을 씻어내고 인류에 가장 유익한 일을 하는 데 기여하는 기쁨을 맛보고 싶지 않느냐? (…) 인류를 위해 일하고 싶지 않느냐? 네 실수를 만회하고 네 보잘것없는 삶에 목적을 만들어주고 싶지 않느냐? 너는 많은 것을 얻게 될 것이다. 내가 말한 이가 네 고단한 삶을 이어받아줄 것이다.

영국인은 라마의 청을 흔쾌히 받아들였다. 롭상 람파는 일본인이 자신의 얼굴에 낸 상처를 가릴 수 있게끔 그가 수염을 기른다는 조건으로 한달 후에 그의 몸을 가지러 오겠다고 말했다.
한달이 지난 후 람파는 아스트랄계를 통해 다른 세명의 라마들과 함께 영국인의 몸을 가지러 런던으로 갔다. 영국인은 다시 한번 나무에서 떨어지라는 지시를 받았고 그 순간 그의 은줄(silver cord, 뉴에이지에서 인간의 영혼과 육체를 이어주는 것으로 알려진 줄—옮긴이)을 끊고 롭상 람파의 은줄을 그의 몸에 연결하는 수술이 이루어졌다. 람파는 매우 힘겹게 영국인의 몸으로 들어갔고, 겨우 몸을 일으켜 영국인 아내의 부축을 받아 집 안으로 들어갔다. 그는 곧바로 직업을 구해야 했고 사진을 현상하는 일자리를 얻었다. 나중에는 자유계약직으로 훨씬 더 다양한 일을 했고 아내와 자신의 생계를 위해 '심리치료'를 하기도 했다. 그는 대필작가 일을 알아보던 중 A. M. 헤더 앤드 컴퍼니(A. M. Heather & Company)의 출판 에이전트인 싸이러스 브룩스(Cyrus Brooks)로부터 직접 책을 써보라는 제안을 받았다. 그러나 그는 망설였다. "나보고 책을 쓰라고? 미쳤지! 난 우리가 먹고사는 데 지장이 없을 만큼 돈을 주는 직업을 찾아서 남는 시간에 내가 하고 싶은 연구만 하면 되는데 나보고 내 얘기나 늘어놓는 바보 같은 책을 쓰라니." 그러나 출판사의 집요한 설득 끝에 그는 결국 『제3의 눈』을 쓰게 되었다. 책을 쓰는 일은 무척 힘들고 고생스러웠으므로 그는 집필을 마친 후 심장마비로 쓰러지고 말았다. 그는 요양을 위해 "사라진 아틀란티스 대륙의 일부였던 섬"인 아일랜드로 이주했고 거기서 『라싸에서 온 의사』를 쓰게 되었다.

그는 다시 한번 라마 밍갤 돈둡의 부름을 받았고 스승은 그에게 '붉은 인디언들의 나라'로 가서 마지막 임무를 완성하라고 말했다. 스승은 다음과 같이 덧붙였다. "너를 비판하는 사람들 때문에 속상해하지 말아라. 그들은 서양세계가 자초한 무지로 인해 자신들이 무엇을 말하는지 알지 못한다. 그러나 죽음이 그들의 눈을 감겨 다음 생에 다시 태어나게 되면 자신들이 불필요하게 초래한 불행과 곤경을 후회할 것이다." 람파는 아내와 고양이 두마리와 함께 뉴욕으로 이주했다가 마침내 캐나다의 윈저에 정착했다. 그러나 그곳의 기후는 그에게 잘 맞지 않았고 『람파 이야기』를 끝내는 대로 다른 곳으로 이주하기로 마음먹었다. 『람파 이야기』는 중국이 라싸에서 핵무기를 발사할 것이라는 예언으로 끝이 난다.

지금까지 나는 롭상 람파의 이야기를 연대순으로 정리해보았다. 그는 자신의 이야기가 이렇게 매끄럽게 읽히기를 바랐을 것이다. 그러나 실제로 책의 내용은 이렇게 쓰이지 않았다. 특히 마지막 두 권에서는 줄거리가 매끄럽게 전개되지 않고 중간중간 다양한 비술에 대한 내용이 나온다. 그의 책에 가장 자주 등장하는 비술은 아스트랄계로 떠나는 여행이지만 이밖에도 수정구슬을 보는 법이나 숨을 참는 법에 대한 설명, 또 외계의 거인들이 비행접시를 타고 지구로 찾아오던 선사시대에 대한 이야기도 나온다. 뿐만 아니라 고대 이집트에서 행해지던 죽음의 의식에 대한 설명과 '카르마'에 대한 이야기도 찾아볼 수 있다. 그의 책에서 카르마는 진화체계로 설명되며, 우리가 사는 현생은 다음 단계로 넘어가기 전에 배움을 쌓는 수련의 장이고 빈곤이나 팔다리를 잃는 시련은 배움을 얻기 위한 계기일 뿐이다. 롭상 람파는 티베트의 종교가 불교의 한 형태이긴 하지만 "정확한 명칭은 번역할 수 없다"라고 말한다. 그의 설명에 따르면 티베트종교에 가장 가까운 이름은 라마교이고 이는 불교와는 다르다. "우리의 종교는 희망의 종교이자 미래에 대한 믿음이다. 반면 불교는 우리가 보기에 절망의 종교이자 부정적인 종교이다." 라마교의 기도문은 '옴마니빠드메훔!'이다. 이를 문자 그대로 옮기면 '연꽃 속의 보석 만세!'라는 뜻이지만 입문자들은 이 진언의 진정한 의미가 '인간의 초자아 만세!'라는 사실을 알고 있다. 람파는 이들 및 다른 관련 주제들에 대하여 열두권도 넘는 책을 썼다.

지금까지 나는 『제3의 눈』의 초판과 제2판에 실린 서문에 대해서는 따로 언급하지 않았다. 롭상 람파는 서문에서 자신의 책에 나오는 이야기가 모두 실화이고 그의 실제경험에서 나온 것이라고 주장한다. 나는 이 책이 독자들 사이에서 어떻게 받아들여졌는지, 또 롭상 람파가 그토록 격렬한 반응을 보이게 만든 비평이 무엇이었는지도 언급하지 않았다.

1955년, 뉴욕의 E. P. 더튼(E. P. Dutton)은 『제3의 눈』의 원고를 휴 리처드슨(Hugh Richardson)에게 보냈다. 1905년에 태어난 리처드슨은 1936년부터 9년 동안 라싸에 있는 영국 재외공관에서 책임장교로 일했다.[8] 리처드슨은 원고에 나오는 여러가지 오류(예컨대 롭상 람파 아버지의 직업은 '승려장관'으로 나오는데 승려들은 독신 생활을 했으므로 이것은 잘못된 내용이다. 또 티베트 관료들의 귀걸이는 두개가 아니라 한개였다)를 정정해 돌려보내면서 이 책이 "시중에 있는 다른 책들의 내용을 바탕으로 작가가 풍부한 상상력을 발휘해 재미있게 꾸며낸 위조"[9]로 보인다는 의견을 덧붙였다. 더튼은 리처드슨의 권고에 따라 원고를 거절했고 거절된 원고는 런던의 쎄커 앤드 워버그(Secker & Warburg) 출판사에 보내졌다. 이 출판사의 발행인인 프레드릭 워버그(Fredric Warbrug)는 원고를 읽은 후 저자를 직접 만나보기로 했다. 저자는 워버그를 만나자마자 그의 손금을 봐주었고 그의 나이와 그가 얼마 전 범죄사건에 연루되었던 사실을 정확하게 알아맞혔다. 또 자신의 책을 펴내는 것이 그의 출판사의 숙명이라고 이야기했다. 쎄커 앤드 워버그는 리처드슨이 쓴 서평을 입수해 원고의 오류를 어느정도 바로잡고 거의 스무명에 달하는 티베트 전문가들에게 원고를 보냈다. 이중에는 티베트학자인 데이비드 스넬그로브(David Snellgrove)와 산악인인 하인리히 하러와 마코 팰리스도 끼어 있었다. 그들이 책의 출판에 반대하는 의견을 보이자 출판사는 저자에게 이 책을 소설로 출간할 것을 제안했다. 그러나 저자는 끝까지 이 책이 실화라고 주장했다. 결국 쎄커 앤드 워버그는 1956년에 이 책을 출간했고 다음과 같은 서문을 달았다.

한 티베트 승려의 자전적인 이야기를 담은 이 책은 워낙 이례적인 내용을 담고 있어서 진위여부를 가리기 어렵다. 우리는 저자의 주장이 사실인지 아닌지를 확인하기 위해 스무명의 전문가에게 원고를 보냈고, 그중 일부 전문가들은 이 책의 주제에 대해 매우 해박한 지식을 가지고 있었다. 그런데 그들의 의견이 워낙 제각각이어서 우리로서는 긍정적인 반응을 얻지 못했다. 그들은 서로 다른 구절을 두고 잘못된 내용이라 반박했고, 한 전문가가 의심스러워하는 내용을 다른 전문가는 주저없이 받아들였다. 따라서 우리는 다음과 같이 물을 수밖에 없었다. 과연 전세계의 전문가들 가운데 티베트인 승려가 받는 교육을 받았던 사람이 있는가? 티베트인 가정에서 자란 사람은?

롭상 람파가 쓴 글에서 사실 여부가 확인된 내용은 그가 충칭의 의대 졸업장(졸업증서는 중국어가 아닌 영어로 어설프게 작성되었고 병뚜껑으로 보이는 것으로 장식되어 있었다)과 라싸 포탈라사원의 라마 자격을 가지고 있다는 것이다. 우리는 저자와 여러 차례 대화를 나눈 끝에 그가 가진 능력과 지식이 범상치 않다는 결론을 내렸다. 그는 자신의 사생활 이야기를 할 때 가끔씩 지나칠 정도로 신중했다. 그러나 누구든 사생활을 밝히지 않을 권리가 있고, 롭상 람파는 티베트가 공산주의자들의 지배를 받고 있으므로 티베트에 있는 가족들을 위험에 빠뜨리지 않으려면 신중하게 말할 수밖에 없다고 답했다. 따라서 롭상 람파의 아버지가 티베트 고위층에서 정확히 어떤 지위에 있었는지와 같은 내용은 의도적으로 불분명하게 쓰였다.

이런 까닭에 이 책의 모든 내용에 대한 책임은 전적으로 작가에게 있으며 작가 또한 기꺼이 이 책임을 지겠다고 밝힌 바 있다. 이 분야에 대한 우리의 지식이 완전한 것은 아니지만, 작가는 가끔씩 서구의 독자들이 어디까지 자신의 이야기를 믿을 것인지 시험해보는 것 같기도 하다. 그럼에도 불구하고 우리 발행인들은 『제3의 눈』에 담긴 전반적인 내용이 가족과 사원의 가르침을 받으며 성장한 한 티베트 소년의 실화라는 결론을 내리게 되었다. 바로 이 한가지 이유 때문에 이 책을 내기로 결정한 것이다. 설령 우리와 생각이 다른 독자들이 있더라도 이 책의 작가가 뛰어난 이야기꾼이며, 특별하고 매혹적인 장면들 및 인물들을 통해 독자들의 마음을 사로잡는다는 데에는 동의할 것이다.[10)]

이 책은 출간되자마자 베스트셀러에 올랐고 독일어와 불어로 번역되었다. 또 불과 18개월 만에 30만부가 팔려나갔으며 영국에서는 2년 만에 9쇄를 찍었다. 일찍이 원고를 검토했던 유럽의 티베트 전문가들은 책의 출간 소식에 분노했다. 스넬그로브는 다음과 같은 문장으로 시작하는 서평을 썼다. "참으로 뻔뻔한 책이다."[11)] 팰리스는 이 책이 엉터리 위작일 뿐 아니라 티베트와 티베트종교에 대한 모욕이라 비판했다. 하러는 이 책에 대한 혹독한 비평을 써서 이 책을 펴낸 독일 출판사로부터 명예훼손죄로 고소하겠다는 협박을 받기도 했다. 영국에서 가장 뛰어난 티베트 전문가인 리처드슨은 『타임스 리터러리 서플리먼트』(Times Literary Supplement)에 이 책에 대한 서평을 쓰려 했지만 『타임스』(Times)는 이미 다른 서평을 구해놓은 상태였다. 『타임스』의 서평은 이 책에 대해 다음과 같은 결론을 내렸다. "비록 책의 내용이 사실인지 아닌지를 판단하기는 무척 어렵지만 이 책은 예술작품에 가깝기 때문에 확실히 출간할 만한 가치가 있다. (…) 이 책을 읽고 '순 마술과 헛소리와 그보다 더한 것들뿐!'이라 외치는 사람들조차 이 책에 실린 믿음이나 이 책의 저자 같은 사람들을 키워낸 티베트사회의 숭고한 도덕체계에 감명을 받을 것이다."[12)] 같은 날(1956년 11월 30일) 리처드슨은 런던의 『데일리 텔레그래프 앤드 모닝 포스트』(Daily Telegraph and Morning Post)에 짤막한 서평을 실었다. 아래는 그가 쓴 서평의 전문이다.

상상 속의 티베트
휴 리처드슨

'티베트의 신비'에 대한 대중들의 강렬한 호기심을 자극하는 책은 자연스레 이점을 누리게 되어 있다. 그 책에 나오는 내용에 반박할 만한 경험을 해본 사람이 거의 없기 때문이다. 그러나 티베트에 살아본 적이 있는 사람이라면 『제3의 눈』(쎄커 앤드 워버그)을 단 몇장만 읽어보아도 저자 'T. 롭상 람파'가 티베트인이 아니라는 사실을 단번에 알아차릴 것이다.

이 책에 등장하는 티베트의 지방색은 저자가 다른 책들에서 보고 베낀 것이다. 그는 이렇게 베낀 내용을 돼지목에 진주목걸이를 걸듯 엉뚱한 곳에 갖다붙여놓았다. 이밖에도 티베트의 생활방식에 대한 심각한 오류가 너무 많아 마치 서구의 교외주택지를 티베트에 옮겨놓은 것 같다는 인상을 받게 된다.

이 책에 쓰인 티베트어는 저자가 구어체나 문어체를 가릴 것 없이 티베트어 자체에 무지하다는 사실을 보여준다. 또 책에 자주 등장하는 잔인한 내용, 공연한 소동, 고양이에 대한 이상할 정도의 집착은 티베트적인 것과는 거리가 멀다. 게다가 티베트인 작가가 이토록 매끄러운 구어체 영어표현을 구사한다는 사실은 좀처럼 납득하기가 어렵다.

결론적으로 이 책은 아시아인이 쓴 것이라 볼 수 없다(만일 내가 틀렸다면 저자를 직접 만나 기꺼이 티베트어로 사과를 할 생각이다). 이 책은 수술을 통해 얻게 된 '제3의 눈', 사람을 태우는 연, 히말라야의 설인(雪人), 샹그릴라 골짜기, 포탈라궁의 지하동굴에서 벌어지는 괴상한 사건 등 마법과 미스터리의 요소를 집어넣어 당장에 잘 팔리게 만든 그저 그런 청소년소설로밖에 볼 수 없다.[13]

그러나 대부분의 서평은 이 책에 대해 긍정적인 평가를 내렸다. 미국의 서평전문지 『커커스』(Kirkus)는 "이 책은 전반적으로 으스대지 않고 설득력 있다는 느낌을 준다"[14]라고 평했고 『라이브러리 저널』(Library Journal)은 다음과 같은 평을 내놓았다. "원래 그곳에서 나고 자란 '토박이'가 쓴 책은 매우 드물기 때문에 이런 책은 나올 때마다 독자들의 많은 관심을 받는다. 이 책은 전문도서관에 추천할 만한 책이지만 이런 종류의 책에 대한 일반독자들의 관심도 늘고 있는 것으로 보인다."[15]

1957년 1월, 스코틀랜드 야드는 이 책의 저자를 인터뷰하면서 티베트 여권과 거주자등록증을 보여달라고 했다. 그러나 저자는 그에게 아무것도 보여주지 못했다. 그런 후 얼마 지나지 않아 저자는 영국에서 아일랜드로 이주했다. 1958년 1월 7일, 마코 팰리스는 유럽의 티베트 전문가들을 대표하여 리버풀에서 가장 뛰어난 사립탐정인 클리퍼드 버지스(Clifford Burgess)를 고용했다. 그는 버지스에게 T. 롭상 람파의 정체를 알아봐달라고 부탁했고, 버지스는 3천 마일이나 되는 거리를 여행한 끝에 그달 말 다음과 같은 보고서를 제출했다.

씨릴 헨리 호스킨(Cyril Henry Hoskin) — 인물정보

1910년 4월 8일, 영국 데본셔 쎄인트 모리스 플림턴에서 출생.

아버지 — 조지프 헨리 호스킨, 배관공(1878년 플리머스에서 출생).

어머니 — 에바 호스킨(결혼 전 성은 마틴).

누나 — 도로시 위니프레드 호스킨, 1905년 3월 21일 데본셔 쎄인트 모리스 플림턴에서 출생.

누나는 노팅엄셔 린비의 교구목사, 일링스워스-버틀러와 결혼.

호스킨의 아버지는 데본 플림턴 리지웨이에서 배관수리점을 운영했다. 호스킨은 플림턴 빌리지 학교를 다니다 15살에 학교를 그만두었다.

호스킨은 매우 허약한 아이였다. 그는 학교를 나온 후 아무 일도 하지 않았다. 아버지의 가게 일을 도와야 했지만 가게에서 빈둥거리며 시간을 때울 뿐이었다. 그는 매우 특이한 아이였고 다른 사람들 사이에서 괴짜로 불렸다. 그는 매일같이 전기제품과 곤충을 가지고 실험을 하면서 시간을 보냈다. 그는 한번도 다른 아이들과 어울려 놀지 않았고 그를 아는 사람들은 그가 버릇없는 아이라고 생각했다. 십대시절 그는 이따금씩 아버지의 가게 일을 도왔지만 대부분은 며칠씩 침대에서 나오지 않았고 다른

사람들의 눈에 게으른 아이로 비쳐졌다.

그의 어머니는 플림턴에 있는 집을 팔고 씨릴과 함께 결혼한 딸네 집으로 들어가기로 했다.

그녀와 씨릴은 1940년에 앤슬리를 떠나 런던 워릭 애비뉴 13번지로 이사했다. 그후 호스킨은 교정용 기구를 만드는 회사에서 공장주임으로 일하게 되었다.

같은 해에 그는 통신교육을 하는 한 런던의 회사에서 통신담당 일자리를 얻었다. 그러나 회사는 전쟁 중 폭격을 맞아 씨리의 웨이브리지로 주소를 옮겼고 호스킨도 그곳으로 가서 회사에서 마련해준 집에 살게 되었다.

1940년 4월 13일, 그는 리치몬드 병원에서 간호사로 일하는 쎄라 앤 패티슨과 결혼했다. 쎄라는 컴벌랜드 출신이다.

웨이브리지에 있는 통신교육회사에서 일하는 동안 그의 행동은 점점 더 이상해졌다. 이를테면 고양이를 줄에 묶어서 끌고 다녔고 어느 시점부터 자신을 '콴쑤오'(kuan-suo)라 불렀으며 머리를 전부 삭발해버리는 식이었다.

그는 1948년 9월에 회사를 그만두었다. 그후 몇달 동안 웨이브리지 근처에서 살다가 싸우스런던으로 거취를 옮겨 그곳에서 사진 찍는 일을 했던 것으로 보인다. 그가 1950년부터 1954년 사이에 무슨 일을 했는지는 분명하지 않지만 그 시기에 그를 만난 적이 있는 한 지인은 그가 '범죄 및 사고 현장 전문사진가'로 일했다고 전했다.

그는 1954년에 베이스워터에 살았던 것으로 보이며 자신을 콴

쑤오 선생이라 불렀고 막 『제3의 눈』을 쓰려던 참이었다.

그가 더블린으로 이주하기 전까지 영국 밖으로 나간 적이 있다는 증거는 찾아볼 수 없다.[16]

이 보고서에 나오는 인물은 시골마을 출신의 한 남자다. 배관공이자 시골유지였던 그의 아버지는 가족들이 경제적으로 안락한 생활을 할 수 있게 해주었고 아들이 열다섯살이 될 때까지 학교에 보내주었다. 그러나 더 높은 신분의 남편을 찾아 결혼한 딸에 비하면 그 아들은 다소 실망스러운 자식이었다. 그는 가업을 이어받는 대신 여러 직업을 전전했고 그중에는 '교정용 기구'(코르셋, 탈장대, 기타 자세히 묘사하기 난감한 의료용 보정용품 등)를 만드는 일도 있었다. 그는 전쟁에 참전하지 않았던 것으로 보인다.

사립탐정이 다른 곳에 보고한 내용에 따르면 호스킨은 이름을 바꾼 후 자신이 일하던 직업상담소의 상사에게 다음과 같은 글을 보냈다. "내가 왜 계속해서 이런 말을 하는지 궁금하겠죠. 그렇지만 내가 콴쑤오라는 사실을 기억해주세요."* 그는 얼마 지나지 않아 회사에서 해고를 당했고 얼마 후 두개의 원고를 들고 출판사를 찾아갔다. 그중 하나는 코르셋에 관한 내용이었고 다른 하나는 티베트에 관한 내용이었다.[17]

---

*이 글의 원문은 "You may wonder why I go on so / But will you please remember I am Kuan Suo."이다. 호스킨은 앞구절의 'go on so'와 뒷구절의 'Kuan Suo'에서 운(rhyme)을 맞추었다.

1958년 2월 1일,『스코티시 데일리 메일』(Scottish Daily Mail)은「제3의 눈을 쓴 라마, 정체가 탄로나다」라는 제목의 기사를 실었고 영국 언론들은 일제히 이를 주요 기사로 보도했다. 2월 3일,『데일리 익스프레스』(Scottish Express)는「가짜 라마의 실체」라는 제목의 기사와 쎄커 앤드 워버그 출판사의 프레드릭 워버그가 쓴 글을 실었다. 이 글에서 워버그는 그동안 계속 람파의 정체를 의심해왔다며 한가지 일화를 들려주었다. 그는 람파를 시험해볼 목적으로 티베트학자에게 "즐거운 여행 하셨나요, 람파 씨?"를 티베트어로 어떻게 말하는지 알려달라고 했다. 얼마 후 그는 람파를 만나 자신이 배운 티베트어 문장으로 인사를 건넸다. 그러나 람파는 아무런 대답이 없었고 이에 워버그는 자신이 방금 한 말이 티베트어라고 일러주었다. 그러자 람파는 갑자기 고통스러운 표정을 지으며 바닥에 쓰러졌다. 그리고 잠시 후 바닥에서 일어나 자신이 티베트의 비밀정보를 캐내려는 일본군에게 고문을 당했을 때 최면으로 티베트어 지식을(중국어와 일본어도) 차단당했으며 그때 이후로 모국어를 되찾지 못했다고 설명했다. 그는 이제 티베트어를 듣기만 해도 고통스럽다며 워버그에게 앞으로 이 문제로 자신을 괴롭히지 말아달라고 경고했다.[18] 독일의 일간지『디 차이트』(Die Zeit)는 2월 6일에「가짜 티베트인」이라는 기사를, 미국의『타임』(Time)은 2월 17일에「사립탐정 대 제3의 눈」이라는 기사를 실었다. 기자들의 질문을 받은 람파의 아내는 자신의 남편이 콴 선생이라는 실제인물을 대신해 책을 썼으며 그의 티베트인 가족은 중국공산당을 피해 숨어 있다고 답했다. 또 콴 선생이 어디에 있는지는 그의 신변보호를 위해 밝힐 수 없다고 말했다. 당시 건강상의 이유로 기자들을 만나지 않은 호스킨은 다음과 같은 답변을 보냈다. "제 이야기는 전부 사실입니다. 하지만 특별한 사정으로 인해 티베트인 작가의 신원은 밝힐 수 없습니다."[19] 그런데 얼마 후 그는 영국 텔레비전 프로그램에 보낸 녹음테이프에서 다음과 같은 이야기를 했다. "얼마 전, 아주 이상한 예감, 이상한 충동이 들었고 제 의지와는 상관없이 이름을 바꾸게 되었습니다. (…) 저는 가벼운 뇌진탕을 일으켰고 제 몸에 실제로 동양인의 영혼이 들어왔습니다."[20]

『제3의 눈』의 재판에는 다음과 같은 문장으로 시작하는 '작가의 말'이 실렸다. "더 강력한 영혼이 다른 사람의 몸을 취할 수 있다는 것은 이미 동양에서 널리 알려진 사실이다." 작가의 말에 따르면 씨릴 호스킨은 1947년 말에 동양의 생활방식을 따르고 싶은 낯설고도 억누를 수 없는 충동을 느꼈다고 한다. 몇달 후 그는 자신의 법적 이름을 쿠온 쑤오(Carl Kuon Suo)로 바꾸었다(그리고 이후에 영국사람들이 더 쉽게 발음할 수 있도록 칼 콴Carl Ku'an으로 바꿨다). 그는 일을 그만두고 '멀리 떨어진 지방'으로 떠났다. 그러나 이 시기에 종종 환각에 시달렸고 '동양인 영혼'의 지배력이 커지면서 원래 삶에 대한 기억이 점차 희미해져갔다. 1949년 6월 13일, 그는 자신의 정원에서 사고로 뇌진탕을 일으켰다. 그가 정신을 되찾았을 때 원래 인생에 대한 기억은 사라지고 "한 티베트인의 삶에 대한 기억만이 젖먹이 시절부터 생생하게 떠올랐다." 그의 아내는 남편이 계속 영국인 행세를 할 수 있도록 그가 원래 어떤 삶을 살았는지 자세히 설명해주었다. 한편 저자는 계속해서 다음과 같이 말한다. "동양인의 기억을 갖게 되면서 내 서류들이 어디에 있는지 생각났고 내 신원을 증명하기 위해 그것들을 보내달라고 요청했다. 그러나 이번 사건에서처럼 사람들의 의혹을 사서 명예를 훼손하고 싶지 않았으므로 모든 서류들을 다시 돌려보냈다." 그는 매우 서둘러 책을 썼으며 다른 책에서 베낀 내용은 전혀 없다고 주장한다. 또 다음과 같은 이야기도 들려준다. "그 어떤 '전문가들'도 내 책에 있다는 오류에 대해 합의를 보지 못했다. 사실 '전문가들'은 서로의 의견을 반박하기에 바빴다. 이는 곧 내 책의 내용이 진짜라는 증거다. 그들 중 나처럼 일곱살의 나이에 사원에 들어가 티베트의 라마로 살아온 사람은 아무도 없다." 그는 작가의 말의 끝머리에서 빙의에 관한 내용이 실제로 수많은 신지학 책에 등장한다고 말한다. 또 한 인도 수행자가 자신의 출판사로 보낸 편지에 따르면 빙의는 동양에서 꽤 흔한 현상이라고 덧붙인다. 그는 다음의 문장으로 작가의 말을 끝맺는다. "여기서 분명히 말하건대 내가 쓴 『제3의 눈』과 『승려의사』(『라싸에서 온 의사』의 가제)는 틀림없는 실화다. ─ T. 롭상 람파(C. 콴)."

한편 작가의 말 뒤에는 그의 아내가 쓴 글이 나오는데 그녀는 이 글을 통해 남편의 이야기가 사실임을 뒷받침한다. "동양인의 옷을 입고 동양인처럼 행동하고 싶어하는 남편의 욕구는 나로서도 어찌할 수 없는 것이었다." 그녀는 남편이 뇌진탕을 겪은 후로 전혀 다른 사람이 되었다고 말한다. "내가 과거에 있었던 일에 대해 이야기하면 그는 전혀 기억해내지 못했다. 대신 사원에서의 경험이나 전쟁 중에 겪었던 일, 포로수용소 생활, 일본인에게 받은 고문

등에 대해 이야기했다." 1949년 여름 이후로 "그는 동양인처럼 행동하고 동양인처럼 옷을 입었으며 전반적인 외양과 혈색도 놀랄 만큼 바뀌었다." 그녀의 진술에 따르면 남편은 『제3의 눈』을 쓰고 싶지 않아 했지만 일자리를 구할 수 없어 이 책을 쓸 수밖에 없었다고 한다. 그녀는 남편과 마찬가지로 자신의 글에 'S. 콴'이라고 서명했다.

이 책의 제2판에는 작가가 1964년 5월 25일에 작성한 서문이 실려 있다. 작가는 이 서문에서 자신이 심장병으로 스스로를 변호할 수 없었을 때 영국과 독일 언론이 자신을 매도했다며 그들을 비난한다. 그들이 나중에 가서 자신에게 해명할 기회조차 주지 않았다는 것이다. 그는 자신의 모든 주장이 전적으로 사실이며 자신에게 씌워진 혐의는 결코 입증된 적이 없다고 말한다. "내가 이 모든 내용이 사실이라고 주장하는 이유는 가까운 미래에 나와 비슷한 사람들이 나타났을 때 그들이 다른 사람들의 악의와 증오 때문에 내가 겪었던 고통을 똑같이 당하지 않길 바라는 마음에서다."

그가 자신을 비판하는 사람들에게 보인 반응은 이것뿐만이 아니었다. 『라싸에서 온 의사』에서 그는 13대 달라이 라마의 장례식에서 일어난 불쾌한 사건에 대해 이야기한다. "장례식에 참석한 사람들 중에는 자기가 세상에서 제일 잘났다고 생각하는 외국인도 있었다. 그는 우리가 한낱 토착민에 지나지 않고 자기는 모든 사람들의 주인이라고 생각하는 듯했다. 그는 항상 가장 중요한 위치에서 모든 사람들의 주목을 받으려 들었다. 한번은 그가 뇌물로 손목시계를 주면서 나와 내 친구를 매수하려 든 적도 있다. 그러나 내가 그의 이기적인 목적을 이루는 데 걸림돌이 된다는 사실을 깨닫자 그때부터 나를 적으로 여기고 어떻게든 해치려 들었다." 이것은 라싸의 영국 재외공관에서 책임장교로 일했던 휴 리처드슨에 대한 언급으로 보인다. 그러나 리처드슨이 티베트에 간 것은 13대 달라이 라마가 죽고 난 지 3년 뒤인 1936년이었다.[21]

람파가 쓴 책들에 담긴 내용과 이에 대한 평가는 우리로 하여금 여러가지 질문을 던지게 해준다. 아주 냉소적으로 이야기하면 그의 책들은 배관공의 아들이자 교정용 기구를 만들던 실업자가 대필작가로 먹고살기 위해 쓴 글이다. 리처드슨의 말대로 람파의 첫 번째 책은 당시 주변에서 쉽게 구할 수 있었던 다양한 영어자료들(예컨대, 에드윈 존 딩글Edwin John Dingle의 『티베트에서의 삶』 *My Life in Tibet*)을 참고로 했을지도 모른다. 그리고 여기에 흔해빠진 심령술과 신지학적 요소들을 첨가한 것이다. 이를테면 이 책에는 아우라, 아스트랄계 여행, 선사시대에 이루어진 우주인들의 지구여행, 전쟁 예언 등에 대한 내용과 인류의 영적 진화에 대한 믿음이 담겨 있다. 이 책이 대중적으로 큰 인기를 끌 수 있었던 것은 이처럼 티베트라는 이국적인 공간을 배경으로 빅토리아 시대와 에드워드 7세 시대의 심령론에 등장하는 내용을 혼합시켜놓았기 때문일지도 모른다. 여기서 티베트는 얼마든지 다른 것으로 대체될 수 있는 대상이다.

『제3의 눈』은 예상치 못한 큰 성공을 거두었다. 이로 인해 이 책을 쓴 유령작가는 계속해서 이야기를 지어낼 수 있게 되었고, 이 이야기를 통해 보이지 않는 유령에게 형체를 부여해줄 수 있게 되었다. 2권과 3권은 롭상 람파 본인도 말했듯이 티베트와는 거의 상관없는 내용이다. 예기치 않게 베스트셀러를 써낸 작가는 후속편을 써달라는 요청을 받게 마련이지만 『제3의 눈』의 2권이 쓰인 또 다른 이유는 람파가 라싸를 떠난 1930년과 『제3의 눈』이 출간된 1956년 사이에 작가에게 무슨 일이 있었는지를 하나의 삐까레스끄 소설(16세기부터 17세기 초까지 스페인에서 유행한 문학양식의 하나로 악한소설 또는 건달소설을 뜻한다 ─ 옮긴이)처럼 보여주기 위해서다. 한편 이들은 『제3의 눈』에 대한 길고 긴 해명으로 보이기도 한다. 이들은 시간적인 공백에 대해서뿐만 아니라 저자가 『제3의 눈』을 어떻게 쓸 수 있었는지, 다시 말해서 한번도 영국을 떠난 적이 없는 시릴 호스킨이 티베트에서의 삶을 어떻게 그토록 생생하게, '일말의 거짓도 없이' 증언할 수 있었는지에 대해서도 자세히 설명하고 있다.

지금까지 이야기한 선에서 논의를 마무리한다면 학자들은 더이상 람파의 책에 주의를 기울일 필요가 없다. 그들에게는 사기꾼이 쓴 책에 신경쓰는 것보다 중요한 일이 훨씬 더 많기 때문이다. 인류학자인 아게하난다 바라띠(Agehananda Bharati)는 블라바쯔끼 여사의 『비밀교리』에 대해 다음과 같이 말한다. "이 책은 끔찍한 헛소리와 저자가 지어낸 비전(秘傳)지식으로 가득 차 있다. 그러므로 불교학자들이나 티베트학자들이 이 책에 대해 언급하지 않는 것도 어찌 보면 당연하다."[22] 내가 람파에 대한 정보를 모으기 위해 이야기를 나눴던 미국인 동료교수들은 하나같이 『제3의 눈』에 대해 들어보았다고 답했다. 그러나 실제로 이 책을 읽었다고 시인한 사람은 거의 없었다. 『제3의 눈』은 출간되자마자 12개국에서 베스트셀러에 올랐고(작가는 인세로 2만 파운드를 받았다) 40년이 지난 지금까지도 꾸준히 팔리고 있으며 다양한 언어로 번역되었다. 이와 같은 대중적인 인기는 어떻게 설명할 수 있을까? 어쩌면 이러한 인기 때문에 티베트 전문학자들이 그의 책을 무시해온 것일 수도 있다.

나는 최근에 미시간대학교의 신입생들을 대상으로 하는 세미나에서 『제3의 눈』을 교재로 사용한 적이 있다. 당시에 이 책의 내력을 미리 알려주지 않고 책을 읽어오게 했는데(현재 미국에서 구할 수 있는 판본에는 「작가의 말」이 빠져 있다) 학생들은 하나같이 이 책을 칭찬하기에 바빴다. 그들은 6주 동안 티베트 역사와 종교에 대한 강의를 들었고 티베트에 대한 다른 책들(R. A. 슈타인R. A. Stein의 『티베트문명』 *Tibetan Civilization*과 같은 고전을 포함하여)을 읽었음에도 불구하고 『제3의 눈』에 나오는 내용이 믿을 만하고 설득력 있다고 여겼다. 또 이 책이 이제껏 읽은 그 어떤 티베트 관련 서적보다 더 현실적이라고 생각했고 "티베트와 불교를 제대로 이해할 수 있게 해주며" "티베트가 실제로 어떤 모습인지" 상세히 보여준다고 답했다. 그때까지 그들이 티베트에 관해 읽은 내용은 대부분 낯설고 이상하게 들렸는데 이를 '라마의 삶'이라는 맥락에 놓고 보니 좀더 이치에 맞게 느껴졌다는 것이다. 그들이 보기에는 롭상 람파가 쓴 내용이 이상하지 않았던 것이 아니라, 오히려 너무 이상해서 지어낸 이야기라고 생각할 수 없었던 것이다. 내가 롭상 람파에 대해 자세히 이야기해주자 학생들은 큰 충격을 받은 듯했다. 그리고 곧바로 이 책의 어디까지가 진실이냐고 물으면서 허구와 사실을 구별하려 들었다.

작가의 정체가 드러나자 학생들은 미혹된 상태에서 깨어났다. 새로이 눈을 뜬 그들은 롭상 람파에게서 눈을 돌려 나에게서 권위를 찾으려 들었다. 그들은 계속해서 "티베트인들이 정말 그랬냐?"는 질문을 던졌다. "티베트인들은 정말 절단수술을 받을 때 마취 대신 최면과 호흡조절을 사용하나요?" "티베트 승려들은 정말로 독경소리가 크게 울려 퍼지는 가운데 침묵을 지키면서 공동식사를 했나요?" "승려가 불교수행의 여덟가지 실천덕목을 어기면 하루 종일 먹지도 마시지도 못한 채로 사원 문을 향해 엎드려 있어야 했나요?" "티베트의 승려들은 채식주의자인가요?" "승려들은 정말 백마만 탔나요?" "말은 이틀에 한번씩만 탈 수 있었나요?" "불교의례를 돕는 복사(服事)는 정말 흰옷만 입었나요?" "사원의 보물은 정말 고양이들이 지켰나요?"[23] "신년 축제 때 승려들은 정말 거대한 불상으로 분장해 죽마에 올라탄 채로 거리행진을 했나요?" "티베트에는 정말 사람을 태우는 연이 있었나요?" 물론 다음과 같은 질문도 빠지지 않았다. "티베트 사람들은 정말 제3의 눈을 만드는 수술을 했나요?"

물론 이 모든 질문에 대한 내 대답은 '아니요'였다. 그렇다면 나는 무슨 권위에 근거해 자신있게 아니라고 대답했을까? 나는 롭상 람파가 살던 시대에 티베트에 살지 않았으므로 직접 목격한 내용을 가지고 그의 주장을 반박할 수는 없다. 내가 학생들의 질문에 아니라고 대답한 것은 영어나 불어나 티베트어로 쓰인 티베트 관련 서적에서 람파가 주장하는 내용을 본 적이 없기 때문이다. 한편 나는 또다른 책들을 통해 학문적인 글을 쓸 때는 주석에 출처를 인용해 학문적인 증거를 확실히 밝혀야 한다는 것을 배웠다.[24] 수년 전 나는 이런 책들을 충분히 많이 읽었다는 이유로 박사학위를 받았고, 내 신분을 증명해주는 제대로 된 문서가 있기에 다른 이들의 저작을 신성화하거나 부적격 판정을 내리고 또다른 이들을 이 지식 안으로 입문시킬 권한을 얻게 된 것이다. 이처럼 권위자로서 권위를 가지고 말할 자격, 즉 특정한 대상에 가치를 부여할 수 있는 자격은 내 스승들이 나에게 준 것이고, 그들은 또 그들의 스승들로부터 이 자격을 물려받았다. 이 자격이 나로 하여금 '아니요'라는 대답을 할 수 있게 한 것이다. 그러나 이 자격을 얻은 대신 잃은 것도 있다. 이를테면 나는 이 권위를 받아들이는 대가로 책을 써서 얻을 수 있는 상업적 이득에 관심을 가질 수 없게 됐다. 나는 내 책의 경제적 가치를 이용해 개인적인 이득을 얻는 것을 포기하고 물질적 이익과 관련되지 않은 더 높고 고귀한 가치를 추구해야 했다. 즉, 경제자본을 상징자본과 맞바꾼 셈이다. 이 상징자본은 내가 시릴 호스킨처럼 아내와 고양이를 먹여살리기 위해 대필작가로 일할 필요가 없게끔 나름대로 경제적인 안정을 보장해주었다.[25] 학술적인 저작은 예술작품과 마찬가지로 널리 복제되지 않을 때에만 그 아우라를 간직할 수 있다. 만일 어느 저작이 100만부 가까이 팔려나가면 그 저서에 권위를 주던 아우라는 사라지고 만다.

롭상 람파의 주장이 너무 이상하다고 해서 이를 가볍게 묵살해도 되는 것은 아니다. 만일 그가 책을 쓰기 전 에번스-웬츠의 『티베트 요가와 비밀교리』를 읽을 기회가 있었더라면 '의식의 전이'

를 뜻하는 '동죽'(grong 'jug)에 대해 알게 되었을 것이다. 이는 10세기경 인도의 탄트라수행자였던 나로빠의 육법 중 하나로 우리의 의식이 다른 존재로(가급적이면 잘 보존된 시체로) 옮겨갈 수 있음을 뜻한다. 티베트 문헌에 실린 이야기 중에 의식의 전이와 관련해서 가장 잘 알려진 이야기는 위대한 요가수행자인 밀라레빠(Milarepa)의 스승, 마르빠(Mar pa, 1012~96)의 전기에서 찾아볼 수 있다. 마르빠의 아들 다르마도데(Dar ma mdo sde)는 말을 타다 사고를 당해 두개골이 깨져 죽었다. 그의 의식은 사람의 시체로 들어가려 했지만 시체를 곧바로 찾을 수 없어 갓 죽은 비둘기의 몸으로 들어갔다. 비둘기는 마르빠의 지시에 따라 히말라야를 넘어 인도로 날아갔고 그곳에서 막 세상을 뜬 열세살짜리 브라만 소년의 시체를 찾아냈다. 새는 자신의 의식을 소년에게 옮기고 숨을 거두었다. 소년은 화장되기 직전 장작더미에서 몸을 일으켰고, 훗날 위대한 요가수행자 띠푸빠(Ti phu pa)가 되었다.[26] 이 이야기에 비하면 티베트인 승려가 영국인 실업자의 몸에 들어간 것은 오히려 평범한 이야기로 들릴 수 있다.

또한 롭상 람파는 영혼의 빙의에 대한 티베트의 이론을 가져다 쓸 수도 있었다. (『제3의 눈』이 출간된 해인) 1956년에 나온 『티베트의 신탁과 악마』(Oracles and Demons of Tibet)에서 르네 드 네베스키-보이코비츠(René de Nebesky-Wojkowitz)는 지상에서 불법의 수호자 노릇을 하는 티베트 신('jigs rten pa'i srung ma, 직뗀빼숭마)이 사람의 몸에 들어가는 방식을 자세히 묘사한다. 이 신은 아무것도 모르고 있는 사람의 몸을 불시에 취한다. 그렇게 되면 그는 티베트어로 그

신의 꾸뗀(sku rten, 물질적 토대)이라 불리는 영매가 된다. 네베스키-보이코비츠는 이런 식으로 인간을 사로잡은 존재가 신인지 아니면 망자의 떠도는 영혼인지를 티베트인들이 어떻게 알아내는지 상세히 설명해준다.27)

아니면 람파는 불교에서 정통성을 획득하는 가장 오래된 수법 중 하나인 '문헌의 발견'을 들먹일 수도 있었다. 불교학자들은 붓다가 제자들에게 직접 가르친 내용이 무엇인지 정확하게 알지 못한다. 따라서 특정 불교경전을 가리켜 외전(外典)이라 부르는 것은 오해를 불러일으킬 소지가 있다. 그럼에도 불구하고 여러 불교종파들은 지난 1000년간 경전의 정통성을 놓고 논쟁을 벌여왔다. 대승불교경전을 붓다의 참된 가르침으로 보는 사람들은 이들이 붓다가 죽은 지 4세기가 지난 후에 쓰였음에도 불구하고 붓다가 특별히 선발한 제자들(이들 중에는 부처와 함께 있지는 않았지만 투청력을 발휘해 부처의 말을 들은 사람들도 있다)을 대상으로 직접 가르친 내용이라고 주장한다. 이들의 주장에 따르면 붓다의 가르침을 담은 경전은 세상이 이 가르침을 제대로 받아들일 수 있을 때까지 붓다의 명령에 따라 하늘과 바다와 땅 속에 감춰져 있었다고 한다.28) 이와 같은 주장은 앞서 2장에서 살펴보았듯이 빠드마삼바바의 이야기에도 등장한다. 빠드마삼바바는 8세기 말에 티베트에 머물면서 '뗄마'(보물)라 불리는 문헌을 티베트 곳곳에 숨겨놓았다고 한다. 그가 바위틈과 호수 밑바닥, 동상과 기둥 안에 감춰놓은 문헌들은 그의 환생한 제자들이 수세기에 걸쳐(그리고 이번 세기에도) 발견해냈고, 이렇게 발견된 문헌에는 예언이 담겨져 있었다.

(오스카 와일드Oscar Wilde는 워즈워스에 관해 쓴 글에서 다음과 같이 말했다. "그는 바위에서 자신이 오래전에 숨겨둔 설교를 찾아냈다.")[29] 한편, 귀중한 문헌들은 때로 땅이 아니라 발견자의 마음에 나타나기도 했다. 이들은 공뗄(dgongs gter)이라 불리는 '마음의 보물'로, 본연의 상태 그대로 오염되지 않고 남아 있는 빠드마삼바바의 가르침이었다. 이 가르침은 발견자의 마음속에 감춰져 있다가 처음에는 발견자에게, 그후에는 세상에 모습을 드러냈다. 닝마빠와 뵌교 종파의 경전에는 이 귀중한 문헌들이 빠짐없이 수록되어 있고, 뗄마문헌의 진위를 가리는 법을 설명한 문헌도 상당수 있다.[30] 가짜 뗄마를 발견하는 사람들은 고대 티베트에서 악마의 앞잡이 노릇을 하던 자들의 화신이고 악마의 도움을 받아 그토록 사악한 짓을 꾸미는 것이라 여겨진다. 예컨대 한 문헌에는 다음과 같은 내용이 나온다.

요즘과 같은 암흑의 시대에는 마음이 불안정한 자들이 많다. 그들은 수백가지 일을 하려 들고 원숭이처럼 성급하게 행동하며 마음속에 떠오르는 생각을 아무런 고민도 없이 곧바로 행동에 옮겨버린다. 그들은 테우링(Theu ring)이라든지 여러가지 가짜 기적을 가지고 장난치기 좋아하는 다른 귀신들에게 사로잡혀 있다. 이 귀신들은 다양한 거짓 환상을 불러일으키는데 마음속의 환영이나 망상을 통해 마음이 불안정한 사람들을 현혹한다. 이들은 가짜로 발견된 문헌만큼이나 부정적인 영향을 끼친다.[31]

그러나 뗄마의 진위는 결코 판별하기 쉽지 않고, 진본을 가려내는 과정에서 문헌 발견자의 품행은 고려되지 않는다. 이 경우 행실이 바르고 주변사람들과 좋은 관계를 유지하는 사람이 가짜 발견자이고, 온갖 비난받을 만한 행동을 일삼아 다른 사람들에게 방해가 되는 사람이 진짜 발견자일 수도 있다. 이러한 예는 모든 경험이 궁극적으로 '한가지 맛'(ro gcig pa, 로찍빠)임을 보여준다.[32]

그렇다면 『제3의 눈』을 1956년이라는 역사적 순간(인민해방군이 라싸를 점령하고 달라이 라마가 마오 쩌둥 주석을 만난 직후)에 시릴 호스킨이라는 사람의 마음속에 갑작스레 나타난 마음의 보물, '공뗄'로 볼 수는 없는 것일까? 또 아스트랄계 여행, 심령술, 인류가 새로운 시대로 진화할 수 있다는 희망 등의 내용이 아니었으면 굳이 티베트에 관심을 갖지 않았을 수십만 명의 서양인 독자들에게 이 책이 티베트의 비참한 상황을 알리는 역할을 했다고 볼 수는 없는 것일까?

그러나 여기서 훨씬 더 흥미로운 것은 롭상 람파가 쓴 내용을 '바로잡고' 싶어하는 학자들의 강박이다. 그들은 람파가 지어낸 이야기와 그럭저럭 비슷한 진짜 티베트 전통에 대해 언급하면서 그가 티베트에 대한 정보를 조금만 더 제대로 알았더라면, 또 학자들이 아는 사실을 알고 있었더라면 거짓말을 더 그럴싸하게 만들 수 있었을 것처럼 이야기한다. 내가 지금껏 주석을 달아가면서 설명한 의식의 전이나 영혼의 빙의, 귀중한 문헌 등에 대한 내용은 하나같이 람파의 책에 나오는 오류를 바로잡고자 하는 시도였다.

진정한 영국 기인(畸人)의 자격을 갖추기에 시릴 호스킨의 사회계급은 너무 낮았는지도 모른다. 그러나 이러한 점을 제외하면 유럽이나 미국의 백인 아이가 티베트 라마의 화신으로 확인되는 판국에(베르나르도 베르똘루치 감독의 영화 「리틀 부다」 *The Little Buddha*에서처럼) 『제3의 눈』의 어떤 측면이 전문가들을 그토록 노하게 만든 것일까? 이는 사실상 권위가 어떻게 만들어지고 유지되는가의 문제라 할 수 있다. 권위에 대한 고전적인 설명으로는 막스 베버(Max Weber)의 이론이 있다. 그는 카리스마적 권위와 전통적 권위를 구별하는데 서구에서는 이 두 형태의 권위가 결국 합법적 권위로 대체된다. 베버는 카리스마를 "한 개인이 지닌 특출한 자질"로 정의하고 "이 자질이 진짜 있는 것인지 아니면 단순히 있다고 추정되는 것인지는 중요치 않다"고 설명한다. 또 그는 카리스마적 권위를 "지도자가 특출한 자질을 가지고 있다고 보는 추종자들의 믿음에 기반을 둔 외적·내적 지배"[33]로 정의한다. 한편 전통적 권위는 "일상적 관습을 거스를 수 없는 행동규범으로 받아들이는 믿음"에 기반을 둔 지배다. 이러한 믿음은 "항상 있어온 존재 또는 있다고 추정되어온 존재에 대한 신앙심"이다.[34] 티베트처럼 전통적 권위와 카리스마적 권위가 둘 다 종교지도자들에게 있을 경우에는 이들을 구별하기가 쉽지 않다. 실제로 베버의 이론에 따르면 라마의 환생제도는 카리스마를 전통(즉, 여러 세대에 걸쳐 전해내려오는 것)으로 바꾸려는 시도로 볼 수 있다. 롭상 람파에게 카리스마가 있었는지 없었는지는 지금 와서 판단하기 어렵다. 그를 실제로 만나본 사람들은 하나같이 그의 이마 한가운데 움푹 파인 상처에 관심을 보였다. 한편 『제3의 눈』의 권위는 책 속의 내용을 직접 겪었다고 주장하는 작가의 특출한 자질에서 나온다. 베버의 이론은 카리스마를 어떻게 잃는지에 관한 문제에 있어서 별 도움을 주지 않지만 롭상 람파의 경우에는 이것이 더 미혹적인(mystifying) 질문일 것이다.

'권위'(authority)는 라틴어 'auctoritas'에서 유래한 단어다. 로마법에는 네가지 종류의 권위(auctoritas)가 있는데 이들은 원로원의 권위, 황제의 권위, 수탁자의 권위, 판매자의 권위다. 고대 로마에서는 판매자가 물건을 팔려면 먼저 물건에 대한 소유권을 가지고 있어야 했고, 판매자의 권위는 바로 이 소유권에 대한 보증을 가리키는 말이었다.[35] 여기서 T. 롭상 람파가 시릴 호스킨의 몸속으로 들어간 이야기는 호스킨이 리처드슨과 다른 학자들에게 비판받은 자신의 주장을 롭상 람파의 주장으로 되살려내려 한 시도로 읽을 수 있다. 어쨌거나 그가 『람파 이야기』 이후로도 열두권이 넘는 책을 쓴 걸 보면 그는 책을 잘 팔리게 만드는 데 있어서만은 확실히 성공했다고 할 수 있다. 그러나 여전히 전문가들, 즉 권위자들 사이에서 그는 조롱의 대상으로 남아 있다.

삐에르 부르디외(Pierre Bourdieu)는 최근에 출간한 책에서 '권위 있는 말'에 대하여 다음과 같이 설명한다.

> 언어의 사용은 이야기의 내용과 이야기를 하는 방식 모두를 가리키는데 이는 말하는 사람의 사회적 지위에 따라 달라진다. 사회적 지위는 개인으로 하여금 제도의 언어, 즉 공인받은 적절한 언어를 쓸 수 있게 해준다. 다시 말해서 합법적인 표현수단에

접근하게 해주고 이를 통해 제도의 권위에 참여하게 해주는 것이다. 이처럼 사회적 지위는 단순한 사칭자와 (…) 제도가 부여해준 권한과 권위를 가지고 사칭하는 자 사이에 큰 차이(단순히 말 이상의)를 만들어낸다.[36]

롭상 람파의 권위는 티베트 승려라는 사회적 지위에서 나오므로 그가 실제로 영국인 시릴 호스킨이라는 사실이 밝혀지면 독자들은 더이상 그의 권위를 받아들일 수 없다. 따라서 『라싸에서 온 의사』와 『람파 이야기』는 호스킨이 곧 롭상 람파라는 주장을 통해 저자의 권위를 회복하려 든다. 여기서 주목할 만한 사실은 람파가 다양한 서문과 작가의 말에서 책 내용의 정확성을 입증해 보이기보다는 그저 모든 내용이 사실이라고만 주장한다는 것이다. 1971년에 나온 람파의 책 『수행자』(*The Hermit*)에는 다음과 같이 짤막한 작가의 말이 실려 있다. "이 책의 저자로서 나는 이 책의 내용이 전부 사실임을 밝힌다. 물질문명의 수렁에 빠진 사람들은 이 책이 허구라고 생각할지도 모른다. 그러나 선택은 전적으로 당신 것이다. 당신의 진화상태에 따라 당신은 이 책의 내용을 믿을 수도 있고 그렇지 않을 수도 있다. 나는 이 문제에 대해 논의하거나 질문에 답할 의향이 없다. 그러나 이 책과 내 다른 모든 책들에 담긴 내용은 전부 사실이다!"[37] 그는 자신의 권위를 회복하기 위해 독자들에게 다시 한번 그를 티베트 승려로 볼 기회를 준다. 이와 같은 권위는 그의 정체성을 유지하는 데 꼭 필요한 것이다. 인류학자 아게하난다 바라띠는 '람파 열풍'을 통렬히 비판한 글에서 바로 이 점을 간과한다.

"나는 돈 후안이 우리에게 중요한 사실을 가르쳐주려면 왜 꼭 야끼(돈 후안은 야끼가 아니다)가 되어야 하는지 모르겠다. 마찬가지로 호스킨도 우리에게 중요한 교훈을 주려면 왜 꼭 티베트인(그는 티베트인이 아니다)이 되어야 하는지 모르겠다."[38] 이와 같은 주장은 람파에게 권위가 꼭 필요하다는 사실을 깨닫지 못한 데서 나온 것이다.

그러나 롭상 람파의 문제는 티베트 전통에서 카리스마를 제도로부터 떼어낼 수 없다는 데 있다. 발언을 할 권위는 계보를 따라 이어져 내려오는데 이 계보는 역사적인 틈이나 균열에 관계없이 작동한다. 호스킨이 라마교의 공인된 대변인이 될 수 없는 것은 그가 티베트인들이나 티베트학자들이 인정하는 그 어떤 제도의 권위도 갖추지 못했기 때문이다. 리처드슨은 『라싸에서 온 의사』의 서평에서 다음과 같이 이야기한다. "내가 아는 사람들 중에 티베트에 살아봤거나 티베트인들—내가 이 책을 읽어준 진짜 티베트 라마를 포함하여—을 직접 만나본 사람들은 이 책이 뻔뻔한 위조라는 사실을 단번에 알아차렸다." 그리스 아르고스의 집회에서 발언자들이 돌아가면서 지녔던 홀(笏)이 그것을 쥔 사람에게 자신의 의견을 말할 권한을 주었던 것처럼 티베트의 사원교육, 신내림, 뚤꾸(환생불)를 확인하는 제도(이때 황금항아리를 사용하기도 한다) 등은 말을 할 권한을 부여해준다. 부르디외의 말에 따르면 "대변인은 홀을 받은 사칭자"[39]다. 시릴 호스킨은 『일리아스』(Ilias) 2권에 나오는 테르시테스처럼 홀을 받지도 못한 채 티베트에 대해 이야기하려 들었다. 이때 테르시테스를 꾸짖던 오디세우스가 그의 등을 홀로 내리쳐 상처를 낸 것처럼, 휴 리처드슨(과 그가 대변하는 권위자들)도 롭상 람파가 티베트에 대해 발언할 권한이 없는 사칭자임을 보여주었다. 호스킨의 눈 사이에 움푹 들어간 상처를 보면 이것이 티베트 권위자로서의 삶에 종지부를 찍고 그를 다른 영역에서 다시 태어나게 해준(학자의 비난은 다른 한편으로는 일종의 신성화나 마찬가지이므로) 치명상의 흔적은 아닐까 하는 의문이 든다. 티베트의 한 탄트라의식에서는 '될'(sgrol)이라는 행위를 통해 분노에 찬 악령을 쫓는다. '될'은 '자유롭게 하다'와 '죽이다'라는 의미를 동시에 갖고 있는 동사다. 이제 우리에게 남은 궁금증은 만일 호스킨이 전문가들에게 정체를 들키지 않았더라면 굳이 롭상 람파로 가장하려 들었을까 하는 점이다. 시릴 호스킨의 몸에 티베트 승려의 영혼이 들어와 롭상 람파가 되었다는 설명은 대중이 사립탐정의 보고서를 읽고 격분한 후에야 나온 것이기 때문이다.

이처럼 처음에는 단순히 유령작가 노릇만 할 생각이었던 호스킨 또는 콴 또는 롭상 람파는 진짜 유령이 되어버렸다. 그는 『람파 이야기』에서 다음과 같이 말한다. "내 쓸쓸한 티베트 육신은 돌로 만들어진 관에 무사히 안치되었고 세명의 승려가 쉬지 않고 돌보고 있다." 이때 시신과 함께 관에 매장되지 않은 유령은 영국에서 아일랜드를 거쳐 캐나다까지 떠돌아다녔고 결국 1981년 캐나다 캘거리에서 사망했다. 호스킨은 이 과정에서 또다른 제도에 해당하는 방대한 심령술 문헌의 전통적 권위를 얻었고 계속해서 우주여행, 점괘판, 예수의 공백기와 같은 신비사상의 주제에 대해 열두권도 넘는 책을 썼다. 그는 유령처럼 두 세계 사이를 떠돌아다니며 그 어느 쪽에도 속하지 못했다. 티베트불교는 역사적으로 학문적인 것과 대중적인 것이 뒤섞인 영역에 자리 잡아왔고 지금도 그러하다. 그렇다면 『제3의 눈』은 이 두가지 면이 합쳐지는 지점이라 할 수 있다. 람파는 여행자들과 아마추어 학자들이 쓴 이야기(여기서도 대중적인 것과 학문적인 것이 뒤섞여 있다)를 널리 알려진 신비사상의 요소들(아스트랄계 여행, 고대 이집트 의식 등)과 결합시켜 100퍼센트 사실도 아니고 허구도 아닌 저작을 펴냈다. 롭상 람파가 자신의 '회고록'을 썼을 당시에는 학자들, 여행자들, 신지론자들의 글이 이미 충분히 많이 나와 있는 상태였으므로 그가 그려낸 티베트의 이미지도 전적으로 그럴듯해 보였다. 뿐만 아니라 롭상 람파는 서양인들의 환상 속에 있는 티베트를 재현하는 데 있어서 자신이 직접 이 환상의 일부가 되었다. 티베트는 그가 영국을 떠나지 않고도 새로운 신분으로 가장할 수 있게 해주는 이상한 힘을 지닌 곳이었다. 데번의 배관공 아들은 순식간에 라싸 귀족의 자제가 되었고, 수술 후에 필요한 보정용품을 만들던 사내는 수술 전문의사가 되었으며, 기술복제의 세계에 갇혀 있던 범죄 및 사고 현장 전문 사진가는 아우라를 볼 수 있게 되었다.

『제3의 눈』의 저자는 사기꾼이라는 비난을 받았지만 꼭 그렇게만 볼 수도 없다. 그를 직접 알고 지낸 사람들의 증언에 따르면 그는 자신이 정말 T. 롭상 람파라고 믿었던 것이다. 그는 거짓말을 일삼는 장사꾼이 아니라 그저 망상에 빠진 사내였을지도 모른다. 그는 유령작가가 되고자 했다. 그러나 유령작가가 다른 사람의 이름으로 글을 써주고 원작자로서의 명예를 넘기는 대가로 돈을 받는 사람이라면 그는 유령작가일 수 없다. 자신이 대신해서 글을 써준 사람의 신분을 스스로 자처했기 때문이다. 한편 그가 쓴 책은 어느 한가지 문학적 범주에 집어넣을 수 없다. 그의 책이 처음 시장에 나왔을 때에는 단기간에 수익을 올리는 베스트셀러였는데 어느새 시간이 지나도 꾸준히 잘 팔리는 고전으로 자리 잡은 것이다. 베스트셀러는 대중과 출판사와 대중매체의 공인을 받는다. 현재 시중에서 구할 수 있는 『제3의 눈』(이 책의 표지에 적힌 내용에 따르면 이 책은 '영감을 주는 책'Inspirational 유로 분류되어야 한다)에는 『타임스 리터러리 서플리먼트』와 『마이애미 헤럴드』(Miami Herald)의 격찬이 실려 있다. 『타임스 리터러리 서플리먼트』는 "이 책은 예술작품에 가깝다"라고 평가했고 『마이애미 헤럴드』는 "독자들을 매혹시키는 것은 티베트라는 이상한 나라—티베트보다 더 이상한 나라가 있을 수 있을까?—뿐만 아니라 동양의 철학을 훌륭하게 설명해낸 (람파의) 솜씨다"라고 극찬했다. 한편 고전은 베스트셀러와는 달리 학자들의 공인을 받는다. 학자들은 내가 학생들에게 『제3의 눈』을 읽혔던 것처럼 교육제도 안에서 책이 팔리게 만들어 지속적인 이윤을 보장해준다.

여기서 이야기하고자 하는 바는 단순히 학자들의 정체성을 성립하는 데 람파와 같은 아마추어 애호가의 존재가 필요하다는 것뿐만이 아니다. 실제로 롭상 람파는 '뤼'(glud, '희생양'으로 번역되기도 하지만 실제로는 '속이다'와 '꾀다'를 뜻하는 동사 '루'bslu에서 왔다)와 크게 다르지 않다. 악령을 내쫓는 티베트의 의식에서 '뤼'는 악령에 사로잡힌 사람의 영혼을 돌려받기 위해 악마에게 주는 몸값이다. 이 의식을 집행하는 라마는 악령이 씐 사람의 모습을 본떠 밀가루 반죽으로 인형을 만든다. 이 모조품에게 권한을 주려면 악령에 사로잡힌 사람이 인형에 대고 직접 입김을 불어넣고 밀가루 반죽에 자신의 침을 섞어야 한다. 그런 후 그 사람의 옷을 가져다 인형에게 옷을 만들어 입힌다. 그 외에도 터키석 조각 같은 귀중한 물건을 밀가루 반죽에 함께 넣는다. 준비를 마친 라마는 악령들을 불러내어 그들에게 선물을 바치면서 온갖 미사여구를 동원해 인형을 칭찬한다. 악령은 자신이 사로잡은 영혼을 내주는 대가로 가치가 더 높은 인형을 받는 것이다.

 이는 악령을 속여서 인형을 사람으로 믿게 만들려는 것이 아니라 인형의 가치가 훨씬 더 높다고 생각하게 만들려는 것이다. 실제로 악령에 사로잡힌 사람은 자신을 구하기 위해 자기가 갖고 있던 물건을 내주는데, 이를테면 귀중한 물건을 인형의 몸에 집어넣는 식이다. 이런 식으로 교환이 이루어지고 나면 악령의 손에 넘어간 인형은 마을공동체에서 멀리 떨어진 곳에 버려진다. 이처럼 이상한 방식의 모방을 통해 악령에 사로잡힌 사람과 꼭 닮은 인형이 만들어지는데, 이 인형은 사람들이 그토록 원하는 아름다움과 부를 갖고 있지만 결국 동네에서 추방되어 악령의 차지가 된다. 이때 부와 권위는 악령에서 벗어나기 위해 반드시 포기해야만 하는 것이다. 그렇다면 엄밀히 말해서 이 인형은 희생양으로 보기 어렵다. 동네에서 추방되는 것은 가장 저속한 것이 아니라 가장 매혹적이고 고귀한 것—아름다움, 부, 권위—이기 때문이다.[40]

 롭상 람파는 티베트인으로 위장한 채 대중 앞에 모습을 드러냈다. 그는 인세를 받아 학자들이 포기할 수밖에 없는 큰 부를 쌓았고 이것으로 생계를 유지했다. 그가 쓴 열아홉권의 책은 400만부가 넘게 팔렸고, 덩달아 향, 명상복, 수정구슬과 같은 물건들도 불티나게 팔려나갔다. 열아홉권의 책 중에는 그가 키우던 고양이, 즉 피피 그레이위스커스 부인이 텔레파시로 그에게 이야기해준 내용을 받아 적었다는 『라마와 함께 살다』(Living with the Lama, 1964)와 『금성 여행』(My Visits to Venus, 1996)―그는 이 책의 인세를 뉴욕의 고양이 보호단체에 기부했다―도 있다.

한편, 학자들은 대중적인 인기를 포기함으로써 학자로서의 정체성을 유지한다. 또 자신들이 의존해온 (그리고 롭상 람파가 구체화한) 티베트에 대한 환상을 부인함으로써 상징자본을 얻는다. 그러나 학생들이 우리의 강의실을 찾아오고 대중들이 우리의 강연을 들으러 오며 독자들이 우리의 논문을 읽는 것은 다름 아닌 이 환상 때문이다. 또 람파의 책이 그토록 많이 팔릴 수 있었던 것도 대중들이 티베트에 대해 환상을 갖고 있었기 때문이다. 람파는 그를 내쫓은 티베트학과 그를 받아준 심령술 사이를 계속해서 헤매며 합류점을 만들어냈다. 그 탓에 그는 지금까지도 긍정적인 면과 부정적인 측면을 동시에 갖춘 양면적인 인물로 여겨지고 있다.

유럽에 있는 티베트학자들 및 불교학자들과 람파에 대한 이야기를 나눈 결과 그들 중 상당수는 자신이 제일 처음 읽은 티베트 관련 서적이 『제3의 눈』이라고 고백했다. 뿐만 아니라 일부 학자들은 람파가 묘사한 세계에 매료되어 결국 티베트를 연구하는 학자가 되었다고 털어놓았다. 그러므로 그들은 람파가 사기꾼이긴 해도 결과적으로 자신들에게 '좋은 영향'을 미쳤다고 답했다.

『묘법연화경』에 실린 불타는 집의 비유를 보면 집이 불타고 있다는 사실을 까맣게 모른 채 놀이에 빠져 있는 자식들 때문에 속을 태우는 아버지가 나온다. 다행히 아버지는 아이들이 각각 어떤 장난감을 좋아하는지 알고 있었다. 그는 아이들이 갖고 싶어하는 사슴이 끄는 수레, 염소가 끄는 수레 등을 집 밖에 가져다놓았다고 거짓말을 해서 아이들을 불타는 집 밖으로 끌어냈다. 그런데 아이들이 화재에서 벗어나 집 밖으로 나와보니 수레는 단 한대뿐이었다. 이 수레는 아이들이 꿈에도 생각지 못했던, 커다란 흰 소가 끄는 웅장한 수레였다.

이 이야기에서 불타는 집은 불교에서 말하는 윤회를 상징하고 아이들은 자신에게 닥친 위험을 알지 못하는 무지한 중생이다. 한편 아버지는 다양한 방편으로 이들을 윤회의 수레바퀴로부터 끌어내 해탈에 이르게 해주려는 부처다. 그러나 그는 모든 중생들이 실제로 깨달음에 이르는 방편은 오직 일승(一乘), 즉 불승(佛乘)밖에 없다는 사실을 알고 있다.* 부처는 이 이야기를 마친 후 자신의 제자 사리푸트라에게 아버지가 자식들에게 거짓말을 한 것이냐고 물었다. 사리푸트라는 아니라고 답하면서 이는 자식들의 생명을 구하는 데 꼭 필요한 말이었다고 덧붙였다. 이 비유는 진실이 아닌 내용이라도 결국에 좋은 결과를 가져온다면 부처가 얼마든지 대중들

---

*일승(一乘), 일불승(一佛乘) 또는 불승(佛乘)은 중생이 성불할 수 있는 유일의 길을 가리킨다.

에게 이를 가르칠 수 있음을 암시한다. 그렇다면 이 비유가 람파의 3부작에 유일하게 실린 불교경전의 내용이라는 사실도 그리 놀랍지 않다.[41]

사리푸트라의 경우와는 달리 롭상 람파의 책에 매혹당해 티베트학을 전공하게 된 학자들은 자신들을 이 길로 이끈 T. 롭상 람파가 거짓말쟁이라고 공언해야 했다. 그들이 티베트학에서 배운 내용에 따르면 그는 분명한 사기꾼이었다. 그들은 전문적인 학자가 되기 위해 자신들을 학자의 길로 들어서게 해준 책을 부인해야 했다. 롭상 람파의 책을 읽었던 것이 결국 그의 죽음을 초래한 것이다. 어떤 이들은 이를 프로이트 이론에 나오는 부친살해로 볼지도 모르겠지만 이는 프로이트가 말한 부인(denial)이나 거부(disavowal)에 더 가깝다. 부인 또는 거부는 충격적 현실을 받아들이지 않고 회피하려 드는 방어기제다. 티베트학자들은 람파가 자신들에게 준 '좋은 영향'만 기억하고, 그가 학자들이 가장 혐오하는 유형의 인물이라는 사실과 그가 친 사기에 속아넘어가 자신들이 티베트학자가 되었다는 사실을 부인하려 든다.[42]

미시간 주 앤아버에 있는 보더스 서점에 가면 동양 종교와 관련된 책들은 점성술, 타로, 뉴에이지에 관한 책들과 서로 등을 맞댄 채 진열되어 있다. 이들은 서로 반대 방향을 향해 꽂혀 있어서 한눈에 들어오진 않지만 뒤로 넘어지지 않게끔 서로를 받쳐주고 있다. 람파의 유령은 계속해서 우리의 주변을 맴돌며 예상치 못했던 순간에 불쑥 그 모습을 드러낸다. 모든 서점이 이렇게 방대한 양의 재고를 갖고 있진 않으므로, 어쩌면 학자들은 '비술'(Occult)이라 적힌 서가에서 람파의 책 옆에 꽂힌 자신의 책을 발견하고 깜짝 놀라게 될지도 모른다.

4장

진언 The Spell

세상에서 가장 편한 기도

옴 마니 빠드메 훔, 오, 연꽃 속의 보석이여, 아멘.
이 기도문은 빠드마빠니가 티베트인들에게 가르쳐주었다는 진언이다.
이것은 티베트에서 가장 많이 듣게 되는 기도문이며
티베트를 최초로 찾은 방문자들의 호기심을 자극했다.
그러나 이 진언의 진정한 의미는 오랫동안 베일에 싸여 있다
최근에 이루어진 연구를 통해서야 밝혀지게 되었다.

_ 에밀 슐라긴트바이트, 1863

똘스또이가 쓴 「세명의 은둔자」라는 단편을 보면 배를 타고 러시아 북서부의 백해(白海)를 여행하는 주교의 이야기가 나온다. 주교는 여행 도중 어느 뱃사람으로부터 멀리 떨어진 작은 섬에 세명의 은둔자가 살고 있다는 이야기를 듣게 되었다. 이에 주교는 선장에게 배를 돌려 그 섬으로 가보자고 제안했다. 해변에 도착하니 손에 손을 맞잡고 서 있는 세 노인이 보였다. 주교는 그들에게 가르침을 줄 테니 그전에 먼저 그들이 기도를 어떻게 하는지 알려달라고 했다. 그러자 그들은 자신들의 기도가 "그대들도 셋이요, 우리도 셋이니 우리에게 자비를 베푸소서"라고 알려주었다. 주교는 그들에게 의도는 좋았으나 그것은 제대로 된 기도가 아니라고 말했다. 그는 삼위일체론에 대해 설명한 후 주기도문을 한 구절 한 구절

가르쳐주었다. 세명의 은둔자들은 주기도문을 따라하는 데 대단히 애를 먹었다. 그들 중 한명은 이가 없고 다른 한명은 수염이 덥수룩하게 자라 입을 덮고 있었던 것이다. 그러나 마침내 그들은 주기도문 전체를 술술 외울 수 있게 되었고 주교는 그들의 기도소리를 들으며 자신의 배로 돌아갔다. 그는 은둔자들에게 기도를 가르쳐줄 수 있게 해주신 신에게 감사를 돌렸다.[1]

이 이야기를 읽고 우리는 다음과 같은 질문을 던질 수 있다. 주교와 배우지 못한(그러나 마음은 순수한) 은둔자들 중에 누가 더 제대로 된 기도를 할 줄 알았을까? 기도의 내용은? 여기서 더 중요한 것은 기도의 형식일까, 반복일까, 발음일까, 의미일까?

티베트종교에 대한 설명에서 '기도'(prayer)라는 단어 뒤에는 종종 '바퀴'(wheel)라는 단어가 따라 나온다(prayer wheel은 기도나 명상을 할 때 돌리는 바퀴 모양의 경전으로 한국에서는 '마니차'라는 이름으로 불린다. 이 책에서는 prayer wheel을 '기도바퀴' 대신 '마니차'로 번역했다—옮긴이). 티베트에서 쓰이는 물건 중에 이 마니차만큼 많이 언급된 물건도 드물 것이다. 심지어 사람의 두개골로 만든 잔이나 대퇴골로 만든 나팔조차도 마니차만큼 서양인들의 입에 많이 오르내리지는 않았다. 이는 유럽에서 과학과 물질주의가 종교와 정신세계의 적으로 떠오르던 시기에 마니차가 이들 간의 경계를 넘어 종교와 과학 간의 불순한 결합을 꾀하고 신과 소통하려 드는 기구로 보였기 때문일지도 모른다. 칼라일(Carlyle)은 마니차를 가리켜 '회전하는 호리병박'이라 불렀고 중국학자 제임스 레그(James Legge)는 다음과 같은 말을 남겼다. "불교가 맺은 결실을 보려면 티베트와 몽골을 살펴보면 된다. 그곳 사람들의 편협한 신앙, 다른 종교에 대한 무관심, 기도문이 담긴 회전통을 보면 부처의 교리가 어떠한 성과를 거두었는지 알 수 있다."[2] 18세기와 19세기에 티베트와 몽골을 방문했던 여행자들은 마니차를 보고 큰 흥미를 느꼈다. 원통형으로 생긴 마니차의 내부에는 진언이 적힌 두루마리가 들어 있었고 바람이 불면 돌아가게끔 노 모양의 막대기가 달려 있었다. 또 불 위에 있거나 날개가 달린 마니차는 대류에 의해 쉬지 않고 돌아갔다. 가닛 울슬리(Garnet Wolseley)는 1862년에 펴낸 『1860년의 영-중 전쟁 이야기』(*Narrative of the War with China in 1860*)에서 다음과 같이 말했다.

> 이 기구는 나태하지만 기발한 생각을 가진 일부 열성신자들이 오래전에 발명해낸 것이고 지금은 모든 라마사원에서 널리 쓰이고 있다. (…) 흔히들 입으로만 하고 마음에서 나오지 않는 기도는 아무런 소용이 없다고 한다. 그렇다면 우리의 목사들은 기구를 써서 하는 기도에 대해 과연 뭐라고 이야기할까? 유럽에는 재봉틀에서부터 계산기에 이르기까지 온갖 종류의 기구가 있다. 그렇지만 이제껏 그 누구도 기도하는 기구의 특허를 얻어 인간의 정신노동이나 육체노동을 대신하게 만들려는 생각은 하지 못했다. 나는 친애하는 천주교인들에게도 이 방법을 추천하고 싶다. 이 기구만 쓰면 성모마리아에게 올리는 참회의 기도도 단숨에 끝내버릴 수 있다.[3]

한편 모니어-윌리엄스 경은 "바라건대 유럽에서 발명된 증기동력이 히말라야로 전해질 때에는 이 기분 나쁜 미신에 이용당하지 않으면 좋겠다"[4]라는 뜻을 밝혔다.

가장 일반적인 형태의 마니차는 손에 들고 돌리는 마니차다. 예수회 선교사 이뽈리또 데시데리(Ippolito Desideri)는 1728년 라싸에서 이 마니차를 처음 보았다. "손에 들고 돌리는 마니는 쇠막대가 꽂혀 있는 작은 원통이고 막대의 한쪽 끝이 나무 손잡이로 되어 있다. 마니를 든 사람이 손을 움직이면 원통이 돌아가고 그는 옴, 마니, 뻬메, 훔이라고 말한다."[5] 티베트불교의 영향을 받은 모든 지역에서는 마니차의 크기에 상관없이 그 안에 들어 있는 긴 두루마리에 이 진언이 적혀 있다. 그리고 서양 학자들은 고작 여섯 음절밖에 안 되는 이 진언을 두고 불교의 다른 어떤 진언에 대해서보다 더 많은 설명과 추측을 내놓았다.

카를 프리드리히 쾨펜(Carl Friedrich Köppen)은 1859년에 펴낸 『라마교의 계급제도와 교단』(*Die Lamaische Hierarchie und Kirche*)에서 이 여섯 음절짜리 진언이 티베트인들의 일상에서 하는 역할에 대하여 설명했다.

티베트와 몽골의 일반대중은 이 진언밖에 모른다. 이것은 그들이 갓 태어나서 처음으로 배우는 말이자 죽음의 순간에 마지막으로 내뱉는 말이다. 길거리를 돌아다니는 사람들은 이 말만 중얼거리고, 유목민은 가축을 치면서, 여자는 집안일을 하면서, 승려는 직관력에 대한 연구를 하면서, 즉 아무것도 하지 않고 빈둥거리면서 이 진언만 되뇐다. 이 진언은 투쟁과 승리의 외침이다. 라마교가 퍼진 곳이라면 어디에든 이 진언이 있다. 즉 깃발, 바위, 나무, 벽, 비석, 각종 기구, 종이쪽지, 사람의 두개골과 해골을 가릴 것 없이 모든 곳에서 이 진언을 볼 수 있다. 라마교 신자들의 이야기에 따르면 이 진언은 모든 종교와 지혜와 깨달음의 정수이자 구원으로 가는 길이요, 더없는 행복을 얻는 길이다.[6]

이로부터 한 세기나 앞선 데시데리의 시대에도 유럽인들은 이 유명한 진언에 대해 알고 있었고 그 의미를 두고 논쟁을 벌였다. 실제로 이 진언은 13세기 이래로 계속해서 유럽인들의 관심을 끌어왔고 1254년에 윌리엄 루브룩(William of Rubruk)은 다음과 같은 말을 남겼다. "그들은 어디를 가든지 손에 묵주같이 생긴 구슬팔찌를 들고 있고 이것을 돌리며 '온 마니 바캄'(on mani baccam)이라는 말을 반복한다. 그들 중 한명이 나에게 해석해준 바에 따르면 이 말은 "신이시여, 당신은 알고 계십니다"라는 뜻이다. 그들은 이 말을 반복하면서 신을 떠올리는 횟수만큼 신이 축복을 내려준다고 믿는다."[7] 한편 1626년, 뽀르뚜갈의 예수회 선교사 안드라드는 서부 티베트에서의 선교활동에 대해 보고하면서 다음과 같은 기록을 남겼다.

또 한번은 왕이 있는 자리에서 한 라마에게 죄인이 신의 은총을 받아 구원을 얻으려면 어떻게 해야 하느냐고 물었습니다. 그러자 라마는 '옴 마니 팟메온리'라는 말만 하면 충분하다고 답했습니다. 이 말은 "제가 아무리 많은 죄를 지었어도 천국에 꼭

갈 것입니다"라고 하는 것과 마찬가지입니다. 저는 라마의 대답을 듣고 그렇다면 누군가가 칼로 사람의 심장을 찌르고, 왕이 가진 진주를 빼앗고, 제일 심한 욕설로 우리를 모욕한대도 '옴 마니 팟메온리'라고만 말하면 모든 죄를 용서받고 정화되는 거냐고 반박했습니다. 라마의 이야기가 이치에 맞는다고 생각하십니까?[8]

안드라드는 진언의 제대로 된 의미를 알려주는 라마를 만나지 못했다. 따라서 한 승려에게 자신이 직접 갖다붙인 해석을 들려주었다. "당신이 뜻도 모르고 같은 말만 되풀이하는 앵무새처럼 '옴 마니 팟메온리'만 되뇌고 있으니 제가 그 뜻을 가르쳐주지요. 이 말은 '신이시여, 저의 죄를 용서하여주소서'라는 의미입니다. 그때부터 모든 승려들은 이 신비로운 주문을 제가 알려준 뜻으로 이해했습니다."[9]

그러고 나서 얼마 지나지 않아 유럽인들은 이 진언이 특정한 신을 향한 것임을 알게 되었다. 독일 태생의 예수회 신부 아타나시우스 키르허는 1667년에 펴낸 『중국 이야기』(*China Illustrata*)에서 라싸의 탕구트족이 믿는 종교에 대해 다음과 같이 설명했다(아래에 인용된 구절은 1669년에 나온 영역본에 실린 것이다).

탕구트족은 자신들만의 왕을 섬기며 상스럽고 그릇된 우상숭배에 빠져 있다. 이들이 섬기는 여러 우상들 중에 우두머리격인 '메니뻬'(Menipe)는 머리가 아홉개나 달려 있는데 그 위에 엄청나게 큰 원뿔이 솟아 있다. (…) 어리석은 탕구트족은 이 가짜 신, 아니 악마 앞에서 요란스러운 몸짓을 하거나 춤을 춰가며 신성한 의식을 치른다. 이때 그들은 '오 마니뻬 미 훔, 오 마니뻬 미 훔'이라는 말을 반복하는데 이는 '오 마니뻬여, 우리를 구원하소서'라는 뜻이다. 이 우매한 민족은 자신들의 신을 달래기 위해 우상 앞에 온갖 종류의 음식과 고기를 갖다바치고 혐오스러운 숭배행위도 서슴지 않는다.[10]

그러나 데시데리는 키르허 신부와는 달리 직접 티베트에 가서 지내면서 티베트어를 배웠고 "오 마니뻬여, 우리를 구원하소서"라는 해석에 반론을 제기한다. 그는 유럽에서 처음으로 이 진언을 제대로 번역하려 시도한 사람이다.

티베트인이 직접 가르쳐준 진언의 의미는 다음과 같다. '옴'은 특정한 의미를 가진 단어가 아니라 장식으로 쓰인 표현이다. 두 번째 단어 '마니'는 진주나 다이아몬드나 다른 귀중한 원석 같은 보석을 뜻한다. 세번째 단어 '뻬메'는 연못이나 호수에서 자라는 꽃의 이름이고 힌두스타니 말로는 '카멜 풀'(Camel Pul)이라 부른다. 여기서 '이'(E)는 우리말의 '오'(O)처럼 호격 불변화사에 해당한다. 마지막 단어 '훔'은 특정한 의미없이 장식으로 쓰이는 말로 주로 주술사들이 사용한다. 이 단어들은 서로 문법적으로 연결되어 있지 않기 때문에 문장 전체의 의미를 이해하려면 내가 앞서 설명한 티베트의 우상 첸레직(Cen-ree-zij)과의 관련성을 살펴야 한다. 첸레직은 오른손에 보석을 들고 티베트어로 '뻬마'라 불리는 꽃 위에 앉은 젊은이로 묘사된다. 그렇다면 이 단어들은 티베트인들의 숭배의 대상이자 그들의 수호자인 첸레직을 불러내는 주문일 것이다. 따라서 이 진언은 "오, 오른손에 보석을 들고 뻬마꽃 위에 앉아계신 이여"라고 해석해야 한다. 티베트인들은 첸레직이 이 주문을 자신들의 조상에게 직접 가르쳐주었다고 믿는다. 또 이것이 첸레직을 기쁘게 만드는 기도일 뿐 아니라 그들을 길고도 고통스러운 환생의 업에서 구원해준다고 믿는다.[11]

그러나 이와 같은 데시데리의 해석은 그의 원고 『렐라찌오네』(*Relazione*)가 이딸리아에서 1875년에 발견되어 1904년에 출간될 때까지 세상에 알려지지 않은 채로 묻혀 있었다. 따라서 1747년에 『여행담 모음집』을 펴낸 토머스 애스틀리는 데시데리 대신 키르허가 쓴 내용을 바탕으로 메니뻬를 묘사했다. "메니뻬는 모든 우상들의 우두머리이고 사람들은 그 앞에서 특이한 몸짓을 보이거나 춤을 춰가며 신성한 의식을 치른다. 그들은 '오 마니뻬 미-훔, 오 마니뻬 미-훔!'이라는 말을 반복하는데 이는 '오 마니뻬여, 우리를 구원하소서'라는 뜻이다."[12] 한편 독일의 박물학자 페터 지몬 팔라스는 깔미끄인들의 종교에 대해서 쓴 1769년의 보고서에서 다음과 같이 말했다.

자신들이 맡은 직무를 충실히 수행하고 모든 번뇌를 물리친 위대하고 성스러운 라마들은 죽을 때 기도만으로 곧장 천국에 갈 수 있다(이 기도문 중에 '옴마위빠드메훔'이라는 진언이 가장 막강한 영향력을 발휘한다). 천국은 부처가 있는 곳이고, 라마들은 환생하는 순간까지 그곳에서 신성한 영혼들과 더불어 완전한 안식을 누리며 신에게 예배를 드린다.[13]

이때부터 티베트나 라다크를 여행한 사람들은 이 진언에 대해 언급하는 것을 통례로 삼았다. 프랑스의 탐험가 빅또르 자끄몽은 '라다크와 중국 타타르의 국경'에서 보낸 1830년 8월 25일자 편지에 다음과 같은 기록을 남겼다. "티베트의 모든 광경은 낯설게만 보였다. 티베트인들은 시도 때도 없이 노래를 불러댔는데(1평방리 그당 한두명밖에 살지 않으므로) 이것은 늘 같은 노래였고 노랫말은 '옴 마니 빠드메이', 이 세 마디뿐이었다. 이것을 이 지역주민들과 라마들이 이해하지 못하는 학문적 언어로 옮기면 '오, 보석 연꽃이여!'라는 뜻이고, 이 노래를 부르는 사람은 누구든지 부처가 있는 천국에 갈 수 있다."[14] 한편 네팔 주재 영국 사무관이었던 브라이언 H. 호지슨은 1836년에 『벵골아시아학회 저널』(*Journal of the Bengal Asiatic Society*)에 기고한 논문에서 주석을 통해 다음과 같이 설명했다. "[빠드마-빠니]는 꼿꼿이 선 채로 양손에 연꽃과 보석을 든 고상한 젊은이로 그려진다. 이 그림을 보면 유명한 샤닥샤리 만트라, 즉 여섯 음절로 된 진언 '옴! 마니 빠드메 훔!'의 의미를 알 수 있다. 지금까지 중국, 티베트, 일본, 몽골 등 여러곳의 문헌에는 이 진언이 잘못 표기되거나 엉터리로 해석된 경우가 많았다."[15]

한편 19세기에 들어 문헌학이 발전하면서 진언의 의미를 해석하는 일은 선교사들, 여행자들, 식민지 관료들에게서 산스크리트어 학자들에게로 넘어갔고 이들은 이전과는 사뭇 다른 해석을 내놓았다. 하인리히 율리우스 폰 클라프로트(Heinrich Julius von Klaproth)는 1831년에 발표한 논문「옴 마니 빠드메 홈의 기원에 대한 설명」(Explication et origine de la formule Bouddhique OM MAṆI PADMÈ HOÛM)에서 '빠드메'는 '빠드마'(연꽃)의 위치격이므로 이 말은 "오! 보석은 연꽃 속에 있나니, 아멘"을 뜻한다고 설명했다. "이처럼 확실한 의미에도 불구하고 티베트와 몽골의 불교도들은 진언의 각 음절에 담긴 신비한 의미를 찾으려 든다. 심지어는 이 진언에 대해 온갖 기상천외한 설명을 해놓은 책들도 있다."[16] 클라프로트는 논문의 뒷부분에서 진언의 의미가 관세음보살(Avalokiteśvara)이 연꽃에서 태어났다는 전설에서 온 것이라고 설명한다. 진언에 대한 다른 모든 설명들은 들어봐야 아무런 소용도 없는데 그것은 "이들이 진언을 이루는 산스크리트어 단어들의 의미를 따지는 대신 신비주의적인 내용만 담고 있기 때문이다." 클라프로트는 만일 이 진언이 인도에서 발견된다면 아마 시바신을 숭배하는 사람들 사이에서 쓰일 것이고 "오, 링감(남근)은 요니(여음) 속에 있나니, 아멘"[17]을 뜻할 것이라고 추측했다. 한편 W. 쇼트(W. Schott)도 1844년에 발표한 논문「아시아 북부와 중국의 불교에 관하여」(Über den Buddhaismus in Hochasien und in China)에서 진언이 "오, 연꽃 속의 보석"[18]을 의미한다는 클라프로트의 의견에 동조했다. 그는 천주교에서 발행한 학술서『티베트 문자』(*Alphabetum Tibetanum*) (이 학술서는 뒤에서 좀더 자세히 다룰 것이다)의 저자가 '빠드마'를 위치격 대신 호격으로 설명한 것은 산스크리트어에 대한 지식이 없었기 때문이라고 설명했다.[19] 또 쾨펜은 1859년에 펴낸 『라마교의 계급 제도와 교단』에서 다음과 같은 결론을 내렸다. "그저 단 한번 입 밖에 내는 것만으로도 헤아릴 수 없는 축복을 가져다준다는 이 네 단어는 '오! 연꽃 속의 보석! 아멘!'이라는 뜻 이상도 이하도 아니다."[20] 에밀 슐라긴트바이트(Emil Schlagintweit)가 『티베트의 불교』(Buddhism in Tibet: Illustrated by Literary Documents and Objects of Religious Worship with an Account of the Buddhist Systems preceding It in India)를 펴낸 1863년경에 와서는 학자들이 진언의 의미에 대해 의견의 일치를 이룬 것으로 보인다. 슐라긴트바이트는 진언에 대해 다음과 같이 썼다. "그러나 이 진언의 진정한 의미는 오랫동안 베일에 싸여 있다가 최근에 이루어진 연구를 통해서야 밝혀지게 되었다. 그 의미는 "오, 연꽃 속의 보석이여, 아멘"[21]이다.

이때부터 학문적인 권위에 힘입어 보석은 연꽃 속에 자리를 더 굳건히 지키게 되었고 좀더 대중적인 책들에도 이러한 해석이 실리기 시작했다. 빈첸시오회 선교사였던 위끄와 가베는 『타타르, 티베트, 중국 여행기: 1844-1846』(Travels in Tartary, Thibet, and China: 1844-1846)에서 진언의 의미는 "오, 연꽃 속의 보석이여, 아멘"이며 이를 풀어쓰면 "오, 완전한 경지에 이르고 부처님께 귀의할 수 있기를, 아멘"이라는 뜻이 된다고 설명했다.[22] 그러나 종종 이와 다른 의견도 있었다. '페르시아, 부하라, 카슈미르 지역의 유대인들과 이슬람교도들'을 대상으로 선교활동을 벌인 조지프 울프(Joseph

Wolff) 목사는 '마니'와 '뻬메'가 티베트불교 선지자들의 이름이므로 이 진언에서 마니교의 흔적을 엿볼 수 있다고 주장했다.[23] 한편 영국군 제48연대의 대장이었던 윌리엄 헨리 나이트(William Henry Knight)는 1863년에 『카슈미르와 티베트 여행기』(*Diary of a Pedestrian in Cashmere and Tibet*)라는 제목의 책을 펴냈다. 이 책에 실린 내용에 따르면 그는 진언의 뜻을 알아내는 데 번번이 실패해 결국 라다크의 헤미스에 있는 사원에 가서 마니차에 들어 있는 경전을 몰래 빼내기까지 했다. 그는 이 책의 부록을 전부 할애해 진언의 의미와 정확한 발음에 대해 설명했는데 놀랍게도 티베트인들은 그 의미나 정확한 발음을 전혀 모르고 있는 것처럼 보였다(한 뚱뚱한 라마만이 그에게 진언이 곧 '최상의 존재'를 의미한다고 알려주었다).

라마들은 이 놀라운 단어들에 엄청난 가르침이 담겨 있다고 믿는다. 그리고 지위가 높은 승려들은 어쩌면 이들의 유래를 알고 있을지도 모른다. 그러나 대다수의 티베트인들은 진언의 정확한 발음과 유래만 알고 있어도 자연스럽게 추측할 수 있는 신비적 의미와 전설적 역사에 대해서는 전혀 모르고 있다. 따라서 그들은 이 전능한 문장—"오, 연꽃 속의 보석이여, 아멘!"—에서 얻을 수 있는 크나큰 위안을 놓치고 있는 셈이다.[24]

한편, 블라바쯔끼 여사는 1877년에 출간한 『이시스의 정체』에서 다음과 같이 설명한다. "옴(삼위일체를 나타내는 신비스러운 산스크리트어 단어), 마니(성스러운 보석), 빠드메(연꽃 속에, '빠드마'

는 연꽃을 뜻한다), 훔(그럴지어다). 이 여섯 음절은 부처(고타마 붓다가 아니라 관념적인 신)에게서 나오는 자연의 여섯가지 힘에 해당한다. 여기서 부처는 일곱번째 존재요, 모든 것의 처음과 끝이다."[25] 영국의 빅토리아 여왕은 계관시인 테니슨(Tennyson)이 작고한 뒤 에드윈 아놀드를 차기 계관시인 후보로 지명했다. 에드윈 아놀드는 『아시아의 빛』(1879)에서 붓다의 생애를 시로 표현해낸 저명한 시인이다. 그러나 앨프리드 오스틴(Alfred Austin)을 밀어주던 영국 수상 글래드스턴(Gladstone)은 이 지명에 반대했고 에드윈 경은 결국 기사작위를 받는 데 만족해야 했다. 그가 쓴 시에 비록 티베트에 대한 언급은 나오지 않지만 마지막 구절은 이 유명한 진언으로 끝난다.

> 연꽃에 이슬이 맺혔네! 떠라, 태양아!
> 내 잎을 들어올려 나를 물결 속으로 밀어넣어다오.
> 옴 마니 빠드메 훔, 아침 해가 떠오른다!
> 이슬은 빛나는 바다 속으로 미끄러져 들어간다![26]

한편, 모라비아교 선교사 H. A. 예슈케(H. A. Jäschke)는 1882년에 펴낸 『티베트어-영어 사전』에서 표제어 '옴' 아래에 이 진언에 대한 자세한 설명을 실었다. 그는 이 진언을 "오, 연꽃 속의 보석아, 훔!"이라고 해석하면서 쾨펜에 대해 언급했다.

설령 이 여섯 음절의 진언에 제대로 된 의미가 있다 해도 티베트인들은 그에 대해 전혀 모르고 있다. 실제로 이 기도문은 대중들이 쉽게 외우고 자주 암송하는 것만으로도 종교적 욕구를 채울 수 있도록 일부 약삭빠른 승려들이 만들어낸 것일지 모른다. 따라서 이 진언에 분명한 의미 따위는 없을 수도 있지만 대중은 진언의 효험에 대해서만은 굳게 믿고 있다. 이들의 종교생활이란 의식과 의례를 거행하고 극진한 숭배의 대상인 라마에게 공물을 갖다바치는 것이다. (…) 이제껏 옴마니빠드메훔의 의미를 밝히고 더 깊은 뜻이나 감춰진 지혜를 찾아내려는 많은 시도가 있었지만 결국 성공을 거두지 못했다. 가장 단순하면서도 널리 알려진 설명은 순전히 외적인 요소만 고려한 것으로 이 진언이 여섯 음절의 산스크리트어 단어로 이루어져 있으므로 신실한 불교도가 이 진언을 읊으면 각 음절이 '환생의 육도'에 복을 가져다준다는 해석이다.[27]

예슈케는 이 진언이 시바신 숭배에서 유래했고 성적인 의미("요니 속의 링감은 복이 있나니! 아멘!")를 담고 있다는 쾨펜의 추측(쾨펜이 종교에 대해 비판적인 입장을 취했기 때문인지는 몰라도 예슈케는 그의 이름을 정확히 밝히지 않는다)을 반박하면서 이러한 해석은 "박식한 저자에게서 나온 기발한 발상에 지나지 않는다"라고 주장했다.

진언의 의미는 19세기 말부터 저만의 생명력을 갖게 되었다. 이에 따라 티베트를 여행한 적 없는 작가들뿐만 아니라 (블라바쯔끼 여사와는 달리) 티베트를 여행했다고 주장한 적조차 없는 작가들까지 자신의 글에 진언을 가져다 쓰게 되었다. 일례로 매리 애그니스 팅커(Mary Agnes Tincker)는 1883년에 『연꽃 속의 보석』(The Jewel in the Lotos)이라는 소설을 펴냈다. 소설의 배경은 이딸리아이고 책 속에 불교나 티베트에 관한 내용은 나오지 않는다. 소설의 결말에서 주인공은 기독교가 로마교황청의 구속에서 벗어나 새롭게 부활하는 환상을 보게 된다. "영원한 시간을 상징하는 신비로운 연꽃이 그의 눈앞에 어른거렸고 그는 겹겹의 세월 속에 감춰진 태평성대를 어렴풋이 볼 수 있었다."28)

한편, 필란지 다사(Philangi Dasa)는 1887년에 펴낸 『불교도 스베덴보리: 스베덴보리의 고차원적 신비설, 그 비밀과 티베트 기원론』(Swedenborg the Buddhist: The Higher Swedenborgianism, Its Secrets and Thibetan Origin)에서 진언의 의미를 "신비로운 삼위일체! 연꽃 속의 신성한 보석! 아멘"이라고 해석했다. 그는 이어서 다음과 같이 덧붙였다. "여섯 음절의 호흡음은 일곱번째 존재에게서 흘러나오는 자연의 여섯가지 힘에 해당한다. 따라서 전체 문장을 풀이해보면 '하나의 생명은 심장 한가운데 있다'라는 뜻이다."29)

인도와 티베트를 연구하는 학자들도 계속해서 이 진언을 '연꽃 속의 보석'으로 해석했다. 옥스퍼드대학교의 산스크리트학과 교수였던 모니어-윌리엄스 경은 1888년에 '불교와 브라만교의 연관성과 불교와 기독교의 차이점'이라는 제목으로 강연을 했는데 여기서 진언의 의미를 "옴! 연꽃 속의 보석이여! 훔!"으로 풀이했다. 그는 이 강연의 내용을 담은 책에서 다음과 같이 말했다. "이 진언에는 분명 비술적 의미가 담겨 있을 것이다. 진언을 외우는 사람은 자기도 모르는 사이에 우주에 존재하는 자연발생적인 힘에 경의를 표하고 있는 셈이다." 그는 이 구절에 다음과 같은 주석을 달았다. "'마니'는 남성의 성기에 붙여진 이름이다. 한편 여성의 성기는 고대 인도의 성애론서(카마수트라)에서 연꽃에 비유된다. 티베트불교는 시바신 숭배와 분명한 관련이 있으므로 이 진언에도 남근을 상징하는 의미가 담겨 있을 것이다."[30] 윌리엄 씸슨(William Simpson)은 『불교의 마니차』(The Buddhist Praying-Wheel, 1896)에서 모니어-윌리엄스가 쓴 이 구절을 인용하면서 다음과 같이 덧붙였다. "이제 이 유명한 여섯 음절의 진언이 왜 그토록 신비롭고 놀라운 힘을 지녔다고 믿어지는지 이해가 갈 것이다."[31]

워델은 1895년에 펴낸 『티베트불교 또는 라마교』에서 진언을 다음과 같이 해석했다. "라마교에서 가장 많이 쓰이는 신비로운 주문은 '옴-마-니-파드-메훔'이다. 이 주문을 문자 그대로 해석하면 '옴! 연꽃 속의 보석이여! 훔!'이라는 뜻이다. 이것은 부처와 마찬가지로 연꽃 속에 앉아 있거나 서 있는 모습으로 그려지는 보살 빠드마빠니를 향한 기도다."[32] 워델은 영허즈번드 원정대의 이야기를 다룬 또다른 책에서 진언의 의미를 "만세! 연꽃 속의 보석(달라이 라마)이여!"와 "만세! 연꽃 속의 보석(자비의 신)이여!"로 옮겼다.[33] 1901년부터 티베트 국경에서 '중국내륙선교회'(China Inland Mission) 활동을 한 호주 선교사 J. 휴스턴 에드거(J. Huston Edgar)는 워델의 책을 읽어보지 못했는지 진언이 "티베트어로 아무런 의미도 없고" "사람, 악령, 짐승, 신을 향한 것이 아니라고" 설명했다.[34] 공려회(기독교 교회의 청년들이 전도와 봉사를 하기 위해 1881년에 교파를 초월하여 설립한 단체, 영문명은 the United Society of Christian Endeavor ― 옮긴이)에서 1901년에 발간한 책인 『티베트에서의 모험』(Adventures in Tibet)을 쓴 윌리엄 캐리(William Carey)는 여기에 대해 조심스럽게 반대의견을 제시했다.

이 진언의 뜻을 물었을 때 제대로 답하는 티베트 사람은 아무도 없다. 그러나 그들은 진언의 효험에 대해서만은 놀라운 믿음을 가지고 있다. 그들은 틈날 때마다 이것을 읽고 쓰고, 되풀이해서 말하며, 마니차를 돌린다. 이 진언을 문자 그대로 해석하면 '오 연꽃 속의 보석이여! 오!'라는 뜻이다. 그러나 누구를 향해서 이 진언을 읊는지, 또 한낱 단순한 말 속에 어떻게 그토록 놀라운 신성과 공덕을 쌓이게 하는 힘이 담겨 있는지는 수수께끼로 남아 있다. 오늘날 티베트인들이 이 진언에 대해 곰곰이 생각해본다면 이것이 관세음보살(아바로키타)에게 드리는 기도라고 답할지도 모른다. 관세음보살은 항상 연꽃 위에 앉아 있는 모습으로 그려지며, 그의 화신인 달라이 라마의 티베트어 이름, '갤와 린뽀체'는 "폐하의 고귀한 보석"을 뜻하기 때문이다.[35]

S. E. 브래디(S. E. Brady)의 단편 소설 「연꽃 속의 보석」(The Jewel in the Lotus, 1905)에는 속세를 떠나길 갈망하면서도 삶에 대한 집착을 버리지 못하는 한 승려가 나오는데 그는 다음과 같은 교훈을 얻는다. "그는 빠른 속도로 마니차를 돌렸다. 그러자 굶주린 그의 영혼이 다음과 같이 속삭였다. '오, 완전한 존재여! 이제야 깨달았습니

다. 연꽃 속의 보석! 그건 바로 사랑입니다. 이제야 알겠습니다.'"[36]

이처럼 '연꽃 속의 보석'은 수십년 동안 각종 여행담과 소설 속에서 조금씩 변형된 모습으로 나타났다. 그러다 20세기 초에 이르러 다시 한번 학자들이 이에 대한 의견을 내놓았는데 이것은 기존의 해석에 별다른 영향을 끼치지 못했다. F. W. 토머스(F. W. Thomas)는 1906년 『왕립아시아학회 저널』(Journal of the Royal Asiatic Society)에 실은 논문에서 주석을 통해 다음과 같이 이야기했다. "나로서는 '마니빠드메'가 한 단어라는 (…) 호지슨의 견해와 굳이 의견을 달리해야 할 이유를 찾을 수 없다. 마니빠드메는 여성 보살인 타라(Tārā)를 부르는 호격으로 봐야 하지 않을까?"[37] 마찬가지로 모라비아교 선교사였던 A. H. 프랑케(A. H. Francke)는 1915년에 쓴 논문에서 마니빠드메를 '보석-연꽃'이 합쳐진 합성명사로 보아야 하며 위치격(연꽃 속의 보석)보다는 호격(오, 보석 연꽃이여)으로 해석해야 한다고 설명했다.

이제껏 이 진언은 대부분 "오, 연꽃 속의 보석이여!"라는 뜻으로 해석되어왔다. 이 같이 해석되려면 '빠드메'(padme)는 '연꽃'을 뜻하는 '빠드마'(padma)의 위치격이어야 한다. 그러나 인도관할청의 F. W. 토머스 박사가 최초로 발견해낸 사실에 따르면 빠드메의 '-ㅔ'(e)는 단모음 '-ㅏ'(a)로 끝나는 남성명사의 위치격이 아니라 장모음 '-ㅏ'(ā)로 끝나는 여성명사의 호격이다. 또한 이 진언과 다른 두 진언 사이의 연관성을 보면 '마니빠드메'(maṇipadme)가 여신 '마니빠드마'(Maṇipadmā)의 호격임을 알 수 있다. '보석-연꽃의 신'으로 불리는 여신 마니빠드마(Maṇipadmā)는 남신 마니빠드마(Maṇipadma)의 샤크티(śakti), 즉 여성체에 해당한다. 또 남신 마니빠드마는 빠드마빠니(Padmapāṇi)나 아발로키테쉬바라(Avalokiteśvara)와 동일한 신으로 보인다.[38]

그러나 이 시기에 이르러 연꽃과 보석은 이미 떼려야 뗄 수 없는 관계가 되었으므로 티베트에서 오랜 시간을 보낸 사람들조차(티베트인을 포함하여) 진언을 이 같은 뜻으로 해석했다. 티베트인이면서 기독교를 믿었던 폴 셰랍(Paul Sherap)은 G. A. 콤(G. A. Combe)이 1926년에 편집 출간한 책『티베트인, 티베트를 말하다』(*A Tibetan on Tibet*, 1926)에서 진언이 "오, 연꽃 속의 보석이여"[39]를 뜻한다고 설명했다. 또 티베트에서 15년 동안 살았던 영국무역청 관료 데이비드 맥도널드(David Macdonald)도 1929년에 출간한 회고록『라마의 나라: 극과 극의 나라, 그 척박한 자연 환경 속에 살아가는 활기차고 태평한 사람들과 그들의 진기한 관습에 대한 묘사: 그들의 종교, 생활방식, 교역 및 사회생활』(*The Land of the Lama: A Description of a Country of Contrasts & of Its Cheerful, Happy-Go-Lucky People of Hardy Nature & Curious Customs: Their Religion, Ways of Living, Trade & Social Life*)에서 진언이 "만세! 연꽃 속의 보석이여!"[40]를 뜻한다고 설명했다. 1935년부터 1945년까지 씨킴, 부탄, 티베트에서 근무한 영국 관료 바질 굴드 경(Sir Basil Gould)은 자신의 회고록에『연꽃 속의 보석』이라는 제목을 붙인 뒤 다음과 같은 설명을 내놓았다. "이 제목은 티베트불교의 신비로운 진언 '옴 마니 빠드메 훔'의 핵심을 이루는 두 단어를 번역한 것이다. 내가 근무했던 인도와 파키스탄의 국경 근처에서는 종교가 지역주민들의 일상에서 가장 큰 부분을 차지했다. 나는 그들 중에서도 앉으나 서나 연꽃 속의 보석만 생각하는 사람들에게 가장 큰 친근감을 느꼈고 내 책에도 이 같은 제목을 붙이게 되었다."[41]

1940년에 동티베트를 여행한 프랑스 출신의 탐험가 앙드레 기보는 '세월이 흐르면서' 진언의 의미가 '잊혀졌고' 현재 남아 있는 진언은 원시세계의 잔존물로 보는 것이 가장 적합하다고 주장했다. "이것은 틀림없이 보이지 않는 세계, 우리에게 알려지지 않은 초자연적 존재들로 가득 찬 세계를 불러내는 주문이다. 하늘을 향해 우뚝 솟은 티베트 고원만큼 초창기 인류가 느꼈던 공포를 그대로 되살려내는 곳은 없다."[42] 한편 산악인 마코 팰리스는 1949년에 펴낸 『설산과 라마』(Peaks and Lamas)에서 진언을 철학적으로 해석하려 했다.

마니는 '보석'을 뜻하므로 귀중한 가르침을 의미한다고 볼 수 있다. 한편 빠드메는 '연꽃 속에'라는 뜻이다. 따라서 이 단어는 부처의 가르침(보석)을 소중히 여기는 세상을 가리킬 수도 있고, 지식과 현실 인식과 깨달음이 명칭은 다 달라도 결국 하나라는 사실을 알 만큼 심오한 정신의 소유자를 가리킬 수도 있다. 아니면 연꽃은 일반적으로 신이나 성자들이 앉는 옥좌를 상징하므로 보석과 같이 귀중한 가르침에 신성을 부여한 것일 수도 있다.[43]

1950년, 티베트에서 중국군대에게 붙잡혔던 영국인 선교사 제프리 T. 불(Geoffrey T. Bull)은 자신의 회고록 『철문이 열릴 때』(*When Iron Gates Yield*)에서 진언이 적혀 있는 마니석에 대해 묘사했다. "마니석은 불교의 신비스러운 진언인 '옴 마니 빠드메 옴'이 새겨져 있는 돌이다. 우리에게는 아무런 의미도 없어 보이는 이 진언은 티베트인들이 가장 귀하게 여기는 말이다. 진언의 일반적인 의미는 '오, 연꽃 한가운데 보석이 있나니'로 알려져 있다. 그러나 한 라마가 나에게 해준 이야기에 따르면 라마교의 가르침을 전하는 자들 중에는 이 진언의 내용을 가지고 세달씩 강의를 하는 사람도 있다고 한다."[44] 크리스마스 험프리스는 1951년에 펴낸 유명한 저작 『불교』에서 진언의 표면적 의미는 "'연꽃 속의 보석 만세'이지만 그 안에 숨겨진 의미는 곧 우주의 의미"라고 설명했다.[45] 앞서 3장에서 살펴본 T. 롭상 람파는 1956년에 출간한 『제3의 눈』에서 다음과 같이 말했다. "라마교의 기도문은 "옴마니빠드메훔!"이다. 이를 문자 그대로 옮기면 "연꽃 속의 보석 만세!"라는 뜻이지만 입문자들은 이 진언의 진정한 의미가 "인간의 초자아 만세!"라는 사실을 알고 있다." 앨런 에드워즈(Allen Edwardes)는 1959년에 『연꽃 속의 보석』이라는 제목으로 '동양의 성관습을 역사적으로 조망한 책'을 펴냈다. 이 책의 상당부분은 힌두교도들과 이슬람교도들의 성행위와 도착행위를 다루고 있으며 첫 장에는 "옴! 무니 뿌드메 훔. 만세! 연꽃 속의 보석이여"라는 문장이 나온다. 또 힌두교 여신 칼리의 추종자들이 치르는 비밀의식에 대한 설명도 실려 있다.

1857년 5월, 인도 베나레스에서는 슈테-푸자(Shukteh-Poojah)라는 비밀의식이 열렸다. 이 의식의 목적은 링감-요니를 달래고 동인도회사를 물리칠 힘을 얻는 것이었다. 의식에 참여한 사람들은 극도의 흥분상태에 달했고 고대 의식에서처럼 인간을 제물로 바쳤다. (…)

애절한 노랫소리가 울려퍼지다 점차 잦아들었다. 이윽고 쓸쓸한 통곡소리가 메아리쳐 들려왔다. "옴! 무니 뿌드메 훔—옴! 무니 뿌드메 훔—옴! 무니 뿌드메 훔—!"[46]

라마 고빈다가 1960년에 펴낸 『위대한 진언 옴 마니 빠드메 훔의 밀교적 가르침에 따른 티베트 신비주의의 기초』는 진언의 의미를 밝히려는 목적으로 쓰인 책이다. 그러나 이 책은 이 같은 제목에도 불구하고 티베트경전을 근거로 하지 않고 『우파니샤드』, 스와미 비베카난다(Swami Vivekananda), 아서 애벌론, 알렉상드라 다비드-넬의 책, 그리고 특별히 에번스-웬츠의 4부작을 참고로 했다. 고빈다는 이 진언이 간단히 해석하고 넘기기에는 너무 심오한 의미를 지니고 있다고 보았다. 그는 각 장에서 '옴'과 '마니'와 '빠드메'와 '훔'에 대해 설명하면서 이들을 네 명의 '드야니불(Dhyāni Buddhas)' (브라이언 호지슨이 지어낸 명칭으로 불교경전에는 나오지 않는다)과 연결시켰다. 그러나 드야니불은 원래 다섯명이므로 고빈다는 진언의 네 단어를 하나로 합친 전체의 의미를 마지막 드야니불인 아모가시디(Amoghasiddhi)와 연관지어 설명했다.

옴은 보편성의 길, 마니는 모든 존재의 화합과 평등의 길, 빠드마는 눈앞에 펼쳐지는 환상의 길, 훔은 통합의 길을 상징한다. 그리고 이들 뒤에는 이들을 실현시켜주는 신비한 영적 능력(산스크리트어로는 '싯디'siddhi라 불린다)이 있다. 이 불가사의한 힘은 우리를 선택된 길로 이끌어줄 뿐 아니라 우리가 목표하는 모습에 가까워질 수 있도록 우리를 변화시켜준다.[47]

라마 고빈다의 현란한 해석이 다른 저자들에게도 영감을 주었는지 1960년대와 1970년대에는 더욱 복잡한 설명들이 쏟아져나왔다. W. E. 개릿(W. E. Garrett)은 1963년 5월, 차분하다 못해 고루한 잡지 『내셔널 지오그래픽』(National Geographic)에 「머나먼 라다크 산꼭대기의 전쟁」이라는 제목의 기사를 실었다. 그는 이 기사에서 다음과 같은 해석을 들려주었다. "옴—제가 보편성의 길을 걸을 수 있게 해주십시오, 마니—죽지 않는 저의 영혼이 보석 같은 빛을 발할 수 있도록, 빠드메—깨어 있는 의식의 가장 깊은 곳(연꽃)에서 펼쳐져, 훔—온갖 속박과 지평에서 벗어나는 환희를 누리게 해주십시오."[48] 제2차 세계대전이 일어나기 전 몇년간 티베트 암도 지방에 머물렀던 선교사 겸 인류학자 로버트 에크볼(Robert Ekvall)은 이 진언을 호격과 위치격으로 해석했다. "티베트에서는 벙어리나 천치를 제외한 모든 사람이 이 진언을 읊고 다닌다고 해도 과언이 아니다. 그러나 진언의 의미를 정확하게 아는 사람은 아무도 없다. 널리 알려진 해석에 따르면 이 진언은 연꽃 속의 보석, 즉, 환생한 부처를 부르는 (…) 호격이다."[49] 1943년 11월 30일, 자신이 탄 비행기가 티베트에 불시착하는 사건을 겪은 한 미국공군은 이 일화를 바탕으로 1965년에 책을 펴냈고 이 책에서 진언의 다양한 의미를 소개했다. 그는 진언의 의미를 열댓개 정도 나열하면서 "옴 마니 빠드메 훔의 의미는 수백만명에 달하는 티베트인들의 마음만큼이나 다양하다"[50)]라는 결론을 내렸다. 한편, 라마 고빈다는 『티베트 신비주의의 기초』에서 책 전반에 걸쳐 진언의 의미만 집중적으로 다룬 것으로도 모자라 1966년에 펴낸 『흰 구름의 길』에서 또다른 해석을 들려주었다. 그는 이것이 마치 겔룩빠 승려, 도모 게셰 린뽀체의 해석인 것처럼 설명했다.

> 우리가 그(부처)를 마음속 가장 깊은 곳에서 빛나는 빛으로 의식하는 순간, 옴 마니 빠드메 훔의 의미가 드러난다. 이는 '연꽃'(빠드마)이 곧 우리의 마음이고 그 속에 '보석'(마니), 즉, 부처가 들어 있기 때문이다. 한편 옴과 훔은 우주의 가장 높고 깊은 차원과 모든 현상과 경험을 의미한다. 우리는 부처와 같이 무한한 사랑과 자비로 이들을 아울러야 한다.[51)]

한편, 저명한 중국종교 연구가인 존 블로펠드(John Blofeld)가 1970년에 펴낸 『티베트의 탄트라 신비주의』(*The Tantric Mysticism of Tibet*)를 보면 신(新)베단타 학파적 경향을 띤 해설이 나온다.

> 다른 모든 진언과 마찬가지로 이 진언도 '옴'으로 시작된다. 옴(Om)은 소리의 완전성, 나아가 존재의 완전성을 상징한다. 이

소리는 원래 옴(Aum)이라 표기되며 목구멍 뒤쪽에서 나와서 입술에서 끝나는 소리다. 옴은 신비로운 속성을 가진 소리들 중에서도 가장 중요한 음이다. 이것을 '오'나 '만세'로 번역한 사람들은 그 의미와 기능을 잘못 이해한 것이다. 옴(Aum)에서 'A'는 외부 세계에 대한 자각을, 'U'는 우리의 마음속에서 일어나는 일에 대한 자각을, 'M'은 공(空)의 완전무결한 비움에 대한 자각을 뜻한다.

다음 음절인 '마니'는 보석을 의미한다. 이것은 완전히 비어 있으면서 세상의 그 어떤 물질보다 견고해 손상을 입지도 않고 변형되지도 않는 비물질, 금강저(Vajra, 바즈라)를 가리킨다. 또 마니는 마음속의 가장 고귀한 가치, 즉, 의식을 겹겹이 둘러싼 안개를 헤쳐내면 그곳에 자리 잡고 있는 완전한 공(空)을 상징한다.

'빠드마'(빠드메는 이 단어의 호격이다)는 원래 연꽃을 뜻한다. 이것은 마침내 마니에 도달한 영적 개화(開花)상태를 가리킨다.

'훔'은 '옴'처럼 번역이 불가능한 단어다. 옴이 무한(無限)이라면 훔은 유한(有限) 속의 무한이다. 그러므로 언젠가 얻게 될 깨우침, 공(空)이 아닌 것 속의 공(空), 마음(mind)의 모양을 본뜬 마음(Mind), 조건 속의 무조건, 순간 속의 영원, 짙음 속의 희미함 등을 나타낸다. 훔이야말로 금강승(Vajrayana, 바즈라야나)의 핵심적인 가르침을 담고 있는 음절인데 이 가르침은 바로 공(空)이 아닌 것으로 둘러싸인 공(空)의 진리다.

그러나 옴과 훔은 그저 단순한 상징이 아니다. 이들은 제대로 쓰이기만 하면 인간의 의식을 깨워 말로 표현할 수 없는 진리를 직관적으로 깨닫게 해준다. 진언의 핵심을 이루는 보석과 연꽃, 즉, 마니 빠드메는 표면적으로만 봐도 여러 보완적인 의미를 갖는다. 예를 들어 연꽃은 불교의 법(法, dharma, 다르마)을, 보석은 자유에 이르게 하는 진리를 뜻한다. 또 연꽃은 형체가 있는 세계이고 보석은 형체가 없는 세계, 혹은 형체에 스며든 현실 등을 뜻한다.[52]

1970년대에 이르러 이 진언은 19세기 말에 그랬던 것처럼 티베트를 떠나 이곳저곳을 떠돌았고 영적 세계를 추구하는 다양한 사람들의 글에 등장했다. 영국의 신비단체 '화이트 이글 로지'(White Eagle Lodge)의 창시자 그레이스 쿡(Grace Cooke)은 창조적인 명상을 다룬 『연꽃 속의 보석』(1973)에서 다음과 같이 말했다. "그리스도의 성령은 백합 속에 빛나는 보석이고, 연꽃 속의 보석이며, 우리 마음 속의 보석이다."[53] 영국의 신지론자 더글러스 베이커(Douglas Baker)는 1974년 총 일곱권에 달하는 『고대 지혜의 일곱 기둥: 요가와 신비과학과 심리학의 통합』(Seven Pillars of Ancient Wisdom: The Synthesis of Yoga, Esoteric Science, Psychology) 가운데 제1권을 펴냈다. 1권의 제목은 『연꽃 속의 보석』이고 생물뿐만 아니라 무생물도 생명을 갖고 있다는 만물유생론을 다루었다. 이 책에는 비록 티베트나 '옴 마니 빠드메 훔'에 대한 내용은 나오지 않지만 세번째 입문식 후 "머리 부위에 있는 세개의 차크라(신체에서 기가 모이는 부위—옮긴이)가 서로 직각을 이루면서 (…) 중앙에 세계의 변치 않는 원자가 있는 암꽃술 모양, 즉 연꽃 속의 보석이 만들어진다"[54]라는 설명을 볼 수 있다. 한편 1983년에 나온 또다른 『연꽃 속의 보석』은 힌두교, 이슬람교, 불교경전뿐만 아니라 블라바쯔끼 여사, 발자끄, 블레이크, 부버, 단테, 디킨슨(Dickinson), 지브란(Gibran), 모차르트(Mozart), 플로티누스, 릴케, 스피노자(Spinoza), 타고르 등 예술가, 작가, 사상가의 글에서 648개의 구절을 모아놓은 책이다. 이 책의 편집자는 서문에 다음과 같은 설명을 실었다.

『연꽃 속의 보석』은 현재와 미래의 모든 경신박애주의자(theophilanthropists, 1796년에 프랑스에서 생긴 이신론理神論적 종교—옮긴이)들이 정기적으로 참고할 수 있도록 만들어진 책이다. 이 독자들은 이미 열쇠를 건네받은 셈이다. 이 책에 담긴 주문, 기도, 예언은 전세계를 위해 미래의 문명을 찾아나선 용감한 무명의 개척자들, 즉, 물병자리 시대(1960년대에 시작해서 2000년간 지속된다는 새로운 자유의 시대—옮긴이)의 신비한 새벽을 맞이하여 씨앗을 뿌리는 숭고한 자들에게 바치는 것이다.[55]

아난다 공동체(Ananda World-Brotherhood Village)의 창시자이자 영적 지도자인 도널드 월터스(Donald Walters, 그는 '스와미 크리야난다'로도 불린다)는 1993년에 『연꽃 속의 보석』이라는 제목으로 자신의 스승 요가난다(Yogananda)에 대한 단막극을 썼다. 각본에는 불교나 티베트에 대한 내용은 없지만 다음과 같은 대사가 등장한다. "우리는 산꼭대기 밑에 살면서도 연꽃산 위에 바로 우리가 그토록 소원하던 보석이 살고 있다는 사실을 전혀 모르고 있었다. 우리는 어쩌면 이 사실을 영원히 모른 채 살아갔을 수도 있다."56) 한편 바하이교(모든 인류와 종교는 결국 하나이므로 평화롭게 살아야 한다는 가르침─옮긴이)는 자신들의 종교를 홍보하는 영상물에「연꽃 속의 보석」이라는 제목을 붙였다.

1959년에 시작된 티베트 디아스포라 이래로 인류학자들은 네팔에 거주하는 티베트 민족과 그들의 종교에 새로운 관심을 갖게 되었다. 1981년, 셰르파(티베트계 네팔인)를 연구한 인류학자 로버트 폴(Robert Paul)은 이들이 진언의 의미가 연꽃 속의 보석이라는 사실은 모르고 있지만 "단어의 어미변화를 보고 마니가 뻬마 속에 있다"라는 뜻 정도는 알고 있다고 주장했다. 그는 '-음' 소리가 어린 아기가 어머니의 젖을 빨 때 내는 소리를 재현한 것이라고 보았다. 또 옴과 훔(그는 티베트인들이 이 음절을 '훙'으로 발음한다는 사실을 몰랐던 것으로 보인다)이 어머니의 젖을 먹던 기억을 불러일으키므로 여기에 특별한 힘이 담겨 있다고 설명했다. 한편 그는 마니의 'ㅁ'자는 어머니와, 빠드마의 'ㅃ'자는 아버지와 관련되어 있다고 보았다. 그러나 이러한 해석이 봉착한 문제는 진언을 '연꽃 속의 보석'으로 해석했을 때 'ㅁ'자로 시작하는 단어(마니)는 남성의 성기와, 'ㅃ'자로 시작하는 단어(빠드마)는 여성의 성기와 관련되어 있다는 점이다. 따라서 로버트 폴은 이러한 모순을 해결하기 위해 이 진언이 어머니의 젖을 찾는 어린아이를 환기시키며 이는 곧 여성적인 마니가 남성적인 빠드마 속에 있다는 의미라고 설명했다. "여기서 어머니는 오이디푸스 단계 이전의 남근이 있는 양성적인 어머니로 여겨진다. 또 진언에 담긴 상징적인 의미는 '남근이 음문 안에 있다'가 아니라 '젖꼭지가 입 안에 있다'로 보아야 한다."[57]

로저 캐미네츠(Rodger Kamenetz)는 자신이 유대교에서 불교로 개종하게 된 이야기를 담은 『연꽃 속의 유대인』(*Jew in the Lotus*, 1994)의 용어 해설부분에서 진언에 대해 다음과 같이 설명했다. "산스크리트어 진언. 달라이 라마의 말에 따르면 '티베트의 국민적 진언'이라 할 수 있다. 진언의 의미는 '연꽃 속의 보석'이고 여기서 보석은 '깨달음에 대한 생각'을, 연꽃은 '마음'을 뜻한다." (달라이 라마가 진언에 대한 해석까지 제시하지는 않았던 모양이다.) 로버트 서먼은 메릴린 리(Marilyn Rhie)와 공동집필한 전시회 도록 『지혜와 자비』(*Wisdom and Compassion*)에 다음과 같은 글을 실었다. "티베트에서는 가는 곳마다 자비의 진언, 옴 마니 빠드메 훔('옴! 연꽃 속의 보석-자비와 지혜, 남성과 여성의 합일을 상징한다- 훔')이 적힌 마니석을 볼 수 있다."[58] 서먼은 최근에 와서 펴낸 『티베트불교의 근본사상』(*Essential Tibetan Buddhism*)에서 티베트에 대해 다음과 같이 적었다. "티베트는 신성한 진언, '옴 마니 빠드메 훔!'의 나라다. '오소서! 연꽃 속의 보석이여! 내 마음속으로!'"[59] 한편 볼프강 폰 에프라(Wolfgang von Effra)는 1996년에 펴낸 『타협하지 않는 티베트』(*Uncompromising Tibet*)에서 다음과 같이 말했다. "신앙심이 깊은 티베트인들은 이 진언을 외우면서 하루에 수십만개가 넘는 마니차를 돌린다. 널리 알려진 해석에 따르면 이 진언은 '오 신비로운 연꽃 속의 보석이여'라는 의미다. 그러나 또다른 해석인 '당신의 말과 몸과 영혼을 연꽃의 보석으로 축복하노니'야말로 진언의 진정한 의미를 드러낸다."[60]

오레곤 주의 퍼시픽 스피릿 사(Pacific Spirit Corporation)가 발행하는 우편주문 카탈로그 '미스틱 트레이더'(The Mystic Trader)에는 수정 구슬, 피라미드 모형, 밀랍 염색 티셔츠, 부메랑, 발리 가면, 불어서 쏘는 대나무 화살통, 미얀마에서 들여온 징 등 다양한 상품이 소개되어 있다. 이 카탈로그에는 진언이 새겨진 마니차와 마니석뿐만 아니라 마니차 귀걸이까지 판매한다고 적혀 있다. 카탈로그에 소개된 내용에 따르면 진언은 "연꽃 속의 보석에 엎드려 절합니다"라는 뜻이고 평화와 행운을 비는 기도다. 한편, "티베트에서 만든 옷, 민속품, 좋은 업(karma), 기타 등등!"을 판매하는 또다른 카탈로그 '지: 티베트 콜렉션'(dZi: The Tibet Collection)에는 마니석에 대한 광고가 실려 있다. 카탈로그에 적힌 내용에 따르면 진언은 "'연꽃 속의 보석 만세'라는 뜻이고 자비와 세상의 화합을 비는 기도다." 한편 인터넷상에는 '좋은 업을 원하면 여기를 누르세요'(Click Here for Good Karma)라는 제목의 웹싸이트가 있다. 이곳은 개인용 컴퓨터 안에 있는 하드디스크를 마니차로 바꾸어주는 사이트로, 언젠가 기술을 이용해 마니차를 돌리게 될 거라는 모니어-윌리엄스의 우려가 현실로 나타났음을 보여준다. 이 사이트에서 해당 아이콘을 누르면 '옴 마니 빠드메 훔'(여기에서는 그 의미가 '마음속 연꽃에 있는 보석'으로 풀이되어 있다)이 컴퓨터 하드드라이브에 복사된다.[61]

여기서 주목해야 할 점은 지금껏 살펴본 책들이 진언의 의미를

'연꽃 속의 보석'으로 해석하면서 단 한번도 티베트어 문헌을 인용하지 않았다는 것이다. 또 19세기 초반에 유럽의 산스크리트어 학자들이 진언을 '연꽃 속의 보석'으로 번역한 후로는 이 같은 해석이 저만의 생명력을 갖고 널리 퍼지게 되었다. 실제로 이 진언을 다룬 티베트어 문헌은 많이 있지만 "진언은 그 의미보다 쓰임새가 훨씬 중요하다"[62]라는 앙드레 빠두(André Padoux)의 말을 증명이라도 하듯 의미에 관한 내용은 좀처럼 찾아볼 수 없다. 대신 티베트인들은 4~5세기에 쓰인 『까란다뷰하 경전』(Kāraṇḍavyūha Sūtra)에서 볼 수 있듯이 진언의 여섯 음절(진언은 티베트어로 '이게둑마' yi ge drug ma라 불리며 이는 '여섯 음절'이라는 뜻이다)을 불교 교리의 다른 여섯가지 요소들과 연결시키는 데 관심이 더 많았다. 이중에 가장 흔히 볼 수 있는 내용은 진언의 여섯 음절을 윤회의 육도(천도, 아수라도, 인간도, 축생도, 아귀도, 지옥도)와 연결시킨 것이다. 티베트인들은 진언의 각 음절을 읊으면 그 음절에 해당하는 영역에서 고통을 막을 수 있다고 믿는다.[63] (마코 팰리스는 『설산과 라마』에 다음과 같이 적었다. "현재 라마들 사이에 알려진 덜 심오한 해석은 진언의 여섯 음절을 윤회의 육도와 연결시키는 것이다.")[64] 한편 이 진언을 다룬 티베트 문헌들 중에 비교적 널리 알려진 『마니차의 은덕』(Maṇi 'khor lo'i phan yon)에는 다음과 같은 구절이 나온다.

마니차를 한번 돌리면 티베트어로 번역된 인도의 논서(bstan 'gyur, 뗀귤)를 한번 읽는 것과 같은 효과가 있다. 마니차를 두번 돌리면 정복자(부처)의 말을 한번 읽는 것이나 마찬가지다. 마니차를 세번 돌리면 몸과 말과 마음의 장애물을 없앨 수 있다. 마니차를 열번 돌리면 수미산에 맞먹는 죄가 씻어진다. 마니차를 백번 돌리면 야마(죽음의 신)와 같아진다. 마니차를 천번 돌리면 법신(法身, dharmakāya, 다르마카야)의 의미를 깨닫고 행복해진다. 마니차를 만번 돌리면 자기 자신뿐 아니라 다른 중생들의 행복까지 불러온다. 마니차를 십만번 돌리면 관세음보살의 수행원으로 다시 태어난다. 마니차를 천만번 돌리면 육도의 중생들이 행복의 바다에 이르게 된다.[65]

이 책의 그 어느 곳에서도 진언의 '의미'에 대한 설명은 찾아볼 수 없다. 최근에 와서 티베트인들이 진언의 의미를 풀이한 것은 주로 영미권 독자들을 위해서였다. 달라이 라마는 마니는 곧 자비이고, 빠드메는 곧 지혜라고 설명했다. 훔은 이 두가지의 화합을 상징한다. "이처럼, 옴 마니 빠드메 훔, 이 여섯 음절은 방편(보살이 중생을 구제하기 위해 쓰는 묘한 수단―옮긴이)과 지혜가 합쳐진 길을 걷다보면 때 묻은 우리의 말과 심신을 부처의 깨끗하고 고귀한 말과 심신으로 바꿀 수 있음을 의미한다."[66]

그러나 진언의 의미에 대한 설명이 티베트 문헌에 전혀 나오지 않는 것은 아니다. 최근 들어 일부 학자들은 진언의 뜻을 풀이한 문헌들을 소개했다. 예컨대 댄 마틴(Dan Martin)은 1987년에 쓴 논문에서 5대 달라이 라마 시대의 재상이었던 데시 상게 갸초(Sde srid Sangs rgya mtsho)의 17세기 저작에 대해 언급했다. 갸초의 책에는 여러개의 산스크리트어 진언이 실려 있는데 그중에 '옴 마니 빠드메 훔'은 "오, 보석(과) 연꽃을 가진 자여"(Kye nor bu padma can, 께놀부빼마첸)로 번역되어 있다.[67] 한편, 피터 페어하겐(Pieter Verhagen)은 9세기에 쓰인 것으로 추정되는 티베트어 문법서에서 이 진언이 호격의 예문으로 실린 것을 발견했다. 여기에 원문의 일부를 인용해보면 "옴은 다섯가지 지혜의 본질이므로 가장 앞에 나온다. 한편 진언의 마지막 음절은 '마음에 새긴다'는 의미의 훔이다. 이들 사이에 있는 단어들은 호격이다. 마니는 보석을 뜻하고 빠드메는 산스크리트어와 티베트어에서 (번역되지 않고) 똑같이 쓰인다. '보석-연꽃'은 경의를 표할 때 쓰는 말이다. (빠드메의) 메에서 '-ㅔ'는 '오, 보석 연꽃이여'에서처럼 대상을 부르는 호격 '오'를 뜻한다."[68]

따라서 진언을 정확하게 해석하면 기존에 알려진 대로 마니와 빠드메가 각기 다른 두 단어이고 후자가 위치격인 것이 아니라 티베트인들 사이에서 알려진 대로 마니빠드마(maṇipadmā)라는 합성명사에 보석-연꽃 신을 부르는 호격이 된다. 데이비드 스넬그로브는 1957년에 여기에 대해 다음과 같이 썼다. "이것이야말로 문제의 해답으로 보인다. 이렇게만 보면 굳이 합성명사를 쪼개서 '연꽃 속의 보석'으로 해석해야 할 이유가 없다. '연꽃 속의 보석'은 쉽게 다른 의미로 확장되곤 한다."[69]

그러나 학자들은 티베트에서 관세음보살이 남신임에도 불구하고 이 진언에서 여신을 뜻하는 여성형으로 쓰인 까닭이 무엇인지, 또 보석과 연꽃이 무슨 관계가 있는지에 대해서는 좀처럼 뚜렷한 결론을 내리지 못하고 있다. 페어하겐은 "보석의 연꽃을 지닌 (여신)" "보석과 연꽃을 지닌 (여신)" "보석 속에 연꽃을 지닌 (여신)"

"보석인 연꽃을 지닌 (여신)" 등 다양한 해석을 제시했다.[70] 한편 스텐 코노브(Sten Konow)는 일찍이 1925년에 『비하르와 오리사 아시아학회 저널』(*Journal of the Bihar and Orissa Asiatic Society*)에 발표한 논문에서 관세음보살과 관련된 가장 중요한 경전인 『까란다뷰하 경전』에 대해 이야기하면서 이 경전에서 언급된 만다라를 묘사했다. 이 만다라에서 여섯 음절의 지혜(ṣaḍakṣarī vidyā, 샤닥샤리 비드야)는 네 개의 팔이 달렸고 왼손에 붉은 연꽃, 오른손에 염주를 든 흰색 여신으로 그려진다. 코노브는 이 진언(또는 여기에 담긴 '지혜', 비드야)이 관세음보살의 샤크티(그는 불교경전에서 쓰이지 않는 시바교 용어를 사용했다)인 여신으로 형상화되었기 때문에 합성명사 '마니빠드마'도 여성형으로 쓰인 것이라고 주장했다.[71] 그는 (앞서 토머스가 주장했던 것처럼) 마니빠드마가 호격 소유 복합어(두가지 요소로 이루어진 복합어로 제1요소가 제2요소의 특정한 특징을 가리킨다—옮긴이)이므로 '오 보석-연꽃이여'를 뜻한다고 설명했다. 그렇다면 이제 남은 것은 보석과 연꽃 사이의 관계다. 여기에 대해 코노브가 다음과 같은 결론을 내린 것은 불가피한 일이었는지도 모른다.

진언의 의미는 '빠드마가 곧 마니인 이여' 또는 '빠드마 안에 마니를 지닌 이여'로 해석할 수밖에 없다. 전자는 그 의미를 제대로 파악하기 어려운 반면 후자는 충분히 정확한 해석으로 보인다. 일찍이 쾨펜도 이 진언의 의미를 정확하게 설명한 바 있다. 뿐만 아니라 그는 마니가 링가(남성의 성기)를, 빠드마가 요니(여성의 성기)를 상징한다고 덧붙였다. 그러므로 마니빠드마는

요니 안에 링가가 들어 있는 여신이다.[72]

　이렇게 해서 보석은 또다시 연꽃 속으로 들어가게 되었다.
　지금까지 한 이야기를 정리해보면 일찍이 티베트에 간 천주교 선교사들은 산스크리트어를 전혀 몰랐음에도 불구하고 이 진언이 관세음보살을 향한 기도라는 사실을 정확하게 파악했다. 또 '마니 빠드메'가 두 단어가 아니라 마니빼라 불리는 신의 또다른 이름이라고 보았다. 그런데 19세기 초에 와서 유럽의 문헌학자들은 이러한 해석이 잘못된 것이라고 일축해버렸다. 그들은 천주교 성직자들이 산스크리트어 문법에 무지했기 때문에 빠드메가 빠드마의 위치격이고, 진언이 '연꽃 속의 보석'을 뜻한다는 사실을 몰랐던 것이라고 주장했다. 그 결과, 이들의 학문적 권위에 힘입어 '연꽃 속의 보석'이라는 해석이 널리 퍼지게 되었고 이 표현은 티베트와 티베트불교의 영역을 벗어나 이곳저곳을 자유롭게 떠돌며 광범위한 맥락에서 쓰이게 되었다. 이따금씩 이러한 해석에 대한 반대의견도 나왔지만 별다른 주목을 받지 못했고, 오늘날에 와서는 이 진언이 호격임을 분명히 보여주는 티베트 문헌을 구할 수 있게 되었지만 상황은 크게 달라지지 않았다. 결론적으로 티베트인들 사이에서 살던 선교사들의 해석은 맞았고 19세기 문헌학자들의 해석은 틀렸다. 이것을 보면 지식이 항상 진보하는 것만은 아니라는 사실을 알 수 있다.
　이제 두가지 역설에 대해 언급하면서 이 장을 마무리하려 한다. 첫번째 역설은 이 진언이 호격이라는 사실을 분명하게 보여주는 티베트 문헌이 아우구스티누스회 수사인 안또니오 아고스띠노 조르지(Antonio Agostino Giorgi)가 까뿌친회 수사들의 라싸 선교 기록(1708~45)을 모아서 1762년에 출간한 책 『티베트 문자』에 이미 실려 있었다는 사실이다. 이 티베트 문헌은 『티베트 문자』에 수록된 오라찌오 델라 뻰나의 기록에서 볼 수 있으며 제목은 「여섯 음절로 된 문자[진언]에 대한 간단한 해설」(Yi ge drug ma'i 'bru 'grel mdor sdus), 저자는 라모체 사원의 응아왕(Ngawang)이다. 결국 유럽의 학자들은 이미 두 세기 전부터 이 티베트 문헌을 구할 수 있었으며, 굳이 서양에 알려지지 않은 저작들을 뒤질 필요도 없었던 것이다. 라틴어 번역문이 함께 실린 이 짧은 문헌에는 우리의 의문을 풀어주는 많은 답이 적혀 있다. 예컨대 이 책에는 빠드마가 호격이라고 분명하게 적혀 있다.[73] 또 다음과 같은 내용도 나온다. "오, 보석 연꽃이여. 어린아이가 사랑하는 어머니의 이름을 애타게 부르듯 수행자들도 '오, 보석 연꽃이여'를 읊조리며 손에 보석과 연꽃을 든 자비의 신, 마하카루니카(Mahākāruṇika)의 이름을 애타게 부릅니다. 그러면 마하카루니카는 예전에 자신이 한 약속을 떠올리고 그들을 찾아옵니다."[74]

현(現) 달라이 라마의 작고한 스승인 티장 린뽀체(Khri byang rin po che, 1901~81)도 진언에 대해서 비슷한 설명을 들려주었다. 단, 그는 보석과 연꽃을 팔이 네개 달린 관세음보살과 연결시켰다. 이 관세음보살은 오른손에 수정염주를 들고 왼손에 연꽃을 들고 있으며 나머지 두 손은 심장 부근에서 보석을 움켜쥐고 있다.

마니빠드메는 '보석 연꽃' 또는 '연꽃 보석'이라는 뜻으로 고귀한 관세음보살이 가진 여러 이름들 중 하나다. 관세음보살을 이러한 이름으로 부르는 까닭은 연꽃이 진흙에 더럽혀지지 않는 것처럼 고귀한 관세음보살도 위대한 지혜를 통해 윤회의 굴레에서 벗어났기 때문이다. 윤회의 뿌리는 참된 실재라는 관념이 남기는 얼룩과 그 관념 안에 잠재하는 것들이다. 관세음보살이 손에 흰 연꽃을 들고 있는 것은 그가 현세에 거하지 않는다는 의미다. 또 나머지 손바닥을 서로 맞댄 채 보석을 움켜쥔 자세를 취하고 있는 것은 그가 소원을 들어주는 보석처럼, 모든 중생들이 겪는 고통을 없애주고 그들에게 온갖 일시적이고 궁극적인 은혜와 지복을 내려준다는 의미다.[75]

그렇다면 결국 올바른 해석은 초기 선교사들의 주장대로 진언을 관세음보살을 부르는 호격으로 보는 것이다. 관세음보살은 손에 보석과 연꽃을 들고 있는 모습으로 그려지며, 산스크리트어 단어가 여성형으로 쓰인 까닭은 아직까지 확실히 밝혀지지 않았다. 준 캠벨(June Campbell)은 『공간의 여행자』(*Traveller in Space*)에서 바즈라(vajra)를 좀더 일반적인 용어로 해석하는 것과 마니(maṇi)를 남근의 상징으로 보는 것에 반대했다. 그녀는 마니가 여성의 음핵을 의미하므로 이 진언도 '음핵-질의 신'을 부르는 주문일 것이라 보았다. 이 신은 불교가 들어오기 전부터 티베트에 있던 신인데 "열성적인 인도불교 선교사들" 때문에 성별이 바뀌었다는 것이다.[76]

어찌되었든 티베트어 자료와 문법을 분석해보면 진언의 의미는

'연꽃 속의 보석'일 수 없다. 따라서 이 오독의 다양하고 끊임없는 변형들은 그저 공상에 지나지 않는다. 만일 이처럼 (서양의 티베트학이 만들어낸) 유명하지만 잘못된 해석을 따르는 티베트인의 글이 있다면 그것이야말로 역설의 극치를 보여줄 것이다. 역설적으로 그러한 글은 실제로 존재한다. 앞서 언급한 달라이 라마의 스승(그는 당대의 가장 뛰어난 티베트학자 중 하나였다)이 쓴 해설에는 다음과 같은 구절이 나온다. "먼저 진언의 의미를 살펴보면 마니는 아버지의 바즈라 보석을, 빠드메는 그의 배우자의 연꽃을 가리킨다. 훔은 이 두가지를 합칠 때 보통은 아이가 태어나고, 깨달음에 이르는 길에서는 신들이 나타난다는 의미다."[77] 이 설명을 의역해보면 결국 '연꽃 속의 보석. 아멘'이 된다.

다시 맨 처음의 똘스또이 이야기로 돌아가보자. 배가 섬으로부터 어느정도 멀어졌을 때 주교는 고개를 돌려 뒤를 돌아다보았다. 순간 엄청난 속도로 배를 향해 달려오는 흰 빛이 보였다. 주교는 깜짝 놀라 그 빛을 자세히 들여다보았다. 그러자 환한 빛에 휩싸인 세명의 은둔자가 손에 손을 잡고 물 위를 미끄러지듯 달려오는 모습이 보였다. 그들은 배에 가까이 와서 이구동성으로 외쳤다. "주의 종이시여, 당신이 가르쳐준 기도를 잊어버렸습니다. 반복해서 읊을 때는 기억이 났는데, 기도를 잠시 멈추자 전부 뒤죽박죽이 되어버렸습니다. 이제는 아무것도 기억이 나지 않습니다. 저희에게 기도를 다시 가르쳐주십시오."[78]

5장

미술 The Art

극락정토를 담는 그릇

그렇다면 티베트의 작품을 이루는 중요한 특징, 근본적인 요소는 무엇일까? 우선 가장 눈에 띄는 특징은 여기저기서 가져온 다양한 특색을 나란히 늘어놓았다는 점이다. (…) 또다른 특징으로는 전형적인 색채 조합, 엄청난 역동성, 악마의 형상, 광포한 행동묘사, 야만스러움, 탐욕 등을 꼽을 수 있다. 이들은 사이비 종교와 신앙, 신비주의, 주술 등에 마구잡이로 이용되어왔다. 또 뚜렷한 대조를 이루는 두가지 요소가 한데 묶여 지속적인 긴장감을 자아내는 것도 이들 작품의 특징이다.

_루미르 이슬

빅토리아 시대의 학자들은 티베트불교를 불교역사에서 가장 타락한 상태의 불교로 보았다. 마찬가지로 티베트 미술도 서양에서 생겨난 동양고전미술학의 계보에 포함되기에는 서양에 너무 늦게 알려졌다. 티베트의 각종 불상과 분노존이 그려진 그림은 명나라 시대의 도자기, 송나라 시대의 산수화, 일본 에도 시대의 판화, 인도 무굴제국의 세밀화 틈에 끼지 못했다. 셔먼 리의 권위 있는 저서 『극동미술의 역사』(*History of Far Eastern Art*, 1964)는 미국의 폭넓은 독자층에게 동양미술을 알리는 데 성공한 최초의 책으로 꼽힌다. 이 책의 앞부분에는 두 쪽에 걸쳐 아시아 지도가 실려 있고 각 미술작품의 출처(인도에서 30여 곳, 씰론에서 다섯 곳, 자바에서 네 곳 등)가 표시되어 있다. 티베트의 경우에는 그 이름만 적혀 있고 라싸나 걘체 같은 지명은 나오지 않는데 지도 아래를 보면 "이 지도에는 책에서 언급된 장소의 지명만 나온다"라는 주의사항이 적혀 있다. 책의 내용을 살펴보면 티베트에 지명이 표시되지 않은 이유를 쉽게 알 수 있다. 총 656개에 달하는 회화, 조각, 사원, 성지, 도자기, 칠기들 가운데 출처가 티베트로 표시된 것은 단 하나도 없기 때문이다. 물론 티베트가 아예 언급조차 되지 않는 것은 아니다(항상 '네팔과 티베트'로 묶여서 나오긴 하지만 말이다). 그러나 티베트 미술은 벌써 다른 곳에서 잘 만들어놓은 작품을 한층 더 복잡하고 생기 없게 변형시킨 것으로 묘사된다. "계속 부처의 형상만 그리다보니 소재와 상상력이 궁핍해질 수밖에 없다. 특히 대승불교의 미술에는 한정된 이미지들이 이미지 그 자체만을 위해 반복되는데 이러한 특징은 네팔과 티베트의 작품에서 화려함의 극치를 이룬다. 또 끊임없이 반복되는 난삽한 형상은 공포스러울 만큼 복잡한 체계를 만들어낸다."[1]) 1994년에 출간된 『극동미술의 역사』 제5판에서는 도판이 총 801개로 늘어났고 그중에 66개가 컬러 도판이다. 나머지 735개의 흑백 도판 중 두개는 티베트미술품인데 하나는 부처, 다른 하나는 분노존을 형상화한 것이다. 제5판의 지도에는 '라싸'라는 지명이 등장하지만 전체 지역(이제는 선으로 둘러싸인)의 이름은 '티베트(시짱西藏)'라고 쓰여 있다. 시짱은 티베트 식민지를 가리키는 중국어 이름으로 '서쪽의 보고(寶庫)'라는 뜻이다. 티베트가 보고라면 이 보고에 보관되어 있던 미술품들은 1959년 이래로 빠르게 사라지기 시작했다. 이때부터 티베트에 있는 보물들에 시선을 고정시키기 시작한 미술사가들은 티베트에 가본 적도 없고 티베트어를 읽을 줄도 모르는 학자들이었고, 이들의 해석에서 정작 티베트와 티베트인들은 보이지 않았다. 티베트 없는 티베트학이라는 기이한 현상은 또 한번 이렇게 연출되었다.

이번 장에서는 20세기에 들어 미술사가들이 티베트미술품에 주목하면서 내놓은 각종 추측과 상상력 넘치는 해석을 살펴보고자 한다. 상상의 돛을 단 해석은 여러 차례 반복되어 나타나면서 지식의 자격을 얻게 되었다.[2] 때로는 문화유물로, 때로는 예술품으로 여겨진 티베트미술품들은 미술사가들의 시선 아래에 놓이면서 원래의 맥락에서 벗어나 티베트의 사원과 성지로부터 뉴욕과 런던의 박물관, 미술상, 개인 소장가들의 소유로 넘어가게 되었다. 이렇게 제자리를 벗어난 티베트미술품들은 아직까지 역사 속에 자리 잡지 못한 티베트의 초상을 그릴 팔레트가 되었다.[3]

리의 책에 티베트미술품이 두점밖에 실리지 않은 것은 티베트미술에 대한 연구가 부족해서가 아니다. 조지 로리치(George Roerich)는 1925년에 펴낸 『티베트회화』(*Tibetan Paintings*)에서 티베트미술의 주요 학파와 네팔, 호탄, 중국으로부터 받은 영향에 대해 논했다. 그럼에도 불구하고 20세기 전반에 이루어진 티베트미술사 연구는 주로 회화에 그려진 다양한 신들의 연원을 밝히는 까다로운 작업에 초점이 맞춰졌다. 이 시기에 쓰인 책들로는 앨리스 게티(Alice Getty)가 1914년에 펴낸 『북방불교의 신들』(*The Gods of Northern Buddhism*, 이 책은 '라마교 회화'라는 표현을 썼다), 월터 E. 클라크(Walter E. Clark)가 1937년에 펴낸 『두개의 라마교 신전』(*Two Lamaistic Pantheons*), 앤트워넷 고든(Antoinette Gordon)이 1939년에 펴낸 『티베트 라마교의 도상 연구』(*Iconography of Tibetan Lamaism*) 등이 있다. 특히 마지막 책은 다양한 신들의 도상을 확인하는 과정에 대해 다음과 같이 써놓았다. "이 장신구와 의복은 어느 신의 것일까?(성상에 대한 해설, 39면 참조) 답: 보살(Bodhisattva). 이 보살은 탄트라경전에 나오는 것일까? 비(非)탄트라경전에 나오는 것일까?(39면) 답: 얼굴이 열한개이고 팔이 여덟개이므로 탄트라경전에 나온다."[4] 1949년에는 주세뻬 뚜치(Giuseppe Tucci)가 총 세권으로 된 기념비적 저작 『티베트 탱화』(*Tibetan Painted Scrolls*)를 펴냈다. 이 책의 첫머리에는 다음과 같은 예언적 구절이 나온다. "지금까지 티베트회화는 인도나 페르시아 회화에 비해 그 진가를 제대로 인정받지 못했다. 사실 이것은 그렇게 놀라운 일도 아니다. 이제껏 수집된 동양미술품들 중에 가치가 낮은 티베트 현대회화들이 너무나 많았기 때문이다. 이들 작품에는 똑같은 주제가 반복되어 나타난다. 그때문에 티베트화가들은 독창성이 부족하고, 종교적 도상의 기법에 너무 충실한 나머지 자신만의 상상을 형상화하지 못한다는 평가를 피하기 어려웠다."[5]

한편, 1959년부터 시작된 티베트 디아스포라로 인해 엄청난 양의 티베트 미술품이 서양 미술상들과 수집가들의 손에 넘어가게 되었다. 이들 중에는 티베트인들이 고향에서 직접 가지고 나와 생계를 위해 어쩔 수 없이 판 것도 있고, 중국인들이 홍콩이나 다른 곳에 있는 미술상을 통해 팔아넘긴 것도 있었다.[6] 티베트미술품은 감정가들 중에서도 특정한 이들의 눈길을 끌었는데 이들은 예술품(그것이 회화이든 조각이든 두개골 잔이든 의례용 단검이든 간에)

을 파괴의 위험에서 구해내 박물관에 소장하고 전시함으로써 위기에 처한 티베트 고유의 문화유산 일부를 지켜낼 수 있다고 믿었고, 이러한 믿음 덕에 티베트미술품에는 주물(呪物)적 가치가 부여되었다.

달라이 라마가 라싸를 떠난 지 10년이 지난 1969년에는 뉴욕의 아시아 하우스 갤러리에서 본격 티베트미술 전시회가 열렸다. 그러나 갤러리 관장인 고든 B. 워시번(Gordon B. Washburn)이 전시회 도록에 쓴 내용에서 볼 수 있듯이 티베트미술품에 대한 전문가들의 의견은 부분적으로 조금 더 상세히 설명되었을 뿐 리 때와 크게 달라지지 않았다.

이번에 전시된 놀라운 티베트 문화유물들과 유럽 및 미국의 다른 박물관과 개인 소장가들에서 빌려온 귀중한 기록들을 통해 우리는 티베트미술에 대해 완전히 새로운 생각을 갖게 되었다. 우리가 이제껏 보아온 작품들은 독실한 승려들이 자신의 신앙을 다지기 위해 기존의 문헌이나 탱화(탕카)를 베껴서 만든 단조로운 모사에 지나지 않았다. 수백 아니 수천에 달하는 이 충실한 유물들은 티베트의 진정한 예술가들이 만든 위대한 창작품이라 볼 수 없다. 티베트는 사원만 해도 수천개가 넘고 승려의 수가 한때 전체 인구의 3분의 1에 달했던 나라이므로 숭배의 도구로 쓰이는 극히 평범한 작품들이 수세기에 걸쳐 그토록 많이 만들어진 것도 전혀 놀라운 일이 아니다.

티베트미술품은 탱화든 불상이든 '의례용 도구'든 간에 일차적인 기능을 수행하는 데 초점이 맞춰져 있다. 따라서 미적 쾌감을 불러일으키는 것은 티베트미술의 중요한 목적이 아니다. 티베트에서 탱화나 청동세공물은 기도와 명상의 도구다. 즉 예불을 드리는 사람이 자기 안에서 바깥세상의 허상을 몰아내고 구원의 길을 찾을 수 있도록 도움을 주는 도구로 여겨져온 것이다. 그러므로 티베트의 종교미술은 자유로운 창작의 결과물이 아니라 도상의 주제, 비율, 심지어는 회화와 조각의 색채까지 정해놓은 엄격한 전례(典禮)용 경전에 근거한다. 또 티베트에서는 누가 작품을 만들었는지 밝히지 않는 것이 당연하게 여겨지므로 지금껏 우리에게 알려진 이 눈의 고장의 예술가는 극히 소수에 지나지 않는다. 유명한 불단에 걸린 인상적인 그림은 거듭해서 모사되고, 외국에서 들여온 우수한 작품은 숭배의 대상으로 여겨진다. (…)

이처럼 티베트에서는 예술창작을 의례를 위한 것으로 본다. 따라서 의례용으로 쓰이는 수준을 넘어서는 작품이 거의 없는 것도 어찌 보면 당연한 일이다. 그러나 티베트의 예술가들이 일찍이 불교문화를 꽃피운 인도, 네팔, 몽골, 중국의 작품에서 영향을 받긴 했어도 무작정 이들을 베끼기만 한 것은 아니다.[7]

워시번의 글에는 이미 우리에게 익숙한 내용이 담겨 있다. 이 글에서 티베트예술가들은 익명으로 그려지며(실제로는 많은 예술가들의 이름이 알려져 있다), 티베트미술품은 외국작품의 단순한 모사품이자 창조적인 예술가로부터 나오는 자유로움과 개성이 부족한 작품으로 묘사된다. 라틴어 원고를 필사하는 메마른 삶이 수도원 생활의 전부라고 보았던 18세기적 견해가 티베트에 적용된 것이다(그러나 실제로 티베트 승려들은 필사에 전념하지 않았다). 또 티베트에서는 승려의 수가 전체인구의 3분의 1을 차지하는 것으로 부풀려졌다(그러나 최근 연구에 따르면 전체 티베트 남성의 10~15%만이 승려였다고 한다). 워시번의 설명에 따르면 익명의 예술가는 미적 측면이 아니라 그저 의례를 위한 도구적 측면에 관심이 있고, 작품의 형태와 색채를 좌우하는 엄격한 전례규칙에 얽매여 있다. 또 티베트미술품은 기본적으로 의례용 도구이므로 외국에서 가져온 작품을 그대로 따라 만드는 데 초점이 맞춰져 있다. 루미르 이슬(Lumír Jisl)은 탱화 속의 인물 배치에 대해 설명하면서 다음과 같이 이야기했다. "이처럼 기계적이고 틀에 박힌 방식으로 인물을 배치한 것은 티베트 예술가가 창의성이 부족해서가 아니다. 그가 승려인 이상 달리 표현할 수 없기 때문이다. 앞에서 이야기했듯이 그는 교단의 명령을 어길 수 없고 이를 어길 경우 죄를 범하는 것이나 마찬가지다."[8]

한편 워시번이 설명한 대로 티베트예술품은 명상에도 쓰인다. 명상은 외부세계에는 없는 현실에서 진리를 찾는 방법이라 할 수 있다. 뒤에서 더 자세히 다루겠지만 일부 사람들은 명상이 티베트회화에 동기를 부여해주는 요소이자 티베트회화를 다른 형태의 예술보다 더 숭고하게 만들어주는 요소라고 설명했다. 그러나 여기서도 티베트미술은 어디까지나 의식용으로 남아 있을 뿐이며 그 안에는 여기저기서 받은 영향이 혼합되어 있다. 티베트를 연구한 미술사가들 가운데 가장 많은 글을 써낸 프라타파디트야 팔은 아시아 하우스 갤러리 도록에 다음과 같이 적었다. "간단히 말해서 이렇게 여러가지 요소가 계속 뒤섞이는 것이야말로 티베트미술의 역사다."9)

이처럼 서양에서 티베트미술에 대해 설명할 때 외부로부터 받은 영향 외에 반드시 언급하는 또다른 요소는 티베트인들의 의식구조에 관한 내용이다. 즉, 티베트인들이 무엇 때문에 그토록 이상한 그림을 그리게 되었는지를 논하는 것이다. 이들의 의식구조에 대한 논의는 티베트를 방문한 유명한 여행가들의 글에서도 볼 수 있는 유서 깊은 전통이다. 찰스 벨 경은 1931년에 펴낸 『티베트의 종교』(The Religion of Tibet)에서 티베트인들의 의식구조에 대해 다음과 같이 설명했다. "티베트의 차갑고 깨끗한 공기는 티베트인들의 사고를 자극한다. 그러나 다른 나라 및 도시들로부터 멀리 떨어진 채 고립되어 지내다보니 이들에게는 고민할 만한 주제가 많지 않다. 따라서 이들의 생각은 내면을 향하고 종교적인 사색에 잠기게 된다. 게다가 단조로운 생활과 이들을 둘러싼 장엄한 광경의 자연도 이러한 경향을 부추긴다. (…) 경건하고 종교적인 티베트의 세계관과 농경생활을 해온 중국의 철학적 유물론 사이에는 그야말로 엄청난 차이가 있다."10) 이 글을 읽으면 벨이 에르네스트 르낭(Ernest Renan)의 저작에서 영향을 받은 것은 아닌지 하는 의문이 든다. 르낭은 이미 수십년 전에 셈족의 종교에 대해 논하면서 유일신에 대한 믿음과 셈어의 단순성이 그들의 자연환경에서 비롯되었다고 설명한 것이다. 르낭은 다음과 같이 말한다. "사막의 일신교적이며 일정불변한 풍광 속에는 숭고함이 담겨 있다."[11]

한편 라마 고빈다는 1933년의 서부 티베트 여행기를 담은 『흰 구름의 길』에서 비슷한 내용을 좀더 신비롭게 변주해 설명했다. "이 나라의 산골짜기들은 유럽의 최고봉만큼 높고, 산봉우리들은 인간이 닿을 수 없는 곳까지 솟아 있다. 이러한 자연의 영향으로 우리에게는 이상한 변화가 일어난다. 이를테면 마음의 부담을 벗게 되고 앞을 가로막던 장애물이 사라지는 느낌이다. (…) 한편, 의식은 한층 더 높은 차원으로 고양된 것처럼 느껴진다. 그곳에는 일상 속에서 느끼던 동요나 혼란이 존재하지 않으며 이제까지 중요하게 여겨지거나 매력적으로 느껴지던 것들이 의미를 잃고 그것들에 대한 희미한 기억만 남는다. 동시에 우리는 새로운 유형의 현실을 더 쉽게 느끼고 받아들일 수 있게 된다. 이는 우리 마음에 있던 직관력이 깨어나 자극을 받기 때문이다. 이렇게 해서 결국 더 높은 단계의 명상이나 선정(禪定, dhyāna)에 이를 수 있는 모든 조건들이 갖춰진다."[12]

이처럼 티베트의 자연은 지난 수십년간 계속해서 전시회 도록과 참고도서에 등장하면서 티베트를 설명하는 중요한 요소로 자리잡았다. 일례로 1975년에 쓰인 글에는 다음과 같은 구절이 나온다. "티베트는 극명한 대조를 보여주는 나라다. 이를테면 높은 고도에 비추는 빛 때문에 온갖 색깔과 가장 사소한 것들이 한층 강렬해 보이는가 하면, 마치 환각과도 같은 지질구조가 장관을 이룬다. (…) 티베트에서는 이 독특한 환경 때문에 자기성찰적인 의식이 생겨나며, 이 의식에 따라 개인은 신비적 경험의 영향을 받은 예술작품이 그에게 부여하는 도식(schema)과 동일시된다."13) 한편 1970년에 출간된 『옥스퍼드 미술사전』(Oxford Companion to Art)에는 다음과 같은 설명이 실려 있다. "라마교는 티베트뿐만 아니라 아시아의 모든 황량하고 척박한 지역에서 주요 종교로 자리 잡았다. 이들 지역과 같이 광활하고 고요하며 접근하기 어려운 외딴 곳에서만 라마교의 강력한 영성과 신비주의가 생겨날 수 있었다."14)

이처럼 서양인들의 글에서 티베트인들은 자연환경과 의식세계의 관찰자로 그려졌고 그들을 둘러싼 외부세계가 너무나도 압도적인 나머지 자연스럽게 내면세계로 눈을 돌린 것처럼 묘사되었다. 한편 티베트불교(와 티베트미술)의 배후에 있는 요소들(티베트의 자연환경 및 티베트인들의 의식구조)을 찾아내고 당혹스러울 정도로 많은 신들을 확인하는 고된 작업이 거의 끝나자 미술사가들은 티베트의 특정 미술품과 그들의 의미에 대해 고찰하기 시작했다. 미술사가들을 오랫동안 매혹시킨 작품으로는 분노존(忿怒尊), 얍-윰(yab-yum)이라 불리는 합체존(合體尊), 만다라 이렇게 세가지 부류가 있는데 이들은 각기 다른 무언가의 '상징'으로 여겨졌다.

분노존에 대한 대표적 견해는 프라타파디트야 팔이 1969년에 펴낸 도록 『라마교 미술: 조화의 미학』(Lamaist Art: The Aesthetics of Harmony)의 서문에 나온다. 여기서 그는 라마교가 단순히 티베트에 전래된 인도불교가 아니라 "초기의 토착 샤머니즘, 뵌교 사상, 다른 나라에서 들여온 불교 교리가 결합된 형태"15)라는 익숙한 설명을 되풀이했다. 그는 '라마교의 도상'에 대한 논의에서 다양한 분노존이 티베트인들의 민족성을 드러낸다고 주장했다(이들 대부분은 실제로 인도에서 유래했다). 또 억압적인 티베트사회에서 만들어진 '무시무시한 신들의 형상'에 대해서도 설명했다.

티베트인들은 티베트미술에 등장하는 기괴한 신들을 숭상하는데 이것만큼 그들의 의식상태를 잘 보여주는 것도 없다. 섬뜩한 모습의 신들, 분노와 악의에 찬 악령들, 히죽대는 해골들은 탱화 속에서 (…) 자신들의 힘과 능력을 과시하며 (…) 이리저리 날뛰고 춤을 추듯 움직인다. 이들의 모습은 정신적·문화적 긴장상태에서 표출된 티베트인들과 몽골인들의 집단의식이 투영된 것일 가능성이 높다. 티베트와 몽골의 대중들은 계속되는 전쟁과 사람이 살기에 부적합한 자연환경 때문에 많은 어려움을 겪어왔다. 따라서 '허상' '오도'(惡道) '궁극적 실재'와 같은 추상적 개념은 그들에게 별다른 의미를 갖지 못했을 것이다. 그들이 믿는 종교와 그들의 주관적 정신은 이처럼 그들을 둘러싼 물리적·사회적 환경의 영향을 받아 형성되었다.

한편 사람이 살기 힘든 높은 산 위에서 천막생활을 하며 적대적인 자연환경에 무방비로 노출되다보니 그들의 두려움은 구체적인 형상을 갖추게 되었다. 즉, 그들은 불가해한 공포의 대상과 불가사의한 힘을 자신들이 살아남기 위해 계속 달래줘야 하는 무시무시한 악령으로 상상하게 된 것이다. 그들은 자연에 도사린 난폭하고 불가사의한 힘을 두려워하긴 했지만, 자연의 정수를 뽑아내 이것을 자연의 악한 힘에 대항하는 상징적 무기로 형상화했다.

한편 그들이 속한 사회도 억압적이긴 마찬가지여서 대중들은 승려들과 사원의 폭정에 시달려야 했다.[16]

분노존은 원래 인도의 탄트라경전에 자세히 묘사되어 있지만 팔은 이들이 마치 티베트 고유의 신인 것처럼 설명한다. 이들은 주세뻬 뚜치의 사진가인 포스꼬 마라이니(Fosco Maraini)가 '공포의 욕구'라 부른 것을 채워주는 신이다. 팔이 보기에 분노존은 이중적인 투영의 결과다. 심오한 불교사상을 제대로 이해하지 못하는 순진한 티베트 농민들은 자연의 무시무시한 힘과 승려들의 탐욕에 이중적인 억압을 당한다. 따라서 이들은 두려움에 찬 상태로 자신들을 둘러싼 자연적·문화적 환경에 반응하게 된다. 이때 외부요소들이 티베트인들의 의식 속으로 들어갔다가 다시 바깥으로 투영되면서 농부들이 살아남기 위해 반드시 달래주어야 할 분노존으로 형상화되는 것이다. 팔은 다른 책에서 다음과 같이 말한다. "이와 같은 두려움은 그들의 잠재의식 바깥에 무시무시한 악마를 만들어냈고 이 악마들은 거꾸로 자신들을 창조한 인간들의 마음을 사로잡았다."[17] 팔의 설명에 따르면 사악한 힘은 이걸로도 모자라 또 다른 곳에서 작동했다. 즉, 교활한 승려들이 일반대중을 공포에 떨게 만들기 위해 악마의 형상을 만들어냈다는 것이다. 팔은 라모(Lhamo) 여신을 묘사하면서 다음과 같이 설명한다. "라모의 모습과 그에 대한 설명은 신학자들이 만들어낸 것이 분명하다. 신학자들은 어수룩한 대중들이 교단에 들어가지 않으려 할 때 이와 같은 무시무시한 운명이 그들을 기다리고 있다고 을러댔을 것이다."[18]

한편, 분노존에 대해서는 자연환경적 설명과 사회적 설명 외에도 정신분석학적 설명이 있다. F. 씨어크스마(F. Sierksma)는 『티베트의 무시무시한 신들』(*Tibet's Terrifying Deities*)이라는 책에서 분노존이 그려진 티베트회화를 가리켜 역사상 가장 탁월한 '악마의 예술'이라고 평했다. 그가 보기에 부처나 보살이 그려진 티베트의 다른 그림들은 하나같이 기계적이고 독창성이 부족했다. 평온한 모습의 부처는 티베트보다 다른 지역의 미술에 더 잘 표현되어 있었던 것이다. 그는 티베트 예술가들이 완전한 자유를 얻어 진정한 독창성을 발휘하는 것은 오직 분노존을 그릴 때뿐이고, 이렇게 해서 만들어진 작품은 우리가 꾸는 꿈보다 우리 자신에 대해 더 많은 것을 보여준다고 주장했다. 그는 티베트에 분노존이 존재하는 역사적 이유에 대하여 설명했다. 물론 그도 인도의 탄트라경전에 악귀들이 나오고, 티베트에 불교가 도입되기 이전부터 고유의 악신들이 있었다는 사실을 인정했다. 그러나 이러한 사실로는 티베트의 호법신들이 지닌 '극단적인 공격성'을 설명할 수 없었다. 씨어크스마가 보기에 인도의 불교는 고요하고 철학적인 정신의 종교인 반면 티베트의 종교는 현실세계의 종교이자 감각의 종교였다. 이러한 까닭에 티베트에 불교가 뿌리를 내리긴 했어도 완전한 승리를 거두지 못했고 원래 있던 종교와 새로 들어온 종교 간에 틈이 생기게 되었다. 이렇게 되자 이들 사이에서 일종의 반동 형성(정신분석학 용어로 억압된 감정이나 욕구가 행동으로 나타나지 않도록 그것과 정반대되는 행동을 하는 경향을 가리킨다―옮긴이)이 일어났다. 불교는 티베트의 신들을 굴복시켜 자신의 호법신으로 만들었지만 이들은 완전히 정복되지 않았고 결국 악마로 그려지게 되었다. 한편 고대 티베트의 원기왕성하고 세속적인 종교는 비록 불교에 패하긴 했어도 결코 이에 굴하지 않았고 불교에 대한 저항과 분노의 표시로 이전에 있던 신들을 무시무시한 모습으로 변모시켰으며 쫑카빠처럼 은총이 충만한 인물마저 분노에 찬 모습으로 그려냈다. 씨어크스마는 여기서 악마의 형상을 '문화변용적 악마화의 징후'라 부르면서 이것이 '불완전한 문화변용의 일차 징후'를 나타낸다고 설명했다. "전사들의 나라였던 티베트는 불교 때문에 본래의 모습을 어느정도 단념해야 했고, 불교 또한 전사들의 나라를 위해 완전성을 포기해야 했으나 결국에 둘은 궁극적인 조화를 이루지 못했다"[19]는 것이었다.

이처럼 분노존은 티베트인들의 의식세계에서 가장 어두운 심연이 투영된 결과로 설명되었다. 그러나 그와 동시에 티베트미술은 '조화의 미학'으로 묘사되기도 했다. "라마교의 모든 도상에서는 화합, 질서, 그리고 조화—신비체험의 필수요소—를 찾아볼 수 있다." 이러한 관점에 따르면 모든 티베트미술품은 "신비주의자가 체험한 환영을 나타낸 것"이었다. 따라서 성상이든 사원이든 간에 "작품에 영감을 준 신비주의적 환영을 알지 못한 채"[20] 작품의 양식과 구조를 분석하는 것은 작품을 감상하는 데 도움이 되지 않는다고 여겨졌다. 티베트 회화에서는 "빛과 그림자의 절묘한 상호작용"을 볼 수 없는데, 이는 라마교에서 말하는 의식의 실체가 "최초의 투명한 빛"이기 때문이다. 또 사실주의 기법과 원근법의 사용도 볼 수 없는데 이는 라마교의 예술가들이 여기에 대해 몰랐기 때문이 아니라 "초월적인 존재를 묘사하는 데" 전념하느라 이런 기법들에 신경 쓸 틈이 없었기 때문이다. 그렇다면 "그토록 완벽한 예술가적 기교로 평화롭고 조화로운 분위기를 가진 환상적 풍경을 그려낸 예술가가 (…) 동시에 그토록 놀라운 표현력으로 무섭고 기이한 형상들을 만들어낼 수 있다"[21]는 사실에 팔이 깊은 인상을 받은 것도 어찌 보면 당연한 일이라 할 수 있다.

이처럼 일부 사람들은 티베트미술이 독창성이 부족하다고 평가 절하했던 반면, 다른 사람들은 티베트미술에 단순한 독창성을 넘어서는 미학이 있다고 평가했다. 즉, 티베트미술은 초월적 현실을 환기시키는 (따라서 이러한 현실로 인도하는) 예술로 묘사되었다. 이 현실은 말로는 표현할 수 없으나 미술형식으로 나타낼 수 있는 것이었고, 그 많은 신들과 다양한 의복 및 장신구를 일일이 신경써야 하는 번거로움을 피하기 위해 자세한 묘사 대신 상징으로 표현되었다.

상징이라는 장치는 많은 문제들을 해결해준다. 이는 상징이 서로 대립되는 것들이 공존할 수 있는 장이기 때문이다. 예컨대 티베트의 신들이 단순한 상징에 지나지 않는다면 분노존과 적정존은 한곳에 공존할 수 있다. 한편 이들이 상징이 아니라면 분노존은 티베트에만 있는 독특한 존재로 여겨진다. 즉, 티베트의 지형과 티베트인들의 심리가 상호작용을 해서 만들어낸 결과물로 비춰지는 것이다. 반면에 적정존은 더욱 영원하고 초월적인 존재로 여겨진다. 그러나 이 모든 신들이 그저 하나의 상징이라면 문제는 사라진다. 분노존과 적정존 모두 보편적이고 오래된 진리를 상징한다고 보면 되기 때문이다. 팔은 여기에 대해 다음과 같이 설명한다.

여기서 강조하고 넘어가야 할 점은 티베트불교의 무시무시한 신들이 악마처럼 보일지 몰라도 서양에서 흔히 이야기하는 '악마'가 아니라는 사실이다. 그들은 사악한 힘의 화신도 아니다. 그들의 험악한 모습은 우주와 우주 전체의 흐름과 인간정신의 본질적 실재인 격렬한 힘을 상징한다. (…) 오늘날 과학은 우주가 이처럼 격렬한 힘에 의해 탄생했다고 설명한다. 고대의 예언자들이 이 보편적 진리를 깨달은 것은 신의 섭리를 '두렵고도 황홀한 신비'로 상상한 순간인지도 모른다.[22]

평화의 상징이든 분노의 상징이든 이러한 상징에의 지향은 데틀레프 라우프(Detlef Lauf)의 글에서 정점에 이른다. "이와 같은 도상은 분명한 신이나 실제인물로 보인다기보다는 철저한 자기성찰 속에서만 실현하고 완성할 수 있는 영적 진화의 상징으로 보인다."[23] 이러한 상징을 표현할 수 있는 사람은 비밀스러운 의미를 알고 있는 예술가들뿐이다. 따라서 신비스러운 지식을 전수받지 않은 역사가들이 그 의미를 모르는 것은 당연한 일인지도 모른다.

티베트 예술가는 고대 인도의 사다나(Sâdhana) — 진언이 적힌 짧은 명상용 문헌 — 를 공부했다. 사다나는 명상에 쓰이는 문헌으로 신들의 온갖 특징, 손동작, 색깔 등이 그림으로 묘사되어 있다. 티베트 예술가는 사다나를 몇번이고 반복해서 묵상하면서 마음속 깊은 곳으로부터 이미지를 떠올린다. 그는 자신이 그리는 주제에 대해 심오한 가르침을 전수받았으므로 이 가르침에 입문한 사람들만이 이해할 수 있는 작품을 탄생시킨다. 이는 우리가 티베트미술을 감상할 때 고려해야 할 중요한 요소다. 티베트미술은 흔히 암호처럼 표현되어 있어 지성인들은 접근하기 어려울 때가 많다.[24]

한편 뚜치는 자신의 책에 실린 미술품들이 어떠한 배경에서 나왔는지를 보여주려면 『티베트 탱화』의 1권 전체에 걸쳐 티베트의 역사와 종교를 다루어야 한다고 보았다. 그럼에도 불구하고 그 또한 티베트 예술가를 신비화하는 우를 범했다. 그는 티베트 예술가가 "명상이나 의례를 통해 오로지 자신의 내면으로부터 (무한한 세계)를 끌어내 그림으로 나타내면서 (…) 자신이 그리고자 하는 영적 경지와 하나가 된다"[25]라고 설명했다.

미술사가들은 티베트미술품을 만드는 사람들뿐 아니라 보는 사람들에게도 주의를 기울였다. 그들은 심리학 용어를 사용해 이들에 대한 두가지 상반되는 견해를 내놓았다. 첫번째 견해에 따르면 미술품을 보는 사람은 다이아몬드 퀸 카드가 나타나기를 기다리는 최면술사의 실험대상처럼 수동적인(다이아몬드 퀸 카드는 영화 「맨츄리안 캔디 데이트」에서 최면을 유도하는 도구로 쓰인다—옮긴이) 데 반해 미술품은 그가 깨달음의 길로 나아갈 수 있도록 이끌어준다. "도상은 마치 거울과도 같이 그 안에(즉, 물리적 지각의 영역에) 자신을 들여다보는 사람의 성향을 담고 있으며, 이 사람이 탈조건화(deconditioning)의 과정에서 진보를 이룰 수 있게끔 미처 깨닫지 못했던 스스로의 성향을 인식하게 해준다."²⁶⁾ 한편 두번째 견해에 따르면 미술품은 존재의 실재를 드러내지만 보는 눈이 있는 사람들만이 이를 발견할 수 있다. 팔은 여기에 대하여 다음과 같이 설명한다. "그림이든 조각이든 간에 신의 형상은 그 종교에 입문한 신자들이나 상당한 경지에 오른 자들만을 위한 것이다. 신의 형상은 이들이 정신을 집중해 다른 외부적 상징을 필요로 하지 않는 경지에 오를 수 있게 도움을 주기 위한 것이다."²⁷⁾ 이처럼 "티베트미술에 등장하는 다양한 도상은 실제로 존재하거나 상상 속에 있는 인간의 형상 또는 특정한 영적 존재의 형상을 나타낸 것이 아니라 이들을 보는 사람들이 취해야 하는 마음속 상태를 형상화한 것이다."²⁸⁾ 여기서 우리는 18세기경 힌두교도들이 신에 대해 가졌던 두가지 상반되는 태도가 티베트인들에게 적용되는 것을 볼 수 있다. 힌두교 엘리뜨들은 도상이 눈에 보이지 않는 현실을 가리키는 상징임을 알고 있다고 여겨졌다. 반면에 배우지 못한 대중은 미신에 사로잡힌 숭배자들로 여겨졌다. 마찬가지로 티베트를 연구한 미술사가들도 티베트사회에 대한 각자의 평가에 따라 티베트인들을 둘 중 한가지 범주에 넣었다. 휴스턴 스미스(Huston Smith)는 1969년에 발표한 영화「믿음을 위한 진혼곡」(Requiem for a Faith, 하틀리Hartley 영화재단)에서 다음과 같이 말했다. "이같이 견고하고 실제로 존재하는 것처럼 보이는 신들은 사실 우리의 심적 기운을 나타낸다."

한편, 상징으로 여겨지는 또다른 티베트 미술품은 얍윰(아버지 어머니)이라 불리는 남신과 여신의 교합상이다. 이 교합상은 19세기에 중국에 머물던 유럽인들로부터 맹렬한 비난을 받았다. 가닛 울슬리는 『1860년의 영-중 전쟁 이야기』에서 베이징에 있는 융허궁(오늘날 관광객들에게는 '라마교 사원'으로 알려져 있다)을 묘사하면서 다음과 같이 덧붙였다.

> 이처럼 흉측한 나체와 구역질나는 광경은 색욕과 관능을 상징한다. (…) 승려들은 이 불쾌한 군상을 보여주면서 매우 만족스러운 표정을 지었고 그들 앞에 놓인 끔찍한 물건을 흐뭇한 눈빛으로 바라보았다. 그러나 짐승 같은 성향을 갖지 않은 이상에야 이 군상을 보고 극도의 혐오감을 느낄 수밖에 없다. 이처럼 색욕을 신성시하는 민족은 상스럽고 타락한 민족인 것은 물론, 선한 것이나 위대한 것을 보고도 고귀한 감정이나 고결한 염원을 품지 못한다.[29]

그러나 20세기에 들어 남녀교합상은 온갖 이원적 요소의 공존을 상징하게 되었다. 이것은 에번스-웬츠에게는 현상(phenomenon)과 실체(noumenon)의 통합을,[30] 씨어크스마에게는 자기(self)와 자아(ego)의 결합을 의미했다.[31] 또 하인리히 침머는 "시간(Time)과 영원(Eternity), 열반(Nirvāna)과 윤회(Samsāra), 절대존재(Absolute)의 두 가지 측면이 궁극적으로 같다는 진리를 이보다 더 당당하고 은밀하게 나타낼 수는 없다"[32]라고 설명했다. 주세뻬 뚜치의 사진가 포스꼬 마라이니는 얍윰에 대해 다음과 같이 말했다. "보석으로 장식된 왕자가 자신의 샤크티를 관능적으로 껴안는 형상은 절대·궁극·시초·영원·편재 등의 개념을 상징한다. 가장 추상적인 개념,

수학의 무한대처럼 부정을 통해서만 정의할 수 있는 개념을 머릿속에 떠올릴 수 있는 가장 구체적이고 육감적인 형상으로 나타내다니 이 얼마나 훌륭한 상상력이고 대단한 형이상학적 시도인가."[33)] 그러나 라마 고빈다는 이 남녀교합상이 성적인 결합을 의미하지 않는다고 보았다. 그는 이것이 "깨달음의 과정에서 가장 높은 단계에 있는 영적 실재와 관련되어 있으므로 육체적 성행위와는 전혀 관련이 없다"[34)]라고 주장했다.

분노존과 얍윰 교합상 외에 미술사가들을 매료시킨 또다른 티베트 미술품은 만다라이다. 만다라는 부처의 궁전을 나타낸 불화로 가운데에 부처가 있고(가끔씩 여신과 결합한 형태로) 그 주변을 다른 부처들, 보살들, 신들, 여신들이 둘러싸고 있으며, 호법신들이 동서남북에 있는 출입구를 지키고 있다. 만다라는 가끔씩 입체적으로 만들어지지만 대개는 도료나 모래를 사용해 평면적인 그림으로 그려진다.[35)] 만다라는 탄트라 입문식에서 사용되는데 처음에는 감춰져 있다가 나중에 입문자에게 공개된다. 그때부터 입문자는 정신세계를 통해 만다라에 '들어가는 것'이 허용된다. 이제 입문자는 자신을 만다라의 본존불로 상상하는 '본존요가'(lha'i rnal 'byor, 헤넬졸)를 수행하게 되는데 이때 여러 부처와 그들의 배우자들과 보살들과 호법신들이 거주하는 이 완벽한 거처를 마음속에 아주 상세히 떠올려야 한다.[36)] 이렇게 본다면 만다라는 변성의식(變性意識, 수면·명상·최면 등에 의해 의식이 바뀌는 상태—옮긴이) 상태를 유도하기 위해 그저 응시하기만 하는 그림이 아니다. 최감 퉁빠는 "만다라가 특정한 의식상태를 불러일으키기 위해 가만히 응시하는 대상이 아니라는 사실을 알아야 한다"37)고 주장했다.

그러나 라마 고빈다 같은 입문자조차 만다라를 "명상에 쓰이는 동심원 모양의 그림 또는 플라스틱 모형"38)으로 묘사한 것을 보면 만다라가 의식용으로 쓰인다는 사실을 아는 사람은 그리 많지 않았던 것으로 보인다. 존 블로펠드는 만다라가 "복잡한 무늬의 정사각형과 원들로 이루어져 있으며 설교를 하거나 명상을 하는 데 쓰인다."39)라고 설명했다. 또 만다라는 간단히 '마술의 원'으로 묘사되기도 했다. 그러나 다른 티베트미술품들과 마찬가지로 만다라 역시 심리학적 해석의 희생양이 되었다(만다라는 융의 정신분석학에서 핵심적인 용어다). 이는 팔의 다음과 같은 설명에서 분명하게 드러난다. "만다라는 틀림없이 밀교의 가장 복잡한 상징 중 하나다. 이것은 간단히 말해 우주의 도식을 눈에 보이게 형상화한 것으로 뚜렷한 신비주의적 특성을 지니고 있다. 만다라는 추상적인 선들을 통해 현상의 다양성에서 본질의 단일성으로, 또 무질서에서 질서로 축소된 우주다."40)

티베트를 연구하는 학자들도 이러한 심리학적 해석으로부터 자유롭지 못했다. 뚜치의 설명에 따르면 만다라는 "우주를 나타낸 그림이 아니라 의식세계를 나타낸 그림이고, 단일한 것이 다양한 것으로 분열되고 다양한 것이 다시 단일한 것, 즉, 완전하고 명료한 절대의식으로 통합되는 도식이다. 이 도식을 보면서 요가수행을 하면 우리 존재의 가장 깊은 곳을 들여다볼 수 있다."41) 뚜치(그는 "융 박사의 연구에 대해 알고 있으며 그의 저작이 인류의 사상사에 영원한 발자취를 남기리라 본다"라고 썼다)는 1961년에 펴낸

『현대 심리학의 잠재의식 이론을 바탕으로 한 만다라의 이론과 실제』(*The Theory and Practice of the Maṇḍala: With Special Reference to the Modern Psychology of the Subconscious*)에서 다음과 같이 말한다.

> (나는) 의식세계와 우주를 나타낸 만다라의 이론과 실제를 재구성하려 한다. 만다라는 우주와 우리의 의식 속에 작용하는 비밀스러운 힘을 초심자에게 드러내 보여 그를 통합된 의식의 길로 이끌어줄 것이다. (…) 이와 같은 영적 인식은 다른 나라나 다른 시대의 일부 사상들이나 현대의 좀더 구조적인 이론들이 예측한 내용과 놀랄 만치 닮아 있다. 이들 간의 유사점은 거의 필연적이라 할 수 있는데 이는 우리가 다루는 것이 인간정신에 내재한 원형이기 때문이다. 이 원형은 인간이 자신의 성격의 어느 두드러진 면 때문에 이미 깨져버렸거나 무너지려 하는 통일성을 회복하려 할 때마다 다른 나라와 다른 시대에서 비슷한 양상을 띠고 나타난다.[42]

이처럼 만다라는 분노존이나 합체존과 마찬가지로 티베트의 유산도, 불교의 유산도 아니고 훨씬 더 오래되고 보편적이며 영구적인 것의 상징으로 여겨졌다.

1992년, 쌘프란시스코에서는 이제껏 선보인 중에 가장 야심찬 티베트불교미술 전시회가 열렸다. 메릴린 리와 로버트 서먼이 '지혜와 자비'라는 이름으로 기획한 이 전시회의 도록에는 지금껏 미술사가들이 티베트미술과 티베트 예술가들에 대해 설명한 내용이 상당부분 되풀이되어 실렸다. 이 전시회의 목적은 "강렬하고 신비로운 티베트미술을 있는 그대로 보여주는 것"[43]이었다. 전시회 도록에서 티베트미술은 "'환상의 베일'을 걷어내고 순수한 실재의 눈부신 아름다움과 힘을 즉각적으로, 그러나 온전하게 보여주는 듯하다"[44]라고 묘사되었다. 도록에 실린 설명 중에는 40여년 전에 뚜치가 했던 이야기를 연상시키는 내용도 있다. "티베트 예술과 문화에서 볼 수 있는 관능적이고 무시무시한 신들은 인도불교문명으로부터 이어받은 심오하고 수준 높은 심리학에 티베트가 정통했을 뿐만 아니라 이를 더 발전시켰음을 보여준다. 이는 최근에 와서야 이루어진 서구의 심리학적 발견에 훨씬 앞서는 것이었다. 티베트 문명에서 인류에 기여할 만한 고유하고 뛰어난 가치를 지닌 것도 전통적으로 내면의 과학(adhyatma-vidya, 아디아트마-비드야)으로 알려져온 바로 이 분야다."[45] 서먼과 리는 티베트미술을 심리작용의 표현으로 보지 않았다는 점에서 이전의 학자들과 구별된다. 대신 이들은 훨씬 더 종교적인 논조로 티베트미술의 도상을 이 세상이 본받아야 할 모형으로 제시한다. "티베트인들이 하듯이 (얍윰) 도상을 관찰하고 느낀다면, 우리도 깨달음에 이르는 가능성에 대한 영감을 얻을 수 있다."[46]

서먼과 리의 설명에 따르면 '지혜와 자비' 전시회는 만다라(그들은 만다라를 '영적 양육의 영역'이라 불렀다)의 형상으로 만들어졌다. 관람객들이 맨 처음 보게 되는 작품은 금박을 입힌 육척 장신의 금강수보살(Vajrapāṇi, 바즈라빠니) 황동상이었다. 금강수보살은 티베트사원의 입구를 지키는 호법신으로 이 전시회에서도 같은 역할을 했다. 그후 관람객들은 만다라의 신성한 공간 안으로 안내되었는데 이 공간은 외측 전시실, 중간 전시실, 내측 전시실로 나뉘어 있었다. '티베트종교의 역사'라는 제목이 붙은 외측 전시실에는 고타마 붓다, 아라한들과 보살들, 수많은 인도의 현자들(paṇḍitas)과 대성취자들(mahāsiddhas)의 도상이 전시되었고 마지막에 세 명의 '법왕'(法王)이 등장했다. 첫번째 법왕은 역사적 인물인 티쏭데짼(Khri srong lde btsan) 왕으로 그의 통치하에 티베트 최초의 불교사원이 세워졌다. 다른 두명의 법왕은 신화 속 인물들로 야만인들과 최후의 전쟁을 치르게 될 때 샴발라왕국을 이끌 루드라차크린(Rudracakrin)과 북방의 호법신인 바이쉬라바나(Vaiśravana)였다. 이처럼 뚜렷한 공통점이 없는 세 인물이 '법왕'이라는 명칭으로 묶이면서 역사와 신화의 구분이 흐려졌는데, 이는 이 전시회의 전반적인 특징이기도 했다.

한편 중간 전시실에서는 로버트 서먼이 '네개의 거대한 파도'라 부른 티베트불교의 네가지 주요 종파가 소개되었다. 이 표현에는 파도가 물가로 밀려오면서 먼젓번 파도가 뒤로 밀려난다는 암시와 함께 마지막 파도인 쫑카빠와 겔룩빠가 티베트불교사상과 수행의 정점이라는 얄팍한 목적론이 깔려 있었다. 티베트불교종파들 사이에서 수세기에 걸쳐 벌어진 중요한 논쟁들은 "아주 가끔씩 일어난 갈등"으로 묘사되었고 이들은 항상 "'지역' 기관과 제휴를 맺은 정치파벌"을 끌어들였다고 설명되었다.[47] 각 종파에 대한 소개에서는 중요한 역사적 인물의 초상과 각 종파가 선호하는 수호불 또는 본존불(yi dams, 이담)의 도상이 전시되었는데 같은 신이 여러 종파에 중복되어 등장하기도 했다.

내측 전시실에서는 '티베트인들의 이상세계'인 극락정토(極樂淨土)와 관련된 미술품이 전시되었다. 여기에 전시된 미술품들은 관세음보살이나 타라(외측 전시실에도 전시되어 있었다)와 같은 '우주적 보살들', '역사적 부처'인 붓다(마찬가지로 외측 전시실에도 전시되어 있었다)를 포함한 '우주적 부처들', 빠드마삼바바의 장독팔리('구리빛 산'이라는 뜻—옮긴이)사원이나 삼예사원(티베트 최초의 불교사원)과 같은 '극락정토', 중간 전시실에도 전시된 밀라레빠와 쫑카빠의 초상, 티베트의 수도 라싸를 그린 그림 등이었다. 일부 관람객들은 이처럼 신화적인 인물과 역사적인 인물, 천상의 극락정토와 티베트의 실제 도시들이 뒤섞여 있는 것을 보고 단순히 일관성 없는 배치라고 생각했을지도 모른다. 그러나 이것은 서먼과 리가 처음부터 의도한 것일 수도 있다. 즉, 그들은 관람객들이 보는 눈만 있으면 만다라의 중심을 향해 가면서 라싸가 곧 극락정토라는 사실을 깨달을 것이라고 생각해 굳이 신화와 역사, 이상과 현실을 철저히 구분할 필요가 없다고 판단했을지도 모른다. 서먼과 리의 설명에 따르면 "극락정토는 티베트가 가진 신비로운 매력을 설명하는 열쇠라 할 수 있다. 티베트의 이러한 측면은 우리가 사는 세계가 신성한 만다라의 모습을 갖고 있으며 훗날 지상낙원이 될지도 모른다는 꿈을 현실로 보여준다."[48] 이를 더 간결하게 표현하면 다음과 같다. "1700년 동안 지켜온 불교신앙 덕분에 티베트의 모든 땅은 지구상에서 극락정토에 가장 가까운 공간이 되었다."[49] 한편 전시회장의 관람객들은 마지막으로 만다라 한가운데에 있는 또다른 만다라를 보게 되었다. 이는 달라이 라마 사원의 승려들이 색모래를 가지고 만다라를 직접 만드는 광경이었다. 이 같은 광경을 연출한 의도는 '고대의 걸작이 살아 움직이는 생생한 콘텍스트(context)'를 보여주려는 것이었다. 그러나 이 광경을 지켜본 일부 관람객들은 만다라의 중심이자 역사의 외부에 존재하는 곳, 즉 완벽히 대칭적이고 완전히 고정된 극락정토의 가장 신성한 내실에서 이상화된 보살이나 성인들이 아니라 살아 있는 '진짜 티베트인들'이 전시되었다는 사실을 알아차렸을지도 모른다. 이들은 마치 활인화(活人怜)에 등장하는 사람들처럼 보였다.[50] (전시회는 뉴욕 IBM 갤러리에서도 열렸는데 이때 승려들은 유리벽 뒤에서 만다라를 만들었다.)

지금껏 살펴본 다양한 설명에서 티베트미술은 근대 이전의 인간을 사로잡은 온갖 공포를 형상화한 작품 또는 인간을 비밀스럽고 숭고한 현실로 인도하는 길잡이로 여겨졌다. 한편 티베트 예술가는 자신이 본 환영을 그림으로 나타내는 고차원적 신비주의 수행자 또는 정적이고 억압적인 종교의 도상을 아무 생각 없이 베끼기만 하는 자동인형 중 하나로 묘사되었다. 또 미술품을 감상하는 티베트 대중은 무시무시한 형상 앞에서 겁을 먹는 어수룩한 신자 또는 혀를 내두를 정도로 많은 도상의 세부양식들을 꿰뚫어보며 환상의 베일 너머에 있는 절대적인 요소를 알아보는 영지주의자로 설명되었다. 팔의 설명대로 "탱화는 단순히 감상용으로 만든 것이 아니었다. 물론 벽장식으로 걸리는 작품도 있지만 탱화는 원래 보는 이의 영혼을 불러내는 그림이다. 티베트불교는 신비로운 종교이므로 탱화도 신자들이 자신의 내면을 들여다볼 수 있게 해주려는 의도로 만들어진 것이다."[51]

학자들이 이처럼 제멋대로인 해석을 하게 된 것은 티베트미술을 다루는 체계적인 학문이 비교적 늦게 (지난 20여년에 걸쳐) 발전했기 때문인지도 모른다. 이 탓에 티베트 문헌을 참고하거나 티베트 예술가들과 대담을 나누는 방식으로 티베트미술에 대한 지식을 쌓을 수 없었던 것이다.[52] 물론 뒤늦게 이러한 지식을 활용할 수 있게 되었지만 이미 널리 퍼진 설명을 대체하기에는 역부족이었다. 전자는 소수의 사람들에게만 알려진 데 반해, 후자는 전시회 도록이나 응접실 탁자에 놓일 법한 교양서(coffeetable books, 꼼꼼히 읽기보다는 그냥 넘겨보도록 만든, 사진과 그림이 많이 실린 크고 비싼 책―옮긴이)에 반복해서 등장하면서 권위를 얻게 되었다. 일부 산스크리트어 학자들이 '옴 마니 빠드메 훔'이 '연꽃 속의 보석'을 뜻하지 않는다고 주장했을 때 이것이 별다른 주의를 끌지 못하고 묻혔던 것처럼, 티베트학자들이 티베트 문헌에 대해서 쓴 해설도 티베트 예술가들이 무명의 신비스러운 승려라는 인식을 없애는 데에는 별 도움이 되지 못했다. 그럼에도 불구하고 티베트난민 예술가들이 자신들의 작품에 대해 이야기한 내용을 보면 티베트미술품의 제작과 용도에 관해 사뭇 다른 관점을 얻을 수 있다.

티베트 예술가들이 미술품 제작의뢰를 받는 것은 신비적인 이유에서라기보다는 일상적인 이유에서였다. 신을 그려달라고 의뢰하는 것은 공덕을 쌓는 방법 중 하나였고, 이렇게 쌓은 공덕으로 인생의 장애물(bar chad, 발체)을 피해갈 수 있었다. 또 가끔씩은 라마의 충고에 따라 질병을 쫓거나, 점성술에서 말하는 액년에 위험을 피하거나, 죽은 지 얼마 안 된 가족이 마음에 드는 모습으로 환생할 수 있게 해주기 위해 탱화 제작을 요청하기도 했다. 한편 장수를 기원하는 마음에서 무한한 수명을 가진 부처, 즉 아미타불(Amitāyus)의 탱화를 주문하는 이들도 있었다. 그러나 각종 신들이 그려진 탱화는 무엇보다도 숭배의 대상이었고 불교신자들은 이들을 달래기 위해 공물을 바치고 기도문을 읊었다. 또 탱화 앞에 엎드려 절을 하면 공덕이 쌓인다고 믿었다. 탱화는 설교에 쓰이기도 했는데 이곳저곳을 떠돌아다니는 승려들은 대중 앞에서 탱화를 펼쳐 보이며 보살들이 행한 기적을 들려주었다. 한편 명상수행을 하는 승려들과 라마들은 마음속에 생생하고 구체적인 이미지를 떠올려야 했는데 이때 탱화는 명상의 초기단계에서 마음속에 뚜렷한 이미지가 생겨날 때까지 견본으로 사용되었다. 신의 도상은 정해진 지침에 따라 그려야 했는데 널리 알려진 도상측정법(각 도상의 비율을 정해주는 기하학적 격자무늬의 사용)은 독창성 없는 모사의 표본이었을 뿐 아니라 다양한 해석과 논쟁의 대상이었다.[53]

  티베트 예술가들은 대개 자신의 아버지에게 그림을 배운 평범한 장인이었다. 물론 불교 교리와 수행에 정통한 종교지도자가 동시에 숙련된 예술가인 경우도 있었지만 대부분은 불교교육을 받지 못한 평신도들이 그림을 그렸다. 불교경전에 적힌 내용에 따르면 예술가들은 탄트라경전에 나오는 신들의 도상을 그리기 전에 불교에 정식으로 입문하고, 칩거에 들어가 명상수행을 하며, 그림을 그리는 동안 음식을 제한해서 먹어야 했다.[54] 그러나 특정한 부류의 탄트라 신들을 그리기 위해 입문식을 치러야 했던 것을 제외하면 실제로 이런 내용들은 거의 지켜지지 않았던 것으로 보인다. 티베트 예술가들은 보통 작품을 만들고 후한 보수를 받았지만 존상(尊像)을 사고파는 것이 금지되어 있었던 까닭에 수고비는 공물로 간주되었다.[55] 따라서 서먼과 리는 "티베트 예술가는 깨달음을 드러내기 위해 자신을 비우는 그릇 역할을 할 만큼 충분히 깨어 있는 사람이라야 한다. 그는 명성이나 물질적 이익을 얻기 위해서가 아니라 좀더 높은 영역에 바치기 위해 작품을 만든다"[56]라고 설명했지만 실제로 티베트 예술가들은 이런 모습이 아니었을지도 모른다.

다음으로 티베트미술이 얼마나 '상징적'인지를 고찰하기에 앞서 티베트에 전해지는 이야기부터 살펴보도록 하자. 인도를 향해 길을 떠날 채비를 하는 한 젊은 상인이 있었다. 그의 어머니는 그에게 돌아오는 길에 부처의 유물을 가져다달라고 부탁했다. 그는 여행 내내 어머니의 부탁을 까맣게 잊고 있다가 집에 거의 다 와서 이 부탁을 기억해냈다. 때마침 그는 길가에서 죽은 개의 두개골을 발견했고 개의 이빨을 뽑아 비단에 싸서 어머니에게 가져다주었다. 어머니는 매우 고마워하며 이 가짜 유물 앞에 매일같이 절을 하고 공물을 바치는 등 지극정성으로 유물을 섬겼다. 그러자 얼마 지나지 않아 이빨에서 진짜 유물처럼 사리(ring bsel, 링셀)가 만들어지고 무지갯빛 광채가 뿜어져나왔다.[57] 이 이야기는 신앙의 힘이 얼마나 놀라운지를 보여주는 일화로 전해져왔다. 그런데 『지혜와 자비』에 실린 다른 버전의 이야기는 예상치 못한 방향으로 전개된다.

아들은 어머니에게 개의 이빨을 선물한 뒤 죄책감에 사로잡혀 결국 사실을 털어놓기로 결심했다. 그 순간 티베트에 있는 불상 중에 가장 신성한 라싸의 조오(Jo bo) 불상이 나타나 유물은 진짜이며 자신이 그가 가는 길에 일부러 죽은 개의 두개골을 가져다놓은 것이라고 설명했다. 결국 개의 이빨은 라싸에 있는 불상의 현현이며 불상이 만들어낸 유물이었던 것이다. 집으로 돌아가 무지갯빛 후광에 휩싸인 이빨을 발견한 아들은 그제야 조오 불상의 이야기가 사실임을 깨닫게 된다.[58]

이 변형된 이야기는 티베트인들이 생각하는 상징과 체현의 개념에 대해 중요한 통찰을 안겨준다. 티베트의 도상은 회화든 조각이든 간에 신성화(rab gnas, 랍네)의식을 통해 생명을 부여받아야만 완성된 작품으로 여겨진다. 조각상의 경우에 '생명의 막대기'(srog shing, 록셩)라 불리는 나무막대를 진언이 적힌 두루마리로 싸서 불상 안에 집어넣어야 하는데 이 막대기는 불상의 머리끝과 바닥을 이어준다. 또 종종 신성한 장소에서 향이나 흙을 가져와 불상 안에 넣은 후 불상의 아랫부분을 닫고 십자 모양의 금강저 표시로 봉인을 하기도 한다. 한편 티베트 탱화의 경우에는 두루마리 앞면에 그려진 도상의 머리, 목, 심장의 높이에 맞춰 뒷면에 '옴' '아' '훔'과 같은 진언의 글자를 적어넣는다. 그후 간단하게 할 수도 있고 복잡하게 할 수도 있는 신성화 의식을 치른다. 이 의식의 목적은 도상에 나타난 신(일반적으로 부처)을 실제 도상 안으로 불러들여 생명을 불어넣는 것이다.[59] 예를 들어 '무주처열반'(rab tu mi gnas pa'i myang 'das, apratiṣṭhitanirvāṇa)에 있는 부처는 열반에 든 것도 아니고 윤회상태에 있는 것도 아니므로 이 의식을 통해 물리적 도상 안에 머물게 만들 수 있다고 한다. 이때 도상이 진짜 부처로 바뀌어야만 이를 통해 공덕을 쌓을 수 있다. 이 의식에서 신성화되지 않은 도상은 (의식을 치르는 사람의 심상에서) 도상의 본질인 공(空)으로 분해되었다가 다시 진짜 신으로 나타나는데, 이때 거울을 사용해 신의 궁극적 실체를 양식화된 도상에 비춰준다.[60]

의식을 치를 때는 보통 다음과 같은 구절을 읊는다. "도솔천에서 온 부처들이 마야 부인의 자궁으로 들어갔듯이, 여기 거울에 비치는 도상으로 들어가소서."[61] 그렇다면 신성화된 도상은 신을 상징하는 것이 아니라 신 그 자체라 할 수 있다. 또 티베트에는 도상이 자신을 숭배하는 신자들에게 직접 말을 건네는 내용의 이야기들이 수도 없이 많다. 앞서 살펴본 이야기에서 개의 이빨이 광채를 뿜어낸 것은 노모의 독실한 신앙 때문이 아니라 그것이 실제로 부처에 의해 만들어진 부처의 유물이었기 때문이다. 대승불교의 '삼신설'(trikāya, 트리카야)에 따르면 부처의 화신(nirmāṇakāya, 니르마나카야)은 승려의 모습을 가장하여 각 시대별로 한번씩 이 세상에 나타났다. 그는 초인(mahāpuruṣa, 마하푸루샤)의 32가지 주요 징표와 80가지 작은 징표들을 몸에 지니고 있었다. 한편 부처의 화신은 회화나 조각과 같은 무생물(이것은 '만들어진 화신'(bzo sprul sku, 조뚤꾸)이라 불린다)이나 평범한 보통사람의 모습으로 나타나기도 했다. 그러므로 개의 이빨은 유물이자 부처의 치아이며 곧 부처의 화신이었다. 앞의 이야기에서 불상이 아들 앞에 나타나 개의 이빨을 가져다놓은 것이 바로 자신이라고 일러주는 장면을 보면 불상의 실체를 분명히 알 수 있다. 또 티베트에 '미술사' 문헌이라 불리는 것이 따로 없는 이유도 불상의 실체에서 찾을 수 있을지 모른다. 이 불상은 신성화 의식을 통해 진짜 신으로 바뀌는 것이다.[62]

그렇다면 불교의 신들을 재현한 미술품에 대해 티베트인들이 보이는 태도는 일찍이 티베트에 간 천주교 선교사들이 사용한 단어──우상숭배──로 설명하는 것이 가장 나을지도 모른다. 우상숭배는 "그림이나 조각에 깃들어져 있다고 믿어지는 가짜 신을 숭배하는 것"[63]이다. 여기서 '가짜'라는 말을 지우고 불교의 신이 남신일 수도 있고 여신일 수도 있다는 점을 덧붙이면 이는 꼭 티베트인들의 태도를 묘사하는 것처럼 보인다. 1676년에 쓰인 『중국과 프랑스에 관한 두편의 보고서』(China and France, or Two Treatises)에 따르면 천주교 선교사였던 그뤼버(Grueber)와 도르빌(d'Orville)은 끝내 달라이 라마를 만날 수 없었다고 한다. 이는 "그리스도교도에게 접견이 허용되지 않았기 때문이다." 대신 그들은 달라이 라마의 초상화를 보게 되었는데 "우상숭배자들은 그 그림에 대고 그가 실제로 거기에 있기라도 한 듯 극진한 경의를 표했다."[64] 선교사이자 학자였던 그레이엄 쌘드버그(Graham Sandberg)가 1906년에 쓴 글에서도 비슷한 견해를 엿볼 수 있다. "오늘날 열성적인 애호가들은 불교가 순수하고 철학적인 형태의 믿음이라고 극찬하지만, 실제로 불교가 흥한 곳에서 이루어지는 종교행위를 짧게라도 관찰해본 사람은 불교가 대부분 우상숭배라는 사실을 인정하지 않을 수 없을 것이다."[65] 물론 불교의 도상을 성상, 즉 신성이 담긴 종교적 이미지로 보는 사람도 있을 것이다. 그러나 그렇다고 해도 요점은 달라지지 않는다.[66] 초기의 종교인류학적 관점에서 보면 티베트인들의 태도는 원시적 사고방식의 결과물로 보인다. E. B. 타일러(E. B. Tylor)의 말에 따르면 "상징과 상징화된 대상을 동일시하려는 경향, 즉 어느 곳에서든 아이들과 무지한 사람들 가운데 강하게 나타나는 이 경향은 우상을 마치 살아 있는 전능한 신처럼 대하게 했고 심지어 이 우상에게 활기와 생명력을 불어넣는 방법에 대해 명확한 교리를 세우게 만들었다."[67]

결국 티베트미술은 다른 대상을 가리키거나 항상 자기가 아닌 다른 것을 나타내는 고도의 상징주의 미술이 아니다. 티베트의 도상은 매우 중요한 측면에서 신의 재현이 아닌 신 그 자체이기 때문이다. 티베트뿐만 아니라 모든 불교국가에서 볼 수 있는 이러한 사실을 미술사가들이 알아차리지 못한 것은 미술품이 어떤 용도로 쓰이는지에 대해 충분히 관심을 기울이지 않았기 때문이다. 또 설령 미술품의 용도를 설명한다 해도 신비주의적 명상을 위한 것이라는 낭만적 견해를 폈기 때문에 미술품 앞에 엎드려 절을 하는 사람들을 보고도 그냥 지나쳐버린 것이다. 실제로 티베트불교미술에 대한 서구의 반응은 '모 아니면 도'('동양적 사고'에는 이러한 경향이 없다고 추정되었다)라 할 수 있다. 서양의 미술사가는 분노존을 가리켜 혹독한 자연환경에 투영된 티베트인들의 무의식이라고 설명하면서 무의식과 자연환경 사이에서 이 둘을 중재하는 주체인 티베트인의 의식을 행방불명으로 만들어버린다. 대신 티베트인들은 자신의 심리적 투영을 그저 수동적으로 지켜보는 사람으로 그려진다. 이들 중에 유일하게 능동적 행위성을 지닌 주체는 대중의 두려움을 조종해 자신의 잇속을 챙기려는 사악한 라마뿐이다. 한편 남녀교합상이 이원적 요소의 결합을 상징한다고 보는 미술사가는 티베트의 일부 탄트라 교리체계('보수적인' 겔룩빠를 포함하여)를 무시해버린다. 이 교리체계에 따르면 깨달음의 경지에 이르기 위해서는 어느 시점엔가 반드시 (상상이 아닌) 진짜 상대방과 성적 결합을 맺어야 하고, 티베트 승려들이 쓴 전기와 자서전에도 그들이 직접 수행한 탄트라 요가(sexual yoga)에 대한 내용이 빈번하게 등장한다.[68] 또 만다라가 우주의 원형을 나타낸 추상적 상징이라 말하는 미술사가는 이것이 실제로 중앙의 옥좌에 앉은 특정 신의 특정한 장소, 즉 특정 부처들, 보살들, 신과 여신들, 호법신들이 살고 있는 특정한 방식으로 장식된 궁전이라는 사실을 간과해버린다. 실제로 만다라의 종류는 매우 다양하며 입문자들은 만다라에 나타난 특정 신이 되기 위해 궁전의 모든 특징을 외우려 한다.

티베트미술품이 티베트 본토가 아닌 다른 곳들로 뿔뿔이 흩어진 것처럼 작품의 의미 또한 티베트라는 구체적 맥락에서 벗어나 보편화되었다. 학자들은 티베트미술의 의미를 미래에 도달하게 될 깨달음의 상태나 과거의 원시상태에서만 찾으려 할 뿐, 결코 현재의 티베트에서 찾으려 하지 않는다. 이처럼 티베트미술은 '티베트'라는 수식어가 붙는 다른 모든 것들과 마찬가지로 이분법적으로 설명된다. 이를테면 티베트미술은 중국의 영향이나 인도의 영향을 받은 것으로 설명된다. 또 티베트의 도상에는 적정존 또는 분노존이 있다. 티베트미술품은 성적 타락 또는 고차원적 상징을 나타내고, 맹목적인 숭배를 요하거나 현실 너머만을 가리킨다. 작품을 만드는 사람은 사악한 마술사이거나 깨우친 현자이고, 이들이 사는 곳은 공포를 불러일으키는 곳이거나 신비로운 공(空) 사상을 체험할 수 있는 곳이다. 이 모든 설명에서 보이지 않는 것은 다름 아닌 티베트인들이다. 이 티베트인 주체들(의식적으로나 다른 측면으로나)은 우리와 그들에게 티베트미술에 대해 설명하려 드는 사람들이 살고 있는 세상과는 또다른 방식으로 구성되고 운영되는 세상에 살고 있다.

하지만 티베트인의 시각이라고 해서 그것을 결정적인 시각이라 할 수 있을까? 설령 그렇다고 해도 어떤 티베트인의 시각을 받아들여야 할까? 망명 중인 예술가, 아니면 티베트에 있는 예술가? 달라이 라마를 위해 탱화를 만드는 예술가, 아니면 관광객들을 위해 탱화를 만드는 예술가? 그것도 아니면 현대적인 회화를 그리는 예술가? 어쩌면 이것은 결국 언어학에서 말하는 유의미성의 문제(즉 특정한 맥락에서 의미가 있는지 없는지)인지도 모른다. 여기에서 대중적인 요소와 학문적인 요소는 다시 한번 한 점에서 만나게 된다. 티베트를 여행한 사람들은 티베트인들이 오래된 불상을 새것과 바꾸고 색이 바랜 탱화를 새로 칠하는 것을 보고 그들이 어리석을 만큼 순진하다고 이야기한다. 그러나 작품이 얼마나 오래된 것인지는 티베트학자들이나 미술품 수집가들에게나 의미가 있지 티베트인들에게는 그 작품이 과거의 특정 성인과 연관되어 있지 않는 한 별 의미가 없다. 반면 작품이 신성화의식을 거쳐 살아 있는 성상으로 거듭나는 것은 티베트인들에게 매우 큰 의미가 있다. 다른 의미체계 속에 사는 일부 수집가들은 불상의 바닥을 열어 안에

든 내용물을 빼냈고 자신도 모르는 사이에 불상을 다시 세속화시켰다. 그렇다면 탄트라 입문자들에게만 본질을 드러내는 만다라를 공공미술관에 전시하는 것은 불경스러운 일일까? 티베트인들이 부처 앞에서 성행위를 하는 것을 죄로 여긴다는 사실을 모른 채 부처가 그려진 탱화를 침실에 거는 것은? 이처럼 티베트인들에게는 의미있는 것이 티베트학자들에게는 의미없는 것일 수도 있다. 또 티베트학자들에게는 의미있는 것이 미술품 수집가들에게는 아무런 의미없는 것일 수도 있다(수집가가 티베트인이거나 티베트학자가 불교도라면 상황은 더욱 복잡해진다).[69] 어떤 사물이 특정 맥락에서 완전히 다른 맥락으로 옮겨질 때, 아니면 J. 꼭또의 영화 「미녀와 야수」에 나오는 벨의 목걸이처럼 어떤 사람의 손에서 다른 사람의 손으로 넘겨질 때 그 사물은 여전히 같은 것임에도 불구하고 맥락에 따라 달라지게 되는 것일까?

 그렇다면 티베트불교회화란 과연 무엇일까? 티베트인들에게 그것은 조상 대대로 내려온 귀중한 보물일 것이다. 또 제대로 신성화된 경우에는 숭배의 대상이자 공덕을 쌓는 매개물이다. 한편 티베트불교학자들에게 이것은 유물이다. 이들은 그림에 그려진 신의 연원, 작품의 연대와 출처, 작가의 이름 등을 확인하고 그림의 양식을 분석한다. 그러나 미술품 감정가들에게 티베트회화는 유물이 아닌 예술작품이고, 자료가 아닌 상품이다. 학자들이 제공하는 정보는 주로 작품의 상품가치를 매기는 데 중요한 의미를 갖는다. 작품의 가치는 작품이 안겨주는 미적 쾌감과도 관련되어 있는데, 티베트미술품의 의례용도나 티베트 예술가들의 기법은 미술사에서 중요하게 여기는 감정과정에 비춰볼 때 별 의미가 없을지도 모른다. 감정가들은 티베트미술품의 가치를 높이는 방향으로 작품을 해석하고 싶어했고 그 결과 이 장에서 살펴본 티베트미술이론이 나타나게 되었다. 이 이론들은 하나같이 티베트미술을 안느 샤예(Anne Chayet)가 말한 '이국풍의 서양미술'로 만듦으로써 이것을 통제하려 들었다.[70] 그러나 우리가 '티베트미술' 또는 '티베트불교'라 부르는 것은 이미 통제할 수 없는 대상인지도 모른다. 그리고 이러한 통제욕구를 버릴 때라야 진정한 해방이 이루어질 수 있을 것이다.

6장 학문 The Field

사기꾼과 학자의 결정적 차이

> 옛날에는 권위있는 해설자 밑에서
> 오랜 기간 그 경전에 대해 공부하지 않으면
> 섣불리 경전을 번역하려 들지 않았다.
> 하물며 그 경전에 담긴 가르침을 믿지도 않으면서
> 스스로 그것을 번역할 자격이 있다고 여기는 사람은 아무도 없었다.
> _라마 고빈다

1977년, 저명한 중국학자 미헬 슈트릭만(Michel Strickmann)은 서양의 티베트불교연구에서 위험하다고 생각되는 경향을 지적했다. "내가 보기에 비전문가들이 티베트에 갖는 관심에 훨씬 더 심각한 위협이 되는 것은 티베트불교와 탄트라불교를 표면적으로만 다룬 새로운 책들이다. 물론 이중에는 저명한 사람들이 쓴 책도 있지만 대부분은 불안에 시달리는 미국인들에게 마음의 안정을 찾는 법에 대해 설명한 책에 지나지 않는다."[1] 이어서 슈트릭만은 학문적인 요소와 대중적인 요소의 결합에 대하여 이야기하는데 이러한 경향은 앞서 살펴보았듯이 서구와 티베트의 만남에서 오랜 역사에 걸쳐 나타난 것이다. 또 슈트릭만이 20여년 전 이런 현상에 대해 한탄한 이후로 이러한 경향은 더욱 심해지고 다양해졌다. 이번 장에서는 티베트불교학이 학문분야로서 북미지역에서 어떠한 발전과정을 거쳐왔는지를 살펴볼 것이다. 특히 1959년에 시작된 티베트 디아스포라 이래로 티베트학에 생겨난 변화에 초점을 맞추면서 지식생산은 항상 불완전할 수밖에 없으며 정해진 시간과 공간과 문화적 환경의 범위 안에서 이루어진다는 사실을 보여주고자 한다.[2)]

다른 학문분야들과 마찬가지로 티베트학에도 대중적인 요소가 있다. 그러나 여기에는 분명한 정도의 차이가 있는데 이는 몇가지 요인에서 비롯된 것이다. 먼저 티베트 역사 전반에 걸쳐 이웃나라들은 티베트를 별로 중요하지 않은 주변국으로 여겨왔다. 인도가 보기에 티베트는 험준한 히말라야 산맥 너머에 있는 곳이자 신화 속 왕국과 신들의 거처가 있는 곳이었다. 또 중국과 몽골과 만주 왕조가 보기에 티베트는 다소 거칠지만 불가사의한 힘을 지닌 머나먼 이웃국가였다. 티베트는 한때 이들 제국의 일부로 여겨지기도 했고 그렇지 않기도 했다. 19세기 말의 영국과 러시아가 보기에 티베트는 그들 제국의 국경 너머에 있는 땅이자 첩자를 보내 지리를 파악해야 하는 곳이었다. 한편 불교나 뵌교 역사에 기록된 내용에 따르면 티베트인들조차 자신들의 나라를 미개하고 야만적인 곳으로 묘사했다. 이들은 불교국가인 인도나 뵌교왕국인 샹슝과 같이 외부세계로부터만 문명을 들여올 수 있다고 믿었다.

이처럼 티베트가 계속해서 주변부 국가로 인식된 것은 20세기 중반에 이를 때까지 중국, 몽골, 만주, 영국, 러시아제국 등의 식민통치를 받지 않았기 때문이다. 식민통치로 인해 생겨나는 많은 것들 중 하나가 바로 지식인데 처음에는 탐험가들과 상인들이, 다음으로는 식민지 관리들과 선교사들이, 마지막으로는 기록보관소에 있는 전문가들과 본국의 각종 연구소 및 식민지의 대학들이 이러한 지식을 만들어냈다. 티베트의 경우에는 1950년대에 중국의 통치를 받게 될 때까지 이러한 기관이 세워지지 않았다. 이처럼 공인된 지식을 만들어내는 곳이 따로 없었으므로 여행가들과 티베트 애호가들 같은 '재능 있는 비전문가들'이 만들어낸 비공식적 지식만 남게 되었다. 한편 19세기와 20세기 초반의 동양학자들에게 고전 티베트어는 항상 부수적인 언어였다. 인도학자들은 산스크리트어 문헌의 티베트어 번역본을 읽기 위해, 또 중국학자들은 네가지 언어가 새겨진 비석의 티베트어 비문이나 둔황의 동굴과 사원에서 발견된 방대한 사료들 속의 비중국어 문헌을 읽기 위해 고전 티베트어를 배웠다.[3]

실제로 티베트불교학이 '그 자체로' 정식 학문분야로 받아들여지기 시작한 것은 1959년에 시작된 티베트 디아스포라 이후의 일이었다. 티베트 승려들이 다양한 방식으로 후원을 받아 북미지역으로 이주하게 되면서 티베트불교가 미국과 캐나다 학생들의 관심을 끌기 시작한 것이다. 당시 학자들이 연구하던 상당수의 문헌은 네팔 법원에 주재하던 영국인 브라이언 호턴 호지슨이 1837년 카트만두에서 유럽의 대형도서관들로 보낸 산스크리트어 문헌들이었다. 호지슨이 보낸 문헌들을 최초로 광범위하게 활용한 학자는 프랑스의 외젠 뷔르누프(Eugène Burnouf)였다. 그는 『묘법연화경』을 불어로 번역했고 이 책은 그가 죽은 뒤인 1852년에 출간되었다. 이 번역본과 그가 1844년에 출간한 『인도불교역사 개론』(Introduction à *l'histoire du Buddhisme indien*)은 바그너(Wagner)와 소로우(Thoreau)를 포함한 유럽과 미국의 지성인들에게 대승불교를 처음으로 알린 책이다. 이때부터 점점 더 많은 학자들이 불교 문헌에 관심을 갖기 시작했고, 붓다의 고유한 가르침이 산스크리트어로 보존되었는지 아니면 팔리어로 보존되었는지, 또 불교에서 말하는 열반이 영혼이 완전히 소멸된 상태인지 아닌지와 같은 교리상의 문제를 두고 논쟁을 벌이게 되었다.[4]

뷔르누프(그리고 몇몇 다른 사람들)의 저작에 실린 문헌 외의 다른 불교 문헌들은 19세기 말에 『동방성서 전집』이 출간될 때까지 영미권 독자들에게 거의 알려지지 않았다. 『동방성서 전집』의 "번역은 여러명의 동양학자들이 맡았고, 편집은 F. 막스 뮐러가 맡았다." 총 50권에 달하는 『동방성서 전집』 중에 불교경전은 전부 일곱권이었다. 이들은 대부분 팔리어 경전이었지만 개중에는 붓다의 일대기를 그린 아슈바고샤(Aśvaghoṣa, 馬鳴)의 책(중국어 번역본)과 『묘법연화경』의 또다른 번역본이 있었다. 또 『대승불교경전』(*Buddhist Mahāyāna Texts*)이라 불리는 책에는 산스크리트어에서 번역된 붓다의 일대기, 『금강경』 『반야심경』 『아미타경』 『무량수경』이 실렸다. 한편 『동방성서 전집』에 티베트불교경전이나 이들의 번역본은 포함되지 않았다.

그렇다고 해서 티베트불교 문헌이 19세기 내내 무시되어온 것은 아니었다. 이자크 야코브 슈미트는 1837년에 티베트어 『금강경』을 프랑스어로 번역 출간했고 1843년에 『바보와 현자 경』을 번역 출간했다. 또 필립 에두아르 푸꼬(Philippe Édouard Foucaux, 1811~94)

는 붓다의 일대기를 다룬 산스크리트어 경전 『방광대장엄경』 (*Lalitavistara*)의 티베트어 번역본을 1847년에 프랑스어로 번역 출간했다.[5] 한편 티베트불교 문헌을 다룬 책 중에 이 시기에 나온 가장 중요한 저작은 헝가리 학자 알렉산더 초마 데 쾨뢰시의 책이었다. 그는 『티베트어-영어 사전』과 티베트불교경전에 대한 개론서를 펴냈다.[6] 그럼에도 티베트에 대한 19세기의 학문적 관심은 대부분 인도불교의 이해를 돕는 문헌들, 즉 티베트어로 번역된 다양한 산스크리트어 경전과 티베트어로 쓰인 인도불교의 역사서(chos 'byung, 최중)에 초점이 맞춰져 있었다.[7]

한편 미국에서는 중국과 티베트의 다양한 지역을 여행한 외교관 윌리엄 우드빌 록힐(William Woodville Rockhill)이 1892년에 『우다나바르가』(*Udanavarga: A Collection of Verses from the Buddhist Canon*)를, 1907년에는 『깡귤과 땡귤에 나오는 붓다의 일생과 불교의 초기 역사』(*The Life of the Buddha and the Early History of His Order, Derived from Tibetan Works in the Bkah-hgyur and Bstan-hgyur*)를 펴냈다. 또 1942년에는 버클리대학교의 페르디난트 레싱(Ferdinand Lessing)이 『베이징에 있는 라마교 사원 융허궁의 도상 연구 및 라마교의 신화와 의식』(*Yung-ho-kung, An Iconography of the Lamaist Cathedral in Peking, with Notes on Lamaist Mythology and Cult*)을 펴냈다. 그는 나중에 알렉스 웨이먼(Alex Wayman)과 함께 겔룩빠의 중요한 탄트라 개론서인 『케드룹제의 탄트라불교원리』(*Mkhas grub rje's Fundamentals of the Buddhist Tantras*)를 번역 출간했다. 그러나 북미지역에 티베트불교학과가 설립된 것은 1960년대(티베트 디아스포라 이후)에 이르러서였다. 여기서

중심적인 역할을 한 인물로는 데이비드 쎄이포트 루그(David Seyfort Ruegg), 헤르베르트 귄터(Herbert Guenther), 데이비드 스넬그로브 등을 꼽을 수 있다.[8]

  티베트불교학이 미국에서 처음으로 전폭적인 후원을 받은 시기는 록펠러 재단이 저명한 싸까빠 학자 데슝 린뽀체를 워싱턴대학교로 초빙한 1960년이었다. 그후 1961년에는 미국 최초로 위스콘신대학교에 불교학과 대학원이 설립되었다. 초대 학과장은 런던대학교의 동양학·아프리카학 대학원에서 박사학위를 받은 캐나다인 리처드 로빈슨(Richard Robinson)이었다. 그의 박사논문은 후에 『인도와 중국의 초기 중관학파』(Early Mādhyamika in India and China)라는 제목의 책으로 출간되었다. 로빈슨의 제자들은 미국에서 1960년대 후반과 1970년대에 신설된 불교학 분야의 교수로 임용되었는데 루이스 랭커스터(Lewis Lancaster), 슈테판 바이어(Stephan Beyer), 프랜시스 쿡(Francis Cook), 제프리 홉킨스(Jeffrey Hopkins), 로저 콜레스(Roger Corless), 스티븐 영(Steven Young), 데니스 리시카(Dennis Lishka), 찰스 프레비시(Charles Prebish), 더글러스 다예(Douglas Daye), 스테판 어네커(Stefan Anacker), 하비 애런슨(Harvey Aronson) 등이 그러한 예였다. 이들 중 일부는 학계에 남았고 일부는 다른 직업을 얻었다. 그중 불교학 분야에 남은 이들은 유럽의 경우와 같이 산스크리트어학과나 고전학과나 동양언어학과가 아니라 종교학과의 교수가 되었다. 이러한 변화는 북미지역에서 불교학, 특히 티베트불교학이 정착하는 과정에서 그 방향 및 형식을 갖추는 데 중요한 영향을 미치게 되었다.[9]

미국에서 종교학이 대학의 학문분야로 자리 잡은 것은 제2차 세계대전 후의 일이었고 특히 1960년대에 걸쳐 집중적인 발전이 이루어졌다. 19세기 후반에는 여러 인류학자들과 '문화'연구자들(예를 들면, 프레이저나 타일러)이 비서구사회의 '종교적'관습을 연구했다. 이들의 연구는 '종교역사학' '비교종교학' '세계종교학' 등으로 불렸고, 정령신앙과 물신숭배에서 다신교를 거쳐 일신교로 진화해간 종교의 발전에 많은 관심을 기울였다. 그러나 기독교는 종교 발전의 정점에 있는 것으로 여겨져 이러한 연구에서 제외되었다. 기독교연구는 유럽에서는 대개 신학과에서, 미국에서는 신학대학과 신학교에서 이루어졌다.

제2차 세계대전 이후 미국의 인문교육과정이 확대되고 자유화되면서 사립대학이나 신학교에만 있던 기독교 교육과정이 공립대학에도 만들어졌다. 한편 신학대학의 모델을 따르던 종교학 교육과정에 비판적 여론이 일기 시작했다. 개신교계가 종교학을 장악하는 것을 완화하기 위해 천주교와 유대교를 포함시키고 기독교 이외의 다른 종교도 연구해야 한다는 것이었다.[10] 그러나 새롭게 정비된 종교학 교육과정은 실제로 신학대학과 거의 비슷한 체계로 구성되었다. 일반적인 신학대학은 성서학(여기에는 구약학 및 신약학과 이들을 공부하는 데 필요한 언어가 포함되었다), 교회사, 신학, 윤리학, 목회상담학, 설교학 등을 가르쳤다. 한편 일반대학의 종교학과에서도 명칭이 조금씩 다르긴 했지만 보통 구약학, 신약학, 교회사, 신학, 윤리학 등을 가르쳤다. 구약은 때때로 유대교학에 포함되었고 교회사는 '미국의 종교'로 불리기도 했다. 또 신학은 '종교사상' 또는 '종교철학'이라는 명칭으로 불렸고 후자는 특별히 포이어바흐(Feuerbach)와 키르케고르(Kierkegaard)의 사상을 중점적으로 다루었다. 이러한 주요과목 외에도 '세계종교학'이나 '비교종교학' 과목이 추가되었는데 이들은 유대교-기독교 이외의 다른 종교들—이슬람교, 힌두교, 불교, 유교, 도교, 그리고 때로는 신도(神道)까지—을 다루었다. 규모가 더 크거나 재정적인 여유가 있는 대학들은 종교심리학(이 분야에서는 윌리엄 제임스, 프로이트의 『환상의 미래』*The Future of an Illusion*, 융 등이 특별한 주목을 받았다)이나 종교사회학(베버와 뒤르켐Durkheim은 이 분야의 창시자로 여겨진다)을 가르치는 교수를 뽑기도 했다. 이처럼 미국의 종교학(따라서 불교학도 부득이하게)은 문헌연구를 통해 종교적 믿음과 세계관을 조명하면서 '의미'의 문제에 관심을 두었다. 반면 유럽에서는 불교학이 오랜 전통을 가진 동양학과 문헌학 분야에 기반을 두었고 의미의 문제는 조금 더 단순해 보일지 모르는 과제인 지식의 축적보다 훨씬 덜 중요하게 여겨졌다.

18세기와 19세기에는 식민열강의 세력이 강해지면서 세계의 주요 종교목록이 점차 늘어났다. 이 목록에 들어갈 자격을 얻으려면 종교의 창시자, 사제계급, 성서 정전(正典), 고유의 '신앙' 등이 있어야 했다. 가장 먼저 주요 종교로 인정받은 것은 유대교와 기독교처럼 아브라함을 조상으로 섬기는 이슬람교였다. 그후 유교의 도덕, 힌두교 또는 '고대 힌두교'의 신비주의 철학, '원시'불교의 합리성과 개인주의가 주목을 받게 되었다. 그러나 1장에서 설명한 것과 같이 외부인들의 견해를 제외하면 티베트종교에 대해 알려진

바는 거의 없었다. 천주교 선교사들은 청나라의 종교가 유교나 도교나 불교가 아니라 라마들의 종파인 '라마교'라는 중국의 견해를 그대로 받아들였다. 또 빅토리아 시대의 유럽 학자들은 티베트인들이 믿는 종교가 정통 불교가 아니라고 보았다. 워델은 이를 다음과 같이 설명했다. "우리는 라마교에서 훨씬 더 뿌리 깊은 악마 숭배를 엿볼 수 있다. (…) 라마교는 무늬만 불교지 자세히 들여다보면 여러 악마를 섬기는 사악한 미신이 그 흉험한 모습을 드러낸다."[11]

이처럼 티베트불교는 '비교종교학'이나 '비교철학' 분야에서 제외되어왔다. '세계철학' 선집이나 '영원의 철학'(perennial philosophy)에 대한 다양한 해설서, 『동서철학』(Philosophy East and West)과 같은 잡지를 보면 고대의 티베트 현자나 그 현자의 해설가 역할을 자처하는 현대의 티베트 철학자의 이름은 좀처럼 찾아볼 수 없다.[12] 이는 앞에서 언급했듯이 티베트가 유럽의 식민지가 되어 직접적인 통치를 받은 적이 없기 때문이다. 티베트에서는 대학을 세우거나 유럽의 기술을 도입하거나 엘리뜨들을 유럽에 보내 교육시키려는 '근대화' 시도가 거의 이루어지지 않았다.[13] 티베트에 이처럼 서양식 교육기관이 없다보니 티베트학자들은 서양식 학문체계를 갖출 수 없었다. 또 티베트는 유럽의 식민지가 아니었으므로 티베트 국내에나 유럽에도 티베트와 관련된 연구소, 도서관, 기록보관소, 박물관 등이 세워지지 않았다.

영국이 티베트를 침공한 1903년과 1904년에 군의장교로 복무했던 L. 오스틴 워델은 당시의 이야기를 담은 회고록에서 끝내 실현되지 않은 예측을 했다. "머지않아 영국의 지시를 받아 라싸에 대학이 설립되면 티베트종교의 기원을 연구하는 학과가 가장 중요한 자리를 맡게 될 것이다."[14] 그러나 실제로 티베트에는 서양식 교육기관이 세워지지 않았고 티베트 내의 유럽어 교육과 유럽 내의 티베트어 교육도 이루어지지 않았다. 한편 유럽에서 가장 높이 평가된 불교는 아시아에서 이미 오래전에 자취를 감추고 근대에 들어 유럽의 통제를 받게 된 인도불교였다. 앞서 1장에서 언급한 것처럼 유럽의 학자들이 '정통' 불교 또는 '진정한' 불교로 여긴 것은 팔리어 문헌으로 보존되어온 인도불교였다. 반면 티베트불교는 뒤늦게 나타난 타락한 형태의 불교로 여겨졌다. 결국 지금껏 살펴본 모든 요소들은 비교종교학과 비교철학 분야에서 티베트불교를 제외시키는 요인이 되었다.[15]

종교학과의 교육과정에 기독교 이외의 다른 종교들이 포함되면서 위스콘신대학교의 불교학 대학원을 졸업한 로빈슨의 제자들은 다른 대학에 새롭게 생겨나거나 규모를 확장한 종교학과에서 세계종교 분야의 교수직을 맡기에 유리한 조건이 되었다. 불교는 '아시아 전역에 퍼져 있는' 종교이므로 불교학을 전공한 학자들은 불교가 생겨난 곳(인도)과 전파된 곳(중국과 일본)의 문화적 전통에 대해서도 어느정도 알고 있어야 했다. (동남아시아, 티베트, 한국처럼 불교가 주요 종교였던 다른 지역들은 1980년대 이전까지만 해도 비교적 적은 관심을 받았다.) 따라서 종교학과에 세계종교를 가르치는 교수직이 하나만 날 경우 불교학 전공자는 최소한 두개의 지역을 아우를 수 있다는 이점을 누렸다. 또 이슬람교나 힌두교 전문가를 채용하기 위해 교수진을 늘리는 경우에도 심심찮게 불교학 분야에 자리가 나곤 했다. 일부 규모가 큰 종교학과들은 소위 '동물원 이론'에 들어맞는 모습을 보였는데 이를테면 세계의 주요 종교를 전공한 학자들을 한명씩 뽑거나 일부 경우에는 그 종교를 직접 믿는 신자를 뽑는 식이었다. 일례로 유대학과 교수들은 거의 항상 유대인이었고 이슬람학과 또한 갈수록 이슬람교도인 교수들(중동이나 남아시아 혈통)이 늘어났다. 불교학과의 교수들 역시 불교도인 경우가 많았지만 그중에서도 유독 피부가 흰 백인 신도들만 이 자리를 맡게 되었다.

그러나 이처럼 '비서구' 종교 분야의 교수직이 늘긴 했어도 여전히 신학대학에 개설된 분과대로 교수 자리가 나는 경우가 대부분이었다. 따라서 종교학과에서 이루어지는 연구와 강의는 주로 '경전'의 해석, '세계관' '신앙' 등 신학과의 전통적 관심사에 초점이 맞춰져 있었다. 한편 기독교학자들의 틈에 낀 불교학자는 딜레마에 빠지게 되었다. 그가(이 세대의 학자들은 일반적으로 남성이었다) 다루는 문헌은 해결하기에 벅찬 언어학적·역사학적 문제들을 던져주었고 여기에 대한 해답은 보통 지나치게 전문적인 내용이어서 학부생들뿐만 아니라 종교학과에 있는 동료교수들의 눈에도 대책 없이 난해하게 보였던 것이다. 따라서 (특히 미국의 경우에) 불교 관련 연구와 강의는 상세한 교리와 제도를 다루는 대신 이들의 근원으로 여겨지는 명상체험에 주의를 돌렸다. 1960년대의 영향력 있는 불교학자였던 에드워드 콘즈는 "(불교의 모든 철학적) 명제는 그 속에 담긴 영적 의도를 고려해야 하며, 구원을 얻기 위한 명상체험을 언어로 표현한 것으로 보아야 한다"[16]라고 주장했는데 이 시기의 학자들 가운데 여기에 이의를 제기하는 사람은 거의 없었다.

티베트불교학 분야의 발전과정에서 특별히 흥미로운 인물 중 하나는 제프리 홉킨스이다. 그는 여러해 동안 다른 곳에서 티베트불교를 공부한 후 로빈슨이 이끄는 위스콘신대학교의 불교학 대학원에 들어갔다. 그는 대학원에 가기 전 게셰 왕걀(Geshe Wangyal, 1901~83) 밑에서 가르침을 받았는데 위스콘신 대학원 입학도 왕걀의 권고를 따른 것이었다. 왕걀이 오늘날 미국의 티베트불교학에 끼친 지대한 영향은 아무리 강조해도 지나침이 없다. 게셰 왕걀은 러시아 흑해와 카스피해 사이의 깔미끼아라 불리는 지역에서 태어났다. 이곳은 몽골이 유럽에서 후퇴한 후 깔미끄족이라 불리는 일부 몽골인들이 17세기경에 이주한 지역이었다. 깔미끄족은 티베트불교 신자였다. 게셰 왕걀은 1901년 깔미끼아에서 태어나 여섯살의 나이에 불교승려로 계를 받았다. 그는 뛰어난 학업능력 덕분에 저명한 부랴트 몽골 라마였던 아그반 도르지예프(Agvan Dorzhiev)의 눈에 들어 티베트의 데풍사원으로 유학을 가게 되었고, 1922년에 라싸에 도착해 9년간 데풍사원에 머물며 사원의 교육과정을 이수했다. 그는 깔미끼아로 돌아가 후학을 양성할 계획이었지만 고향으로 돌아가는 길에 러시아공산당이 불교기관을 박해하고 있다는 소식을 듣게 되었다. 결국 그는 몇년간 베이징에 머물게 되었고 찰스 벨 경(1870~1945, 씨킴, 부탄, 티베트 지역을 관할한 영국인 행정관)이 중국과 만주를 여행할 때 통역사로 동행했다. 그는 인도를 여행하던 중 영국 출신의 산악인 마코 팰리스를 만났는데 그와 함께 1937년에 영국으로 가서 4개월간 그곳에 머물기도 했다. 한편 제2차 세계대전 동안에는 인도와 티베트에 머물었고 중국이 티베트를 침공했다는 소식을 듣자마자 티베트를 떠나 서벵골 주의 칼림퐁으로 거처를 옮겼다.[17]

그즈음 뉴저지 주의 프리우드 에이커스에는 깔미끄족 이민자들이 모여 사는 지역공동체가 세워졌다. 쏘비에뜨 정권 아래서 잔혹한 탄압을 받은 깔미끄족은 제2차 세계대전 동안 독일군의 편에 섰다. 이들 중 일부는 독일군이 쏘비에뜨연방에서 철수할 때 따라나섰고 전쟁이 끝날 때쯤 오스트리아에 도착했다. 이들은 본국으로 송환되면 스딸린 정권의 보복을 받을 운명이었다. 따라서 미국정부는 이들이 뉴저지 주로 이주할 수 있도록 허가해주었다. 이렇게해서 뉴저지 주에 깔미끄족 지역공동체가 형성되었고 게셰 왕걀은 1955년에 이들을 위해 종교의식을 주관할 승려로 미국에 오게되었다. 그는 난민공동체를 위해 미국에 온 다른 많은 불교승려들처럼 불교에 관심이 있는 미국인들의 주목을 받기 시작했다. 맨해튼과 보스턴에 있는 동양문화 애호가들은 티베트 승려가 뉴저지에 살고 있다는 소식을 듣게 되었다. 이들 중 가장 큰 흥미를 보인 사람은 바로 로버트 서먼과 제프리 홉킨스였다. 두 사람은 1963년 하바드대학교를 나와 뉴저지에 있는 게셰 왕걀의 라마불교사원으로 들어갔다. 서먼은 1965년에 게셰 왕걀을 따라 인도로 갔고 그곳에서 미국인 최초로 티베트불교 승려의 계를 받았다. 게셰 왕걀은 미국으로 돌아온 서먼을 설득해 하바드대학교로 돌아가라고 했고 서먼은 그곳에서 학부를 마치고 박사학위를 받았다. 로버트 서먼은 현재(1998년) 컬럼비아대학교의 제 쫑카빠 불교학 교수로 재직 중이다.

한편 홉킨스는 게셰 왕걀 밑에서 8년간 공부한 뒤 위스콘신대학교의 불교학 대학원에 들어갔다. 그곳에서 그는 학장인 로빈슨을 도와 '티베트 하우스'를 만들었다. 티베트 하우스는 티베트불교를 전공하는 학생들이 위스콘신대학교를 방문 중인 티베트 승려 망명자들과 함께 공부할 수 있는 공간이었다. 로빈슨이 죽은 뒤인 1971년, 홉킨스는 박사학위 논문 연구를 위해 인도로 떠났다. 그는 다람살라에서 지내면서 달라이 라마의 눈에 띄었고 달라이 라마는 그의 유창한 티베트어와 중관사상에 대한 해박한 지식에 깊은 인상을 받았다. 홉킨스는 1972년에 미국으로 돌아와 박사학위를 받았고 1973년에는 버지니아대학교의 종교학과 교수로 임용되었다.

당시 버지니아대학교의 종교학과는 북미지역에서 가장 빠르게 성장하는 학과 중 하나였고 1970년대 초반에 이슬람교, 불교, 힌두교, 중국종교, 종교심리학, 종교철학을 가르치는 교수들을 채용했다. 홉킨스는 교수로 임용되자마자 불교철학과 명상에 대한 대형 강의를 맡았고 고전 티베트어를 가르쳤다. 그의 고전 티베트어 수업을 수강하는 학생들은 20명이나 됐는데 이중에 절반이 첫번째 학기를 무사히 끝마쳤다. 홉킨스의 세부전공은 중관사상이었고 나중에 책으로 출판된 그의 두꺼운 논문 『공성(空性)에 대한 고찰』(*Meditation on Emptiness*)은 (미국 논문 데이터베이스University Microfilms International에 등재된 형태로) 불교학과 학생들 사이에서 교과서 같은 책으로 여겨지게 되었다. 일부 학생들은 "본질은 없다"라고 적힌 고무도장을 만들어 자신들의 이마에서부터 종교학과 남자화장실에 있는 변기에까지 도장을 찍고 다녔다. 제프리 홉킨스는 두 번째 학기에 다람살라에서 티베트 승려 케춘 상뽀(Khetsun Sangpo)를 초빙했다. 케춘 상뽀는 수십명의 학생들이 수강하는 '불교명상' '불교수행'과 같은 수업에서 티베트어로 직접 강의를 했고 홉킨스는 옆에서 한 문장씩 통역을 해주었다. 이러한 방식은 버지니아대학교 종교학과의 전형적인 수업방식으로 자리 잡았는데, 학생들은 라마들에게 직접 가르침을 받았고 홉킨스가 즉석에서 동시통역을 해주었다. 또는 홉킨스가 망명공동체의 가장 뛰어난 티베트학자들과 함께 활발한 연구를 하면서 듣고 읽었던 내용을 학생들에게 직접 가르쳐주기도 했다. 이렇게 해서 오랜 기간 동안 히말라야 지역에만 전해져 내려오던 티베트불교의 전설적인 구전전통이 마치 마법처럼 버지니아 샬러츠빌의 강의실에 모습을 드러내게 되었다. (서양이 만들어낸 티베트에 대한 담론과 지식에서) 오랫동안 부재했던 티베트 승려들이 드디어 눈앞에 현존하게 된 것이다.

그러나 샬러츠빌(과 다른 곳들)에서 티베트불교를 가르칠 수 있도록 도움을 준 것은 망명 중인 승려들뿐만이 아니었다. 때마침 수천권에 달하는 티베트 문헌이 나타난 것이다. 미국은 미공법 480호(미국의 잉여농산물 원조법—옮긴이)에 따라 인도에 기근구제를 위한 밀을 보냈고 인도정부는 여기에 대한 빚을 책으로 갚기로 했다. 이에 따라 1961년부터 인도에서 출판되는 모든 책들은 정해진 부수만큼 미국의회도서관으로 보내지게 되었다. 미국의회도서관은 각

지역마다 정부간행물 보관 도서관을 선정해 이 책들을 배포했는데 버지니아대학교의 앨더먼 도서관도 바로 이러한 도서관 중 하나였다. 게다가 티베트학에 길이길이 행운으로 작용한 점은 1968년부터 1985년까지 뉴델리 국회도서관의 관장을 역임한 E. 진 스미스(E. Gene Smith)가 워싱턴대학교에서 박사학위를 받은 저명한 티베트학자였다는 것이다. 그가 노력을 기울인 덕에 그때까지 알려지지 않았던 수천권의 티베트 문헌, 즉, 티베트인들이 망명길에 오르면서 가지고 나온 문헌들이 인도에서 출판되어 미국 전역에 있는 정부간행물 보관 도서관으로 보내졌다. 이렇게 해서 티베트의 오래되고 신비로운 문서들이 마치 마술이라도 부린 듯 미국 대학도서관의 서가에 모습을 드러내게 되었다.

버지니아대학교의 종교학과는 1970년대 후반에 들어 대학원 과정에 '종교사학' 분야를 신설했다. 이 프로그램에 입학한 학생들은 대부분 티베트불교를 전공하는 홉킨스의 제자들이었다. 얼마 지나지 않아 홉킨스는 이 학생들이 다양한 불교철학 범주들 사이의 복잡한 관계를 이해하고 기억하는 데 어려움을 느낀다는 사실을 알게 되었다. 이는 겔룩빠사원의 교육과정에서 가장 중요하게 여겨지는 내용 중 하나였다. 그는 이 문제를 해결하기 위해 수업에서 쓰이는 가장 기본적인 용어들의 티베트어 정의를 학생들에게 암기하게 했다. 이를테면 항아리('무상'無常의 속성을 나타내기 위한 예)의 정의는 '바닥이 둥글납작하고 깊이가 있어 물을 담는 기능을 하는 사물'이었다(이는 티베트어뿐만 아니라 영어로도 설명하기 쉽지 않은 내용이었다). 이와 같은 식으로 이 수업에서 '무상'은 '찰나멸'(순간순간 일어나고 소멸함―옮긴이)로 정의되었고, '현상'은 '실체를 지닌 것'으로 정의되었다.

일단 이 같은 정의를 암기하고 나자 '항아리는 무상한데, 찰나멸하기 때문이다'와 같은 단순한 삼단논법을 만드는 것이 가능해졌다. 여기서 '항아리'는 주어, '무상하다'는 술어, '찰나멸'은 근거에 해당한다. 이 삼단논법이 참이 되려면 근거가 주어의 속성을 나타내야 하고(즉 항아리는 찰나멸해야 한다), 근거와 술어 사이에는 '포함관계'가 성립해야 한다(즉 모든 찰나멸한 것은 무상해야 한다). 홉킨스는 학생들이 이 논리를 제대로 알아들었는지 시험하기 위해 티베트어로 다음과 같이 말했다. "모든 찰나멸한 것은 반드시 무상하다." 그러면 학생들은 "포함관계가 성립한다"라고 답했다. 또 그는 다음과 같이 말했다. "모든 현상은 반드시 무상하다." 그러면 학생들은 "포함관계가 성립하지 않는다"라고 답했다. 그런 후 홉킨스는 학생들에게 "현상이면서 무상하지 않은 것의 예는?"이라고 물었다. 그러면 학생들은 "허공"이라고 답했다. 왜냐하면 학생들은 허공의 정의가 '현상을 가로막는 장애가 없는 상태'라는 것을 외우고 있었기 때문이다. 이처럼 장애가 없는 상태는 매순간마다 변화하지 않기 때문에 무상한 것이 아니라 영원한 것이었다. 이런 식으로 학생들은 티베트사원의 기초교육과정에서 수련승들이 배우는 불교철학의 범주에 대해 기본적인 지식을 익힐 수 있었다.

여기서 홉킨스가 버지니아대학교의 수업모델로 삼은 티베트 겔룩빠의 사원교육을 살펴보는 것이 유익할 것이다. 티베트사원들은 보통 규모가 크고 복잡한 기관이었고 전통사회에서 다양한 기능을 수행했다. 따라서 학자 양성은 티베트사원의 여러가지 기능 중 하나일 뿐이었다. 게다가 이러한 교육과정은 소수의 사원들에만 갖춰져 있었고 승려들 중에서도 극히 일부만이 적극적으로 수업에 참여했다. 심지어는 교육을 주목적으로 하는 주요 종파의 큰 사원들에서도 전체 승려의 10퍼센트 정도만이 불교철학 교육을 받았던 것으로 추산된다.

겔룩빠의 3대 사원(데풍, 간덴, 세라)의 교육과정을 이수하려면 보통 15년에서 25년이 걸렸다. 승려들은 제일 먼저 읽고 쓰는 법을 배웠고(이 과정은 보통 7세에서 12세 사이에 시작되었다) 그후 『논리학의 도(道)』(rigs lam, 릭람) 상·중·하로 불리는 세권의 교과서를 차례대로 배우면서 논리학의 기초를 습득했다. 『논리학의 도』의 상권에서는 삼단논법(엄밀히 말하면 '생략 삼단논법'에 가깝다)이 소개되었는데 주로 색깔을 예로 들어 "모든 색깔이 있는 것은 반드시 빨갛다"라는 명제가 나오면 이 명제의 오류를 보여주기 위해 "모든 하얀 법라(法螺, 흰색 소라고둥 나팔 — 옮긴이)는 빨간색이다. 이것은 색깔이 있는 것은 전부 빨갛기 때문이다"라는 귀류적 반론이 따라 나오는 식이었다. 이 같은 내용 외에도 각 장마다 '인식의 대상'(shes bya, 셰자), 역(逆)논증(ldog pa ngos 'dzin, 독빠왼진), 반대, 원인과 결과 등에 대한 내용이 실렸다. 책의 뒤쪽으로 갈수록 논증의 난이도는 점점 더 높아졌고, 승려들은 다양한 전문용어의 정의와 각 용어가 속하는 범주를 외워야 했다. 『논리학의 도』의 상·중·하권을 마치면 다음 단계에서 불교인식론의 기본범주들을 소개한 『인식론』(blo rigs, 로릭)과 중급 논리학을 다룬 『논리학』(rtags rigs, 따릭)을 배웠다.『개론서』『인식론』『논리학』을 공부하는 데는 총 1년에서 5년의 시간이 걸렸다.

지금까지 살펴본 책들은 겔룩빠사원 교육의 핵심이 되는 다섯권의 인도 논서(論書)를 배우기 위한 준비과정이나 다름없었다. 흔히 '5대서'라 불리는 이 논서들 중에 첫번째 문헌은 인도의 미륵보살(Maitreya)의 저작으로 알려진『현관장엄론』(Abhisamayālaṃkāra)이었고 이 논서를 공부하는 데에는 총 4년에서 6년의 시간이 소요되었다. 이 논서의 취지는『반야바라밀다』('지혜의 완성') 경전에 '숨겨져 있는 가르침', 즉 깨달음에 이르는 길의 체계를 드러내는 것이었다.『현관장엄론』에는 '70가지의 주제'가 소개되어 있고 각 주제에는 여러개의 하위항목이 딸려 있어 보리심(bodhicitta)에 대한 논의만 해도 종류가 20가지나 되었다. 한편 두번째 문헌은 짠드라끼르띠(Candrakīrti, 月稱)가 쓴『입중론』(Madhyamakāvatāra)이었다. 이 논서는 보살이 되기 위해 거쳐야 할 보살십지(菩薩十地)를 다루었는데 논서의 상당부분은 여섯번째 단계인 현전지(반야의 지혜가 눈앞에 보이는 단계)에 관한 내용이었다. 현전지를 다루는 장(章)은 겔룩빠에서 중관사상을 가르칠 때 전거로 삼는 부분이기도 했다. 이 논서를 공부하는 데에는 총 2년에서 4년의 시간이 걸렸다. 세번째 문헌은 다르마끼르띠(Dharmakīrti, 法稱)의『양평석』(Pramāṇavarttika)이었다. 이 논서는『논리학의 도』와『논리학』교재를 합쳐 놓은 형태로 다양한 종류의 논증을 다루었다. 겔룩빠 3대 사원의 승려들은 매년 장(Jang)에 모여 다르마끼르띠의 저작에 대한 논쟁을 벌였는데 그중『양평석』에는 환생의 존재, 윤회에서 벗어나 해탈하는 법, 부처의 무소부재 등을 논증한 내용, 지식의 두가지 원천(직접 지각과 추론)에 대한 내용, 다양한 논증방식을 분류하고 사고작용을 분석한 내용 등이 담겨 있었다. 이 문헌은 마치 수수께끼 같은 시처럼 쓰여 있어서 인도 주석서(śāstras) 중에서 가장 어려운 논서이자 뛰어난 학승들이 제일 아끼던 논서였다. 네번째 문헌은 와수반두(Vasubandhu, 世親)의 『아비달마 구사론』(Abhidharmakośa)으로 소승불교의 교리를 담은 개론서이자 불교의 우주론과 업(業)에 대한 내용을 다루는 논서였다. 이 논서를 공부하는 데에는 총 4년의 시간이 걸렸다. 마지막으로 다섯번째 문헌인 구나쁘라바(Guṇaprabha, 德光)의 『율장』(Vinayasūtra)도 공부하는 데 총 4년이 걸렸으며 그 내용은 불교승단의 계율에 관한 것이었다.

이렇게 전체 교육과정을 성공적으로 마치는 데는 20여년이라는 긴 시간이 걸렸다. 이 시간 동안 승려들은 두가지 학습법인 암기와 토론을 통해 훈련을 받았다. 승려들은 관례에 따라 5대서와 이들을 다룬 티베트 승가대학의 교과서, 쫑카빠의 주요 저작 등을 암기해야 했다. 그러므로 뛰어난 학자들이 수천면에 달하는 티베트경전을 줄줄 외우는 것은 결코 드문 일이 아니었다. 이렇게 교리를 외운 승려들은 두번째 학습법인 토론을 통해 자신들의 실력을 선보였다. 토론은 엄격한 구성을 갖춰 진행되었는데 한 승려가 어떤 입장(머릿속에 암기한 용어의 정의나 경전에 나오는 구절의 해석)을 옹호하면 반대편에서 이를 논리정연하게 반박하는 식이었다. 이러한 토론실력은 학계에서 가장 높은 지위에 오르는 데 꼭 필요한 요소였고, 뛰어난 토론실력을 갖춘 학승은 많은 사람들로부터 존경을 받았다. 특히 불교철학 교리사의 위계질서에서 더 높은 지위에 속한 학파의 입장을 상대로 더 낮은 학파의 입장을 지켜내는 데 성공한 승려들은 높은 명성을 얻었다. 승려들 사이에서는 때때로 매우 열띤 토론이 벌어졌고 노련한 두 적수 간의 토론은 서양의 중요한 스포츠 경기처럼 매우 소중한 추억으로 기억되었다. 또 암기와 토론에 능하기만 하면 글을 단 한편도 발표하지 않고도 뛰어난 학자로 이름을 날릴 수 있었다.

제프리 홉킨스는 이 같은 티베트 사원의 교육방식을 본떠 버지니아 불교학 대학원의 교과과정을 만들었다. 그러나 티베트에서는 온종일 불교철학 공부에 전념할 수 있었던 반면, 버지니아대학교에서는 학생들이 다른 과목(인도불교, 동아시아불교, 산스크리트어, 종교사학, 제2종교 등)도 들어야 했기 때문에 사원의 교육방식대로 수업을 받을 수 있는 것은 고전 티베트어 시간뿐이었다. 그 탓에 학생들이 배우고 익힐 수 있는 내용도 원래 분량에 비해 크게 줄어들었다. 고전 티베트어 수업을 듣는 학생들은 제일 먼저 『논리학의 도』 상권을 배웠다. 그들이 제일 처음 배운 티베트어 문장은 "모든 색깔이 있는 것은 반드시 빨갛다"였다. 이처럼 대학원 1학년 때는 『논리학의 도』의 상권에 실린 여러 주제를 다루면서 다양한 용어의 정의와 그 용어가 속하는 범주, 그리고 이와 관련된 토론을 외웠다. 그러나 학생들은 티베트의 경우와는 달리 즉흥적인 논쟁을 벌이는데 서툴렀고 스페인어 교재에 실린 회화구문을 외우듯이 자신들이 암기한 내용을 그대로 따라 말할 뿐이었다. 티베트에서는 암기와 토론을 통해 지식의 수동적인 습득과 능동적인 습득이 동시에 이루어졌던 반면 버지니아대학교에서는 토론마저 수동적이었던 것이다. 한편 고전 티베트어의 2년차 수업에서는 『인식론』과 『논리학』을 배웠고 3년차 수업에서는 『람림』('깨달음의 단계와 길'을 뜻함―옮긴이)을 공부했다. 4년차에는 교재가 따로 정해져 있지 않았지만 주로 탄트라 문헌을 공부했다.

한편 여건이 허락할 때마다 달라이 라마가 직접 선발한 저명한 겔룩빠 학승이 샬르츠빌에 와서 한 학기 또는 1년 동안 머물며 고전 티베트어 수업과 다른 수업들을 가르쳤고 홉킨스 교수가 옆에서 늘 한 문장씩 통역을 해주었다. 티베트 승려는 금요일 오후와 주말마다 명상(수행법)을 가르쳤는데 처음에는 동네 교회를 빌려 쓰다가 나중에는 홉킨스 교수의 집에 모여 수업을 했고, 불교학과 대학원생들은 이 수업에 고정적으로 참여했다. 이처럼 학생들이 특정한 학문적 전통―이 전통은 19세기의 위대한 동양학자들에게까지 거슬러올라갔다―에 속하는 유럽식 모델은 버지니아 대학에서 훨씬 더 오래된 모델로 대체되었다. 이 오래된 모델에서 스승은 박사 논문의 지도교수가 아닌 라마였고, 학문적 전통은 부처에게까지 거슬러올라갈 수 있다고 여겨졌다.

버지니아대학교는 티베트사원 교육과정의 핵심을 이루는 5대서를 거의 다루지 않았다. 4년간의 대학원 과정에서 사원교육의 기초과정을 이수하는 것만으로도 시간이 빠듯했기 때문이다. 홉킨스 교수의 전공분야인 중관사상과 유식사상은 영어로 진행되는 세미나에서, 또 짠드라끼르띠의 『입중론』에 나오는 내용은 일부분만 다루어졌다. 그러나 대부분의 대학원생들은 겔룩빠사원에서 열두살짜리 승려가 공부하는 교재의 일부분만 익힌 채 대학원 수업과정을 끝마쳤다. 이들은 대학원 과정을 수료할 때쯤에는 적어도 한 가지 학술적 전통의 전문적 문헌을 읽을 수 있게 되었다. 대신 유럽과 일본의 불교학에서 오랫동안 공용어 역할을 해온 산스크리트어는 포기할 수밖에 없었다. 산스크리트어를 제대로 익히지 않고 티베트어를 공부한다는 것은 유럽과 일본의 학생들에게는 상상조차 할 수 없는 일이었다. 그러나 미국, 아니 적어도 버지니아대학교의 경우에는 산스크리트어는 기본만 알면 되었고 대신 불교 교리를 담은 티베트어 문헌과 전통에 초점을 맞추었다.

이렇게 해서 쌓은 실력은 논문을 작성하는 데 유용하게 쓰였다. 티베트불교의 학술문헌에는 둡타(grub mtha)라 불리는 장르가 있다. 둡타 문헌들은 다양한 인도철학 학파들의 교리를 모아 소개하는 개론서이다. 이 문헌들에는 가끔씩 자이나(Jaina), 상키야(Sāṃkhya), 니야야(Nyāya), 짜르바카(Carvāka)와 같이 불교와는 아무런 상관도 없는 인도고전철학 학파의 교리들이 실리기도 했지만 대부분의 내용은 네개의 불교학파에 관한 것이었다. 이중 두 학파는 소승불교의 비바사파(Vaibhāṣika)와 경량부(Sautrāntika)였고 다른 두 학파는 대승불교의 유식학파(이 학파는 교리사 문헌에서 보통 유심론Cittamātra— '모든 것은 오직 마음에서 생겨남'sems tsam, 셈짬— 이라 불린다)와 중관학파였다. 티베트인들은 불교철학을 공부하면서 고유의 방식으로 인도 학파들의 입장을 분류했다. 또 이들 간에 위계를 정하고 다양한 주제에 대한 이들의 주장을 서로 비교했다. 티베트 내에 비바사파와 경량부의 사상을 따르는 이들은 전혀 없었고 유식학파의 견해를 지지하는 이들도 매우 드물었다. 그럼에도 불구하고 겔룩빠는 낮은 단계에서부터 높은 단계로, 즉 비바사파에서부터 시작해 귀류논증 중관학파(Prāsaṅgika-Mādhyamika)에 이를 때까지 단계적으로 공부하는 것이 가장 확실한 교육적 효과와 구원의 효과가 있다고 주장했다. 단계가 낮은 학파의 교리는 단계가 높은 학파의 교리에 오르기 위한 발판이자 갈수록 더 난해해지는 철학사상을 이해하는 데 도움을 주는 수단으로 여겨졌다. 예컨대 가장 심오한 철학으로 여겨지는 귀류논증 중관학파의 사상만 공부하면 각종 개념과 용어가 어떻게 발전하고 다듬어졌는지 알 수 없을 텐데 단계가 낮은 학파의 교리들을 공부함으로써 이것이 가능해진다는 것이었다. 티베트의 둡타는 인도철학 학파들의 교리를 능동적으로 재구성한 문헌인 만큼 인위적인 성격을 띠고 있었다. 또 수세기씩 차이가 나는 철학적 입장들을 나란히 늘어놓거나 혼합시키는 등 탈역사적인 측면이 많고 종합적인 경향이 두드러졌다. 둡타 문헌에 등장하는 '학파'들이 실제로 인도에서 '학파'를 형성했다고 볼 수 있는 역사적 증거는 충분치 않다.[18]

홉킨스 교수는 박사과정에 있는 학생들에게 이 문헌들의 일부 내용을 논문주제로 삼게 했다. 예컨대 나는 잠양셰빠('Jam dbyang bzhad pa)의 『위대한 교리 해설서』(Grub mtha' chen mo)에 나오는 자립논증파 부분을, 앤 클라인(Anne Klein)은 경량부 부분을 맡았다. 홉킨스가 학생들에게 내준 과제는 각자 맡은 부분을 '확실히 정리하는 것'이었고 이 과정의 첫번째 단계는 주어진 본문을 번역하는 것이었다. 우리는 일주일에 한번씩 홉킨스 교수와 만나 번역한 내용을 검토하고 수정했다(이것은 몹시 고된 작업이었고 홉킨스 교수는 한꺼번에 여러개의 번역문을 감수해야 했다). 우리는 그와 함께 교리의 요점에 대해 논했고 때로는 잠양셰빠의 저작에 대한 19세기의 주석서에 대해 토론을 하기도 했다.

　우리는 우리가 공부하는 문헌의 저자들을 위대한 스승으로 여겼다. 우리의 목표는 이 학문적 계보의 일원이 됨으로써 스승들의 사상을 이해하는 것이었다. 내 박사학위 논문의 경우 그 계보는 홉킨스 교수에서부터 시작해 그의 스승들, 19세기 주석서의 저자, 18세기의 잠양셰빠, 14세기의 쫑카빠, 까말라실라(Kamalaśīla), 짠드라끼르띠, 나가르주나(Nāgārjuna, 龍樹)와 같은 인도 스승들, 부처가 직접 말한 것으로 전해지는 『반야바라밀다』까지 거슬러올라가는 것이었다. 이 계보에 속하는 해석을 우리가 직접 평가하고 비판하는 것은 주제넘고 부적절한 행동으로 여겨졌다. 우리는 어떻게 해도 이들의 해석을 뛰어넘을 수 없으므로 우리가 해야 할 일은 이것을 영어로 정확하게 옮기는 것이었다. 이러한 접근법 자체가 이미 티베트의 학문적 전통에 속하는 것이었고 불교 교리, 그중에서도 특히 중관사상을 깊이 있고 상세하게 이해하는 것은 매우 중요한 일로 여겨졌다. 특히 겔룩빠는 인도경전에서 끌어온 많은 인용문들을 근거로 나가르주나의 주장보다 더 뛰어난 철학적 견해는 없으며, 윤회에서 벗어나 해탈의 경지에 이르려면 나가르주나의 견해를 완벽하게 이해해야 한다고(궁극적으로는 명상을 해야 하지만 처음에는 추론적인 방식으로) 보았다. 이처럼 우리 대학원생들도 불교철학을 정확하게 번역하고 설명함으로써 학문을 통한 구원의 길에 참여할 수 있었다.

  동시에 우리는 박사논문 연구에 대한 재정지원을 받기 위해 연구비를 주는 기관(미국 인도학 학회와 미국 교육부의 풀브라이트-헤이스(Fulbright-Hays) 박사논문 해외 파견 프로그램)에 지원해야 했다. 이때 우리는 당시의 국제관계와 학계 내의 정치적 사정으로 인해 약간의 속임수를 쓰지 않을 수 없었다. 당시 인도정부는 중국과 정치적으로 민감한 관계에 있었으므로 티베트 망명사회에서 연구하는 것을 허락하지 않았다. 게다가 티베트불교는 산스크리트학처럼 명망을 누리는 분야가 아니었다. 이러한 이유들로 인해 버지니아 대학원의 박사과정 학생들은 연구계획서에 산스크리트어 문헌(티베트어로도 번역되어 있는)을 번역하겠다고 썼고, 다람살라나 카르나타카 주에 있는 티베트 망명자 사원(외국인들의 출입이 금지된 곳)이 아니라 인도에서 유일하게 불교학과가 개설된 델리 대학교 같은 곳에서 연구하겠다는 뜻을 밝혔다. 이렇게 해서 학생들은 연구비를 손에 넣었고 인도에 망명 중인 티베트 승려들 밑에서 공부하기 위해 티베트인들이 모여 사는 지역으로 장기간의 여행을 떠났다. 우리 대학원생들은 티베트 승려들과 함께 공부하면서 10세기경 눈의 고장 티베트로 불교를 들여온 이들이 했던 일과 똑같은 일을 하고 있다는 느낌을 받았다. 그들은 험준한 산맥을 넘는 고된 여정 끝에 인도에 도착해 위대한 스승들과 함께 공부했고 공부를 마친 뒤 고향으로 돌아가 스승들의 저작을 티베트어로 번역했다. 마찬가지로 우리도 바다를 건너 인도로 가서 그곳에 망명 중인 티베트 스승들과 함께 공부했고 미국으로 돌아간 후에는 그들의 가르침을 바탕으로 티베트어 문헌을 번역할 예정이었다. 이렇게 해서 우리는 스승들의 지혜를 보존하는 동시에 불교의 가르침을 영어로 읽을 수 있게 만들었다.[19] 이는 이미 20세기 초반에 에번스-웬츠가 세웠던 전례를 따르는 일이기도 했다.[20]

한편, 위스콘신대학교는 리처드 로빈슨이 때 이른 죽음을 맞기 직전에 한 티베트학자를 남아시아학과의 조교수로 채용했다. 그는 원래 게셰 왕걀이 미국으로 데려온 사람으로, 당시 대학원생이던 제프리 홉킨스의 초청으로 위스콘신대학교에 자리를 잡은 세라 사원의 승려, 게셰 룬둡 소파(Geshe Lhundup Sopa)였다. 지금은 명예교수가 된 게셰 소파는 티베트의 게셰(겔룩빠 교육과정에서 가장 높은 학위)이면서 미국 대학의 종신교수로 임용된 유일한 사람이었다. 제프리 홉킨스와 게셰 소파는 공동으로 책을 펴냈는데 이 책에 두가지 문헌을 번역해서 실었다. 이 두가지 문헌은 쫑카빠의 시 「수행의 세가지 핵심요소」(이 세가지 요소는 출리심, 보리심, 공성空性의 깨달음이다)에 대한 주석서와 인도불교철학 학파의 교리를 소개한 간단한 개론서였다. 홉킨스와 소파의 책은 『티베트불교의 이론과 실제』(*Practice and Theory of Tibetan Buddhism*)라는 다소 과장된 제목으로 출간되었다(이 제목은 후에 『현상의 가식을 꿰뚫고』 *Cutting through Appearances*로 수정되었다).

앞서 언급한 티베트사원 교육과정의 도입 결과, 게셰 소파가 지도한 많은 대학원생들은 자신의 박사학위 논문에서 겔룩빠의 사상을 담은 저작에 초점을 맞추게 되었다. 한편 1970년대와 1980년대에 걸쳐 대학원 과정에서 티베트불교학을 가르친 곳으로는 위싱턴대학교, 버클리대학교, 인디애나대학교, 써스캐처원대학교 등이 있었다. 그러나 이들 대학원의 학생 수는 위스콘신대학교나 버지니아대학교에 비해 훨씬 적었으므로 위스콘신대학교와 버지니아대학교는 1970년대와 1980년대에도 티베트불교학의 중심지로 남게 되었다.[21] 이 시기에 쓰인 대부분의 학술 논문과 저작은 겔룩빠 문헌에 초점을 맞추었으므로 겔룩빠의 두가지 문헌만 다룬 제프리 홉킨스와 게셰 소파의 책이『티베트불교의 이론과 실제』라는 거창한 제목으로 불린 것도 그리 심한 과장이 아닐지 모른다. 이처럼 겔룩빠 문헌에 연구의 초점이 맞춰지게 된 유래는 겔룩빠 승려 게셰 왕걀에게로 거슬러올라간다. 그는 버지니아대학교의 티베트불교학 과정에 결정적인 기여를 한 사람이자 로버트 서먼의 스승이었다. 실제로 20세기의 티베트학에서 가장 중요한 인물을 꼽으라면 영국에서는 데이비드 스넬그로브, 프랑스에서는 마르셀 랄루(Marcelle Lalou)나 R. A. 슈타인, 북미에서는 게셰 왕걀을 들 수 있다. 결국 겔룩빠에 초점을 맞춘 연구경향은 티베트학의 역사에 지대한 영향을 끼쳤다.

위스콘신대학교와 버지니아대학교의 대학원생들은 졸업 후 대부분 교수직을 얻었다. 그들은 종종 자신들의 전공분야를 일컬어 신조어인 '인도-티베트불교'라 불렀는데 이는 티베트를 주변부 문명으로 보는 낡은 견해에 도전하기 위한 시도였는지도 모른다. 그러나 이와 같은 예방조치는 훗날 불필요한 것이 되었다. 달라이 라마가 여러 차례 미국을 방문하면서 티베트가 더 많은 대중들의 관심을 받게 된 것이다. 한편 교수가 된 위스콘신대학교와 버지니아

대학교의 졸업생들은 미국 불교사에서 독특한 계층을 형성했다. 이들은 티베트어로 '학자-신자'(mkhas grub, 케둡)라 불리는 미국인 학자 겸 불교수행자였다. 티베트의 학자-신자들은 일반적으로 승려였고 거의가 남성이었다. 반면 미국에서 이들은 대개 평신도였고 때때로 여성도 있었다. 티베트불교와 비교했을 때 미국불교가 이처럼 다른 특징을 보이는 것은 미국에 티베트불교의 중요한 구성요소인 승가 전통이 없기 때문이다.

불교국가들의 역사는 전통적으로 사원의 설립을 중심으로 전개되었다. 예를 들어 티베트의 티쏭데짼 왕은 자신의 왕국에 불교를 들여오기 위해 인도에서 한 사원의 주지를 초청해 사원을 만들게 했다. 그러나 이러한 시도는 티베트의 신들과 악마들을 노하게 만들었고 결국 빠드마삼바바를 불러다 이들의 분노를 가라앉혀야 했다. 그리고 그제야 비로소 사원을 짓는 중대한 업무를 지속할 수 있었다. 불교사나 불교경전에 나오는 내용에 따르면 승려들이 없이는 불교도 있을 수 없다. 이러한 견해는 종말에 관한 불교신화에서도 볼 수 있는데 법(法)이 타락하는 마지막 단계에서 모든 불교경전이 사라지고(가장 마지막에 사라지는 것은 승가의 계율을 다룬 문헌이다), 승려들의 샛노란 승복이 하얗게(평신도들이 입는 옷의 색깔) 변하며, 화장되고 남은 붓다의 사리—치아, 뼈, 손톱, 머리카락 등—가 성유물함, 사리탑, 불탑 등에서 나와 신비한 힘에 이끌려 보드가야로 옮겨지고 붓다가 깨달음을 얻은 보리수 밑에서 다시 하나로 합쳐진다는 것이다. 이렇게 합쳐진 사리는 그곳에서 마지막으로 신들의 숭배를 받고 순식간에 불길에 휩싸여 사라진다고 한다.

한편 아시아에서는 승려와 평신도가 엄격하게 구분되었는데 이는 메이지 시대 이후로 승려들의 결혼이 허용된 일본에서도 마찬가지로 볼 수 있는 현상이었다. 물론 일본 외의 다른 나라들에서는 표면상으로나마 독신을 지키는 것(그리고 이에 따른 여성혐오증)이 중요하게 여겨졌지만 승려와 평신도 사이의 구분이 꼭 독신주의에 관련된 것만은 아니었다. 이보다 더 중요한 기준은 사실 분업에 있었다. 승려들은 계를 받을 때 스스로 서원한 내용에 따라 순결을 지켜야 했다. 그들이 '공덕의 장(場)'으로 여겨진 것은 이러한 순결 덕분이었고, 평신도들은 그들에게 공물을 바치면서 좋은 업을 쌓아 다음 생에서 만족스러운 존재로 환생하고 싶어했다. 이처럼 승려들은 결혼생활의 일시적인 즐거움을 포기하는 대신 평신도들에게 업을 쌓을 기회를 제공했다. 그리고 그에 대한 보답으로 평신도들은 자신들이 일(승려들이 스스로 기피한 일)을 해서 얻은 결과물을 가지고 승려들에게 물질적인 지원을 해주었다. 한편 승려들은 평신도들이 하지 못하는 일을 했다. 예컨대 경전을 읽거나 의식을 집행하고 명상을 하는 일 등이 여기에 해당했다. 반면 평신도들은 승려들에게 금지되어 있는 일을 했다. 그들은 땅을 갈고, 장사를 하고, 가정을 꾸렸다. (티베트는 다른 테라바다불교 국가들에 비해 승려들에 대한 평신도와 국가의 후원이 더 적었으므로 승려들은 개인적으로 혹은 사원을 대표해 상업에 종사하기도 했다.)

그에 반해 미국의 백인 불교도들 사이에는 이러한 구분이 존재하지 않았다. 이들은 선불교를 믿든 테라바다불교를 믿든 티베트불교를 믿든 간에 승려의 계를 받지 않은 채 승려들이 하는 일을 자신들도 똑같이 하고 싶어했다. 아니 더 정확히 말하면 이들은 승려들이 하는 일 중에 일부만을 똑같이 하고 싶어했다. 예컨대 이들은 의식을 집행하는 일에는 별 관심이 없었다. 반면 경전을 읽고 공부하는 일이나 명상을 하는 일에는 깊은 관심을 가졌다. 이러한 관심과 재력 덕분에 미국인 불교도들은 애초에 난민공동체에 일하러 온 동양인 승려들을 공동체 밖으로 꾀어내 '수행원'(dharma centers)을 세우도록 부추길 수 있었다. 그러나 이러한 수행원의 고객들 가운데 아시아계는 좀처럼 찾아보기 어려웠다.

오늘날에도 아시아 출신의 승려들은 미국 각지의 수요를 채우기에 부족한 실정이다. 물론 일부 서양인들도 승려가 되었지만 동양인 승려들에 비해 신도를 많이 끌어모으진 못했다. 한편 티베트 불교 승려가 된 미국여성들은 비구니계의 질서를 재확립하기 위해 활발한 운동을 벌였다. 이 운동은 승려가 된 지 15분이 지난 남성이 승려가 된 지 15년이 지난 여성보다 높은 지위에 오르는 가부장적 위계질서 속에서 여성의 지위를 회복하려는 페미니즘의 영향을 받은 것이기도 했다. 그러나 미국 내에서 미국인 승려들의 영향력은 전반적으로 미미한 편이었다. 이는 아마도 그들을 지원해주는 공식기관이 없기 때문일 것이다. 미국에서 삭발한 머리에 승려복을 입고 생활하는 것은 결코 쉬운 일이 아니다. 여기에 대해 아무것도 모르는 사람들을 상대로 자신이 하레 크리슈나교도*가 아니라는 사실을 설명하느라 많은 시간을 쏟아야 하기 때문이다. 또 미국에는 몇몇 공동체를 제외하면 승려들이 편하게 모여살 수 있는 승가가 없다. 게다가 티베트불교 승려가 된 상당수의 미국인들은 티베트어를 제대로 배우지 않았기 때문에 티베트 스승의 승인을 받아 다른 이들을 가르칠 수도 없고, 미국인 신자들을 끌어모을 만큼 명성을 쌓을 수도 없다. 학계 밖에서 이들이 티베트어를 배우기란 쉽지 않은 실정이다. 한편 한국이나 인도나 스리랑카에 오랫동안 머물면서 이들의 언어와 경전을 배워 여기에 대해 가르칠 자격을 얻은 서양인 승려들은 고국으로 돌아와 승려로 남는 대신 학계에서 더 적합한 역할을 찾아 학자가 되었다(대표적인 예가 로버트 서먼, 로버트 버스웰Robert Buswell, 호세 까베손José Cabezón, 조르주 드레퓌스George Dreyfus 등이다). 반면 미국에서 승려로 남은 사람들의 권위는 그들이 걸친 의복에서 나올 뿐이었다. 이들은 티베트 전통불교 사회였다면 결코 스승으로서의 자격을 얻지 못했을 사람들이다. 이렇게 해서 불교의 지혜를 설파하고 경전을 해석하는 승려의 전통적 역할은 이상한 방식으로 미국인 학자들, 즉 게셰 왕걀이나 게셰 소파, 아니면 가르칠 자격이 있는 다른 티베트 승려들의 제자들에게로 넘어가게 되었다. 이들이 가진 상징자본은 전통적인 방식으로 스승에게 가르침을 받은 데서 나왔다기보다는(물론 이런 경우도 있었지만) 이들이 소유한 불교학 박사학위에서 나왔다

---

*하레 크리슈나교는 1966년 미국에서 창설된 신종교로 당시의 반문화운동과 맞물려 히피들 사이에서 많은 신도들을 확보했으며 짧은 기간 동안 급격한 교세 확장을 이루었다. 이들의 집회활동은 주로 대도시의 공공장소에서 이루어지며, 힌두교도의 옷을 입고 머리를 삭발한 신도들이 크리슈나의 노래를 부르며 공격적인 전도활동을 벌인다.

고 할 수 있다.

이 신진 학자-신자들은 교수직에 머물기 위해 자신들에게 급여를 주는 기관의 요구를 따라야 했다. '불교학개론'과 같은 수업에 학생들을 많이 끌어들이는 것은 결코 어려운 일이 아니었다. 이런 수업에서는 학자와 신자라는 두가지 신분이 학생들의 호기심을 불러일으켜 등록률을 더 높일 뿐이었다. (내가 더 젊고 유연했던 시절에는 명상에 관한 수업을 하던 도중에 명상의 기본자세인 결가부좌의 시범을 보여 학생들을 열광시키곤 했다.) 그러나 학자들은 강의를 하는 것 외에도 책을 펴내고 논문을 발표해야 했다. 1970년대와 1980년대에 유럽과 미국에 있던 출판사들은 티베트불교 시장이 점점 더 커지고 있다는 사실을 미처 알아차리지 못했다. 이는 학술적인 책을 펴내는 출판사들뿐만 아니라 상업적인 책을 펴내는 출판사들도 마찬가지였다. 옥스퍼드대학교 출판사는 에번스-웬츠의 4부작을 절판시키지 않고 꾸준히 펴냈지만 다른 티베트 관련도서는 수십년이 넘도록 출간하지 않았다. 따라서 점점 더 커지는 독자들의 수요를 맞추기 위해 네개의 새로운 출판사가 세워졌다. 이들은 각각 특정한 티베트 망명 승려와 관련이 있었다.

첫번째 출판사는 1969년에 버클리에 세워진 샴발라 출판사(Shambhala Publications)였다. 이 출판사의 이름은 세계종말 전쟁에 대비해 탄트라불교 수행법을 보존해놓았다는 전설 속의 히말라야 왕국에서 따온 것이다. 샴발라 출판사에서 펴낸 책들 가운데 가장 큰 성공을 거둔 책은 선승이자 제빵사인 에드워드 브라운(Edward Brown)의 『타사자라 제빵서』(The Tassajara Bread Book, 1970)였다. 또

1975년에는 뉴에이지의 고전이 된 프리초프 캐프라(Fritjof Capra)의 『물리학의 도』(*The Tao of Physics*)*를 펴내기도 했다. 그러나 이 시기의 가장 주목할 만한 저자는 버몬트 주와 콜로라도 주 볼더를 기반으로 활동한 까규빠 라마, 최걈 퉁빠였다. 그는 『영적 물질주의의 극복』(*Cutting through Spiritual Materialism*, 1973)과 같은 책을 통해 티베트불교에 대한 세련된 해석을 내놓으면서 더 많은 열혈독자들에게 불교사상을 알렸다. 또 그의 추종자들은 볼더에 본부를 두고 전국 곳곳에 '법계'(dharmadhātus)라 불리는 명상센터를 세웠다. 이들은 매우 조직적으로 활동했으며, 퉁빠가 직접 임명한 전국 지부의 임원들 중에는 수행공동체 바깥의 사람들을 담당하는 대외문제 담당자도 있었다.[22] 퉁빠의 제자들은 날란다 번역위원회(the Nālandā Translation Committee)를 운영했고 이들이 번역한 책은 샴발라 출판사에서 출간되었다. 샴발라 출판사는 나중에 가서 이슬람 신비주의와 뉴에이지 심리학에 관한 책들을 펴냈고 퉁빠의 저작을 제외하면 티베트불교 관련 도서에 그다지 큰 비중을 두지 않았다. 퉁빠의 제자들 가운데 불교학 박사학위를 받은 사람은 거의 없었다. 또 그가 볼더에 직접 세운 나로파대학교의 불교학과를 제외하면 퉁빠는 티베트불교의 학술연구에 별다른 영향을 끼치지 못했다.

두번째 출판사는 1971년에 캘리포니아 주의 버클리에 세워진 다르마 출판사(Dharma Publishing)였다. 이 출판사는 원래 딸탕 뚤꾸

---

* 이 책은 국내에서 『현대 물리학과 동양사상』(프리초프 카프라 지음, 김용정·이성범 옮김, 범양사 2006)이라는 제목으로 출간되었다.

(Tarthang Tulku)가 세운 닝마 연구소(Nyingma Institute)의 책을 발행하려는 의도로 설립되었고 오늘날까지 이러한 의도에 맞춰 운영되고 있다. 다르마 출판사는 딸탕 뚤꾸가 쓴 책 『시간, 공간, 지식』(*Time, Space, Knowledge*, 1977)과 익명의 제자들이 그의 지도하에 엮어낸 여러 권짜리 불교사 시리즈 『수정 거울』(*Crystal Mirror*)을 펴냈다. 또 원래 불어로 번역 출간되었던 티베트 문헌의 영어 번역서와 유럽 불교학자들의 저작을 재발행하기도 했다. 예컨대 푸꼬가 1847년에 번역 출간한 불어판 『방광대장엄경』은 『부처의 목소리』(*The Voice of Buddha*)라는 제목으로, 크리스티안 린트너(Christian Lindtner)가 쓴 『나가르주나의 글과 사상 연구』(*Nagarjuniana*)는 『지혜의 스승』(*Master of Wisdoms*)이라는 제목으로 출간되었다. 또 헤르베르트 귄터의 일부 저작도 다르마 출판사에서 나왔는데 이중에는 세 권으로 된 『친히 굽어 살피시니』(*Kindly Bent to Ease Us*)와 같은 책도 끼어 있었다. 그러나 다르마 출판사가 내놓은 가장 야심찬 간행물은 멋들어지게 장정된 데게(Derge)판 『티베트대장경』이었다. 총 120권에 달하는 『티베트대장경』의 전권은 1만 5000달러에 팔렸는데, 불행히도 책을 장정하는 데 엄청난 비용을 투자한 데 반해 내용물의 복사상태에는 충분한 주의를 기울이지 못했다. 캘리포니아대학교 도서관에 보관되어 있던 목판본을 서둘러 복사하느라 책 곳곳의 내용을 알아볼 수 없게 되었고, 그 결과 그 앞에 엎드려 절하기는 좋아도(티베트불교 신자들이 하듯이) 읽기에는 나쁜(실제로 티베트불교 신자들이 경전을 읽는 일은 드물다) 책이 되고 만 것이다.

세번째 출판사인 위즈덤 출판사(Wisdom Publications)는 1975년에 설립되어 현재 보스턴으로 자리를 옮겼다. 이 출판사는 원래 겔룩빠 뚤꾸인 툽텐 예셰(Thupten Yeshe, 1935-1984, 라마 예셰로도 알려져 있다)의 가르침을 책으로 펴내려는 목적으로 설립되었다. 툽텐 예셰는 툽텐 소파(Thupten Sopa)와 함께 카트만두와 다람살라 외곽에 꼬빤(Kopan)과 뚜씨따(Tushita)라는 유명한 명상센터를 세웠고 나중에 가서는 세계 곳곳에 이러한 센터들을 설립했다. 그는 자연스럽고 유창한 영어로 사람들의 마음을 끄는 설법을 들려주어 많은 제자들을 끌어모았다. 특히 다양한 불교 및 불교 외의 저작들에 대한 해설을 내놓았는데『고요한 마음, 거룩한 마음』(Silent Mind, Holy Mind)이라는 제목의 책에서는 크리스마스 캐럴 '고요한 밤'에 대해 설명하기도 했다. 라마 예셰와 라마 소파의 추종자들은 대승불교보존협회(FPMT) 산하에 설립된 전세계 명상센터들을 중심으로 조직되었다. 위즈덤 출판사는 제프리 홉킨스가 쓴 방대한 분량의 논문『공성에 대한 고찰』과 달라이 라마의 여러 저작들을 펴냈다. 또 팔리어 경전의 번역서를 포함해 불교수행과 관련된 다양한 책들을 출간했다.

마지막 출판사는 1980년에 뉴욕 주 이타카에 설립된 스노우 라이언 출판사(Snow Lion Publications, 원래 이름은 '가브리엘/스노우 라이언' Gabriel/Snow Lion이었다)였다. 가브리엘 아이엘로(Gabriel Aiello), 팻 아이엘로(Pat Aiello), 씨드니 피번(Sidney Piburn)은 1979년에 이타카에서 달라이 라마의 강연이 있은 지 얼마 지나지 않아 스노우 라이언 출판사를 세웠다. 이들은 초기에 제프리 홉킨스와 그의 제자들이 쓴 책에 관심을 보였고, 스노우 라이언을 티베트불교와 티베트문화의 보존에 공헌하는 출판사로 만들기로 결심했다. 스노우 라이언 출판사는 초기의 재정난에도 불구하고 가장 큰 티베트불교 전문 출판사로 성장했고 티베트 및 티베트불교와 관련해 150권에 달하는 책을 펴냈으며(발행부수는 100만부가 넘는다) 다른 출판사에서 펴낸 500여권의 책을 유통시켰다. 그밖에도 티베트 라마들의 가르침이 담긴 수백편의 비디오테이프와 오디오테이프, 탱화, 불상, 금강저, 종, 염주와 같은 의례용 물품, 티베트어 글자체 소프트웨어, 티베트문화와 관련된 티셔츠, 포스터, 엽서 등을 제작했다. 스노우 라이언 출판사는 특히 달라이 라마의 책(그의 강연 내용을 담은 책)을 펴내는 데 주력했는데 『인정, 명석, 통찰』(*Kindness, Clarity, and Insight*, 1984)과 같은 책은 5만부가 넘게 팔렸다. 또 상대적으로 좁은 독자층에도 불구하고 계속해서 제프리 홉킨스의 제자들이 쓴 논문(예컨대 『자립논증파 연구』 *A Study of Svātantrika*와 같이 난해한 제목의 논문)을 출간했다. 초기에 겔룩빠 문헌에 초점을 맞췄던 스노우 라이언 출판사는 균형을 맞추기 위해 점차 다른 학파들의 문헌을 번역 출간했다. 이러한 문헌의 번역자들은 대부분 티베트불교학 교수가 아니라 유럽, 미국, 네팔의 명상센터에 속한 서양인들(이들은 많은 경우 티베트 라마들의 지도를 받았다)이었다. 스노우 라이언 출판사에서 발행하는 정기회보에는 이러한 책들에 대한 광고와 명상수행에 대한 선전, 다양한 티베트 망명단체에 대한 후원 광고 등이 실렸다. 지금껏 살펴본 네 출판사들의 성공에 힘입어 더 많은 출판사들이 설립되었고 학술적인 출판사들(SUNY와 캘리포니아대학교 출판사)뿐만 아니라 상업적인 출판사들(하퍼콜린스는

1994년부터 티베트 총서를 발간하기 시작했다)까지도 점점 더 많은 티베트불교 관련 도서를 출간하게 되었다.

이 출판사들은 학문적인 영역과 대중적인 영역이 만나는 또다른 지점이었다. 이들은 유럽과 미국에서 갈수록 높아지는 불교에 대한 대중들의 관심을 충족시키려는 목적으로 세워졌고 지난 30여년 간 티베트불교를 다룬 북미의 학술서적 중 상당수를 출판해냈다. 이러한 학술서적들은 여러가지 이유에서 겔룩빠 문헌에 초점을 맞추었다. 그 이유는 무엇보다도 버지니아 대학원 프로그램을 이끈 제프리 홉킨스가 저명한 겔룩빠 승려들 밑에서 공부했고 그의 다양한 저작과 그의 1세대 제자들이 지은 책이 겔룩빠 문헌을 중점적으로 다루었기 때문이다. 또 위스콘신대학교의 게셰 소파도 겔룩빠 승려였으므로 그의 제자들도 주로 겔룩빠 문헌을 다루었다. 한편 대학원생들의 학위논문을 출판해준 두개의 신생 출판사, 위즈덤과 스노우 라이언도 설립 초기에 겔룩빠와 밀접한 관계를 맺고 있었다.

티베트에 관한 학문이 만들어지던 19세기 말의 상황을 오늘날의 상황과 비교하면 이러한 지식의 정치학은 한층 더 분명해진다. 가장 널리 쓰이는 두권의 『티베트어-영어 사전』은 19세기 말에 편찬되었다. 한권은 라다크에 있는 모라비아교 선교사 H. A. 예슈케가 만든 것이고, 다른 한권은 영국정부를 위해 여러 차례 티베트를 정찰한 벵골인 학자 사랏 찬드라 다스(Sarat Chandra Das)가 만든 것이다. 이 시기는 많은 나라들이 티베트를 장래의 선교지이자 식민지로 여겨 탐을 내던 때였으므로 티베트언어에 대한 지식이 반드시 필요했다. 한편 앞서 1장에서 살펴보았듯이 이 시기 동안 티베트는 부패하고 정체된 사회로 묘사되었다. 또 티베트의 종교는 인도의 원시불교가 타락한 형태로 묘사되거나, 마술, 샤머니즘, 사제들의 술책에 오염되어 불교로 불릴 자격조차 없다고 폄하되었다. 아시아나 아프리카나 신세계(아메리카 대륙) 문명도 종종 이와 비슷한 식으로 그려졌고 이는 식민지 지배를 정당화하는 사상적 구실이 되었다.

그러나 1959년에 시작된 티베트 디아스포라 이후로 이러한 시각도 변화하기 시작했다. 특히 티베트를 고대의 지혜가 보존된 곳으로 보는 신지학적 견해가 좀더 역사적인 근거를 바탕으로 하여 힘을 얻었다. 식민지 시대에 유럽인 여행자들을 그토록 매혹시키고 애타게 만든 닫힌 사회로서의 특징이 티베트불교를 다른 곳의 불교보다 더 정통성 있는 불교로 보이게 만든 것이다. 티베트는 인도나 동남아시아처럼 식민지배를 받지 않았고, 중국과 일본처럼 서양에 문호를 '개방'하지도 않았다. 또 1911년과 1949년에 중국에 일어난 것과 같은 혁명을 겪지도 않았고, 메이지 시대 이후의 일본처럼 서구문물을 받아들이려 한 적도 없다. 티베트는 오히려 외세를 배격한 것처럼 보였다. 이를테면 13대 달라이 라마는 사원의 압력을 이기지 못해 라싸에 세운 영어학교를 닫아야 했고, 현대식 군대를 양성하려던 계획을 단념해야 했으며, 축구공을 차는 이는 곧 부처의 머리를 차는 것이라는 논리로 유럽식 스포츠가 들어오는 것을 막아야 했다.

이 모든 것은 티베트불교가 때 묻지 않았다는 증거였고 이 같은 순결성은 티베트인들이 말하는 계보에서 나오는 것이었다. 다른 불교문화권과 마찬가지로 티베트인들은 계보에 근거해 정통성을 주장했다. 그들의 주장에 따르면 1959년에 티베트에서 가르치던 불교는 그 계보가 끊이지 않고 무려 11세기까지 거슬러올라간다. 11세기 당시, 티베트 주요종파의 창시자들은 위험을 무릅쓰고 인도로 가서 벵골, 비하르, 카슈미르에 있는 위대한 스승들에게 불법(佛法)을 배웠다. 그들의 스승은 부처로부터 전해내려온 가르침을 직접 전수받은 이들이었다. 이러한 가르침은 구전으로 전해졌는데 스승이 제자에게 신성한 경전에 대해 말로 설명해준 내용이 대대로 이어져 내려갔다. 그런데 현대에 와서 이러한 구전전통의 계보가 끊길 위기에 처했다. 이 전통을 영원히 잃지 않으려면 누군가는 망명길에 오른 나이든 라마들의 가르침을 전수받아야 했고, 북미의 학자-신자들이 이 과업에 몸을 바친 것이다.

지금 세대의 티베트불교학자들(특히 북미지역의 학자들)이 특정한 장르의 티베트 문헌(악한 신들을 달래는 내용의 문헌, 악령을 내쫓는 의식에 관한 문헌, 분노존을 다룬 문헌이나 세속적인 목적으로 쓰인 문헌)을 기피하고 다른 문헌들(명상, 보살의 길, 학문적 철학 등을 다룬 문헌), 즉 티베트의 종교가 인도불교의 적통임을 분명하게 보여주는 문헌들에 끌리게 된 것은 종교와 마법, 인도와 티베트, 불교와 라마교의 오랜 유산 때문인지도 모른다. 이러한 문헌들이 연구되면서 그동안 티베트불교를 제외시켜온 세계종교학 분야에서 티베트불교의 위상이 높아졌고, 예전 같았으면 인도불교나 동아시아불교 전문가에게 주어졌을 교수 자리도 티베트불교학자에게 돌아가게 되었다. 동시에 티베트불교는 윤리체계, 명상요법, 심오한 철학 등을 갖추고 있으므로 기독교의 교리 및 신앙에 뿌리를 둔 종교학 분야에 기여할 부분이 많다고 여겨진다. 오늘날 서양 학자들은 티베트불교를 호의적으로 묘사하고, 미국 불교신자들을 위한 책을 쓰며, 그 과정에서 정년이 보장되는 교수 자리에 앉기도 한다.[23] 또 한때 학계에서 비웃음의 대상이었던 불교 관련 상업출판사들에서 연구서를 내고도 종신교수가 될 수 있다.

한편 19세기 후반에는 상상조차 할 수 없던 일이 20세기 후반에 와서 가능해졌다. 그것은 바로 티베트사원의 교육과정이 미국 대학교 박사과정의 모델이 된 것이다. 20세기의 위대한 티베트학자 주세삐 뚜치는 티베트사원에 대하여 다음과 같이 설명했다. "형식적인 교리가 진리를 찾으려는 노력을 대체하고, 말라비틀어진 신학이 영적 거듭남을 향한 갈망을 대체하게 되었다. 이러한 이중적인 위협 때문에 (티베트의 사원은) 동맥경화를 앓게 된 것이다."[24] 현재 미국 대학의 강의실에서 가르치는 것은 바로 이러한 사원의 교육과정이고, 대학원생들은 그들의 신학교리를 외우고 있다. 한편 티베트는 더이상 유럽이나 미국의 제국주의적 욕망의 대상이 아니었으므로 학자들은 (종종 망명 중인 라마들과 협력해) 티베트 종교의 다른 면, 즉 논리, 철학, 해석학, 윤리학, 명상 등을 연구대상으로 삼았고, 이러한 면들은 티베트가 가장 큰 위험에 처해 있는 순간에 티베트문명의 깊이와 가치를 드러내보였다.

이 학자들이 지난 10년 동안 유용하게 써온 티베트어-티베트어-중국어 사전은 티베트를 식민지로 삼은 중국의 후원을 받아

1985년에 편찬되었다. 미국인 학자들은 티베트어 정의를 찾아보다 모르는 뜻의 단어가 나오면 언제든지 한 세기 전에 선교사와 스파이가 편찬한 티베트어-영어 사전을 펼쳐볼 수 있다.

7장
감옥 The Prison

달라이 라마의 꿈과 현실

티베트의 전통이 우리가 사는 시대와 인류의 정신사에서 갖는 중요성은
티베트가 우리를 고대 문명과 이어주는 마지막 연결고리라는 점에 있다.
이제 이집트와 메소포타미아 문명의 신비 의식은 사라졌고
고대 인도와 중국의 문명도 서구화의 물결에 휩쓸려 쇠퇴해 버렸다.
그러나 근대화의 물결은 다행히도 티베트를 비껴갔다.
_웨스턴 스미스

샴발라가 영어로 처음 언급된 것은 알렉산더 초마 데 쾨뢰시가 1833년에 펴낸 글에서였다.

칼라-차크라(*Kála-Chakra*)라는 독특한 종교 교리는 샴발라에서 유래했다고 한다. 샴발라는 산스크리트어로 북쪽에 있는 전설상의 나라를 가리키는 말이다(티베트어로는 보통 '데중'이라 불리며 '행복의 근원'을 뜻한다). 이 나라의 수도는 칼라파(*Cálapa*)라는 황홀한 도시로 샴발라의 이름난 왕들이 살았던 곳이다. 샴발라는 북위 45도에서 50도 사이에 위치해 있고, 시타 강 또는 시르 다리야 강 너머에 있으며, 춘분에서 하지가 될 때까지 인도식 계산으로 12시간, 유럽식 계산으로 4시간 48분 정도 날이

길어진다.[1)]

샴발라의 정확한 위치를 제시하려는 쾨뢰시의 노력은 후대의 독자들이 보기에 가상할 따름이다. 그러나 20세기에 들면서 샴발라(제임스 힐턴의 소설에서 주인공이 위험을 무릅쓰고 탈출하는 샹그릴라의 모델로 추측되는 곳)의 위치와 샹그릴라라는 표상을 떠안게 된 티베트의 위치는 점차 모호해졌다. 이번 장에서는 서양과 티베트에서 생겨난 각양각색의 티베트신화가 하나로 모이는 지점을 살펴보고자 한다. 이 다양한 신화들은 하나로 합쳐져 티베트를 묘사하는 공용어가 되었고 티베트를 험준한 산맥에 둘러싸인 신비의 땅으로 그려냈다.

『깔라짜끄라 탄트라』(Kālacakra Tantra)와 관련된 문헌에 따르면 샴발라왕국은 히말라야 산맥의 북쪽에 있었다고 한다. 샴발라왕국 사람들은 부처가 샴발라의 왕에게 직접 맡긴 『깔라짜끄라 탄트라』의 수행에 전념했다. 샴발라왕국은 거대한 연꽃 모양으로 생겼고, 백단향 숲과 연꽃 연못이 지천에 널려 있으며, 나라 전체는 눈 덮인 산맥들로 둘러싸여 있었다. 왕국의 중앙에는 수도인 칼라파가 있었고 칼라파의 휘황찬란한 궁전은 각종 금은보화로 만들어져 달보다 더 밝게 빛났다. 또 궁전을 둘러싼 벽은 빛을 반사하는 거울로 뒤덮여 있어 밤에도 꼭 낮처럼 환했다. 한편 도시의 정중앙에는 부처 깔라짜끄라의 만다라가 놓여 있었다. 샴발라왕국에는 9억 6천만개의 마을이 있었는데 마을 주민들은 칼킨(Kalkin)이라 불리는 자비로운 지도자의 통치를 받았다. 이들은 하나같이 아름답고 부유했으며 질병이나 가난에 시달리는 일도 없었다. 한편 승려들은 한 치의 어김도 없이 계율을 지켰다. 이들은 날 때부터 총명하고 고결했으며 인도불교의 모든 가르침 중에서도 특히 금강승 수행에 전념했다. 샴발라왕국에 환생한 대부분의 사람들은 그곳에 사는 동안 성불의 경지에 이르렀다.

그러나 샴발라왕국은 장차 전쟁을 겪을 운명이었다. 인도에서 불교를 말살한 야만인들(이들은 보통 이슬람교도로 여겨졌다)과 악마들이 2425년에 샴발라를 침략할 것이었기 때문이다. 그렇게 되면 25대 칼킨인 라우드라칼크린은 군대를 이끌고 샴발라왕국을 떠나 인도로 가야 했다. 그곳에서 그는 악의 세력과 만나 세계종말 전쟁을 치르고 결국 승리를 거둘 운명이었다. 이들이 승리를 거둔 후에는 인간의 평균수명이 길어지고, 농작물이 저절로 자라며, 전 인류가 불교를 믿는 황금기가 도래할 것이었다.[2]

그러나 전쟁이 일어나기 전에도 샴발라왕국이 마냥 평화롭기만 했던 것은 아니다. 8대 왕 야샤스(Yaśas)가 샴발라를 통치하던 시기에는 베다교를 숭배하는 브라만들이 3500만명이나 있었다. 야샤스 왕은 일찌감치 미래를 내다보았다. 베다교와 야만인들의 종교는 둘 다 짐승을 제물로 바치므로 이들 간의 계속되는 잡혼(雜婚)으로 인해 브라만의 후손들과 야만인들의 피가 섞여 800년 후 샴발라왕국 국민 모두가 결국 야만인으로 전락할 위험에 처해 있었다. 이에 따라 야샤스 왕은 브라만들에게 깔라짜끄라 만다라에 입문해 불교도가 되거나 샴발라를 떠나 인도로 가라고 명령했고 브라만들은 후자를 택했다. 그런데 브라만들이 남쪽으로 내려가는 사이, 왕은 브라만 현자들이 떠날 경우 9억 6천만개의 마을에 사는 주민들이 금강승 수행에 대한 믿음을 잃게 되리라는 사실을 깨달았다. 따라서 왕은 이를 막기 위해 분노존으로 변장해 브라만들 앞에 나타났고 브라만들은 너무 놀란 나머지 의식을 잃고 쓰러졌다. 이들이 의식을 되찾았을 때는 이미 수도인 칼라파로 옮겨진 후였고, 이들은 야샤스 왕에게 자신들이 불교로 개종하고 깔라짜끄라 만다라에 입문할 수 있게 해달라고 요청했다.[3] 브라만들은 하는 수 없이 이 유토피아의 포로가 된 것이다.

오스카 와일드는 1889년에 쓴 에세이 「거짓말의 쇠퇴에 대한 고찰」(The Decay of Lying: An Observation)에서 거짓말의 기술을 권장한다. 다시 말해 온갖 증거를 무시하고 대담하고 무책임한 진술을 하라고 부추기는 것이다. 그의 주장에 따르면 거짓말은 특히 예술에서 중요한데, 이는 예술이 삶을 모방한다는 사람들의 생각과는 달리 삶이 예술을 모방하기 때문이다. 예를 들어 런던의 기후는 프랑스에 인상주의가 생겨나기 10년 전과 비교하여 크게 달라졌다. 인상주의 화가들이 런던을 안개 낀 도시로 묘사하기 전까지 런던은 결코 안개에 휩싸인 도시가 아니었다. 와일드의 주장에 따르면 '말도 안 되게 예쁜 속물들'*로 하여금 감탄사를 연발케 하는 자연의 저녁노을은 터너(Turner, 19세기 영국의 풍경화가로 빛과 색의 연구에 몰두했

---

*이것은 오스카 와일드의 에세이에 나오는 어런들 부인에 대한 묘사다. 어런들 부인은 상상력이 부족하고 취향 또한 평범하지만 무척 아름다운 외모를 갖고 있다.

고 인상파에 많은 영향을 끼쳤다—옮긴이)의 졸작에 그려진 저녁노을에 조차 미치지 못한다. 또 쇼펜하우어(Schopenhauer)가 분석한 염세주의는 햄릿이 만들어낸 것이다. 와일드는 이에 대해 다음과 같이 표현한다. "세상이 슬픔에 잠긴 것은 꼭두각시 하나가 우울했기 때문이다."[4] 와일드는 계속해서 다음과 같이 말한다. "예술은 자연을 원재료로 삼고, 자연을 재현하며, 새로운 형태로 고쳐 만든다. 예술은 현실에는 전적으로 무관심하며 새로운 것을 만들고 상상하며 꿈꾼다. 또 아름다운 양식과 장식적이고 이상적인 처리를 통해 자신과 현실 사이에 넘을 수 없는 벽을 만든다."[5] 우리가 티베트를 예술작품으로 볼 수 있는 것은 바로 이러한 의미에서다. 티베트는 과장과 선택의 기법을 통해 역사에 근거를 두지 않은 이상향으로 만들어졌다. 우리는 이 책에서 자연이 예술을 모방하려는 다양한 시도를 살펴보았는데 씨릴 홉스킨이 롭상 람파가 된 것도 바로 그러한 예다. 오스카 와일드의 말대로라면 "예술은 비길 데 없는 독특한 효과를 만들어낸 후 또다른 관심사로 주의를 돌린다. 그에 반해 자연은 모방이 가장 순전한 형태의 모욕이 될 수 있다는 사실을 잊은 채 계속해서 이것을 반복해 우리 모두가 여기에 싫증을 내게 만든다."[6] 오스카 와일드는 여기서 도시의 경관과 저녁노을뿐 아니라 특정한 나라와 국민들에 대해서도 이야기한다. 그의 설명에 따르면 사람들이 머릿속에 떠올리는 일본인은 특정 예술가들의 창조물이다. 그에 반해 실제로 일본에 사는 사람들은 영국인들과 다를 바 없는 평범한 보통사람들이다. "또 일본 전체도 순전한 창조물이다. 우리가 상상하는 일본과 일본인은 현실 속에 존재하지 않는다. (…) 만일 일본효과(Japanese effect)를 몸소 체험하고 싶다면 일반 관광객들처럼 토오꾜오에 가서는 안 된다."[7]

여기서 와일드의 이론을 확장시켜보면 서양의 티베트불교 애호가들은 실제 티베트인들보다 티베트불교에 대해 더 제대로 알고 있는 것처럼 보인다. 이는 서양의 애호가들이 순전한 창조물이자 고안물인 티베트의 씨뮬라크럼(simulacrum)에 더 정통하기 때문이다. 그런데 이처럼 만들어진 나라의 사람들이 그 나라를 떠나 그것을 만들어낸 장소로 가면 무슨 일이 생길까? 이번 장에서는 티베트 디아스포라가 불러온 결과에 대해 살펴보고자 한다. 망명길에 오른 티베트인들은 다른 나라의 망명자들과 마찬가지로 전세계에 흩어져 살게 되었다. 그런데 인도와 유럽과 북미 등지에 피난처를 마련한 티베트인들은 자신들과 자신들의 나라가 이미 그곳에 존재한다는 사실을 깨닫게 되었다. 우리는 앞서 티베트에 대한 '거짓말'이 어떻게 구체화되는지를 살펴보았다. 그렇다면 이번 장에서는 티베트인들이 이 거짓말에 어떻게 기여하고 협조했는지를 살펴보고자 한다. 또 티베트인들의 역사적 주체성 문제를 더욱 분명하게 다루어보고자 한다. 설령 이 주체성의 산물이 우리가 덜 진짜 같다고 여기는 것들과 관련되어 있다 하더라도 이 주체성은 반드시 인정받아야 한다. 주체성은 티베트인들의 것이든 서양인들의 것이든 간에 정해진 요소나 타고난 능력이 아니라 순환과 교환의 과정이다. 이 과정에서 서양의 티베트 애호가들은 자신들이 권위를 부여한 티베트 라마들에게 또다시 경의를 표한다. 그러나 모든 교환과정에서처럼 티베트인들은 권위를 부여받는 대신 무언가를 포기해야만 한다. 이번 장에서는 특별히 1959년 이후의 시기에 역점을 둘 것이다. 이때부터 티베트인들의 주체성은 디아스포라 이전과는 다른 형태를 띠게 되었다. 티베트의 지식은 1959년에 티베트 밖으로 나갔고 언뜻 보기에 티베트 안에는 아무것도 남지 않게 되었다.

이번 장에서는 티베트인들뿐만 아니라 외부인들 사이에서도 티베트와 동일시되는 현 달라이 라마에 초점을 맞출 것이다. 왕위가 세습되는 국가의 경우, 국가 정체성은 흔히 그 국가의 지도자를 통해 규정된다. 따라서 티베트처럼 5대 달라이 라마가 1642년에 즉위한 이래로, 아니 티베트의 신화적 기원 이래로 지도자가 본질적으로 같은 사람이라면(현 달라이 라마는 티베트인들의 선조로 여겨지는 관세음보살의 화신이다) 국가정체성은 더욱 집중되고 강화될 수밖에 없다. (실제로 티베트의 활불活佛제도는 일종의 조상숭배로 볼 수 있으며 이 조상은 죽지 않고 항상 살아 있는 존재다.) 13대 달라이 라마가 1904년과 1910년에 각각 영국과 중국의 침략을 피해 피난길에 올랐다 귀환한 것처럼, 현 달라이 라마도 1959년에 망명길에 올랐다. 그러나 그는 이전의 달라이 라마들로서는 상상도 할 수 없는 상황에 봉착했고 고국으로 돌아가지 못한 채 인도에 남게 되었다. 여전히 많은 티베트인들과 외부인들에게는 달라이 라마가 있는 곳이 곧 티베트이다. 이들이 보기에 티베트의 영혼(soul)은 꼭 티베트의 토양(soil)에 있지 않아도 된다.

하인츠 베헤르트(Heinz Bechert)는 스리랑카와 동남아시아의 엘리뜨 승려들이 19세기 후반부터 식민지 관료들과 기독교 선교사들의 부정적인 불교 묘사에 맞서기 시작한 경향을 가리켜 '불교의 근대화'(Buddhist modernism)라 불렀다.[8] 스리랑카의 아나가리카 다르마팔라(Anagarika Dharmapala)—그는 처음에 신지학협회의 창시자인 헨리 올콧 대령의 도움을 받았다—, 중국의 태허(太虛), 일본의 샤꾸 소오엔(釋宗演)과 같은 인물들이 주창한 불교는 특정한 운동이라 부를 만큼 일관된 경향을 보이지는 않았어도 여러가지 공통된 특징을 갖고 있었다. 먼저 첫번째 특징은 불교가 그 유래, 지리적 범위, 신자 수, 사상적 깊이에 있어서 기독교와 다를 바 없는 '세계종교'로 묘사된다는 점이다. 불교에는 기독교와 마찬가지로 창시자가 있고, 성스러운 경전이 있으며, 확고한 교리가 있다. 그러나 불교도들은 기독교인들을 억지로 개종시키려 하지 않으며 그들과 '대화'를 시도한다. 무엇보다도 불교는 삶의 고통을 벗어나는 데 초점을 맞춘 이성의 종교다. 불교는 윤리적이고 비폭력적이므로 사회를 개혁하는 수단이 된다. 또 창조신의 존재를 부정한다는 점에서 '무신론적'이며 합리적인 분석을 강조하므로 다른 어떤 종교들보다도 현대과학과 조화를 이룬다. 불교의 가르침에서 과학적 사실에 들어맞지 않는 전통적인 우주론적 요소들은 부처의 본래 가르침에 덧씌워진 문화적 부수물일 뿐이다. 마지막으로 불교수행에서 가장 중요한 요소는 명상이고 아시아에서 흔히 행해지는 신성화의식, 정화의식, 속죄의식, 귀신을 쫓는 의식 등은 대중적인 미신으로 치부된다.

그러나 이 같은 특징을 가진 불교는 티베트에 알려지지 않았다. 아시아의 다른 곳들에서 불교의 근대화가 활발히 이루어지던 1906년, 기독교 선교사 그레이엄 쌘드버그(Graham Sandberg)는 티베트에 대해 다음과 같이 이야기했다.

> 티베트에서는 악마를 쫓는 의식과 온갖 교단의 신을 불러내는 신비의식이 행해지고 계급이 높고 배운 사람들조차 이러한 의식을 일상적으로 치른다. 반면 버마와 씰론에서 이러한 믿음을 바탕으로 의식을 치르는 것은 일반대중뿐이다. 버마족과 씬할리족 불교도들 가운데 학식이 높고 철학에 조예가 깊은 사람들은 유럽의 이론가들의 해석에 근거해 불교를 다시 배웠고, 그들의 땅에 불교가 처음 퍼졌을 때부터 전해내려온 종교적 신화를 완전히 뿌리 뽑아버렸다. 그들의 종교는 더이상 원시불교가 아니다. 그보다는 기독교화된 불교라 할 수 있다.[9]

그러나 1959년에 시작된 티베트 디아스포라 이래로 불교의 근대화에 가장 앞장선 사람은 다름 아닌 달라이 라마였다. 그는 비폭력 운동의 강력한 지지자로서 불교 위인들 못지않게 간디(Gandhi)와 마틴 루서 킹(Martin Luther King)을 자주 언급하면서 불교의 본질은 "될 수 있는 한 다른 사람들을 돕고 그러지 못할 경우 적어도 남에게 해를 끼치지 않는 것"(이 정의대로라면 히포크라테스 선서를 지키는 의사들은 전부 불교도여야 할 것이다)이라고 설명했다.[10] 달라이 라마는 현대 물리학과 심리학에 깊은 관심을 가졌고 최근에는 다람살라에서 여러 차례 '정신과학'(Mind Science) 회의를 개최했다. 그는 불교의 우주론적 요소들이 서구 과학의 연구결과와 충돌할 경우 이를 철회할 수 있다고 말했다. 따라서 다른 티베트 학승들은 순수한 카르마를 가진 사람의 눈에 불교의 우주—이 우주의 정중앙에는 바다에서 솟아난 산이 있다—가 보인다고 주장한 데 반해, 달라이 라마는 이러한 우주론이 잘못된 것이라고 보았다. 그는 『자유로 향하는 길』(The Way to Freedom)에서 다음과 같이 말했다. "부처께서 이 세상에 오신 것은 지구의 둘레와 지구에서부터 달까지의 거리를 재기 위해서가 아니라 불법을 가르치고 중생들을 구제하며 그들의 고통을 덜어주기 위해서다."[11] 그러나 달라이 라마는 윤회에 관한 교리에 있어서만큼은 확고한 입장을 취했으며, 과학을 통해 사실이 아니라고 판명된 것과 아직 진위 여부가 밝혀지지 않은 것 사이에는 차이가 있다고 보았다. 달라이 라마가 보기에 불교수행의 중심이 되는 요소는 명상이었다. 그는 이것이 승려들에게나 평신도들에게 마찬가지로 유익한 심리적 효과를 가져다준다고 보았다.

달라이 라마는 불교와 기독교 간의 대화에 적극적으로 참여해왔다. 1996년 여름, 달라이 라마가 신약성경의 일부 구절에 대해 해설한 내용이 『선한 마음: 불교에서 본 예수의 가르침』(The Good Heart: A Buddhist Perspective on the Teachings of Jesus)*이라는 책으로 출간되었다. 베네딕또회의 로런스 프리먼(Laurence Freeman) 신부는 이 책의 서문에서 달라이 라마를 다음과 같이 묘사했다. "그는 오늘날 전세계에서 가장 존경받는 인물이며 대중들에게 가장 가까이 다가선 종교지

---

*이 책은 국내에서 『달라이 라마, 예수를 말하다』(달라이 라마 지음, 류시화 옮김, 나무심는사람 1999)라는 제목으로 출간되었다.

도자다. 그가 짊어진 티베트의 고통은 그로 하여금 전세계적인 영적 지도자 역할을 맡게 했다. 그는 평화, 정의, 관용, 비폭력 같은 종교의 보편적 가치를 몸소 기쁘게, 그러면서도 진지하게 실천해 왔다."[12] 달라이 라마는 이 책 전반에 걸쳐 붓다와 예수의 삶, 그리고 불교와 기독교 경전의 내용을 비교하고 이들이 서로 만나는 지점을 찾는다. 또 신앙생활에 있어서 명상이 얼마나 중요한지를 거듭 강조한다. 그러나 개종에 대해서는 반대입장을 표하고, 신의 존재나 현실인식에 있어서 두 종교가 견해를 달리한다는 사실을 분명히 한다. "만일 우리가 세계의 다양한 종교를 하나로 통합하려 든다면 개별 종교가 지닌 풍요롭고 다채로운 특징을 잃게 될 것이다."[13]

달라이 라마는 이 책과 다른 곳에서 사람들의 각기 다른 경향과 요구를 충족시킬 수 있게끔 여러가지 종교가 필요하다고 말한다. 이것은 부처의 가르침에 나타나는 뚜렷한 모순을 설명하기 위해 불교학자들이 전통적으로 사용해온 해석방식으로 불교용어로 '방편'(upāya, 우파야)이라 불린다. 불교학자들은 부처가 각 개인의 기질과 능력에 따라 각기 다른 가르침을 주었다고 설명한다. 그러나 이러한 해석은 겉보기에는 모든 입장을 포괄하는 것처럼 보여도 실제로는 부처의 참된 의도와 최종적인 입장을 알고 있다는 가정이 깔려 있으므로 자신의 학파와 대립되는 입장을 가진 다른 불교학파들을 자신의 아래로 서열화하는 데 유용한 해석이다. 우파야는 서로 대립되는 종교들 사이에서도 비슷한 기능을 할 수 있다.[14] 달라이 라마는 다음과 같이 말한다. "나는 불교와 기독교가 서로 만날 수 있는 지점이 대단히 많다고 생각한다. 또 대화를 통해 서로를 풍요롭게 해줄 가능성도 얼마든지 있다고 본다. 특히 윤리학, 자비, 사랑, 명상, 관용의 수행과 같은 영적 수행의 분야에서는 더더욱 그러하다. 나는 불교와 기독교 간의 대화가 광범위한 주제를 포괄할 수 있으며 깊은 차원의 이해에 도달할 수 있다고 본다. 그러나 철학적이거나 형이상학적인 대화에 있어서 불교와 기독교는 서로 의견을 달리한다."[15] 달라이 라마는 불교철학 중에서도 귀류논증 중관학파의 입장을 지지하므로 이 학파에서 말하는 공(空) 사상을 이해하지 않고는 윤회의 굴레에서 벗어날 수 없다는 입장을 취한다. 그가 보기에 다른 불교철학 학파들(그리고 불교 외의 다른 모든 종교들)은 해탈에 필요한 통찰을 제공해주지 못한다.[16] 이처럼 달라이 라마는 그보다 앞선 다른 불교 근대주의자들과 마찬가지로 '대화'라는 맥락 속에서도 불교가 다른 종교보다 우월하다는 입장을 고수한다.

달라이 라마는 불교 근대화의 주요 대변인 역할 외에도 여러가지 다른 역할들을 맡아야 한다. 이것은 그가 티베트를 떠나기 전에는 맡지 않았던 역할들로 때때로 이 역할들 간에 충돌이 일어나기도 한다. 앞서 살펴보았듯이 달라이 라마는 세계적인 종교지도자이며 전세계 곳곳의 종교단체들과 학술단체들이 앞다투어 그를 초청하려 든다. 그러나 동시에 그는 티베트 독립운동의 지도자다. 따라서 중국의 티베트 정책에 대항하여 지속적인 입장표명을 해야한다. 이는 달라이 라마에게 사랑과 자비에 대한 가르침을 받는 데 관심이 더 많은 사람들이 보기에는 자신들과 상관없는 현실정치의 문제일 뿐이다. 『선한 마음: 불교에서 본 예수의 가르침』은 전적으로 이러한 가르침만을 담은 책이다. 따라서 정치문제는 '중국 점령 이후의 티베트'라는 소제목이 붙은 1면짜리 장에서 간략하게 다루어진다. 이 책은 중국의 잔혹행위를 간략히 열거하고 넘어가면서 달라이 라마의 영적 메시지에 비하면 정치적 메시지는 단순한 부속물에 지나지 않음을 시사한다.

한편 달라이 라마는 티베트 불교사회, 즉 티베트인 불자공동체의 지도자 역할도 맡고 있다. 그는 자신의 종파인 겔룩빠뿐만 아니라 티베트불교의 모든 종파를 대표해야 한다. 달라이 라마는 이러한 직무를 수행할 때 티베트어를 사용한다. 따라서 이 역할은 서양인들의 눈에 잘 띄지 않는다. 그러나 1996년 여름(『선한 마음: 불교에서 본 예수의 가르침』이 출간된 해)에 일어난 '슉덴 사건'을 계기로 서양인들도 이 역할에 대해 어렴풋이 알게 되었다.

도르제 슉덴(Rdo rje shugs ldan, '강력한 벼락')은 겔룩빠의 중요한 호법신으로 비교적 뒤늦게 생겨난 신이다. 슉덴 신화에 따르면 그는 학식이 높고 고결한 겔룩빠 승려, 뚤꾸 닥빠 걀첸(Sprul sku Grags pa rgyal mtshan, 1619-1655)의 영혼이다. 닥빠 걀첸은 귀족가문에서 태어났고 5대 달라이 라마의 후보자 중 하나였다. 그러나 다른 아이가 5대 달라이 라마로 선발되었고 그는 3대 달라이 라마의 스승이었던 뛰어난 학자, 판첸 소남 닥빠(Pan chen Bsod nams grags pa, 1478~1554)의 3대 화신으로 확인되었다. 뚤꾸 닥빠 걀첸은 출중한 학자이자 논쟁자로 자랐고, 위대한 스승으로 꼽히는 초대 판첸 라마, 로상 최기 걀첸(Blo bzang chos kyi rgyal mtshan, 1570~1662)의 수제자가 되었다.

5대 달라이 라마(당시 몽골인들은 아직 그를 티베트의 통치자로 지명하지 않았다)와 뚤꾸 닥빠 걜첸은 어린시절 라싸 바깥에 있는 데풍사원에서 함께 교육을 받으며 성장했다. 그들의 제자들은 서로 경쟁관계에 있었던 것으로 보인다.

전해지는 이야기에 따르면 뚤꾸 닥빠 걜첸은 논쟁에서 달라이 라마를 이긴 후 살해되었다. 또 5대 달라이 라마의 추종자들이 계속해서 그의 목숨을 노리자 이에 지친 나머지 스스로 목숨을 끊었다는 설도 있다. 그는 의례용 스카프를 목구멍에 쑤셔넣어 질식사하는 전통적인 방법을 따랐다고 한다. 그러나 목숨을 끊기 전, 자신의 제자들에게 자신을 둘러싼 소문이 가짜임을 밝혀줄 징표를 알아보는 법을 가르쳐주었다. 때가 되자 그가 이야기한 징표가 나타났고 제자들은 고인이 된 스승에게 원수를 갚아달라고 기도했다. 이로부터 얼마 지나지 않아 중앙 티베트와 달라이 라마의 새 정부는 기근과 지진 피해를 입었다. 또 달라이 라마가 오찬을 들 때 불가사의한 힘이 그의 접시를 뒤집어엎기도 했다. 이러한 재앙의 원인이 밝혀지자 라마들과 주술사들은 궁으로 불려가 분노한 영혼을 몰아내는 의식을 치렀다. 그러나 그들의 시도는 모두 실패로 돌아갔다. 결국 달라이 라마 정부와 겔룩빠의 고위직 승려들은 이 영혼을 달래, 해를 끼치는 일을 그만두고 겔룩빠의 수호자가 되어달라고 부탁했다. 닥빠 걜첸의 영혼은 이를 승낙했고 그 이후로 슉덴은 겔룩빠의 승려들과 사원을 지키는 중요한 수호신이 되었다.

이때부터 티베트에서는 슉덴의 도움을 청하는 의식이 치러졌고 이들 중 상당수는 슉덴의 거처와 그의 인격에 대한 자세한 설명을 담고 있다.

궁궐 안에는 인간과 말의 시체가 널려 있고 이들의 피가 섞여 호수를 이룬다. 또 인간의 살갗과 호랑이 가죽을 늘려 만든 커튼이 드리워져 있으며 '거대한 번제물'(이를테면 인간의 육체)에서 나오는 연기가 세상 곳곳으로 퍼져나간다. 궁궐 바깥의 연단 위에서는 시체들이 되살아나고 라크샤사(rākṣasas, 귀신의 한 종류)들이 뛰어다니며 네 종류의 해골이 춤을 춘다. 사방에는 갓 벗겨낸 코끼리 가죽과 여러 시체들의 가죽이 벽걸이 장식처럼 걸려 있다. 또 '승리의 깃발', 사자의 시체로 만든 원형 깃발, 젖은 창자로 만든 장식술, 여러 종류의 머리가 달린 화환, 눈, 코, 입, 귀, 손으로 만든 장식품, 인간의 머리카락으로 만든 총채 그리고 다른 소름끼치는 것들이 있다. (…)

다시 궁궐 안으로 들어가면 (…) 무시무시한 도르제 슉덴이 있는데 그의 몸은 검붉은 빛을 띠고 있고, 그의 성격은 라크샤사처럼 흉포하며, 그의 입속은 하늘처럼 끝이 보이지 않는다. 그는 빙하의 얼음처럼 날카로운 네개의 이빨을 드러내고 번개가 연달아 치는 속도로 혀를 굴려 세 지역에 지진을 일으킨다. (…) 그의 이마는 심한 분노로 일그러져 있다. 또 적대적인 훼방꾼 악마들(vighnas)을 바라보는 세개의 눈은 증오로 가득 차 있고 핏발이 서 있다. 그의 눈썹과 얼굴에 난 털에서 뿜어져 나오는 적황색 불꽃은 네 종류의 악마들(bdud, 뒤)을 완전히 태워버린다. 또 그의 손에 난 황갈색 털은 쭈뼛하게 서 있으며 그 위의 한가운데에는 태양의 만다라가 있다. 만다라 안에는 '나라를 지키는 지도자'이자 종교의 왕인 위대한 쫑카빠가 평온한 표정으로 머물고 있다.

도르제 슉덴은 두 귀를 격렬히 움직여 악마를 물리치는 사나운 바람을 일으키는데, 이 바람으로 악인들과 맹세를 깨는 자들과 적대적인 훼방꾼 악마들이 모여 사는 곳을 모조리 휩쓸어버린다. 또 그의 두 콧구멍에서 처음에는 비구름이 나오고 다음에는 사나운 천둥 번개가 치며 노란 섬광이 훼방꾼 악마들의 땅을 내리친다.[17]

슉덴은 다른 호법신들과 마찬가지로 요청에 따라 영매의 몸에 들어가 미래에 대한 질문에 답을 해주기도 한다.[18] 티베트불교에서 신탁을 내리는 많은 신들—가장 잘 알려진 예로는 달라이 라마가 조언을 구하는 네충(Nechung) 신탁이 있다—은 환생을 하는 속세의 신이지만, 슉덴의 추종자들은 그가 이미 속세를 초월해 부처가 되었고 윤회의 굴레에서 벗어났다고 믿는다.

슉덴의 특별한 임무 중 하나는 겔룩빠를 닝마빠의 영향으로부터 보호하는 것이었다. 슉덴은 겔룩빠 신자들에게 닝마빠 문헌을 만지지도 말라고 경고했고, 두 종파를 섞어서 믿으려 하는 자는 슉덴의 처벌을 받게 되어 있었다. 이러한 절충적 믿음은(이것은 슉덴이 접시를 뒤집어엎은 5대 달라이 라마와 관련이 있는 것으로 여겨지곤 한다) 동티베트의 닝마빠, 싸꺄빠, 까규빠, 뵌교 학자들 사이에서 18세기 후반에 일어난 '초종파'(ris med, 리메) 운동을 통해 부활한 것이었다.[19] 한편 20세기 초반에 들어 달라이 라마는 (강력한 힘을 지닌 겔룩빠사원의 도움 없이) 예비단계의 근대화를 시도했다. 그는 군대의 규모, 편성, 무기 등을 개선하였고, 라싸에 경찰력을 배치했으며, 티베트 소년들을 영국으로 유학 보냈다. 20세기 초반, 영향력 있는 겔룩빠 승려 파봉카빠(Pha bong kha pa, 1878~1943)가 이끄는 슈덴 숭배가 다시금 '유행'하게 된 것은 어쩌면 이와 같은 근대화 추세에 대한 반발이었는지도 모른다. 파봉카빠의 영향을 받아 라싸 근방의 3대 겔룩빠사원과 라싸의 귀족들 사이에서는 은사주의 운동(charismatic movement, 방언, 예언, 신유와 같은 초자연적 은사를 강조하는 운동—옮긴이)과 비슷한 운동이 일어났다(이 시기는 불교의 근대화에 앞장선 이들이 동남아시아와 일본에서 왕성히 활동하던 때였다). 이들은 바즈라요기니(Vajrayoginī)를 수호신으로, 슈덴을 수호자로, 파봉카빠를 라마로 삼았다. 이 운동은 티베트의 집단정체성이 근대화를 추진하던 정부와 외부세력으로부터 위협받는 것처럼 보이던 시기에 강력한 집단의식을 고취시켜주었고 승려들 사이에서뿐만 아니라 평신도들 사이에서도 큰 인기를 끌었다. 이로부터 50년 후에도 비슷한 위협이 감지되자 슈덴 숭배가 또다시 부활하게 되었다.

파봉카빠는 (학문적 영향력과 정치적 권력의 측면에 있어서) 20세기의 가장 권위있는 겔룩빠 승려들을 배출해낸 위대한 스승이었다. 그의 가르침을 받은 제자 중에는 라마 고빈다의 스승이었던 도모 게셰 린뽀체,[20] 쏭 린뽀체(Song Rinpoche), 간덴사원의 티장 린뽀체(1901~81) 등이 있었다. 특히 티장 린뽀체는 현 달라이 라마의 두번째 스승이었고, 첫번째 스승인 링 린뽀체(Ling Rinpoche)와 함께 티베트 망명정부에서 가장 권위있는 겔룩빠 승려였으며, 동티베트(캄)의 망명자들 사이에서 막강한 영향력을 지니고 있었다.[21] 파봉카빠는 슈덴의 강력한 지지자였고 달라이 라마 자신도 여러해 동안 저녁예불에서 슈덴에게 기도를 올리곤 했다.

그러나 1976년, 달라이 라마는 네충 신탁의 조언에 따라 슈덴을 달래는 의식을 중단했다. 그는 개인적으로 슈덴 숭배에 반대한다는 입장을 표했고 자신과 관계된 이들, 즉 자신의 제자들이나 망명정부의 관료들이 공식적으로 슈덴을 숭배하지 않았으면 좋겠다는 의사를 밝혔다. 달라이 라마는 다른 많은 겔룩빠 승려들과는 달리 슈덴을 부처나 닥빠 걀첸의 화신으로 보지 않고 속세의 신, 아니 심지어는 악한 영혼으로 보았다. 또 슈덴 숭배가 티베트 망명사회에서 종파 간의 갈등을 조장하며 티베트 독립이라는 대의를 해친다고 보았다. 이는 슈덴이 특별히 기괴한 모습을 하고 있어서가 아니었다(다른 많은 분노존들도 슈덴과 비슷한 모습으로 묘사되었다).[22] 달라이 라마는 정기적으로 분노존을 숭배하는 의식을 치렀고, 네충 신탁의 흉포한 신에게 조언을 구하지 않고는 중대한 결정을 내리지 않았다. 그렇다면 달라이 라마를 단순히 겔룩빠 교주에서 티베트불교의 초종파적 지도자로 만든 것은 바로 망명이라는 특수 상황이라 할 수 있다. 달라이 라마는 1986년 다람살라에서 열린 집회에서 다음과 같이 말했다.

저는 한 개인으로서는 자격이 없을지 몰라도 달라이 라마로서 티베트 전체의 대의를 옹호해야 하는 유일한 인물입니다. 제가 지금부터 하려는 이야기는 누군가에게 모욕으로 들릴지도 모릅니다. 그러나 우리의 공동 대의와 관련된 일인 만큼 여기서 짚고 넘어가지 않을 수 없습니다. 최근 들어 수호자 걀첸 슈덴과 관련하여 시끄러운 문제가 있었고 인도에 사는 여러분은 이 사건에 대해 잘 알고 있을 겁니다. 그러니 여기서 다시 반복해서 이야기하지는 않겠습니다. 그러나 티베트에서 온 사람들 중에 겔룩빠의 위대한 수호자로서의 명성 때문에 슈덴을 믿는 사람들이 있다면 이는 티베트에 종교적으로나 정치적으로 아무런 도움도 되지 않는다는 사실을 알아야만 합니다.[23]

달라이 라마가 1976년에 슈덴 숭배에 반대한다는 입장을 표명한 이후로 겔룩빠 내부에서는 큰 불화가 생겼다. 그도 그럴 것이 겔룩빠 승려들과 망명사회의 평신도들 사이에서는 여전히 슈덴 숭배가 널리 행해지고 있었던 것이다. 이에 따라 슈덴 숭배를 옹호하는 글이 줄줄이 발표되었고 어떤 글은 심지어 현 달라이 라마가 진짜 달라이 라마가 아니며 40여년 전에 잘못된 아이가 선택되었다는 주장을 펴기도 했다. 그러나 이와 같은 논쟁은 티베트 망명사회 밖으로는 거의 알려지지 않았다. 서양의 신자들이 믿는 티베트불교는 대부분 명상과 공과 자비를 강조하는 근대불교의 한 유형이었고, 사람의 지방으로 호롱불 기름을 만들고 사람의 머리털로 심지를 만들어 불을 붙이는 의례용 공물은 이들이 가진 신앙과는 거리가 멀었다. 이는 서양인 신자들이 따르는 티베트인 스승이 슈덴을 숭배하지 않아서가 아니라 제자들에게 슈덴 숭배를 따로 가르치지 않았기 때문이다.

슈덴 숭배에 대한 달라이 라마의 반대입장은 1996년에 가서 더욱 단호해졌다. 그는 티베트의 신년축하 행사에서 공식적인 반대입장을 표했다. 또 남인도의 티베트 난민촌에서 열린 탄트라 입문식에서는 슈덴을 부인하지 않는 자들을 향해 자리를 떠나달라고 요청했다. 탄트라 입문식에서는 입문자와 라마 사이에 강력한 유대가 생겨나므로 슈덴의 추종자들을 입문시킬 수 없다는 것이었다. 달라이 라마는 이들을 입문시킬 경우 자신의 건강이 위태로워지고 수명이 단축된다고 이야기했다. 그는 1996년 3월 4일, 다음과 같이 말했다. "내 건강이 걱정되어 이 문제에 대한 결의안을 채택했다니 고마운 일이로군요. 건강에 위협이 되는 것은 꼭 무장공격만이 아닙니다. 오히려 이런 공격은 티베트사회에서 극히 드물지요. 만일 내 권고를 계속해서 무시한다면 나로서도 실망한 채로 잠자코 삶을 이어가고 싶지 않습니다. 이것이 더 적절한 설명이겠군요."[24] 이 이야기를 풀어서 설명하면, 달라이 라마는 자신이 죽을 시기를 정할 수 있다고 알려져 있으므로 티베트인들이 자신의 경고에 주의를 기울이지 않을 경우 자신이 곧 죽을 수도 있음을 암시하는 것이었다. 1996년 7월 15일, 티베트 망명정부는 다음과 같은 성명을 발표했다.

티베트 정부는 돌걀(도르제 슈덴)이라 알려진 특정 영혼의 추종자들에 대한 종교적 박해 혐의를 조사하기 위해 9인으로 이루어진 특별위원회를 결성했다.

돌걀을 달래는 의식에 대한 티베트정부의 기본방침은 1996년 6월 6일 티베트국민대표의회가 발표한 만장일치 결의안에 자세히 설명되어 있다. 결의안의 내용에 따르면 티베트 정부부처와 각 부처의 부속기관들, 티베트 중앙정부로부터 행정적인 통제를 받는 사원들은 이 영혼을 달래는 의식을 엄격히 금지해야 한다. 또 티베트 국민들에게 이 의식의 폐해를 알리되 '그들이 원하는 대로 결정할' 자유를 주어야 한다. 대신 이 영혼을 계속 달래는 자들은 달라이 라마 성하(聖下)에게 금강승에 대한 가르침을 받을 수 없다.[25]

망명사회에 있는 여섯개의 주요 겔룩빠사원 승려들은 '수상쩍은 신들'의 숭배를 금지하는 성명서에 서명하라는 요청을 받았다. 또 티베트 망명정부는 슉덴 숭배의 전통적 본거지인 세라사원의 주지에게 슉덴을 숭배하는 승려들의 이름을 보고해달라고 요청했다. 한편 겔룩빠의 명목상 수장인 간덴사원의 주지는 슉덴 숭배를 비난하는 성명서를 발표했고, 과거에 그를 숭배하던 위대한 스승들은 적정존과 분노존의 결합을 제대로 이해했으나 오늘날의 미혹된 숭배자들은 이를 알아듣지 못한다고 설명했다. 그는 달라이 라마의 슉덴 숭배 금지를 비난하는 승려들을 가리켜 그들이 "해로운 음모를 꾸미고 불명예스러운 행동을 하는 데 시간을 쏟았으며 그들의 행동은 사원을 공격하고, 칼과 창을 휘두르며, 부처의 신성한 옷을 피로 적시는 것이나 다름없다"[26]라고 비판했다.

달라이 라마의 명령을 공공연히 비난한 승려들 중에는 게세 켈상 갸초(Geshe Kelsang Gyatso)도 끼어 있었다. 그는 인도의 세라제 사원 출신으로 영국으로 이주해 신(新)까담빠 전통(New Kadampa Tradition)이라는 종파의 지도자가 되었다. 까담빠(bka' gdams pa, 까담빠의 어원적 정의는 '부처가 한 모든 말을 가르침으로 받드는 사람들'이다)는 11세기경 아띠샤(Atiśa)의 추종자들이 세운 최초의 티베트불교 종파다. 쫑카빠는 청렴한 사원 운영으로 이름난 까담빠와의 연관성을 암시하기 위해 자신의 제자들을 '신까담빠'라 불렀고, 겔룩(dge lugs, '선행체계')이라는 이름은 쫑카빠가 죽고 난 뒤부터 쓰이기 시작했다. 따라서 껠쌍 갸초가 자신의 종파를 신까담빠 전통이라 부르는 데에는 겔룩빠와 달라이 라마보다 오히려 자신과 자신의 추종자들이 쫑카빠로부터 전해내려온 전통을 더 제대로 고수한다는 암시가 깔려 있다. 껠쌍 갸초는 망명사회의 다른 많은 겔룩빠 승려들처럼 슉덴을 숭배했고 그의 삼촌은 남인도에 있는 티베트 망명촌에서 슉덴의 영매 노릇을 했다. 그러나 껠쌍 갸초는 겔룩빠의 다른 스승들과는 달리 자신의 영국인 제자들로 하여금 슉덴 숭배를 불교수행의 중심으로 삼게 했다. 따라서 달라이 라마가 1996년에 슉덴 숭배에 대한 반대입장을 더욱 강력히 표명하자 껠쌍 갸초의 제자들은 달라이 라마가 자신들의 종교적 자유를 침해한다며 그를 비난하고 나섰다. 그들은 달라이 라마가 1996년 여름, 영국을 방문하는 동안 피켓시위를 벌였고 달라이 라마의 종교적 편협성을 비판했다.

이에 따라 영국 『가디언』(Guardian)의 기자 매들린 번팅은 1996년 7월 6일에 「계속되는 중상모략, 달라이 라마의 영국 방문에 불똥 튈까 우려」라는 제목의 기사를 실었다.

세계에서 가장 존경받는 종교지도자이자 티베트의 정치지도자인 달라이 라마의 이번달 영국 방문을 앞두고 영국에 기반을 둔 한 불교종파의 회원들이 그의 명예를 훼손하는 국제적인 비방운동을 벌이고 있어 화제다.

요크셔 주 포클링턴에 위치한 슈덴 지지자협회(이하 SSC)의 대변인은 달라이 라마가 이제껏 전해온 종교적 관용의 메시지와는 달리 '무자비한 독재자' 또는 '종교적 자유의 박해자'로 비난받고 있다고 말했다. 이 협회는 전세계 400여개의 언론매체에 자신들의 공식성명을 배포했다.

SSC 회원들은 신까담빠 전통(이하 NKT) 소속으로 밝혀졌는데, 이 종파는 컴브리아 주 울버스톤에 본부를 두고 있으며 영국에서 교세가 가장 빨리 확장되는 종파이자 가장 부유한 종파 중 하나다.

이 종파는 1991년에 처음 설립된 이래로 놀라운 성장세를 보여왔고 지금은 영국 내에서 가장 큰 불교조직이 되었다. 이들은 국내에 200여개, 해외에 50여개가 넘는 지부를 거느리고 있으며 전체 회원수는 3천여명에 달한다. NKT의 창시자는 1970년대 후반부터 영국에 거주해온 티베트 승려, 게셰 껠쌍이다. NKT의 신자들은 껠쌍이 세번째 부처이므로 그의 가르침을 따르고 그를 숭배해야 한다고 믿는다.

껠쌍은 컴브리아에서 안거수행을 하면서 대부분의 시간을 보내고 영어는 거의 사용하지 않는다. 그럼에도 불구하고 그는 불교에 관한 열여섯권의 책을 펴냈으며 그중 두권은 영국의 베스트셀러 목록에 올랐다.

과거에 NKT 신자였던 사람들의 주장에 따르면 NKT가 그토록 빠른 속도로 성장할 수 있었던 것은 영국의 사회보장부가 아무것도 모르고 자금을 지원했기 때문이다. NKT 관련 단체들은 작년 한해에만 최소 다섯개의 큰 부동산을 사들였고 NKT 센터에 거주하는 300여명의 회원들 중 상당수는 일주일에 360파운드나 되는 주거보조비를 신청한다.

그들은 주거보조비를 방세로 지불하고 이 돈을 부동산의 대출금을 갚는 데 사용한다. 이들이 최근에 구입한 부동산 중에는 더비셔 주의 4만 6000여평 부지에 신(新)자코비언 양식으로 꾸며진 대저택 애시홀(Ashe Hall)이 있다.

한편 달라이 라마를 초청한 주최 측은 7월 15일부터 시작되는 일주일 여정의 영국 방문을 앞두고 그의 안전에 대해 우려를 표했다. 달라이 라마의 강연이 예정된 런던과 맨체스터에서 SSC가 시위를 벌이겠다고 여러 차례 협박하고 나선 것이다. 지난 달, 런던의 티베트 망명정부 대표사무소 밖에서 벌어진 시위에서는 수백여명이 모여 반(反) 달라이 라마 구호를 외치고 "당신의 미소는 매혹적이지만 당신의 행동은 해롭다"라고 적힌 현수막을 흔들었다.

SSC는 달라이 라마가 이미 수세기 동안 행해져 내려온 불교의 관습을 금지시켰으며 인도에 있는 티베트인들을 일터에서 내쫓고, 승려들을 사원에서 추방시켰으며, 가택수색을 시키고 불상을 파괴했다고 주장했다. 반면 런던의 티베트 망명정부 대표사무소는 이들의 주장을 극구 부인했다. 국제사면위원회(Amnesty International)는 SSC의 주장이 아직 입증되지 않았다고 밝혔다.

겔쌍과 달라이 라마(그는 티베트 종교계 및 정계의 지지를 얻고 있다) 사이에 논란이 불거진 것은 도르제 슈덴이라 불리는 신을 숭배하는 관습 때문이다.

달라이 라마의 지지자들은 이 관습이 악마숭배나 마찬가지라고 이야기한다. 달라이 라마는 자신의 제자들에게 슈덴을 숭배하지 말라고 경고했고 이 관습이 자신의 목숨뿐 아니라 티베트인들의 미래까지도 위협할 수 있다고 말한 것이다. 반면 NKT와 SSC는 도르제 슈덴이 부처라고 주장한다.

SSC는 지난 몇주간 달라이 라마의 비자 발급 중단을 촉구하는 편지를 영국 내무부에 보내는 캠페인을 벌였다. NKT에서 훈련을 받은 교사들은 신자들에게 편지의 초안을 나눠주었고 여기에는 달라이 라마의 방문이 "백해무익하다"라는 내용과 함께 그가 "티베트의 국민들을 박해한다"라는 비난이 실려 있었다.

영국의 티베트 후원자들이 가장 우려하는 상황은 SSC가 벌이는 캠페인이 중국정부에 이용될 경우다. 티베트는 1950년 이래로 중국의 지배를 받아왔고, 달라이 라마가 노벨평화상을 수상하면서 티베트 독립에 대한 대중들의 관심이 급속도로 높아졌다. 따라서 중국정부는 달라이 라마가 누리는 세계적 종교지도자로서의 명성을 훼손하면 티베트에 대한 지지도 약화될 것이라 보고 있다.

27개의 다른 불교단체와 더불어 달라이 라마의 방문을 주최하는 영국의 티베트협회(Tibet Society)는 SSC가 편협한 분파주의를 보이고 있으며 "다른 사람들을 이롭게 하고 자비를 베풀라는 불교의 기본교리에 정반대되는 행동을 하고 있다"라고 비난했다.

한편 같은 일자의 『가디언』에 실린 특집기사는 NKT를 사이비종교로 묘사했고, 이들의 재정적 부정행위와 협박수단을 자세히 다루었으며, 슈덴 숭배를 과거 티베트 샤머니즘의 유물로 설명했다. 한편 앤드루 브라운(Andrew Brown)은 1996년 7월 15일자 『인디펜던트』(Independent)에 「불교도들 간의 싸움」이라는 제목으로 기사를 실었는데 여기서 어느 NKT 신도를 가리켜 그가 "싸이언톨로지 교도나 뜨로쯔끼주의자(모든 대답뿐만 아니라 모든 질문까지 알고 있는 사람들)가 보일 법한 문답식 태도"를 보였다고 썼다. 또 달라이 라마가 티베트불교를 일종의 근대불교로 보이게 만드는 데 성공했다는 증언이라도 하는 양 다음과 같은 결론을 내렸다. "달라이 라마에게 던져진 진흙은 아마 어느정도 그에게 들러붙을 것이다. 또 티베트불교가 가진 순수하고 이성적인 종교로서의 명성도 틀림없이 손상을 입을 것이다."[27] 1996년 8월 22일, 껠쌍 갸초가 몸담았던 세라제사원의 승려들은 공식적인 '추방선언문'을 발표했다. 이 선언문의 일부내용을 살펴보면 "전지전능한 14대 달라이 라마는 독실한 티베트인들의 유일한 생명의 양식이요, 그가 행한 선행과 자비는 하늘을 찌른다. 그에 반해 서원을 깬 악마, 껠쌍 갸초는 달라이 라마에게 지독한 앙심을 품고 있다."[28] 한편 1997년 2월 4

일에는 존경받는 학자이자 다람살라에 있는 불교변증학교(Buddhist School of Dialectics)의 교장인 게셰 로상 갸초(70세)가 두명의 제자와 함께 칼에 찔려 죽는 사건이 벌어졌다. 그는 슉덴에 대한 달라이 라마의 입장을 오랫동안 지지해온 사람이며 슉덴의 추종자들에게 살해된 것으로 보인다.[29]

불교의 부처나 보살은 인도에서 유래한 데 반해 수호자(chos skyong, 최꽁 또는 srung ma, 숭마)로 알려진 슉덴과 같은 신들은 티베트에서 유래한 경우가 많다. 이들 호법신은 티베트의 지역 신이고 이들 중 일부는 불교가 들어오기 전부터 있었다. 이들은 빠드마삼바바와 같은 인도 수행자들과 마법 전투를 벌이다 패해 불교로 개종했다고 한다. 불교수행자들에게 목숨을 내놓기보다는 불교를 수호하는 쪽을 택한 것이다. 이처럼 이들은 인도가 아닌 티베트의 토착 신이고 일부는 아주 오래전부터 전해내려온 신이다. 이들은 전통적으로 특정 씨족·산맥·지역의 조상신으로서 극진한 숭배를 받아왔다. 티베트인들이 망명을 떠나면서 데려간 슉덴도 겔룩빠와 동티베트 지역의 수호신이었다. 따라서 망명 중인 티베트인들이 특정 파벌의 정체성 대신 민족정체성을 갖게 하려면 슉덴 숭배를 더 이상 유효하지 않은 것으로 선포하고 그를 추방시키는 수밖에 없었다. 이러한 민족정체성은 티베트인들이 자신들의 터전으로 여기는 땅을 떠난 후에야 비로소 필요하게 되었다. 티베트문명은 지금에 와서 돌이켜볼 때에만 모든 티베트인들에게 동일한 문명인 것이다.

그렇다면 우리는 티베트 민족주의에 대한 질문을 던지지 않을 수 없다. 중국이 티베트를 합병하기 전에는 서양인들이 '티베트'라 부르던 국가가 있었고 이 국가는 달라이 라마의 통치를 받는 것으로 알려졌다. 유럽 열강들은 이 국가와의 무역에서 특권을 누리려 했고(예컨대 영허즈번드가 이끄는 원정대는 무력을 써서 이러한 특권을 요구했다) 서둘러 사절단을 파견했다(1942년, 미국의 전략 첩보국은 똘스또이와 돌런을 파견해 제2차 세계대전 기간 동안 티베트를 통과해 전쟁물자를 수송하게 해달라고 요청했으나 끝내 허가를 받지 못했다).

이처럼 과거의 티베트는 '국가'의 정의에 상당부분 들어맞는 것처럼 보인다.[30] 티베트의 국가서사는 불법(chos 'byung, 최중)의 기원을 다루는 불교역사에 수록되어 있긴 해도 분명하게 존재한다. 이 서사는 티베트민족의 기원, 연속성, 영구성 그리고 선사시대까지 거슬러올라가는 티베트 왕들의 혈통을 강조한다. 여기서 주목할 점은 티베트의 전통이 보통 티베트 바깥에서 생겨난 것으로 그려진다는 점이다. 티베트의 정체성은 주변문명과의 대조를 통해 생겨나지만 이 정체성을 이루는 구성요소는 주변문명에서 왔다고 설명하는 것이다. 예컨대 불교는 인도에서 왔지만 이것이 온전하게 보존되어온 곳은 티베트뿐이다. 또 티베트는 문화적으로 뒤처진 미개한 (그러나 위풍당당한) 사람들이 살고 있으므로 외부로부터 문명을 도입해야 하는 곳으로 그려진다. 예컨대 뵌교 문헌을 보면 왕실의 장례의식을 책임지는 승려들은 외부(샹슝)에서 데려와야만 한다. 또 불교 문헌을 보면 (부처의 문중에서 나온) 티베트의 초대왕은 험준한 산맥을 넘어 인도에서 티베트로 왔다. 라싸에 있는 가장 신성한 불상은 쏭짼감뽀의 중국인 왕비가 티베트로 오면서 가지고 온 것이고, 빠드마삼바바는 티베트의 악령들을 다스리고 최초의 사원을 설립하기 위해 인도를 떠나 티베트로 왔다.

한편 티베트의 전통은 다른 나라들과 마찬가지로 후대에 와서 만들어진 것이다. 또 세간에 알려진 것보다 훨씬 뒤늦게 생겨난 전통도 있다. 예를 들어 티베트의 많은 전통은 장춥 걀첸(Byang chub rgyal mtshan)이 통치하던 14세기에 생겨났고 5대 달라이 라마가 통치하던 17세기에 만들어진 것도 있다. 또 티베트에는 다른 나라들과 마찬가지로 티베트 종족의 기원과 그들의 독특한 민족성에 대한 신화가 있다. 티베트 종족은 신의 자손이 아니라 원숭이(실제로는 관음보살의 화신)와 나찰녀(몹시 날래고 사람을 잡아먹는다는 귀녀―옮긴이)에게서 태어난 자식들의 후예로 알려져 있다.[31] 그러나 이러한 불교신화들은 불교를 믿지 않는 뵌교도들을 서사에서 배제시키고 "망각은 (…) 민족국가를 만들어내는 데 있어서 중요한 요소"라는 르낭의 주장이 옳았음을 다시 한번 확인시켜준다.[32]

만일 티베트인들에게 조국(pha yul, 빠율)이 어딘지를 묻는다면 그들은 자신의 출신지 이름을 댈 것이다. 그들은 고향의 산과 계곡, 그곳에 깃든 신들, 라마들, 사원들, 고향의 방언(타지역의 방언과 의사소통이 불가능할 정도로 다른 말)에 강한 애착을 갖고 있다. (티베트의 속담에는 심지어 이런 말도 있다. "티베트에서는 산골짜기마다 다른 말을 쓰고 라마마다 다른 법계를 갖고 있다.") 캄(Kham)이나 암도(Amdo) 지방에 사는 티베트인들은 티베트의 중부지방이나 라싸에 갈 때 종종 '티베트에 간다'라고 표현한다. 또 '티베트인'을 뜻하는 '뵈빠'(bod pa)라는 단어는 (중부지방에 위치한) 북부 고원의 유목민들이 라싸에 살고 있는 사람들을 가리켜 썼던 말이다. (망명사회에서는 '티베트인'의 의미가 확대되어 중국의 지배를 받는 캄과 암도 지방의 주민들까지 포함하게 되었다. 그러나 라다크, 씨킴, 부탄 등에 살면서 티베트어를 쓰는 사람들은 여기에 포함되지 않는다.)33) 티베트의 역사를 살펴보면 달라이 라마 정권은 상당히 오랫동안 우(U)와 창(Tsang) 지방만 다스려왔다(때로는 이들 지방의 관할권과 세금문제를 가지고 판첸 라마와 논쟁이 붙기도 했다).34) 또 캄과 암도 지방의 주민들은 달라이 라마 정부를 우습게 여기곤 했다.35) 티베트 전체 남성인구의 15퍼센트를 차지하는 승려들은 사원이나 대학(grva tshang, 다창) 단위로 충성심을 기르고 정체성을 확립했다. 한편 티베트는 19세기에 식민 지배를 받지 않았으므로 민족의식을 고취시키는 요인으로 여겨지는 여러 가지 제도, 즉 인쇄 자본주의(print capitalism), 인구조사, 지도, 박물관 등을 만들지 않았다.36) 따라서 티베트는 종교적인 색채를 띠지 않은 정부, 행정조직, 시민권 개념, 전 지구적 자본주의 경제,37) 외교관계를 맺은 국가들이 모여서 이룬 국제기구의 회원 자격, 사회적 분업체제, 산업조직, 세속적인 문화적 가치의 우세를38) 특징으로 하는 근대적 의미의 국민국가라기보다는 개인들이 속한 공동체 또는 소속집단으로서의 국가(natio)로 보일 것이다.

본래 티베트인을 정의하는 것은 그들의 민족성(ethnicity)이었다. 이를테면 다른 사람들의 입에는 잘 맞지 않는 볶은 보릿가루, 짬빠를 주식으로 하는 사람들은 티베트인이고 짬빠를 못 먹는 사람들은 티베트인이 아닌 것이다. 그러나 망명사회에서(이곳에서 볶은 보릿가루를 먹는 사람은 드물다) 짬빠는 불교로 대체되었고, 불교수행은 티베트문화의 고유한 특성으로 과장되게 강조되었다(물론 불교와 불교정권의 통치는 중국 침략 이전에 티베트의 국가 정체성을 이루는 핵심요소였다). 이러한 경향은 특히 외국인들을 상대로 티베트를 묘사할 때 더욱 두드러지게 나타났다. 달라이 라마는 "유럽인들과 미국인들이 티베트불교에 진정한 흥미를 느끼는 것을 보고"[39] 망명사회의 티베트 청소년들이 불교에 새로운 관심을 갖게 되었다고 말했다. 그러나 유럽인들과 미국인들이 생각하는 티베트불교는 티베트인들이 생각하는 티베트불교와 다를지도 모른다. 티베트의 독특한 문화유산으로 여겨지는 불교는 결국 유럽인들과 미국인들의 관심을 끄는 불교인 것이다. 세상에서 사라지도록 내버려두어서는 안 되는 불교 역시 바로 이 불교다. 전 인류의 유산인 티베트불교는 티베트가 세상에 주는 선물이나 마찬가지다. 이러한 맥락에서 달라이 라마는 티베트 독립이라는 대의와 보편적인 선(善)에 해당하는 불교의 자비가 서로 연관되어 있다는 것을 보여주기 위해 (서구의 티베트불교 신자들에게) 티베트를 지혜의 보고로 설명했다. 한 세기 전에 일부 유럽인들이 그랬던 것처럼 말이다.

여러분들은 불교신자이므로 티베트불교를 보존해야 하는 이유를 알고 있어야 합니다. 티베트라는 실질적인 나라, 즉 물리적인 땅은 티베트불교를 지키는 데 있어서 중요한 요소입니다. 우리는 지난 30년간 티베트 바깥에서 티베트의 전통을 지키기 위해 최선을 다해왔고 이 노력은 비교적 성공적인 결과를 거두어 왔습니다. 그러나 다음세대에는 진짜 위험이 도사리고 있습니다. 다시 말해 티베트의 전통이 변질되고 고국에서 제대로 된 보호를 받지 못해 영영 사라져 버릴지도 모른다는 것입니다. 따라서 부처의 법(法)이 온전히 담긴 티베트불교를 지켜내려면 신성한 티베트 땅이 꼭 필요합니다. 만일 이 물리적 실재가 중국의 점령 아래 생명력을 잃게 된다면 문화적이고 종교적인 실재로서의 티베트불교도 살아남지 못할 것입니다. 따라서 우리는 티베트의 정치적 상황을 개선시켜야 할 책임을 피할 수 없습니다. 이러한 관점에서 보면 티베트 독립을 지지하는 것은 단순히 정치적 문제가 아니라 부처의 법에 해당하는 과업입니다.[40)]

그러나 달라이 라마는 서양인들을 염두에 두고 쓴 글에서 때때로 티베트 독립과 티베트문화 보존 간의 경계를 흐리고 전자에 대한 요구에서 후자에 대한 요구로 넘어간다. 여기서 달라이 라마가 말하는 문화는 음식이나 수공예와 같은 물질문화도 아니고, 친족이나 씨족과 같은 사회문화도 아니다. 또 흔히 민족지에서 이야기하는 문화, 즉 E. B. 타일러가 1871년에 정의한 대로 "지식, 신앙, 예술, 도덕, 법률, 관습, 그리고 개인이 사회 구성원으로서 습득한 다른 모든 능력과 습관을 포괄하는 총체"[41)]도 아니다. 타일러의 정의에서 종교는 문화라는 총체에 속하는 하나의 구성요소에 지나지 않고 다양한 사회적·역사적 상황에 따라 얼마든지 달라질 수 있다. 그러나 달라이 라마가 이야기하는 문화는 좀더 보편적이고 영속적인 것, 즉, 매슈 아놀드(Matthew Arnold)가 1869년에 정의한대로 "보편적인 인도주의 정신 (…) (그리고) 인간의 존엄성에 대한 사랑"[42]에 더 가까워 보인다. 달라이 라마는 1996년 10월 30일에 있었던 『르몽드』(Le Monde)와의 인터뷰에서 다음과 같이 말했다. "현재 티베트에서는 일종의 문화 대학살이 일어나고 있습니다. 설령 티베트의 독립을 이루지 못하는 것은 받아들일 수 있다 해도 우리의 영성(靈性)인 티베트불교가 파괴되는 것은 상상조차 할 수 없습니다. 따라서 티베트의 전통을 보호하는 것은 이제 저의 주된 임무가 되었습니다."

자신들에게 '문화'라 불리는 것이 있다는 것을 알게 된 티베트 망명정부의 지도자들은 문화를 이루는 많은 구성요소들 중 하나인 종교를 선택해 그것을 영원한 본질인 '자비'로 보편화시켰다. 또 선천적인 것(자연)은 후천적인 것(문화)을 뒤따르므로 망명사회의 티베트인들은 티베트에도 문화 외에 자연이 있다는 사실을 깨닫게 되었다. 자연환경에 대한 티베트인들의 의식은 최근 들어 생겨난 것으로 1985년 이전에 망명정부가 펴낸 출판물에서는 환경에 대한 언급을 찾아볼 수 없다. 그러나 1985년에 달라이 라마는 '인류의 생존을 위한 종교지도자 및 정치지도자들의 글로벌 포럼'에 티베트 대표를 보냈고, 이때부터 티베트 독립과 관련된 출판물에는 티베트를 환경적 측면에서 깨우친 사회로 묘사하는 내용이 빠지지 않고 등장했다. 이를테면 "아시아 전역에서 티베트의 자연환경은 매우 중요한 요소였다. 또 티베트의 생태계는 전인류를 위하여 수세기 동안 균형과 생명력을 유지해왔다"[43]와 같은 내용을 어렵지 않게 볼 수 있게 된 것이다.

달라이 라마의 말에 따르면 티베트의 대표적인 음식이나 의복은 티베트문화에서 가장 중요한 요소가 아니다. 이들은 그저 표면적이고 일시적인 요소일 뿐이다. 반면 불교는 티베트문화에서 영속성을 띤 요소다. 티베트에는 슈덴 숭배를 비롯하여 무수히 많은 형태의 불교수행이 존재한다. 그러나 달라이 라마가 이야기하는 불교는 무엇보다 자비의 수행이고, 티베트에서 유래한 것이 아니라 인도의 위대한 대승불교 스승들이 티베트로 전파한 것이다. 달라이 라마가 자신의 나라를 되찾기 바라는 마음으로 서구에 전파해 온 불교도 이처럼 은총이 넘치는 불교다. 그러나 이러한 유산을 전하는 데 있어서 왜 꼭 티베트라는 정치적 독립체가 있어야 하는지는 분명치 않다. 그렇다면 달라이 라마의 보편화된 메시지는 티베트불교의 탈영토화를 초래하고 있는지도 모른다. 이전의 라마교가 그랬던 것처럼 이제 티베트불교도 국경을 초월한 종교적 세계화 과정에서 본래의 터전을 떠나 떠돌아다니게 된 것은 아닐까? 만일 "국가는 정신적인 원리요, 뿌리 깊은 역사적 분규의 산물이다. 또 국가는 정신적인 가족이지 지형에 따라 생겨난 집단이 아니다"[44] 라는 르낭의 말이 맞는다면 티베트는 모든 곳에 있으면서 결국 아무데도 없는 셈이다. 달라이 라마는 근대국민국가로서의 티베트를 추구하면서 티베트와 티베트문화가 갖는 보편적 가치를 환기시킨다. 그러나 삼세시방(三世十方)의 모든 중생들을 대상으로 삼는 불교 담론의 전통적 보편성은 전세계적 문화시장에서 소비될 때 티

베트 독립이라는 대의에 오히려 걸림돌이 될지도 모른다.[45)

티베트의 민족문화(그리고 자연환경)는 달라이 라마가 1959년에 망명을 떠난 뒤에야 비로소 담론적 의미에서 하나로 통합되었다고 할 수 있다. 티베트의 망명자들은 서양인들에게 문화라는 개념을 배워 티베트의 모습을 되돌아보게 되었다. 그러나 그들이 보게 된 눈의 고장은 서양인들의 환상이 만들어낸 거울, 즉 정교한 테두리 장식이 달린 거울에 비친 모습일 뿐이었다. 티베트는 자신과 꼭 닮은 분신을 만들어내는 이 거울을 통해서만 통일성·완전성·일관성을 갖춘 나라로 그려졌다. 서양인들을 오랫동안 사로잡아온 것은 바로 이 같은 티베트의 분신이었고, 티베트 바깥으로 나온 티베트인들은 마침내 자신들의 분신과 마주하게 된 것이다. 티베트인들은 뒤늦게 발을 들여놓은 세계에서 이미 오래전부터 그곳에 있어온 자신들의 모습을 보게 되었고 이 분신과 합쳐져 하나가 되었다. (달라이 라마는 최근에 있었던 영국 방문에서 마담 투소 박물관Madame Tussaud's에 전시된 자신과 똑같이 생긴 밀랍인형을 보았다.) 그러나 이러한 합일은 이음매를 남긴다. 만일 자신의 분신을 보는 것이 곧 자신의 운명을 보는 것이라면 1959년 이래로 일어난 일련의 사건들은 운명을 수용하는 과정에서 분신이 잠깐씩 거쳐간 지점일 것이다. 티베트인들의 '자기표상'(self-representation)은 마치 SF영화에서처럼 이 분신을 흉내라도 내듯 가끔씩은 그와 하나가 되고 가끔씩은 그와 분리된다. 그러나 관찰자들은 이 둘을 좀처럼 구별하지 못한다. 예컨대 영화 『식은 죽 먹기』(Duck Soup)의 거울 장면을 보는 관객들은 서로 마주보고 있는 두 사람 중 한 사람이 잠시 뒤를 돌아보고 난 뒤에야 그들 사이에 거울이 없다는 사실을 깨닫는다. 한 사람이 거울을 들여다보고 있던 것이 아니라 처음부터 두 사람이 있었던 것이다. 그렇다면 인도에서 자란 많은 티베트 청년들이 티베트 승려들을 향해 영어로 된 책 속에 나오는 티베트 불교의 이미지대로 살지 않는다며 비난을 서슴지 않는 이때에, 슈덴 사건은 조상 전래의 관습, 지역 고유의 관습, 전통적이고 토착적인 관습, 즉 서양인들은 함께 나눌 수 없는(슈덴의 영국인 추종자들이 기울인 노력에도 불구하고) 티베트 고유의 관습으로 돌아가려는 슈덴 추종자들의 시도로 보아야 할지도 모른다.

그러나 실체와 상(像)이 분리되어 있는 순간은 갈수록 더 짧아지고 드물어진다. 어느새 거울 속 움직임이 표준이 된 것이다. 샴발라의 왕이 브라만들을 유토피아에서 떠나지 못하게 했던 것처럼, 또 고승들이 샹그릴라를 떠나려는 콘웨이를 만류했던 것처럼, 오스카 와일드가 이야기했던 '거짓말'의 세계를 벗어나기는 어려워 보인다. 이는 앞으로 살펴볼 인용문들이 보여주듯이 티베트와 서구에서 만들어진 티베트 담론의 모방이 오늘날까지 이어지고 있기 때문이다.

1880년, 대백색형제단의 마하트마 쿠트 후미(Koot Hoomi)는 A. P. 씨넷에게 보낸 편지에서 티베트를 다음과 같이 묘사했다. (이 편지는 마담 블라바쯔끼의 서류장에서 발견되었다.) "티베트에는 지난 수세기 동안 양심적이고 순수한 마음을 지닌 단순한 사람들이 살아왔다. 이들은 문명의 혜택을 받지 않았기 때문에 문명의 악으로 인해 타락할 일도 없었다. 또 티베트는 물질계와 정신계의 혼합을 막을 만큼 타락하지 않은 지구상의 마지막 보루였다."[46] 여기서부터 우리는 티베트가 점차 상징적이고 초현세적이며 부수현상적인 '대리사회'(surrogate society)가 되어가는 과정, 아니 심지어는 희생양이 되어가는 과정을 추적할 수 있다. 한편 에드윈 J. 딩글의 책 『티베트에서의 삶』(1939)에 서문을 쓴 루이스 M. 그레이프(Louis M. Grafe)는 힐턴의 『잃어버린 지평선』에 나오는 샹그릴라처럼 티베트를 고대의 지혜가 간직된 곳, 즉, 동양인들이 백인들의 지혜를 보존해놓은 곳으로 묘사했다. "그렇다면 위대한 지혜는 이 모든 변화속에서 보존되었을까? 그렇다. 이것은 전쟁과 다툼이 없는 나라, 주변국가들의 탐욕과 전쟁 욕심이 넘볼 수 없게끔 자연의 보호를 받은 나라 티베트 덕분이다. 몽골인종의 티베트인들은 인도-유럽인종을 위하여 본래 고대 백인종이 가졌던 지혜를 보존해왔고, 인도-유럽인종이 준비된 모습을 보이거나 지금처럼 자연이 더이상 성소(聖所)를 보호해주지 못하면 이 지혜를 되돌려줄 것이다."[47] 이처럼 티베트는 백인들이 어느 시점엔가 잃어버린 지혜를 대신해서 보존해주는 '써비스 사회'로 그려졌다.

한편 비밀리에 전해내려온 동양의 지혜는 1966년에 와서 다시 한번 유행을 타게 되었다. 그러나 이 시기는 이미 중국이 티베트를 침략한 후였고 오랫동안 보존되어온 지혜를 영원히 잃게 될 위기에 처해 있었다. 이에 라마 고빈다는 티베트를 고대로부터 전해내려온 지혜와 미래의 구원을 위해 필요한 지식의 상징으로 묘사했다.

티베트는 지리적으로 고립되어 있고 접근이 어렵기 때문에(특히 지난 세기의 정치적 상황으로 인해 접근이 더욱 어려워졌다) 오래전부터 전해내려온 전통, 즉 인간의 영혼에 감춰진 놀라운 힘에 대한 지식과 인도의 성인들과 현자들의 뛰어난 업적 및 비밀스러운 가르침을 무사히 지켜낼 수 있었다.

그러나 지구상의 그 어떤 나라도 피해갈 수 없고 심지어 티베트마저 고립된 상태에서 끌어낼 세계적인 대변혁이 일어나면서, 이 같은 정신적 성취는 미래의 고차원적인 인류문명의 일부로 통합되지 않는 한 영원히 사라질 위기에 처했다.[48] (…)

티베트의 운명이 전세계인들로부터 그토록 깊은 공감을 불러 일으키는 이유는 무엇일까? 여기에는 단 한가지 답밖에 없다. 이는 티베트가 오늘날의 인류가 갈망하는 모든 것의 상징이 되었기 때문이다. 인류는 이미 사라져 버렸거나 아직 실현되지 않은 것 또는 우리의 눈앞에서 곧 사라질 위기에 처한 것을 갈망한다. 전통은 과거의 역사나 문화에만 기원을 두는 것이 아니라 인간의 마음속 가장 깊은 곳에 영원한 영감의 원천으로 간직되어 있다.[49]

이와 같은 견해는 1991년에 와서 또다시 나타났다. 그러나 그때에는 티베트 독립이라는 대의가 이미 대중문화에 더욱 깊숙이 들어와 있는 상태였고 과거의 티베트와 새로운 티베트를 더욱 뚜렷하게 구별할 수 있었다. 이제 티베트의 지혜를 보존해 인류에 영감을 주려면 이것을 전세계 문화에 통합시키는 수밖에 없었다. 따라서 서양의 가장 유명한 티베트불교 신자 중 하나인 리처드 기어

(Richard Gere)는 블라바쯔끼 여사, 에번스-웬츠, 또는 한 세기 전의 다른 대변자들이 했던 이야기를 반복하며 티베트가 물질주의적인 서구가 갖지 못한 모든 것이라고 설명한다. 여기서 티베트는 낭만주의의 요소로 작동하며, 동양은 서양에 없는 모든 것을 갖춘 대리적 자아로 극찬받는다. 티베트는 서양이 과거에 어떠했는지를 보여줌으로써 앞으로 어떤 모습이 될지를 예측하게 해주고 서양을 쇄신시켜주며 냉소적이고 물질주의적인 상태로부터 구원해줄 것이다. 이처럼 티베트는 서양의 정신을 회복시켜주는 존재이며 점차 사라져가는 서구문명의 구원책으로 여겨진다. 서양의 내부에 결여된 것을 서양의 바깥에서 찾는 이 과정에서, 이왕이면 지구상에서 가장 멀고, 가장 접근하기 어려우며, 가장 신비로운 곳에서 찾아보자는 논리가 성립한 것이다. "1950년에 중국의 침략을 받기 전까지 티베트인들은 매우 평화롭고 행복한 삶을 누려왔다. 혼란스러운 세계를 불신한 티베트인들은 수세기 동안 일체의 교류를 끊은 채 오직 불교의 가장 높은 이상에 바탕을 둔 놀랍고도 독특한 문명을 발전시켜왔다. 그들의 문명은 영적·심리학적·철학적 통찰을 근거로 하는 혁명적인 사회 실험의 결과였다. 이러한 통찰이 우리에게 보여주는 것은 인간의 영혼에 담긴 심오한 비밀과 친밀하게, 또 창의적으로 소통하는 방법이다. 티베트는 우리가 사는 이 시대와 미래 인류의 생존에 있어서 그 어느 때보다 중요한 의미를 갖는다. 또 우리를 고대의 지혜와 이어주는 가장 확실한 통로이기도 하다. 따라서 티베트와 티베트가 상징하는 건전한 정신을 이대로 사라지게 내버려두어서는 안 된다."[50]

여기서 조금만 더 나아가면 티베트를 대리사회로, 또 티베트인들을 희생양으로 보는 견해에 이르게 된다. 이러한 견해는 내가 1993년에 월드 써비스 네트워크(World Service Network)라는 단체로부터 받은 인쇄물 '새로운 티베트—극락정토'(The New Tibet—The Pure Land)에 잘 나타나 있다. 이 인쇄물은 기독교, 신지학, 뉴에이지에 등장하는 표현들을 기상천외한 방식으로 결합해 티베트와 티베트 사람들을 중국의 침략과 점령이라는 참혹한 상황에 바쳐진 무고한 희생양으로 그려낸다. 또 티베트가 새롭게 정화되고 뉴에이지 선교의 터전으로 거듭나 전세계 유토피아의 본부 역할을 하게 될 것이라고 예언한다.

정신계(티베트)는 물질계에서 가장 냉혹하고 자기중심적인 구성원(중국)의 압제로 인하여 더럽혀졌다. 정신계가 이로부터 자유로워지려면 좀더 높은 법과 강력한 제휴를 맺고 이 법을 행사해 암흑을 변형시켜야 한다.

신비주의적 관점에서 봤을 때 티베트는 이미 국가 차원의 정화단계를 통과했다. 여기서 '정화단계'란 무엇인가? 사람이든 국가든(원리는 마찬가지다) 성장을 하는 독립체는 특정한 정신적 발달 수준에 이르면 영적 기운이 더 잘 흐를 수 있게끔 좋지 못한 습관, 낡은 방식, 망상, 굳어진 믿음 등을 정화해야 한다. 이와 같은 정화를 통해 독립체는 극한의 시련도 견딜 수 있을 만큼 강해지는 것이다.

정화단계를 거친 독립체는 이제 다음의 확장단계로 넘어갈 준비를 마치게 된다. 티베트인들은 강인한 정신으로 정화단계를 견뎌내면서 새로운 세계를 만들기 위한 기반을 닦았다. (…)

이제 샹그릴라—극락정토—의 베일을 벗기고 새롭게 부활한 티베트를 보여줄 때다. 인류애, 자비, 모든 생명에 대한 존중, 나눔, 상호의존이 위대한 새 사회의 초석이 되는 곳. (…)

티베트가 완전한 독립을 이루고 세계 최초의 성스러운 국가로 지정되고 나면 통합의 지점이자 보편적인 사랑과 지혜와 선의를 이루기 위한 변화의 중심지가 될 것이다. 그러고 나면 우리는 그곳으로 가서 티베트가 전세계에 영원한 세계평화를 가져오게 만드는 일에 착수할 것이다.[51]

1987년 9월 21일, 달라이 라마는 미국의회의 인권 관련 간부모임에서 다섯가지 조항의 평화계획을 내놓았다. 이들 조항은 (1) 티베트를 "평화지대"로 만들 것, (2) 한족 인구를 티베트로 이주시키는 중국의 정책을 중단할 것, (3) 티베트인의 인권을 존중할 것, (4) 티베트 내에서 핵무기와 핵폐기물을 없애고 티베트의 자연환경을 보호할 것, (5) 티베트의 장래를 위해 중국정부와 제대로 된 협상을 개시할 것이었다.[52] 그러나 달라이 라마는 중국정부로부터 긍정적인 답변을 얻지 못했고, 1988년 6월 6일 스트라스부르에서 열린 유럽의회에서 새로운 제안을 하기에 이르렀다. 그는 티베트의 완전 독립에 대한 요구를 수정해 중국이 티베트의 외교를 맡는 대신 티베트를 "중국과 긴밀한 협력 관계를 이루는 (…) 민주자치공동체"로 인정해줄 것을 요구했다. 그러나 이와 같은 제안은 중국정부뿐만 아니라 티베트 망명사회의 일부 구성원들에게서도 부정적인 반응을 끌어냈다. 이들은 달라이 라마가 티베트 독립을 사실상 포기한 것이나 마찬가지라고 보았다.[53]

이 두가지 제안을 보면 달라이 라마는 중국의 티베트 점령과 식민지화라는 정치적 현실에 자신의 입장을 어느정도 양보한 것으로 보인다. 중국은 티베트를 침략한 지 40년이 지나도록 가까운 장래에 티베트에 대한 소유권을 포기할 기미를 전혀 보이지 않았다 (1989년의 톈안먼 사건은 한순간의 실오라기 같은 희망을 안겨주기도 했다). 따라서 달라이 라마는 이 두가지 제안을 내놓음으로써 티베트 내에 있는 사람들이 처한 상황을 개선하기 위해서라면 중국과 타협할 의사가 충분히 있음을 내비쳤다. 그러나 티베트에 관한 모든 이야기는 다른 수많은 관련요인들을 연상시킨다. 특히 이런 이야기를 하는 사람이 달라이 라마일 경우에는 더욱더 그렇다. 달라이 라마가 1987년과 1988년에 내놓은 제안은 망명사회에서 근대국민국가로서의 티베트라는 아이디어가 구체화되기 시작한 시점에 티베트자치독립국이라는 목표를 사실상 포기한 것으로 볼 수 있다. 동시에 국민국가라는 특정한 목표에서 '평화지대'라는 이상적 목표로 돌아선 것은 달라이 라마가 불교의 근본요소인 비폭력에 중점을 두고 추구해온 근대불교의 보편화와도 연관이 있다. 달라이 라마는 『나의 티베트』(*My Tibet*)에서 다음과 같이 말한다. "티베트 고원 전체가 인류와 자연이 평화롭고 조화롭게 살아갈 수 있는 자유로운 안식처가 되는 것이 나의 꿈이다. 그렇게 되면 티베트는 세계 각지의 사람들이 다른 지역에서 겪는 갈등과 스트레스를 피해 자신들 안에 있는 평화의 진정한 의미를 찾으러 오는 곳이 될 것이다. 또 티베트는 평화를 촉진하고 발전시키는 창조적 중심지 역할을 하게 될 것이다. 한편 티베트 고원은 세계에서 가장 큰 자연 공원이나 생물권으로 거듭날 것이다."[54] 여기서 달라이 라마의 글은 디아스포라 이전 및 이후의 티베트에 대한 환상과 매끄럽게 섞이는 것처럼 보인다. 이러한 환상 속의 티베트는 지구상에 있는 다른 나라들과는 달리 인간과 자연에 해를 끼치는 무기가 없는 평화지대이자 인류와 모든 생명을 이롭게 하기 위해 자비의 수행을 보전해온 곳이다. 달라이 라마는 삐에르-앙뚜안 도네(Pierre-Antoine Donnet)의 책 『티베트, 과연 살아남을 수 있을까?』(*Tibet: Survival in Question*)에 실은 서문을 통해 자신의 입장을 간단히 밝힌다.

    티베트문명은 다채롭고 유구한 역사를 지니고 있습니다. 티베트사회는 불교로부터 지대한 영향을 받았고 훼손되지 않은 자연의 드넓은 공간에서 혹독한 삶을 꾸려온 탓에 평화와 조화를 추구하게 되었습니다. 티베트인들은 오랫동안 자유와 만족을 누리며 살아왔지만 1950년에 중국이 티베트를 침략한 이래로 말로 다 할 수 없는 고통과 시련을 견뎌야 했습니다. 중국은 티베트의 종교와 문화를 공격했고, 문화유물을 파괴했으며, 티베트 지지자들을 비난했습니다.
    티베트의 종교문화, 의학지식, 평화적인 세계관, 자연을 존중하는 태도에는 다른 나라들에 도움이 될 수 있는 풍부한 경험이 녹아 있습니다. 최근에 와서 더욱 분명해진 사실은 아무리 대단한 기술발전을 이루더라도 그것이 영원한 행복으로 이어지지 않는다는 것입니다. 사람들에게 필요한 것은 내면의 평화와 희망이고, 많은 사람들이 티베트가 역경에 처한 가운데에도 티베트인들에게서 이와 같은 평화와 희망을 발견합니다. 이들의 근원은 사랑, 인정, 관용에 대한 불교의 가르침과 모든 것은 다 상대적이라는 불교의 이론에 있습니다.

우리 티베트의 문화적 전통은 인류 공동의 유산에서 매우 귀중한 부분입니다. 만일 이 전통을 잃게 된다면 인류는 더욱 피폐해질 것입니다.[55]

이처럼 전인류의 자비를 강조하고 국가 간의 차이를 상대적으로 덜 중요하게 보는 달라이 라마의 가르침은 티베트자치독립국에 대한 주장과 정반대의 입장에 있는 것처럼 보인다. 이들이 서로 양립할 수 있는 것은 티베트가 대리국가(surrogate state)가 되거나 외부인들의 영적 욕구를 채워주는 환상이 될 때뿐이다. 성인 쿠트 후미에서부터 리처드 기어에 이르기까지 다양한 사람들의 진술이 보여주듯이 이러한 외부인들의 욕구는 놀랍게도 지난 한 세기 동안 거의 달라지지 않았다.

그러나 또다른 관점에서 보면 달라이 라마의 가르침은 매우 전통적인 역할을 해왔다. 티베트가 13세기에 몽골에 항복한 이후로 티베트인들은 중국과 티베트의 관계를 '보호자와 사제'(yon mchod, 윤최)의 관계로 인식해왔다. 따라서 티베트에서 가장 높은 지위에 있는 라마(일반적으로 달라이 라마나 판첸 라마)는 황제의 종교고문이자 대사제로 여겨졌고, 황제는 라마와 티베트의 후원자이자 보호자 역할을 했다. 이들의 관계는 교환관계였다. 라마는 현세와 내세에서 황제와 그의 제국을 지켜주기 위해 의식을 집행하고 가르침을 전했다. 한편 황제는 이에 대한 보답으로 라마와 그의 나라에 물자를 지원해주고 무력을 통해 이들을 보호해주었다.[56] 그러나 1911년에 청나라가 몰락하면서 중국과 맺었던 보호자-사제 관계는 사실상 끝이 났고 중국은 티베트의 대사제를 선정할 권한을 가로챘다(대표적인 예가 1995년과 1996년에 일어난 판첸 라마 사건이다).

이에 따라 달라이 라마를 앞장세워 망명을 떠난 티베트인들은 하는 수 없이 유럽, 북미, 호주, 일본, 대만 등지에 있는 새로운 후원자들에게 의지하게 되었다. 이들은 종교적 가르침을 전하고 입문식을 거행하는 등 새로운 후원자들을 위해 사제 역할을 한다. 그리고 그 대가로 티베트 독립을 위한 재정적 후원과 정치적 지지를 받는다. 티베트 라마들이 이 점에 있어서 얼마나 큰 성공을 거두었는지, 또 어느 지역에서 후원을 받는지 알고 싶다면 환생불이 발견되는 곳이 역사적으로 어떻게 확장되어왔는지를 살펴보면 된다. 몽골의 지도자 알탄 칸의 후원을 받던 3대 달라이 라마가 죽고 난 뒤, 알탄 칸의 종손(從孫)은 4대 달라이 라마로 인정받았다. 한편 오늘날에는 유럽과 미국에서 환생불이 발견된다. (삶이 예술을 모방한다는 오스카 와일드의 주장을 입증해주는 최근의 예는 베르톨루치 감독의 영화 「리틀 부다」에서처럼 씨애틀에 사는 미국 소년이 저명한 라마의 화신으로 확인된 사건이다. 한편 와일드조차 난감

해할 만한 코미디도 있는데 이는 액션영화 배우 스티븐 씨걸Steven Seagal이 최근에 와서 티베트 라마의 환생불로 확인된 사건이다.) 이와 같은 식으로 티베트인들은 '영적 식민주의'라 할 수 있는 자신들만의 식민주의를 통해 외국인들을 자신들의 세력권으로 끌어들였다. 티베트불교도들은 한 국가를 다스리는 대신 다른 형태의 제국을 건설하고 있다. 이 제국은 티베트 성인의 영혼을 가지고 태어난 개인들, 따라서 결과적으로는 인종과 민족에 관계없이 티베트인이라 할 수 있는 개인들로 구성된다. (앞서 3장에서 살펴본 롭상 람파는 적합한 자격을 갖추진 못했지만 분명 이 같은 현상의 선구자 역할을 했다.)

어쩌면 달라이 라마는 불교의 보편화, 티베트의 자유, 전세계 티베트 애호가들의 유토피아적 염원을 모두 겨냥한 장기전략을 가지고 있을지도 모른다. 달라이 라마는 망명을 떠난 후로 스무번이 넘는 깔라짜끄라 입문식을 거행했다. 이 입문식은 공개적으로 진행되고 많은 군중을 대상으로 한다는 점에서(최근에는 25만명이 넘는 사람이 여기에 참석했다) 다른 탄트라 입문식들과 구별된다. 이 입문식이 유럽이나 미국(매디슨 스퀘어 가든 같은 곳)에서 열릴 때는 종종 '세계 평화를 위한 깔라짜끄라'라는 이름으로 불리곤 한다. 달라이 라마는 자신의 자서전에서 다음과 같이 말한다. "나는 인도 밖의 다른 나라들에서도 깔라짜끄라 입문식을 거행했다. 그 이유는 티베트의 생활양식과 사고방식을 보여주려는 것도 있었지만 세계평화를 위해 영적인 차원의 노력을 기울이고 싶었기 때문이다."[57] 그러나 이 '평화'에는 다른 특별한 의미가 있을지도 모른다. 깔라짜끄라 입문식을 받는 이들은 다음세상에서 오직 불교의 보존에만 힘쓰는 머나먼 극락정토, 샴발라에서 다시 태어나기 위해 씨를 뿌리고 있는 것이나 마찬가지이기 때문이다.[58] 2425년이 되면 왕의 군대가 불교 최후의 종말 전쟁을 위해 샴발라를 떠날 것이다. 이들은 야만인들을 무찌르고, 인도와 나머지 세계에 불교를 부활시키며, 평화로 세상을 다스릴 것이다.

힐턴의 소설에 나오는 샹그릴라의 주민들은 자신들의 유토피아에 사람을 채우기 위해 비행기를 징발하고 비행기에 타고 있던 사람들을 푸른달 골짜기로 납치하는 일도 서슴지 않는다. 이에 비하면 달라이 라마는 샴발라에 사람을 채우고 25대 왕의 군대를 모집하는 데 훨씬 더 효과적인 방법을 찾았는지도 모른다. 이 군대는 불교의 적들을 물리치고 오랜 시간 동안 히말라야 산맥 뒤에 숨겨져 있던 샴발라의 유토피아를 이 세상으로 불러낼 것이다. 달라이 라마의 말에 따르면 그의 소원은 언젠가 베이징에서 깔라짜끄라 입문식을 거행하는 것이다.

역자 후기

여기 티베트에 관한 '또' 한권의 책이 있다. 이 책은 곧 전국 도서관의 지역학 서가에 다른 티베트 관련 책들과 어깨를 나란히 한 채 꽂히게 될 것이다. 이 책은 어쩌면 너무 늦게 우리에게 찾아왔는지도 모른다. 10년 전, 내가 대학 도서관의 지역학 서가를 뒤지며 찾던 단 한권의 책, 분명 티베트에 관한 또 한권의 책이지만 지금까지 우리에게 특정한 방식으로 티베트를 보여준 모든 책들에 정면으로 맞서는 책, 티베트에 대한 환상이 중심을 이루는 지배서사에 정식으로 반기를 드는 책, 10년 전 그 존재조차 알지 못하면서 목말라했던 책이 이제야 한국 독자들 앞에 모습을 드러낸 것이다.

2013년 현재, 티베트는 더이상 풍문으로만 듣게 되는 멀고 낯선 땅이 아니다. 2006년, 베이징과 라싸를 잇는 칭짱열차가 개통되면서 베이징 서역에서 기차에 몸만 실으면 47시간 후에 라싸에 도착할 수 있게 됐다. 수세기 동안 쉽게 닿을 수 없는 미지의 땅으로 외부인들의 상상력을 자극해온 티베트가 이제 마음만 먹으면 쉽게 갈 수 있는 관광명소 중 한 곳이 된 것이다. 그런데 이처럼 물리적 거리가 좁혀졌음에도 불구하고 티베트와 우리 사이를 가로막고 있는 다양한 환상은 아직까지 건재하기만 하다. 우리로 하여금 칭짱열차의 표를 사게 만들고, 제목에 '샹그릴라'가 들어간 이 책을 집어들게 만드는 것, 당신은 그것이 티베트에 대한 환상이 아니라고 자신 있게 말할 수 있는가?

『샹그릴라의 포로들』은 바로 그 환상의 뿌리를 더듬는 책이다. 저자 도널드 로페즈는 라마교, 티베트 사자의 서, 롭상 람파, 옴 마니 빠드메 훔, 티베트미술, 티베트학, 달라이 라마라는 일곱가지 키워드를 중심으로 학문적인 요소와 대중적인 요소가 만나 어떻게 티베트에 대한 지식을 구체화시켜왔는지, 또 어떻게 티베트에 대한 환상을 지속시켜왔는지를 보여준다. 그리고 우리는 이 책을 읽으면서 우리가 티베트에 대해 알고 있던 것들이 이처럼 오랜 역사에 걸쳐 '지식'의 지위를 획득한 환상의 파편임을 깨닫게 된다. 결국 이러한 환상을 암묵적으로 지지함으로써 티베트를 샹그릴라로 만드는 데 일조해온 우리 모두가 '샹그릴라의 포로들'인 것이다.

이 책의 한국어판 출간이 더없이 반가운 이유는 우리에게 한번도 이것이 환상이라 말해준 책이 없었기 때문이다. 오히려 티베트에 대한 환상에 지식의 허울을 뒤집어씌운 책들이 주를 이뤘지, 티베트와 티베트불교를 둘러싼 각종 환상을 낱낱이 해부한 책은 어디에서도 찾아볼 수 없었다. 따라서 우리는 서구가 주도적으로 만들어낸 환상, 즉 시간과 공간을 초월하며 역사에 근거하지 않는 이상향으로서의 티베트를 아무런 거리낌 없이 받아들이게 된 것이다. 그 환상에 이끌려 스벤 헤딘의 여행기와 제임스 힐턴이 쓴 『잃어버린 지평선』을 읽고, 중국 정부의 관광개발정책하에 샹그릴라로 이름을 바꾼 종띠엔(中甸)을 여행했던 나는, 어렴풋하게나마 미혹된 상태를 깨닫고 이 낭만과 환상의 베일을 벗기겠다는 목표로 인류학과 티베트문화를 공부했으나 그 길고 험한 길을 끝까지 가지 않은 나는, 이 책을 한국어로 옮기고 난 지금에야 비로소 마음의 빚을 던 느낌이다.

이 책의 번역을 제안하시고 원고를 꼼꼼히 감수해주신 미시간대학교 아시아언어및문화학과의 유영주 교수님, 6장의 내용과 티베트어 표기 일부를 감수해주신 버지니아 대학교 티베트불교학과의 이종복님께 감사의 마음을 전한다. 끝으로 이 책이, 그 언젠가 지역학 서가를 서성이던 내가 그러했듯이, 환상에 기대어 있으면서도 끝내 찜찜함을 떨쳐내지 못하는 일부 호기심 많은 독자들에게 마음의 갈증을 풀어주는 유익한 책이 되길 바란다.

2013년 2월
정희은

주

한국어판 서문

1) 이 인용문을 찾아서 번역해준 마이카 아워백(Micah Auerback) 교수에게 감사의 뜻을 전한다.

서문 티베트를 읽는 7가지 키워드

1) 1980년에 나온 코미디 영화『캐디색』(*Caddyshack*)에서 골프장 캐디 역을 맡은 빌 머레이(Bill Murray)는 다음과 같은 독백을 한다.

> 배가 홍콩에 도착하면 거기 내려서 티베트까지 가는 거야. 그리고 히말라야로 가서 나를 캐디라고 소개하는 거지. 그 사람들한테 가서 내가 전문 캐디라고 하면 나를 누구한테 붙여주겠어? 바로 달라이 라마야, 라마의 열두번째 아들 말이야. 그는 길게 늘어진 겉옷을 입고 다니는데 품위가 넘치지. 머리는 삭발을 했고 어딜 가나 눈에 띄어. 어쨌든 내가 첫번째 티(골프장에서 공을 치는 위치—옮긴이)에서 달라이 라마에게 드라이버(공을 치는 부분이 나무로 된 골프채—옮긴이)를 건네주었더니 그가 있는 힘껏 공을 쳐서 1만 피트나 되는 빙하의 갈라진 틈 사이로 집어넣는 거야. 그렇게 힘들게 18번 홀까지 다 돌았는데 달라이 라마가 나한테 팁을 안 주는 거야! 그래서 내가 이렇게 말했지. "이봐, 라마. 수고비는 좀 줘야지, 안 그래?" 그랬더니 그가 이렇게 답했어. "흠, 돈으로 줄 수는 없고 대신 네가 죽는 순간에 완전한 의식을 가질 수 있게 해주지." 그러니까 난 최소한

완전한 의식을 확보해놓은 셈이야. 잘된 일이지.

이 영화를 알려준 하바드대학교의 스티븐 핼리시와 션 핼리시에게 감사를 전한다.

2) 「트윈 픽스」, 2회, 데이비드 린치(David Lynch) 감독 및 각본, 1990년 4월 19일 첫 방영. 1990년 10월 6일에 방영된 9회에는 다음과 같은 대화가 등장한다.

> 쿠퍼 요원: 불교가 눈의 나라에 처음 들어온 때는 서기 5세기야. 티베트의 왕으로서는 '흡통톨부남부창'이 맨 처음으로 부처의 가르침에 큰 감명을 받았고 그와 후대 왕들은 "행복한 세대"로 알려져 있지. 일부 역사가들은 이 시기를 서기 213년 물뱀 해로 보기도 하고 다른 역사가들은 서기 173년 물소 해로 보기도 해. 굉장하지 않아? "행복한 세대"라니.
> 로젠펠드 요원: 쿠퍼 요원, 달마가 호호호 왕을 찾아갔다는 이야기는 충분히 감동적이야. 그렇지만 난 트윈 픽스에서 벌어진 지금 이 시대의 문제에 집중하고 싶다고.
> 쿠퍼요원: 앨버트, 그 둘 사이의 연관성을 알면 깜짝 놀랄걸세.

3) Antonin Artaud, "Address to the Dalai Lama," in *Anthology* (San Francisco: City Lights Books, 1972), 64~65면.

4) Susie C. Rijnhart, *With the Tibetans in Tent and Temple* (New York: Fleming H. Revell, 1901), 125면.

5) H. P. Blavatsky, "Tibetan Teachings," in *Collected Writings 1883-1884-1885* (Los Angeles: Blavatsky Writings Publication Fund, 1954), 6: 105면.

6) Christmas Humphreys, *Buddhism* (New York: Barnes and Noble, 1962), 189면.

7) André Guibaut, *Tibetan Venture*, trans. Lord Sudley (London: John Murray, 1949), 43면. 한편, 크리스마스 험프리스는 "티베트만큼 마법과 '흑'마술이 많고 사람들의 마음이 이기적이고 사악한 곳은 없다"라고 썼다. Humphreys, 189면 참조.

8) 칼 비트포겔은 1957년에 출간한 그의 저서 『동양의 전제정치: 전제국가들의 비교연구』에서 티베트를 "변경의 농업 전제국"으로 분류했다. Karl A. Wittfogel, *Oriental Despotism: A Comparative Study of Total Power* (New Haven: Yale University Press, 1957), 191면 참조.

9) Lama Anagarika Govinda, *The Way of the White Clouds: A Buddhist Pilgrim in Tibet* (London: Hutchinson, 1966), xi면. 티베트가 기계적 측면에서 뒤처지고 정신적 측면에서 앞서 있으며 "외부적 기술"은 부족한 데 반해 "내면적 기술"이 풍부하다고

보는 견해는 다른 책에서도 거듭 등장한다. Walt Anderson, *Open Secrets: A Western Guide to Tibetan Buddhism* (New York: Penguin Books, 1980), 5면, 21면에서도 이러한 견해를 살펴볼 수 있고, 특히 Robert A. F. Thurman, *The Tibetan Book of the Dead* (New York: Bantam Books, 1994), 10~12면에는 이러한 생각이 매우 극단적으로 나타나 있다.

10) Huston Smith, *Requiem for a Faith*, Hartley Film Foundation, 1968.

11) Marilyn M. Rhie and Robert A. F. Thurman, *Wisdom and Compassion: The Sacred Art of Tibet* (New York: Harry N. Abrams, 1991), 22면. 이러한 설명이 나오게 된 것은 1900년 이전의 티베트를 상세히 다룬 역사서가 부족하기 때문이기도 하다(물론 티베트어로 된 자료는 매우 풍부하다). 1913년부터 1951년까지의 티베트역사를 자세히 다룬 책으로는 Melvyn Goldstein, *A History of Modern Tibet, 1913-1951* (Berkeley: University of California Press, 1989)이 있다. 한편 Warren W. Smith, Jr., *Tibetan Nation: A History of Tibetan Nationalism and Sino-Tibetan Relations* (Boulder, Colo.: Westview Press, 1996)는 티베트 자료나 중국 자료를 참고하진 않았지만 1959년 이후의 티베트에 대해 유익한 정보를 들려준다. 티베트가 유럽 열강의 식민지배를 받지 않았던 것도 신뢰할 만한 역사적 기록이 없는 이유 중 하나다. 티베트가 중국의 지배를 받게 된 이후로 역사 집필(티베트어와 중국어로)이 눈에 띄게 활발해진 점에 주목해야 한다.

12) 이러한 견해에 대한 통찰력 있는 비판을 보려면 Toni Huber, "Traditional Environmental Protectionism in Tibet Reconsidered," *Tibet Journal* 16, no. 2 (autumn 1991): 63~77면을 참조하면 된다.

티베트여성들은 대체로 인도나 중국 여성들보다 더 자유롭게 돌아다녔고, 재산 관리에 더 적극적으로 개입했으며, 더 많은 성적 자유를 누렸다. 또 티베트에는 인도나 중국처럼 살아 있는 아내를 죽은 남편의 시신과 함께 화장하는 풍습, 여아살해 풍습, 전족 풍습 등이 없었다. 그렇다고 해서 역사학자 프란츠 마이클(Franz Michael)이 주장하듯이 "티베트불교가 모든 인간을 평등한 존재로 생각하거나 이론상으로나 실제로 성차별이 없었던 것"은 아니었다. Franz Michael, *Rule by Incarnation: Tibetan Buddhism and Its Role in Society and State* (Boulder, Colo.: Westview Press, 1982), 127면 참조. 실제로 티베트승려들 가운데 여성의 수는 남성의 수보다 훨씬 적었고 여자승려의 지위는 남자승려의 지위에 훨씬 못 미쳤다. 티베트에는 "종이 되고 싶으면 아들을 승려로 만들고, 종을 부리고 싶으면 딸을 비구니로 만들라"는 속담이 있다. 결혼을 하지 않은 딸들은 종종 비구니가 되었고 그들 중 일부는 집에서 지내기도 했다. 또 원치 않는 결혼이나 임신을 피해 비구니가 되거나 배우자를 사별한 후 비구니가 되는 여성들도 있었다. 한편 비구니들의 주된 활동은 기도문 암송과 의식 집행이었고 남자승려들에게 열려 있는 교육과 사회적 출세의 기회는 여자승려들에게 닫혀 있는 것이나 다름없었다. 약 3천명에 이르는 티베트의 환생불 가운데 여성은 고작 일부에 지나지 않았고 관직에 오른 여성은 전혀 없었다. 현재 학계에는 1959년 이전과 이후의 티베트 사회와 종교에 대한 페미니스트 비평이 시급한 실정이다(인류학자들의 보고에 따르면 티베트 내부와 망명사회에 가정폭력 문제가 나타나고 있다고 한다). 티베트 불교에 대한 페미니스트 비평으로는 June Campbell, *Traveller in Space: In Search of Female Identity in Tibetan Buddhism* (New York: George Braziller, 1996)이 있다.

13) Marco Pallis, *Peaks and Lamas*, 3rd ed., rev. (London: Woburn Press, 1974), 358면.

14) 바따유는 사후에 출간된 책 『저주받은 몫』(*The Accursed Share*)에서 모든 체제와 사회가 잉여에너지를 생산하며 이 에너지는 반드시 소비되어야만 한다고 주장한다. 예컨대 어떤 사회는 이를 전쟁에 소비하고 어떤 사회는 사치에 소비하는 식이다. 그의 주장에 따르면 티베트는 이 잉여에너지를 라마교에 소비한다. 바따유가 티베트 연구를 위해 참고한 자료는 찰스 벨 경(Sir Charles Bell)이 1946년에 펴낸 『달라이 라마의 초상』(*Portrait of the Dalai Lama*)뿐이다. 그러므로 바따유의 글은 많은 부분에서 한계와 오류를 드러낸다. 그럼에도 불구하고 그의 책은 티베트가 불교를 받아들이면서 호전적인 나라에서 평화주의적인 나라로 변화를 꾀했다는 신화에 대해 대단히 흥미로운 유물론적 분석을 보여준다. Georges Bataille, *The Accursed Share*, trans. Robert Hurley (New York: Zone Books, 1991), I: 93~110면 참조.

15) Ekai Kawaguchi, *Three Years in Tibet* (Adyar, Madras: Theosophical Publishing House, 1909), 422면.

16) Robert Thurman, "The Nitty-Gritty of Nirvana," interview by Joshua Glenn, *Utne Reader*, January-February 1996, 97면.

17) Philip Rawson, *Sacred Tibet* (London: Thames and Hudson, 1991), 5면.

18) Peter Hansen, "The Dancing Lamas of Everest: Cinema, Orientalism, and Anglo-Tibetan Relations in the 1920s," *American Historical Review* 101, no. 2 (June 1996): 731면에서 인용.

19) 정형화된 이미지에 대한 내용은 Peter Hulme, *Colonial Encounters: Europe and the Native Caribbean, 1492-1797* (London: Methuen, 1986), 49~50면 참조.

20) '옛 티베트'에 초점이 맞춰지는 바람에 중국의 통치를 받는 티베트와 티베트인들에 대한 연구는 눈에 띄게 부족한 실정이다. 쩨링 샤캬(Tsering Shakya)의 설명에 따르면 "1950년 이후의 티베트에는 연구할 만한 것이 전혀 없다는 의견도 있다. 마치 전통사회가 붕괴하면서 그 이후에 대한 연구가 전부 가치 없고 흥미 없는 일이 되어버린 것처럼 말이다." 이 설명이 실린 책—Robert Barnett and Shirin Akiner,

eds., *Resistance and Reform in Tibet* (Bloomington: Indiana University Press, 1994) — 은 이러한 경향을 바꾸어보려는 의미 있는 시도를 보여준다. 쩨링 샤캬의 설명은 이 책의 9면에 나온다.

21) 티베트 망명정부의 지식인들도 이와 같은 견해를 갖고 있다. Tsering Shakya, "Tibet and the Occident: The Myth of Shangri-La," *Lungta* 5 (special issue on Tibetan authors, 1991): 21~23면 참조.

22) 티베트가 등장하는 책 중에 가장 많이 팔린 책은 아마도 만화작가 에르제(Hergé)가 1960년에 펴낸『티베트에 간 땡땡』일 것이다(이 책은 티베트어를 포함해 32개 국어로 번역되었다). 이 책에서 소년 기자 땡땡은 친구인 창을 찾으러 티베트로 간다(두 사람은『푸른 연꽃』*The Blue Lotus* 편에서 처음 만난다). 에르제는 이 책에 전설상의 설인인 예티도 등장시키는데 1950년대에만 해도 신문에 예티에 대한 기사가 자주 실렸고 수많은 동물탐험대가 예티를 찾아나섰다. 휴버트 디클리어(Hubert Decleer)는「서양 만화로 번역된 티베트의 세계」(The Tibetan World Translated into Western Comics)라는 미발표 논문에서 땡땡이 티베트로 간 이유를 설명한다. 에르제가『푸른 연꽃』을 연재할 때 조언을 구했던 사람은 브뤼셀의 왕립예술아카데미에 재학 중이던 중국 학생 창 충런(張充仁, 땡땡의 친구 창의 모델이 된 인물이다)이었다. 그들은 가까운 친구가 되었고 창이 1935년에 중국으로 돌아간 후에도 서신을 교환했다. 그러나 일본이 중국을 침략한 후 둘 사이의 연락이 끊어졌고 에르제는 창이 걱정되어 브뤼셀에 있는 모든 중국식당을 돌며 그에 대한 소식을 물었다. 에르제는 자신이 중국의 모든 성(省)에서 온 사람들을 다 만났다고 생각했고, 유일하게 만나보지 못한 사람이 티베트 출신이었기 때문에 창이 그곳에 있으리라는 결론을 내렸다. 한편, 만화 속에서 창은 땡땡에게 편지를 보내 자신이 카트만두를 거쳐 런던으로 향하고 있음을 알린다. 그러던 어느날, 신문을 읽던 아도끄 선장이 히말라야에서 비행기 사고가 났다는 기사를 발견하고 실종자 중 한명이 창이라는 사실을 알게 된다. 땡땡과 아도끄 선장은 델리를 거쳐 카트만두로 향하고 거기서부터 히말라야로 도보여행을 떠난다. 그들은 눈사태 속에서 길을 잃지만 가까스로 구조되어 공중부양을 하는 승려들이 있는 티베트사원으로 간다. 사원을 떠난 그들은 끝내 창을 만나고 그가 예티에게 구조되어 보살핌을 받았다는 사실을 전해듣는다.

23) 티베트가 등장하는 대표적인 대중소설로는 마크 윈체스터(Mark Winchester)의 *In the Hands of the Lamas*, 텔벗 먼데이(Talbot Munday)의 *Om*, 더글러스 더프(Douglas Duff)의 *On the World's Roof*, 밀드레드 쿡(Mildred Cooke)과 프렌체스카 프렌치(Francesca French)의 *The Red Lama*, 라이어넬 데이비드슨(Lionel Davidson)의 *The Rose of Tibet*, 버클리 그레이(Berkeley Grey)의 *The Lost World of Everest*, 제임스 힐턴이 쓴『잃어버린 지평선』의 두가지 "속편"에 해당하는 레슬리 핼리웰(Leslie Haliwell)

의 *Return to Shangri-La: Raiders of the Lost Horizon*과 엘리너 쿠니(Eleanor Cooney)와 대니얼 앨티어리(Daniel Altieri)의 *Shangri-La: Return to the World of Lost Horizon* 등이 있다. (이런 책들이 있다는 사실을 알려준 데이비드 템플먼에게 감사한다.) 기행문학은 훨씬 더 방대한데 여기에 언급하는 제목들을 통해 그 범위를 짐작해볼 수 있다. 대표적인 책으로는 (자칭 "백인 라마"인) 시오스 버나드(Theos Bernard)의 *Penthouse of the Gods*, 윌리엄 M. 맥거번(William M. McGovern)의 *To Lhasa in Disguise*, W. N. 퍼거슨(W. N. Fergusson)의 *Adventure, Sports and Travel on the Tibetan Steppes*, 해리슨 포먼(Harrison Forman)의 *Through Forbidden Tibet*, M. L. A. 곰퍼츠(M. L. A. Gompertz)의 *The Road to Lamaland*, 토머스 홀드리치(Thomas Holdrich)의 *Tibet the Mysterious*, 에드윈 섀리(Edwin Schary)의 *In Search of the Mahatmas of Tibet*, 시오도어 일라이언(Theodore Illion)의 *In Secret Tibet*, 프레드릭 베일리(Frederick Bailey)의 *No Passport to Tibet*, P. 밀링턴(P. Millington)의 *To Lhassa at Last*, 로웰 토머스 주니어(Lowell Thomas Jr.)의 *Out of This World: Across the Himalayas to Forbidden Tibet* 등이 있다. 티베트 탐험가들에 대한 책으로는(특히 영국에서 나온 책이 많다) 피터 홉커크(Peter Hopkirk)의 *Trespassers on the Roof of the World: The Secret Exploration of Tibet* (New York: Kodansha International, 1995), 피터 비숍(Peter Bishop)의 *The Myth of Shangri-La: Tibet, Travel Writing, and the Creation of Sacred Landscape* (Berkeley: University of California Press, 1989), 로리 하웰(Laurie Hovell)의 1993년 시라큐스 대학 논문 "Horizons Lost and Found: Travel, Writing and Tibet in the Age of Imperialism", Graham Sandberg, *The Exploration of Tibet: Its History and Particulars from 1623 to 1904* (Calcutta: Thacker, Spink & Co., 1904) 등이 있다. 19세기 후반과 20세기 초반에 개신교 선교사들이 남긴 티베트에 대한 기록 역시 거의 연구되지 않은 상태다. 이러한 책들로는 제프리 T. 불(Geoffrey T. Bull)의 *When Iron Gates Yield*, J. H. 에드거(J. H. Edgar)의 *Land of Mystery Tibet*, 이저벨라 L. 버드 비숍(Isabella L. Bird Bishop)의 *Among the Tibetans*, 매리언 H. 던컨(Marion H. Duncan)의 *Customs and Superstitions of Tibetans*, 쑤지 레인하르트(Susie Rijnhart)의 *With the Tibetans in Tent and Temple*, 플로라 셸턴(Flora Shelton)의 *Sunshine and Shadow on the Tibetan Border*, 애니 W. 마스턴(Annie W. Marston)의 *A Plea for Tibet*, 윌리엄 캐리(William Carey)의 *Adventures in Tibet*에 수록된 애니 테일러(Annie Taylor)의 일기 등이 있다. Barbara Lipton, "The Western Experience in Tibet, 1327-1950," *The Museum* (Newark), n.s. (spring/summer 1972): 1~9, 50~59면은 티베트를 여행한 서구 탐험가들에 대한 유익한 정보를 담고 있다.

연구해볼 만한 또 다른 자료는 1936~7년에 걸쳐 『뉴욕타임스』에 실린 날조 기사들로 이중에 마지막 기사는 1937년 2월 14일자 신문의 1면 기사, "M. M. Mizzle Quits

His Lamasery, Pursued by Sable Amazon on Yak: Famous Caraway Seed Expert also Tires of Tibetan Diet, So He Sets Out for Calcutta-Old Friend, Winglefoot, the Tea Taster, Gets News in Letter Written in Lion's Blood"이다.

24) Derek Waller, *The Pundits: British Exploration of Tibet and Central Asia* (Lexington: University of Kentucky Press, 1990); Thomas Richards, *The Imperial Archive: Knowledge and the Fantasy of Empire* (London: Verso, 1993), 11~44면 참조. 일본의 첩보활동에 대한 내용은 Hisao Kimura, *Japanese Agent in Tibet* (London: Serindia Publications, 1990); Scott Berry, *Monks, Spies, and a Soldier of Fortune: The Japanese in Tibet* (New York: St. Martin's Press, 1995) 참조.

25) 똘스또이와 돌런이 티베트에서 찍은 사진 중 일부는 Rosemary Jones Tung, *A Portrait of Lost Tibet* (New York: Holt, Rinehart and Winston, 1980)에 실렸다.

26) 그들의 이야기는 William Boyd Sinclair, *Jump to the Land of God: The Adventures of a United States Air Force Crew in Tibet* (Caldwell, Idaho: Caxton Printers, 1965)에 실려 있다. 씽클레어는 그들이 포탈라 궁전 위를 날면서 본의 아니게 달라이 라마를 내려다봤기 때문에 약 만명에 이르는 티베트인들에 둘러싸여 돌팔매질을 당했다고 전하고 있다. 122~24, 138~40면 참조.

1장 이름

1장의 간략한 버전은 「'라마교'와 티베트의 실종」이라는 제목으로 Comparative Studies in Society and History, 38 (January 1996)에 실려 있다.

1) Sherman E. Lee, "The Luohan Cūdapanthaka," (plate 309) in *Circa 1492: Art in the Age of Exploration*, ed. Jay A. Levenson (Washington, D.C.: National Gallery of Art; New Haven: Yale University Press, 1991), 459면. 중국 명나라 시대의 미술품을 전시한 네개의 전시실 중 한곳에는 "라마교 미술"이라는 제목이 붙어 있었다. 그러나 전시회용 도록에 실린 1100여점의 회화, 조각, 공예품 중에 출처가 티베트라고 표기된 작품은 단 한점도 없었다.

2) Philip Zaleski, review of *The Tibetan Book of Living and Dying*, by Sogyal Rinpoche, *New York Times Book Review*, 27 December 1992, 21면.

3) "라마"(the Lama)라는 시에 나오는 이 시구는 연상기호로도 유용하다. 전체 내용은 다음과 같다. "라마에 알파벳 L이 하나면 승려(lama) / 둘이면 짐승(llama) / 알파벳 L이 셋인 라마(lllama)는 없다는 데 / 실크 잠옷을 건다." Ogden Nash, *Many Long Years Ago* (Boston: Little, Brown, and Co., 1945) 참조.

4) 이러한 의식에 대한 논문으로는 Ferdinand Lessing, "Calling the Soul: A Lamaist

Ritual," *Semitic and Oriental Studies* II (1951): 263~84면이 있고, 좀더 최근에 나온 책으로는 Robert R. Desjarlais, *Body and Emotion: The Aesthetics of Illness and Healing in the Nepal Himalayas* (Philadelphia: University of Pennsylvania Press, 1922), 198~222면이 있다.

5) '라'에 대한 내용은 Réne de Nebesky-Wojkowitz, *Oracles and Demons of Tibet* (The Hague: Mouton and Company, 1956), 481~83면; R. A. Stein, *Tibetan Civilization* (Stanford: Stanford University Press, 1972), 226~29면; Giuseppe Tucci, *The Religions of Tibet* (Berkeley: University of California Press, 1980), 190~93면; Erik Haarh, *The Yar-luṅ Dynasty* (Copenhagen: G. E. C. Gad's Forlag, 1969), 315, 378면; Samten G. Karmay, "L'âme et la turquoise: un rituel Tibétain," *L'Ethnographie* 83 (1987): 97~130면에 실려 있다. '라'와 관련된 왕조시대의 '쿠라'(sku lha) 개념을 살펴보려면 Ariane Macdonald, "Une lecture des P. T. 1286, 1287, 1038, 1047, et 1290: Essai sur la formation et l'emploi des mythes politiques dans la religion royale de Sroṅ-bcan sgam-po," in *Études Tibétaines dédiés à la mémoire de Marcelle Lalou* (Paris: Adrien Maisonneuve, 1971), 297~309면 참조.

6) 일찍이 티베트어 '라마'가 산스크리트어 '구루'의 번역어로 자리 잡은 사실은 이 용어가 8세기에 만들어진 불교용어집인 『번역명의집』(*Mahāvyutpatti*)에 실린 것을 보면 알 수 있다. 불교용어에서 '라'는 영혼을 뜻하는 산스크리트어 단어를 번역할 때 쓰지 않고, 'pati'(군주)와 'ūrdhvam'(높은, 숭고한)을 번역할 때 쓴다. 『번역명의집』에 실린 단어들은 Lokesh Chandra, *Tibetan-Sanskrit Dictionary* (Kyoto: Rinsen Book Company, 1976), 2: 1680면에 인용되어 있다.

7) 어떤 사람들은 이것을 보고 불교국가들 중에서도 유독 티베트가 라마에 지나치게 큰 비중을 둔다고 생각할 수도 있다. 그러나 북인도의 탄트라 경전을 살펴보면 티베트불교가 유래한 인도에서도 마찬가지로 구루에 큰 비중을 둔다는 사실을 알 수 있다. 인도불교의 이러한 경향을 보여주는 영어서적(주로 번역서)으로는 Atiśa, *A Lamp for the Path and Commentary*, trans. Richard Sherburne (London: George Allen and Unwin, 1983); Herbert V. Guenther, *The Life and Teachings of Nāropa* (London: Oxford University Press, 1963); Tsang Nyön Heruka, *The Life of Marpa the Translator*, trans. Nālandā Translation Committee (Boulder, Colo.: Prajñā Press, 1982); Aśvaghoṣa, *Fifty Stanzas of Guru-Devotion*, in *The Mahamudra Eliminating the Great Darkness*, trans. Alexander Berzin (Dharamsala, India: Library of Tibetan Works and Archives, 1978) 등이 있다.

8) Turrell Wylie, "Reincarnation: A Political Innovation of Tibetan Buddhism," in *Proceedings of the Csoma de Kőrös Memorial Symposium*, ed. Louis Ligeti (Budapest:

Akadémiai Kiadó, 1978), 579~86면에는 이 사건에 대한 역사적 자료와 다소 두서없는 주장이 실려 있다.

9) 그러므로 프라타파디트야 팔(Pratapaditya Pal)과 다른 이들이 주장하듯이 "티베트의 모든 라마가 환생불로 여겨지는" 것은 아니다. Pratapaditya Pal and Hsien-ch'i Tseng, *Lamaist Art: The Aesthetics of Harmony* (Boston: Museum of Fine Arts, 1969), 17면 참조.

10) Turrell V. Wylie, "Etymology of Tibetan: Bla ma," *Central Asiatic Journal* 21 (1977): 148면. 와일리는 사랏 찬드라 다스(Sarat Chandra Das)가 편찬한 사전에서 불확실한 출처의 정보를 보고 라마의 어원을 추정한 것으로 보인다. Sarat Chandra Das, *A Tibetan-English Dictionary with Sanskrit Synonyms* (Calcutta: Bengal Secretariat Book Depot, 1902), s.v. *bla ma* 참조. 그러나 전통적인 어원 연구에 이러한 해석이 등장하지 않는 것을 보면 불교에서 부정하는 영혼에 대한 티베트인들의 믿음을 꺾기 위해 초기의 불교 번역가들이 '라'를 일부러 '영혼'으로 번역하지 않았다고 볼 수도 있다. 최근 들어 티베트학자 쌈땐 깔메(Samten Karmay)는 불교가 티베트에서 영혼의 개념을 영원히 지워버릴 수 없었으며, 이 개념이 '무아(無我)'라는 불교 교리와 마찰을 빚음에도 불구하고 수세기에 걸쳐 각종 대중의례에서 서서히 부활했다고 주장했다(Karmay, 99면 참조). 이는 티베트역사의 특정시점에서 무아라는 철학적 교리가 대중들의 종교관행에 중대한 영향을 끼쳤음을 전제로 하지만 이 주장은 아직까지 그 어떤 불교문화권에서도 입증된 바가 없다.

한편 예쉬케가 편찬한 티베트어-영어 사전에는 '라'가 '힘, 능력, 생명력'과 같은 뜻을 가지고 있다는 '구전설명'이 실려 있다. H. Jäschke, *A Tibetan-English Dictionary* (1881; reprint, Delhi: Motilal Barnarsidass, 1992), s.v. *bla* 참조. 최근에 출간된 세권짜리 티베트어-티베트어-중국어 사전에는 '라'의 뜻으로 ① "위에 있는 것"(steng, 텡) ② "들어맞는 것"(rung, 룽) ③ "점성술에서 말하는 생명의 힘"(dkar rtsis las bshad pa'i srog rten, 깔찌레셰빼속뗀), 이렇게 세가지 의미가 나온다. *Bod rgya tshig mdzod chen mo*, vol. 2 (Mi rigs dbe skrun khang, 1984), s.v. bla 참조.

11) 이와 같은 해석에서 '마'는 (쩨마tshad ma나 숭마srung ma에서처럼) 명사 표시어 역할을 한다.

12) Marco Polo, *The Book of Ser Marco Polo the Venetian concerning the Kingdoms and Marvels of the East*, trans. and ed. Sir Henry Yule, 3d ed., revised by Henri Cordier (1926; reprint, New York: AMS, 1986), I:301~3. 박시에 대한 내용은 이 책의 314면 n. 10과 Berthold Laufer, "Loan-Words in Tibetan," in his *Sino-Tibetan Studies*, comp. Hartmut Walravens, (New Delhi: Aditya Prakashan, 1987), 2: 565~67면에 자세히 나와 있다. 라우퍼에 따르면 박시는 위구르에서 온 사람들이고, 율(Yule)의 주장과는 다르게

산스크리트어 빅수(bhikṣu, 승려)와는 아무런 관련도 없다.

13) Elliot Sperling, "The 5th Karma-pa and Some Aspects of the Relationship between Tibet and the Early Ming," in *Tibetan Studies in Honour of Hugh Richardson*, ed. Michael Aris and Aung San Suu Kyi (Warminster, England: Aris and Phillips, 1980), 283면 참조.

14) 『청실록』의 1775년 6월 24일자 기록에는 건륭제가 금천(金川)전쟁 당시 군사들에게 내린 명령이 적혀 있으며 다음과 같은 구절이 나온다. "지금껏 금천과 탁사갑(卓斯甲)은 너희들이 믿는 라마교를 전적으로 후원해왔고 널리 퍼뜨려왔다." Gu Zucheng et al., *Qing shilu Zangzu shiliao* (Lhasa, 1982), 2586면 참조. 이 참고문헌을 알려준 엘리엇 스펄링에게 감사한다.

15) Ferdinand Diederich Lessing, *Yung-ho-kung: An Iconography of the Lamaist Cathedral in Peking with Notes on Lamaist Mythology and Cult*, vol. I, Reports from the Scientific Expedition to the North-Western Provinces of China under the Leadership of Dr. Sven Hedin, Publication 18 (Stockholm, 1942), 59면 참조. 이 구절은 중국어와 만주어로 적힌 내용을 레싱이 번역한 것으로 괄호 속 내용은 그가 덧붙인 것이다. 티베트어로 적힌 비문은 조금 다르게 해석되는데 그 본문 내용은 다음과 같다. *zhva ser bstan pa mchog tu bzhung pa ni | sog po tsho'i 'dod pa dang bstun pa yin ste zhin tu mkho ba'i gnad che | de bas gtso che bar dgos | yvon gur gyi dus ltar bla ma rnams la kha bsags dang rgyab byas pa'i tshul gyis bkur ste bya ba min |* ("황모파의 가르침이 가장 뛰어나다고 여기는 것은 몽골이 바라는 바이자 가장 중요한 일이다. 그러므로 이것은 우리가 제일 먼저 해야 할 일이기도 하다. [나는] 원나라가 그랬던 것처럼 라마들을 치켜세우지도 않고 감싸지도 않는다.") 티베트어 본문은 Otto Franke and Berthold Laufer, *Epigraphische Denkmaler aus China I. Lamaistische Klosterinshriften aus Peking, Jehol, und Si-ngan* (Berlin, 1914)에 실려 있고 이 구절은 첫번째 티베트어판에서 큰 글자로 된 본문 세번째 줄에 나온다.

16) Lessing, *Yung-ho-kung*, 58면. 이 성명서에서 "라마"는 중국어 단어로 번역되는 대신 똑같은 음의 한자어로 표기되었는데 이는 명나라 때부터 이어져온 관례이다. 본문의 인용문은 레싱의 번역을 내가 다듬은 것이다. 본문의 마지막 문장은 "라마(교)는 황교를 의미하기도 한다"라고 되어 있는데, 티베트어 본문은 *bla ma'i slab bya la zhva ser gyi bstan pa zhes yod*라고 적혀 있고 그 뜻은 "라마의 가르침은 황모파의 가르침이라 불린다"이다. 첫번째 문장 역시 다르게 해석되는데 티베트어로는 *bod kyi rab byung pa la bla mar 'bod nas brgyud pa yin*이라 적혀 있고 그 뜻은 "티베트의 고행자는 전통적으로 라마로 불려왔다"이다. 티베트어 본문은 프랑케와 라우퍼(Franke and Laufer)의 책에 실려 있고 이 구절은 두번째 티베트어 판에서 큰 글자로 된 본문 두번째 줄에 나온다.

17) Bernard Picart, *The Ceremonies and Religious Customs of the Various Nations of the Known World* (in French) (London, 1741), 425면. 사실 1716년부터 1719년까지 티베트에 살았던 예수회 선교사 이뽈리또 데시데리(Ippolito Desideri)는 티베트종교에 대해 좀더 상세하고 정확한 기록을 남겼다. 그러나 1733년에 작성된 이 기록은 유감스럽게도 1875년까지 발견되지 않았다.
18) Johann Gottfried von Herder, *Outlines of a Philosophy of the History of Man*, trans. T. Churchill (1800; reprint, New York: Bergman Publishers, 1966), 302~3면.
19) Jean-Jacques Rousseau, *The Social Contract and Discourses*, trans. G. D. H. Cole (London: J. M. Dent & Sons, 1973), 272면. 칸트의 1794년 에세이 「모든 것들의 끝」 (The End of All Things)을 보면 "티베트인들과 다른 동양인들의" 범신론을 폄하하는 내용이 나온다. Immanuel Kant, *Perpetual Peace and Other Essays on Politics, History, and Morals*, trans. Ted Humphrey (Indianapolis: Hackett Publishing Company, 1983), 100면 참조.
조제프 마리 아미오(Joseph Marie Amiot)의 1777년 책 *Mémoires concernant L'Histoire, Les Sciences, Les Moeurs, Les Usages, Ec. des Chinois: Par les Missionaires de Pékin*, vol. 2 (Paris, 1777)을 보면 "우상을 숭배하는 세 종교인 도교(Tao-sée), 불교(Bonzes), 라마교(Lamas)"에 대한 언급이 나온다. 395면 참조.
20) 팔라스의 보고서는 *Reise durch verschiedene Provinzen des Russischen Reichs* (St. Petersburg, 1771~76)라는 제목의 세권짜리 독일어책으로 출간되었다. 트러슬러는 *The Habitable World Described* (London: Literary Press, 1788)의 하권에 팔라스의 보고서를 훨씬 짧게 간추려 번역해 놓았다. "라마교"라는 말은 255, 260면에 나온다. 한편 팔라스에 대한 책으로는 Carol Urness, ed. *A Naturalist in Russia* (Minneapolis: The University of Minnesota Press, 1967)가 있다.
"라마교"라는 말은 중국어 단어 '라마자오'(lama jiao) 대신 몽골어 단어에서 왔을 수도 있다. 몽골에서 불교는 주로 '라마 수르갈'(blam-a surğal) 즉, "라마의 가르침"이라 불린다. 이 단어가 맨 처음 등장하는 문헌은 13세기 후반에 쓰인 *Čağan teüke*이다. Klaus Sagaster, *Die Weisse Geschichte*, Asiatische Forschungen, vol. 41 (Wiesbaden: Otto Harrassovitz, 1976)의 145면, note 2를 보면 다음과 같은 구절이 나온다. *blam-a bağsi-yin surğal-dur ese orobasu mağu üilen oroyu*(라마교 스승의 가르침을 따르지 않으면 악행을 일삼게 될 것이다). 이 구절과 뜻을 가르쳐준 쌔뮤얼 그루퍼 박사에게 감사한다.
한편 '라마교'라는 말이 몽골어 단어에서 유래했다는 견해를 반증하는 문헌도 있다. 깔미끄인들 사이에서 불교를 연구한 이자크 야코브 슈미트(Isaac Jacob Schmidt)는 이 말이 유럽인들이 만들어낸 것이라고 주장했다. I. J. Schmidt, "Ueber

Lamaismus und die Bedeutungslosigkeit dieses Nahmens," *Bulletin Scientifique publié par L'Académie Impériale des Sciences de Saint-Pétersbourg* I, no. I (1836): II. 참조. 그의 주장은 본문에 나온다.

21) Jean Pierre Abel Rémusat, *Mélanges Asiatiques ou Choix de Morceaux Critiques et de Mémoires* (Paris: Librairie Orientale de Dondey-Dupré Père et Fils, 1825), I: 134 n. I 면 참조. 그는 이 논문(139면)에서 티베트어 "라마"가 "사제"(prêtre)를 뜻한다고 설명했다. 한편 스벤 헤딘(Sven Hedin)은 자신의 책에 인용한 아벨 레뮈자의 글에 '라마교'라는 말을 새롭게 집어넣었다. 아벨 레뮈자가 쓴 프랑스어 원문(131면)에는 "이 종교를 처음 접한 선교사들"이라고 되어 있는 반면 스벤 헤딘은 이를 "라마교를 처음 접한 선교사들"로 번역했다. Sven Hedin, *Trans-Himalaya: Discoveries and Adventures in Tibet* (London: Macmillan, 1913), 3: 325면.
1795년에는 C. D. 휠만(C. D. Hüllmann)이 *Historisch-kritische Abhandlung über die Lamaiscche Religion* (Berlin, 1795)이라는 책을 펴냈다.
웹스터 대학생용 사전(9번째 개정판)에는 'Lamaism'이라는 영어 단어가 1817년에 처음 쓰였다고 적혀 있다(참고문헌은 밝히지 않은 채). 그러나 이것은 잘못된 정보이다. 주 20)에서 설명했듯이 이 단어는 1788년에 출간된 트러슬러(Trusler)의 책 *The Habitable World Described*에서 처음 쓰였다. 그렇다면 이 단어가 1859년에 출간된 쾨펜(Köppen)의 책 *Die Lamische Hierarchie und Kirche*에서 처음 쓰였다는 L. A. 워델의 설명(그가 1915년에 쓴 글에 나옴)도 잘못된 것이다. 워델은 같은 글에서 "라마교"는 "여러 면에서 오해를 불러일으키기 쉬운 부적절한" 용어이며 "요즘에는 잘 쓰이지 않는다"고 적었다. 이는 그가 1895년에 *The Buddhism of Tibet, or Lamaism*(뒤에서 설명)에서 했던 이야기와 상반되는 내용이다. L. A. Waddell, "Lāmaism," in *Encyclopedia of Religion and Ethics*, ed. James Hastings (New York: Charles Scribner's Sons, 1915), 7: 784면 참조.

22) William Moorcroft and George Trebeck, *Travels in the Himalayan Provinces of Hindustan and the Panjab; in Ladakh and Kashmir; in Peshawar, Kabul, Kunduz, and Bokhara*, comp. and ed. Horace Hayman Wilson (London: John Murray, 1841), I: 346면. 무어크로프트는 1825년에 투르키스탄에서 열병으로 사망했다. 그가 쓴 글은 콜카타 아시아 학회(the Asiatic Society of Calcutta)에서 보관하다 옥스퍼드대학교의 산스크리트학자 호레이스 헤이먼 윌슨(Horace Hayman Wilson)의 편집을 거쳐 1841년에 출간되었다. 그의 글에 등장하는 '라마교'라는 단어는 사실상 저자 무어크로프트가 아니라 편집자 윌슨이 쓴 것일지도 모른다. 이를 암시하는 여러가지 증거 중 하나는 윌슨이 다음과 같이 말하고 있다는 사실이다. "실제로 나는 이 책을 거의 다시 쓰다시피 해야 했다. 따라서 대부분의 내용에 대한 책임은 나에게 있다"

(Moorcraft and Trebeck, liii면). 또 무어크로프트는 라다크 종교에 대한 자료를 전부 알렉산더 초마 데 쾨뢰시에게서 얻었다고 밝혔는데(339면), 초마는 티베트 문학과 종교에 관한 방대한 저술에서 불교라는 단어를 사용했지 라마교라는 단어는 쓰지 않았다.

처음으로 "라마"의 어원을 밝히려 한 유럽인은 아마도 예수회 선교사 에마노엘 프레이레(Emanoel Freyre)였을 것이다. 그는 이뽈리토 데시데리와 함께 라싸로 향하는 고된 여행을 떠났다. 그들은 1716년 3월 18일에 라싸에 도착했으나 프레이레는 혹독한 기후를 견디지 못하고 한달 후 혼자서 인도로 돌아갔다. 그가 이 여행에 대해 남긴 기록을 보면 다음과 같은 내용이 나온다. "이 책에서 여러 차례 '라마'라는 말을 썼으니 라마의 어원, 의복, 사원, 불경 암송, 기도, 그리고 라마들이 따르는 지도자에 대해 이야기하겠다. 티베트어로 '라모'(lamo)는 '길'을 의미한다. 그러므로 '라마'는 '길을 가르쳐주는 사람'을 뜻한다." 여기서 프레이레는 '길'을 뜻하는 티베트어 람(lam)에서 라마의 어원을 추정하는 실수를 저질렀다. Filippo de Filippi, ed., *An Account of Tibet: The Travels of Ippolito Desideri of Pistoia, S. J., 1712-1727*, rev. ed. (London: George Routledge and Sons, 1937), 356면 참조.

23) G. W. F. Hegel, *The Philosophy of History*, trans. J. Sibree (New York: Dover, 1956), 170면.

24) Victor Jacquemont, *Letters from India, 1829-1832*, trans. Catherine Alison Phillips (London: Macmillan, 1936), 324면. 초마와 그의 저작에 대한 자끄몽의 견해를 보려면 112~13면 참조.

25) I. J. Schmidt, "Ueber Lamaismus und die Bedeutungslosigkeit dieses Nahmens," *Bulletin Scientifique publié par L'Académie Impériale des Sciences de Saint-Pétersbourg* I, no. I (1836): II. 이 문단을 번역해준 콘스턴틴 파솔트 교수에게 감사한다.

26) Henri de Lubac, *La recontre du Bouddhisme et de l'Occident* (Paris: Aubier, 1952), 45면에 인용된 구절을 번역한 것이다. 쎄베라끄보다 더 일찍 두 종교 간의 유사성을 관찰한 사람은 플랑드르(현재의 벨기에 서부, 네덜란드 남서부, 프랑스 북부를 포함한 북해에 면한 중세의 국가——옮긴이) 출신의 프란체스꼬회 수사 윌리엄 루브룩(William of Rubruck)이었다. 그는 1253년부터 1255년 사이에 몽케 칸(Möngke)의 황실을 방문했다.

승려들은 모두 삭발을 했고 노란색 의복을 입었다. 그들은 머리를 깎을 때부터 금욕생활을 하며 100~200명 정도가 모여서 함께 생활한다. (…) 그들은 어디를 가든지 손에 묵주같이 생긴 구슬팔찌를 들고 있고 이것을 돌리며 '온 마니 바캄' (on mani baccam)이라는 말을 반복한다. 그들 중 한명이 나에게 해석해준 바에 따르면 이 말은 "신이시여, 당신은 알고 계십니다"라는 뜻이다. 그들은 이 말을 반복하며 신을 떠올리는 횟수만큼 신이 축복을 내려준다고 믿는다.

William W. Rockhill, *The Journey of Friar William of Rubruck to the Eastern Parts of the World, 1253-55, as Narrated by Himself* (London: Hakluyt Society, 1900), 145~46면; Williem van Ruysbroek, *The Mission of Friar William of Rubruck*, trans. Peter Jackson (London: Hakluyt Society, 1990), 153~54면 참조. 윌리엄은 진언 "옴 마니 빠드메 훔"(oṃmaṇi padme hūṃ)을 최초로 기록한 서양인이다. 뿐만 아니라 환생한 라마를 최초로 만나 본 서양인일지도 모른다. "그곳에는 중국(Cathay)에서 데려온 한 남자아이가 있었다. 그는 몸집으로 봐서 열두살이 채 안 돼 보였지만 세상의 모든 이치를 알고 있었고 지금까지 세번을 환생했다고 말했다. 그는 읽고 쓰는 법을 알고 있었다." Rockhill, 232면. 한편 van Ruysbroek, 232면에는 남자아이가 세살이라고 나온다.
1318년부터 1330년까지 몽골인들이 사는 지역을 여행한 선교사 오도리끄(Odoric)는 티베트의 수도에 대해 다음과 같은 글을 남겼다. "우리의 교황이 자신을 모든 기독교도들의 수장(首長)이라 일컫는 것처럼 그들의 교황은 모든 우상숭배자들의 우두머리이자 군주이다. 그는 우상숭배자들에게 자신만의 방식으로 선물을 나누어 준다." 이 기록은 Christopher Dawson, *Mission to Asia* (Toronto: University of Toronto Press, 1990), 244면에 인용되었다. 달라이 라마는 심지어 오늘날까지도 "교황"으로 묘사되곤 한다. 프라타파디트야 팔은 3대 달라이 라마가 "처음으로 몽골에 주교 관할구를 세웠다"며 그를 "라마교 교회의 교황"이라 칭했다. Pal and Tseng, 12면 참조.

27) Sven Hedin, *Trans-Himalaya, Discoveries and Adventures in Tibet* (London: Macmillan, 1913), 3: 308면 참조.

28) Thomas Astley, *New Collection of Voyages and Travels* (1747; reprint, London: Frank Cass and Company, 1968), 4: 459면 참조.

29) Evariste-Régis Huc and Joseph Gabet, *Travels in Tartary, Thibet, and China 1844-1846*, trans. William Hazlitt (2 vols. in I, New York: Dover, 1987), 2: 50면.

30) Huc and Gabet, 2: 52면. 막스 뮐러는 다음과 같이 말한다. "고(故) 아베 위끄(Abbé Huc)가 불교와 천주교 의례 간의 유사성을 지적했기 때문에 그의 책『티베트로의 여행』(*Travels in Thibet*)은 금서목록에 오르게 되었다." Max Müller, *Chips from a German Workshop: Volume I: Essays on the Science of Religion* (1869; reprint, Chico, California, Scholars Press, 1985), 187면 참조. 기독교가 티베트 불교에 영향을 주었다는 위끄의 주장이 발표된 지 얼마 지나지 않아 이를 반박하는 견해가 나왔다. 에밀 슐라긴트바이트(Emil Schlagintweit)는 1863년에 펴낸 책『티베트의 불교』(*Buddhism*

in Tibet Illustrated by Literary Documents and Objects of Religious Worship with an Account of the Buddhist Systems Preceding It in India)에서 다음과 같이 절제된 주장을 펼친다. "우리는 불교가 기독교를 어느 정도까지 모방했는지 아직 확신히 말할 수 없다. 그러나 프랑스 선교사들이 일일이 열거한 불교의례들은 대부분 불교 고유의 관례에서 나온 것이며 쫑카빠 이전에 생겨난 것이다." 1968년 Susil Gupta, London에서 출간한 재판본 70면 참조. 이 책은 티베트불교에 대한 정확한 정보를 담고 있을 뿐만 아니라, '부처, 보살', '금강수보살, 신령, 라마'의 얼굴 생김새를 실제 '브라만들' 및 '티베트인들'의 얼굴 생김새와 비교해 티베트 도상(圖像)에서 인간을 이상화하는 경향에 대하여 뛰어난 분석을 들려준다. 216~26면 참조.

31) 여기서 주목할 점은 티베트어로 쓰인 쫑카빠 일대기에는 큰 코를 가진 서양인 이야기가 전혀 등장하지 않는다는 사실이다. 오랜 기간 티베트에 살았던 최초의 천주교 선교사 데시데리도 의식, 관례, 성직자 계급제도, 금언, 도덕적 원칙, 성인 언행록 등에 있어서 티베트불교와 천주교 사이의 유사점을 언급했지만 이를 자세히 설명하려 들지는 않았다. 그는 자신이 보기에 티베트역사의 어느 시점에서도 "우리의 신성한 믿음이 알려졌다거나 사도 또는 전도자가 그곳에 가서 살았다는 단서"를 찾아볼 수 없다고 덧붙였다. de Filippi, 302면 참조. 이 구절에 대한 C. J. 베셀(C. J. Wessel)의 유익한 해설도 참조할 것.

티베트에 천주교의 승인을 받을 만한 종교가 있다는 위끄와 가베의 설명에서 우리는 또다른 가정을 엿볼 수 있다. 이것은 "공백기"(누가복음에 예수의 행적에 대한 기록이 없는 12세부터 30세까지의 시기—옮긴이)의 예수든 프레스터 존이든 셜록 홈스든 한동안 행방이 묘연했던 인물들은 하나같이 티베트에 머물렀을 것이며 그렇지 않고서는 티베트 불교와 천주교 사이의 '유사성'을 달리 설명할 수 없다는 가정이다. 이와 같은 가정은 유럽에서 반복해서 등장했다. 한편, L. Huxley, *The Life and Letters of Sir Joseph Dalton Hooker* (London: John Murray, 1918), 2: 334~35면은 예수의 티베트 여행을 다룬 문헌에 대해 언급하는데, 이 문헌은 라다크에서 발견되었다고 한다. 또 Nicolas Notovitch, *The Unknown Life of Jesus Christ* (Chicago: Rand McNally, 1894)에는 노토비치가 라다크에서 발견한 원고「성인 이사(Issa)의 삶」이 번역되어 실려 있다. 이 원고는 인도와 네팔에서의 예수의 행적을 다룬다.

32) 이는 페터 팔라스의 글에 인용된 투크(Tooke)의 견해이다. John Trusler, *The Habitable World Described* (London: Literary Press, 1788), 2: 261면 참조.

33) Johannes Nieuhof, *An Embassy from the East India Company of the United Provinces to the Grand Tartar Cham Emperor of China*, trans. John Ogilby (1669; reprint, Menston, UK: Scolar Press, 1972), 42~43, appendix 참조. 한편, *China and France, or Two Treatises* (London, 1676), 109~10면에도 비슷한 구절이 나온다. 이 책은 달라이 라마를 다음

과 같이 묘사한다. "그들이 신으로 섬기는 대사제는 '라마콩긴'(Lamacongin)이라 불린다. 그들은 이 대사제를 그들의 첫번째 왕의 화신이라 생각하며 '세상의 모든 왕들의 형제'라 부른다. 그들은 그가 죽을 때마다 다시 살아나며 이미 일곱번이나 환생했다고 믿는다." 4~5면 참조.

키르허는 대(大)라마가 죽은 뒤 후임자를 찾아내는 과정을 기록해두었다. 또 탕구트족(6세기부터 14세기까지 중국 북서부를 중심으로 활약한 티베트계 강족의 일족—옮긴이)이 대라마의 오줌이 섞인 고기를 받기 위해 승려들에게 엄청난 뇌물을 바친다고 설명했다("정말 혐오스럽고 불결하다!"). Hedin, *Trans-Himalaya*, 318면; Astley, 462~63면 참조.

Hedin, *Trans-Himalaya*, 310~29면에는 티베트불교와 천주교를 비교한 다양한 사례가 소개되어 있다. 또 John MacGregor, *Tibet: A Chronicle of Exploration* (New York: Praeger Publishers, 1970), 1~111면에는 초기의 티베트 선교를 연구한 결과가 실려 있다. Sir Edward MacLagan, *The Jesuits and the Great Mogul* (New York: Octagon books, 1972), 335~68면에는 예수회 선교에 대한 내용이 나오고, Geza Uray, "Tibet's Connections with Nestorianism and Manicheism in the 8th-10th Centuries," in *Contribution on Tibetan Language, History, and Culture*, ed. Ernst Steinkellner and Helmut Tauscher (Vienna: Arbeitskreis für Tibetische und Buddhistische Studien Universität Wien, 1983), I: 399~430면에는 티베트인들이 네스토리우스교도들 및 마니교도들과 교류했을 가능성을 보여주는 증거가 실려 있다.

34) Justin Martyr, *Apologies*, LIV.7-8; LXII.1-2; LXVI.1-4 참조. 이 참고문헌을 알려준 엘리자베스 클라크에게 감사한다. 모든 천주교 사제들이 불교승려들을 보고 자신들과 비슷해 보인다고 생각했던 것은 아니다. 플랑드르 출신의 수사 윌리엄 루브룩은 불교승려들이 프랑스인을 닮았다고 생각했다. "우상숭배자들의 사원에 갔을 때 바깥문 쪽에 앉아 있는 승려들을 보았다. 삭발을 한 승려들은 꼭 프랑크 사람처럼 보였지만 머리에는 야만인들이 쓰는 관을 쓰고 있었다." William W. Rockhill, *The Journey of Friar William of Rubruck to the Eastern Parts of the World, 1253-55, as Narrated by Himself* (London: Hakluyt Society, 1900), 146면 참조.

제임스 버튼 로버트슨이 번역한 Friedrich von Schlegel, *The Philosophy of History* (London: Henry G. Bohn, 1984)에 나오는 다음 구절도 흥미롭다.

구세주("일찍이 공자가 서양에 나타날 거라 예언한 위대한 성인")에 대한 [중국인들의] 예측은 대단했다. 그들은 구세주가 태어날 장소뿐만 아니라 그 시기까지 완벽하게 알고 있었다. 이에 따라 그들은 우리의 구세주가 태어난 지 60년쯤 후에 이 구세주를 맞을 사절단을 보냈다. 그런데 사절단은 구세주를 맞으러 가는 길에 인도에서 온 불교 선교사들을 만나게 되었다. 이 선교사들은 사람의 모습을 한 신에 대해 이야기했고 선교사들을 진짜 그리스도의 제자라 여긴 사절단은 자기 나라로 돌아가 이들에 대한 이야기를 전했다. 이렇게 해서 중국에 불교가 전해졌고 지옥의 환영이 복음의 빛을 가로막게 되었다. 이처럼 그들 내면의 영혼뿐만 아니라 불교의 역사에도 악마의 뜻이 분명하게 드러난다.

136면 참조. 이 참고문헌을 알려준 리처드 코언에게 감사한다.
35) Jacques Lacan, *Écrits: A Selection*, trans. Alan Sheridan (New York: W. W. Norton, 1977), 3면.
36) Jane Gallop, *Reading Lacan* (Ithaca, N. Y.: Cornell University Press, 1985), 85면. 악마에 대한 언급은 비교적 최근까지도 티베트종교를 묘사하는 글에 등장했다. 나치 독일 시대에 스벤 헤딘 연구소(the Sven Hedin Institute)의 연구원이었고 후에 인디애나대학교의 티베트학과 교수가 된 헬무트 호프만(Helmut Hoffmann)은 티베트의 토착종교 뵌(Bön)교가 불교의 관습을 전용했다고 설명했다. "중세의 악마숭배자들이 성체(예수의 살과 피를 상징하는 성찬식의 빵과 포도주 — 옮긴이)를 속된 용도에 썼듯이 뵌교도들도 성물인 만자(卍)를 라마교에서처럼 오른쪽으로 돌리지 않고 왼쪽으로 돌렸다. 본교는 이미 이단으로 판정되었으며 그 본질은 불교를 부정하고 반박하는 데 있다." *The Religions of Tibet*, trans. Edward Fitzgerald (New York: Macmillan, 1961), 98면 참조.
37) John Kesson, *The Cross and the Dragon or, The Fortunes of Christianity in China: With Notices of the Christian Missions and Missionaries, and Some Account of the Chinese Secret Societies* (London: Smith, Elder, and Co., 1854), 185면에서 인용.
38) 우리는 여기서 불교와 티베트불교에 대한 천주교의 최근 입장도 살펴보아야 한다. 15대 교황 요한 바오로 2세는 1994년에 출간한 책 『희망의 문턱을 넘어』(*Crossing the Threshold of Hope*, New York: Knopf)에서 불교와 달라이 라마에 대해 논하는데 이 내용이 실린 「부처?」 장 뒤에는 「마호메트?」 「유대교?」 등의 장이 차례로 나오면서 이교도의 무신론에서 일신론으로 논의가 옮겨간다. 인터뷰 진행자는 「부처?」 장의 맨 앞부분에서 교황에게 "기독교의 '대안' 또는 기독교를 '보완'하는 종교로서 갈수록 많은 서양인들을 매혹시키는"(84면) 불교에 대해 어떻게 생각하느냐고 묻는다.
이에 대한 답변으로 교황은 세계에서 가장 유명한 불교도이자 가장 많은 서양인 추종자를 둔 달라이 라마에 대해 이야기한다. 교황은 여러 차례 달라이 라마를 만났다고 밝히면서 그를 티베트 독립운동의 지도자 또는 전세계적으로 존경받는 인권수호자라 부르지 않고 대중을 개종시키는 사람이라 부른다. "달라이 라마는 서양의 기독교도들에게 불교를 소개해 불교의 영성과 기도방식에 대한 관심을 불러일으켰다."(85면) 그러나 불교는 "소극적인 구원론일 뿐"이다.

부처가 얻은 '깨달음'은 한마디로 세상이 악한 곳이며 온갖 불행과 고통의 근원이라는 것이다. 인간이 이 악에서 벗어나려면 세상으로부터 자유로워져야 하고 그러려면 인간을 외적 현실에 묶어두는 모든 속박에서 벗어나야 한다. 이 속박은 우리의 인간본성, 정신, 육체에 있다. 여기에서 더 많이 벗어날수록 우리는 세상일에 초연하게 되고, 세상에 근원을 둔 불행과 고통에서 자유로워진다. (85~86면)

그러나 세상사에 초연해진다고 신의 존재를 느끼게 되는 것은 아니다. 불교는 무신론이기 때문이다. "불교에서 자신을 구하는 것은 무엇보다도 불행의 근원인 세상사에 초연해짐으로써 이 불행에서 자유로워지는 것이다."
불교의 특성을 이런 식으로 묘사하는 것에 대해서는 다양한 방식으로 반박할 수 있다. 선(禪)불교나 티베트불교를 연구하는 사람이라면 교황이 대승불교(수행에 따르는 개인의 해탈을 강조하는 소승불교와 달리 이타利他 구제의 입장에서 널리 인간 전체의 평등과 성불成佛을 이상으로 삼는 교리—옮긴이)에 대해 전혀 모르고 있다고 말할 것이다. 대승불교에서는 보살(bodhisattva)이 해탈을 얻을 때까지 끊임없이 생사를 반복하며, 세상사에 무관심하지 않고 오히려 진짜 현실이 세상 속에 존재한다고 믿는다("색즉시공色卽是空 공즉시색空卽是色"). 동시에 보살은 다른 사람들을 이롭게 하기 위해 쉬지 않고 다양한 자선행위를 한다. 앞에서 교황이 이야기하는 것은 아라한(소승불교에서 온갖 번뇌를 끊고 사제四諦의 이치를 바로 깨달아 세상사람들의 존경을 받을 만한 공덕을 갖춘 성자聖者—옮긴이)이지 보살이 아니다. 그러나 교황의 이야기에 이런 식으로 반박하지 않는 것이 더 현명할지도 모른다. 소승불교의 성자인 아라한을 낮추고 보살을 높이는 것 자체가 초기 대승불교 경전(더 오래된 전통의 권위에 맞서기 위해 쓰인 것)에서부터 나타난 논쟁거리이기 때문이다. 소승불교-대승불교의 차이점을 언급하며 교황의 이야기에 반박하는 것은 하나의 논쟁에 또다른 논쟁으로 응하는 것이나 다름없다.
교황이 말한 불교의 특성은 대부분 19세기의 선교사들이 남긴 문헌에 나오는 내용이다. 19세기에는 언어학이 발전하면서 언어가 그 문화의 '정신구조'를 나타낸다는 주장이 제기되었고 이 주장은 후에 인종론과 합쳐져 파괴적인 결과를 가져왔다. 이와 같은 이론에서 '동양인의 정신'은 수동적, 불합리적, 정적이고, 세상을 부정하며, 신비주의적인 경향을 띤다고 여겨졌다(뒤이어 등장한 융은 동양인이 '내성적'이라고 보았다). 19세기 아시아의 타락하고 부패한 사회들은 이 모든 경향을 잘 보여주는 예로 생각되었다. 한편, 유럽인의 정신은 합리적이고 동적이며, 우월한 기술과 이 기술을 가능하게 만들어준 우월한 종교(즉 기독교)를 갖추고 있다고 생각되었다. 이러한 믿음은 후에 서구국가들의 식민주의 정책과 선교활동을 합리화하는 근거가 되었다. 만일 기독교 신앙이 참된 신앙이라면 그 신앙이 비기독교 세계에 전파되는 것이야말로 신의 섭리였던 것이다.

> 〔교회는〕 문명사회, 특히 '서구문명사회'를 세운다. 이 사회의 특징은 세상을 향한 적극적인 태도이며, 이 태도는 고대 그리스 철학과 유대교-기독교 성서에 기원을 둔 두 종류의 지식, 즉 과학과 기술의 성취 덕분에 발전할 수 있었다.

『희망의 문턱을 넘어』의 88면에 나오는 이와 같은 내용은 논쟁의 대상이 되는 19세기의 많은 개신교·천주교 보고서에서 어렵지 않게 찾아볼 수 있다.

39) Astley, 220면. 애스틀리는 이 책의 뒷부분에서 달라이 라마에 대해 언급하면서 다음과 같이 말한다. "이러한 점에서 티베트교회는 로마교회보다 항상 유리하다. 사람들의 눈에 보이는 교회의 수장이 신의 대리인이 아니라 신 자신이기 때문이다. 이 신은 사람들의 숭배를 받기 위해 인간의 형상으로 나타난다. 신이 한낱 빵조각이나 조그마한 제병(祭餠)에 깃들어 있다는 조악한 속임수로는 티베트인들을 속일 수 없다. 그럼에도 불구하고 선교사들은 도리어 티베트인들이 무지하고 미신에 사로잡혀 있다고 주장한다." 461면 참조.
독일의 박물학자 페터 팔라스는 1769년의 연구보고서에서 다음과 같이 말한다. "여기서 주목해야 할 점은 라마들의 종교가 다른 미신들과 마찬가지로 무지한 대중들의 두려움을 불러일으키기 위해 사제들이 만들어낸 환상이라는 것이다." 그는 이어서 이 종교를 천주교에 비교한다. "그들의 수장, 달라이 라마는 교황으로 볼 수 있다. 그의 영혼이 계속해서 한 인간에서 다른 인간으로 떠돌고, 대중들에게 신으로 받아들여진다는 사실만 제외한다면 말이다." 그는 1대 달라이 라마가 프레스터 존이었을 거라는 투크의 견해를 들려준다. John Trusler, *The Habitable World Described* (London: Literary Press, 1788), 2: 259~61면 참조.

40) Astley, p. 212, n. f. 독일의 철학자 헤르더도 조금 더 신중한 표현을 썼을 뿐 이와 비슷한 의견을 내놓았다. 그는 1784년에 쓴 글에서 다음과 같이 말했다. "요컨대 티베트종교는 중세 암흑시대에 유럽에 널리 퍼졌던 천주교와 같은 계통의 종교다. 그러나 잘 알려진 대로 이들의 종교에는 도덕성이나 예의가 결여되어 있다." Johann Gottfried von Herder, *Outlines of a Philosophy of the History of Man*, trans. T. Churchill, (1800; reprint, New York: Bergman Publishers, 1966), 304면 참조.
또다른 영국인이 불교와 천주교를 비교한 내용을 보려면 Philip C. Almond, *The*

British Discovery of Buddhism (Cambridge: Cambridge University Press, 1988), 123~28면을 참조하면 된다. 한편 천주교가 힌두교에서 유래했다는 주장도 있다. P. J. Marshall, ed., *The British Discovery of Hinduism in the 18th Century* (Cambridge: Cambridge University Press, 1970), 24면 참조.
한편, 일부 예수회 선교사들도 티베트인들을 개종시키기 어려울 것이라고 보았다. 신부 프란시스 노엘(Francis Noel)은 1703년의 보고서에서 예수회의 중국 선교 현황에 대해 다음과 같이 적었다. "라마에 대한 깊은 존경심 때문에 유목민 타타르족을 개종시키기는 어려울 것이다. 그들은 모든 일에 있어서 무조건 스승인 라마의 가르침을 따른다." John Lockman, *Travels of the Jesuits into Various Parts of the World* (London, 1743), 1: 451면 참조.

41) Susie C. Rijnhart, *With the Tibetans in Tent and Temple* (New York: Fleming H. Revell, 1901), 106면.

42) 인도에 대한 이와 같은 묘사는 Ronald Inden, "Orientalist Constructions of India," in *Imagining India* (London: Basil Blackwell, 1990), 특히 85~130면에 나온다.

43) Elizabeth A. Reed, *Primitive Buddhism: Its Origin and Teachings* (Chicago: Scott, Foresman, 1896), 16면.

44) Sir Monier Monier-Williams, *Buddhism, In Its Connexion with Brāhmanism and Hindūism, and In Its Contrast with Christianity* (1890; reprint, Varanasi: Cowkhamba Sanskrit Series Office, 1964), 253면.

45) Max Müller, *Chips from a German Workshop, Volume 1: Essays on the Science of Religion* (Chico, Calif.: Scholars Press, 1985), 220면.

46) James Freeman Clarke, *Ten Great Religions: An Essay in Comparative Theology* (Boston: Houghton, Mifflin and Co., 1871), 142~44면. 불교와 개신교, 부처와 루터를 비교한 다른 사례나 라이스 데이비즈, 올덴베르크와 같은 학자들이 이를 비판한 내용, 특히 사회주의자들이 인용한 불교에 대해서는 Almond, 71~77면 참조.
서양의 많은 학자들과 선교사들은 아시아의 현대 불교도들이 불교의 귀중한 유산을 제대로 인식하지 못하고 있다고 여겼고 서양이 이를 일깨워줄 수 있다고 보았다. 씨드니 케이브(Sydney Cave)가 『기독교와 현존하는 동양 종교들』(*Christianity and Some Living Religions of the East*)에 썼듯이 "현존하는 동양의 종교들은 현대의 포교 활동이 시작된 이래로 크나큰 변화를 겪어왔다. 이러한 변화를 일으킨 요소로는 여러가지가 있는데 그중에서도 특히 서양 학자들이 번역한 책『동방성서』(*The Sacred Books of the East*)는 동양의 풍부한 과거유산을 보여주었고 오랫동안 잊혀졌던 보물의 존재를 세상에 드러냈다. 그 결과 많은 동양인들이 자신들의 종교에 자부심을 갖게 되었고 그 종교의 조악한 요소들을 버리고 좀더 고귀한 요소들을 취하게 되었다." Sydney Cave, *Christianity and Some Living Religions of the East* (London: Duckworth, 1929), 20면 참조.

한편 플로베르(Flaubert)의 『부바르와 뻬뀌셰』(*Bouvard and Pécuchet*)에는 대략 비슷한 시기에 프랑스에서 인기를 끌었던 불교에 대한 풍자가 나온다. 이 책에서 뻬뀌셰는 불교가 기독교보다 우월하다고 주장한다.

"좋습니다. 잘 들어보세요! 불교는 속세의 덧없음을 기독교보다 먼저 깨우쳤죠. 불교수행은 굉장히 엄격하고 불교신도들이 모든 기독교인들을 합친 것보다 훨씬 더 많아요. 게다가 비슈누는 한번이 아니라 아홉번이나 인간의 모습으로 세상에 나타났죠! 그러니 잘 생각해보세요."
"그건 여행자들이 늘어놓은 거짓말이에요." 드 노아리 부인이 말했다.
"프리메이슨 단원들도 거기에 맞장구쳤고요." 신부가 덧붙였다.

Gustave Flaubert, *Bouvard and Pécuchet*, trans. A. J. Krailsheimer (New York: Penguin Books, 1976), 251면 참조.

모니어-윌리엄스는 자신의 책에서 전세계를 통틀어 불교신도들이 기독교신도들보다 결코 많지 않다고 주장했다. "Postscript on the Common Error in regard to the Comparative Prevalence of Buddhism in the World," in his *Buddhism*, xiv-xviii면 참조.

47) 이 시기에 대한 내용은 Edward R. Norman, *Anti-Catholicism in Victorian England* (New York: George Allen and Unwin, 1968); Walter Ralls, "The Papal Aggression of 1850: A Study in Victorian Anti-Catholicism," *Church History* 43, no. 2 (June 1974): 242~56면; Walter L. Arnstein, *Protestant versus Catholic in Mid-Victorian England: Mr. Newdegate and the Nuns* (Columbia: University of Missouri Press, 1982)에 실려 있다. 19세기 중반에는 성조기단(the Order of the Star Spangled Banner)과 같은 비밀조직을 주축으로 미국 내에서 강한 반(反)천주교 여론이 일었다. Tyler Anbinder, *Nativism and Slavery: The Northern Know Nothings and the Politics of the 1850s* (New York: Oxford University Press, 1992) 참조.

48) Thomas W. Rhys Davids, *Buddhism: Being a Sketch of the Life and Teachings of Gautama, the Buddha*, rev. ed. (London: Society for Promoting Christian Knowledge, 1903), 199면.

49) Sir Monier Monier Williams, *Buddhism, In Its Connexion with Brāhmanism and Hindūism, and In Its Contrast with Christianity* (1890; reprint, Varanasi: Cowkhamba Sanskrit Series Office, 1964), 261면.

50) T. W. Rhys Davids, *Lectures on the Origin and Growth of Religion as Illustrated by*

Some Points in the History of Indian Buddhism, Hibbert Lectures, 1881 (New York: G. P. Putnam's Sons, 1882), 192~93면.

51) 그러나 워델은 1895년에 쓴 글에서 이들 사이에 역사적 교류가 있었을지도 모른다는 가능성을 남겨두었다. 그는 초기의 천주교도 저자들과는 달리 (천주교도들을 모욕하려는 의도로) 천주교가 오히려 라마교의 영향을 받았을지도 모른다고 주장했다.

종교적 의식은 라마교에서 가장 완성된 형태로 나타나며 라마교 의식의 많은 요소들이 로마교회의 의식과 닮아 있다. 성대한 예배의식, 삭발을 하고 독신을 지키는 남녀 승려들, 초, 종, 향로, 묵주, 주교관, 성직자용 외투와 막대기, 성물(聖物) 숭배, 고해, "성모"에게 하는 기도, 호칭기도와 찬송, 성수, 삼위일체, 성직자 계급제도 등이 바로 그러한 예다.

그러나 이들 중 얼마나 많은 요소들이 천주교에서 유래했는지 또 그 반대는 아닌지의 여부는 아직 확실치 않다.

Tibetan Buddhism, 421~22면 참조.
기독교로 개종한 유대인이자 "페르시아, 부하라, 카슈미르 지역의 유대인들과 이슬람교도들"을 대상으로 선교활동을 벌인 조지프 울프(Joseph Wolff) 목사는 아브라함이 믿는 일신교(기독교)가 멀리 라싸까지 퍼져 그곳에 아브라함에게 바치는 동상이 세워졌다고 주장했다. Joseph Wolff, *Travels and Adventures of Rev. Joseph Wolff*, *D.D., LL.D.* (London: Saunders, Otley, and Co., 1861), 189면 참조.

52) Rhys Davids, *Lectures on the Origin and Growth of Religion*, 194면.

53) Thomas W. Rhys Davids, *Buddhism: Its History and Literature*, American Lectures on the History of Religions, First Series (New York: G. P. Putnam's Sons, 1896), 6면.

54) 이 인용문은 1972년 도버 출판사에서 *Tibetan Buddhism: With Its Mystic Cults, Symbolism and Mythology* (1895; reprint, New York: Dover Publications, 1972)라는 새 제목으로 출간한 재판의 4면에 실려 있다. 워델은 후에 연구주제를 아리안족으로 바꿨다. 그는 1929년에 출간한 책 『인류역사에 문명을 만든 사람들』(*The Makers of Civilization in Race and History*)에서 수메르문명과 이집트문명이 아리안문명에 기원을 둔다고 주장했다.

55) I. J. Schmidt, "Ueber Lamaismus und die Bedeutungslosigkeit dieses Nahmens," *Bulletin Scientifique publié par L'Académie Impériale des Sciences de Saint-Pétersboug* I. no. 1 (1836): 13~14면. 이 구절을 번역해준 콘스턴틴 파졸트 교수에게 감사한다.
슈미트보다 수십년 앞서 글을 쓴 헤르더도 이와 비슷한 목적인(telos)을 발견했으나 불교에 대해 좀더 호의적인 평가를 내렸다. "자연의 모든 것은 그 쓰임새에 따라 좋을 수도 있고 나쁠 수도 있다. 부처의 철학도 이와 같아서 한편으로는 훌륭하고 고귀한 정서를 담고 있지만 다른 한편으로는 나태와 속임수를 조장할 수도 있다. 불교사상은 나라마다 다른 모습으로 남아 있다. 그러나 어느 곳에서든 간에 어리석은 우상숭배보다는 적어도 한 단계 앞서 있다고 볼 수 있다. 이 사상은 좀더 순결한 도덕을 향한 최초의 여명이며 우주만물의 진리를 밝히려는 아이의 첫번째 꿈이다." Johann Gottfried von Herder, *Outlines of a Philosophy of the History of Man*, trans. T. Churchill (1800; reprint, New York: Bergman Publishers, 1966), 305면 참조.

56) Waddell, *Tibetan Buddhism*, 10면.

57) Ibid., 14면. 이와 같은 혼합(mixing)에 대한 비판은 티베트에서 오랜 역사를 지니고 있다. 이미 워델의 글이 쓰이기 수세기 전에 티베트인들은 비슷한 논리로 다른 종파를 비판했다. 부뙨(Bu ston)의 저작으로 추정되는(이는 잘못된 정보일 수도 있다) 『밀교위경 비판』(*Sngags log sun 'byin*)은 닝마빠 경전을 "황금과 개똥의 혼합"이라 폄하한다. 이 표현은 Kunsang Topgyel and Mani Dorji, eds., *Chag Lo-tsa-bas Mdzad-pa'i Sngags-log Sun-'byin dang 'Gos Khug-pa Lhas-btsas-kyi Sngags-log Sun-'byin* (Thimpu, 1979), 25.5~36.3면에 나오며, 영어로 된 번역문은 Daniel Preston Martin, "The Emergence of Bon and the Tibetan Polemical Tradition" (Ph.D. diss., Indiana University, 1991), 159면에 실려 있다.

58) Waddell, *Tibetan Buddhism*, 19면.

59) Ibid., 30면. 쾨펜은 1860년에 출간한 *Die Lamaische Hierarchie und Kirche* (Berlin: Verlag von H. Barsdorf, 1906), 82면에서 라마교를 불교와 시바숭배가 합쳐진 종교로 규정했다.

60) Ibid., xi면. 여기서 주목할 만한 사실은 워델보다 150년 앞서 글을 남긴 데시데리가 매우 다른 평가를 내리고 있다는 점이다. "비록 티베트인들이 우상을 숭배하는 이교도이긴 하지만 그들이 믿는 교리는 아시아(인도를 뜻함)에 있는 다른 이교들과는 매우 다르다. 그들의 종교는 원래 오늘날 무굴이라 불리는 고대왕국 힌두스탄에서 왔는데 정작 그곳에서는 시간이 흐르면서 이 종교를 믿는 사람들이 줄어들었고 결국 새로 생겨난 신화들이 그 자리를 대신하게 되었다. 한편, 지성과 사고력을 갖춘 티베트인들은 이 종교에서 자신들이 이해할 수 없는 요소들을 없애고 진리와 선(善)이 담긴 요소들만 남겨놓았다." de Filippi, 225~26면 참조.

61) Rudyard Kipling, *Kim* (New York: Bantam Books, 1983), 8면. 티베트불교에 대한 키플링의 견해는 후기 빅토리아 시대와 에드워드 시대에 티베트를 여행한 유럽인들이 갖고 있던 전형적인 견해와 일치한다. Peter Bishop, *The Myth of Shangri-La: Tibet, Travel Writing and the Western Creation of Sacred Landscape* (Berkeley: University

of California Press, 1989), 136~90면 참조.
62) Sir Francis Younghusband, *India and Tibet* (1910; reprint, New Dehli: Low Price Publications, 1994), 310면. 이 책의 초판은 John Murray of London이 1910년에 출간했다.
63) H. P. Blavatsky, *The Secret Doctrine* (Los Angeles: Theosophy Company, 1947), xxi면. 이 책은 1888년에 출간된 원본의 복사본이다.
64) H. P. Blavatsky, *Collected Writings 1877: Isis Unveiled* (Wheaton, Ill.: Theosophical Publishing House, 1972), 2: 582면.
65) Rhys Davids, *Buddhism: Its History and Literature*, 208면.
66) Clements R. Markham, ed., *Narratives of the Mission of George Bogle to Tibet and of the Journey of Thomas Manning to Lhasa* (London: Trübner and Company, 1879), 338면 참조. '탄트라'라는 용어를 둘러싼 논쟁과 혼란은 Donald S. Lopez, Jr., *Elaborations on Emptiness, Uses of the Heart Sūtra* (Princeton: Princeton University Press, 1996), 78~104면에서 다뤄진다.
67) Monier-Williams, 147면.
68) Ibid., 151면. 한편, 인도불교가 발전한 결과 자연스럽게 라마교가 나타났다고 보는 학자들도 있었다. 제임스 레그(James Legge)는 제9회 국제동양학자대회(the Ninth International Congress of Orientalist)에서 다음과 같이 말했다.

> 불교는 전세계적으로 널리 퍼져 있는 미신적 요소를 옹호해 중국의 질서를 어지럽혔다. 나는 결코 〔유교〕 식자층의 교리가 완벽하다는 이야기를 하려는 것이 아니다. 그럼에도 불구하고 이 교리는 전국에 있는 중국인들을 단합시켰고 수차례의 변혁기를 거치며 4~5천년을 존속해왔으며 아직도 중국인들에게 희망과 용기를 준다. 유럽과 미국은 1세기경 중국에 불교를 전파한 인도보다 훨씬 더 좋은 영향을 줄 수 있으며, 실제로 그렇게 되었으면 하는 바람이다. 불교가 맺은 결실을 보려면 중국이나 일본 문명 대신 티베트와 몽골을 살펴보면 된다. 그곳 사람들의 편협한 신앙, 다른 종교에 대한 무관심, 기도문이 담긴 회전통을 보면 부처의 교리가 어떠한 성과를 거두었는지 알 수 있다.

Reed, *Primitive Buddhism*, 30면에서 인용.
69) Waddell, *Tibetan Buddhism*, 227, 229면 참조.
70) Jonathan Z. Smith, *Drudgery Divine: On the Comparison of Early Christianities and the Religions of Later Antiquity*, Jordan Lectures in Comparative Religions, XIV (Chicago: University of Chicago Press, 1990) 참조.

71) Sax Rohmer (Arthur Ward), *The Hand of Fu Manchu* (New York: Robert M. McBride and Co., 1917), 7면.
72) J. Strunk, *Zu Juda und Rom-Tibet: Ihr Ringen um die Weltherrschaft* (Munich: Lundendorffs Verlag, 1937).
73) Waddell, *Tibetan Buddhism*, 573면.
74) Waddell, *Lhasa and Its Mysteries* (New York: Dover Publications, 1905), 447~48면.
75) Tenzin Gyatso, the Fourteenth Dalai Lama, *Opening the Eye of New Awareness*, trans. Donald S. Lopez, Jr. (London: Wisdom Publications, 1985), 117~18면. 중국인민정치자문위원회(the Chinese People's Political Consultative Committee)의 지시 아래 출간된 1982년의 티베트어 논문도 '라마교'라는 용어의 사용을 비판한다. 이 논문은 1986년에 서투른 영어로 번역되었다. Tseten Zhabdrung, "Research on the Nomenclature of the Buddhist Schools in Tibet," *Tibet Journal* 11, no. 3 (autumn, 1986): 43~44면 참조. 한편 일본에 살고 있는 티베트 학자 췰땀 껠쌍 캉깔(Tsultrim Kelsang Khangkar)은 이 용어의 사용에 찬성하는 입장을 밝혔다. 여기서 중요한 점은 그의 견해가 티베트 학자들보다는 일본 학자들의 의견을 바탕으로 하고 있다는 것이다. 그는 한 인터뷰에서 다음과 같이 말했다. "저는 몇몇 일본 학자들에게 '라마교'라는 용어에 대해 물었습니다. 그들의 대답에 따르면 티베트불교가 '라마교'로 불리는 까닭은 티베트인들이 그들의 스승(라마)에 대해 깊은 존경심을 갖고 있기 때문입니다." "'Lamaism' Is an Appropriate Term" in *Tibetan Review* 13, no. 6 (June 1978): 18~19, 27면 참조.
76) 왕갸이 미국에 온 것은 칼미크 몽골인들의 공동체에 종교지도자가 필요했기 때문이다. 깔미끄 몽골인들은 러시아의 흑해와 카스피해 사이에 살다가 스딸린 정권을 피해 고향을 떠난 이들이었다. 왕갸은 다른 깔미끄 불교승려들처럼 티베트에서 교육을 받았다. 그러나 그와 그의 공동체 구성원들은 티베트인이 아니라 인종으로 따지면 몽골인, 국적으로 따지면 러시아인이었다. 그러므로 그는 자신의 사원에 "티베트불교사원"이라는 명칭을 갖다붙일 생각이 없었다. 그러나 그는 여전히 깔미끄 공동체가 믿는 불교 전통, 즉 역사상 서쪽으로는 흑해, 북쪽으로는 시베리아, 동쪽으로는 쓰촨성, 남쪽으로는 네팔까지 퍼졌던 이 위대한 전통을 사원의 명칭에서 환기시키고 싶어했다. 따라서 이런 상황에서 그가 선택할 수 있는 유일한 대안은 '라마교'뿐이었다.
77) 영국이 티베트를 19세기 후반과 20세기 초반의 다양한 문헌을 보존하고 있는 곳으로 묘사한 글을 보려면 Thomas Richards, "Archive and Utopia," *Representations* 37 (1992): 104~33면 참조.
78) 이 시기의 티베트불교학을 분석한 연구를 보려면 졸저 "Foreigner at the Lama's

Feet," in Donald S. Lopez, Jr., ed., *Curators of the Buddha: The Study of Buddhism under Colonialism* (Chicago: University of Chicago Press, 1995), 251~95면 참조.

79) Antonin Artaud, "Address to the Dalai Lama," *Anthology* (San Francisco: City Lights Books, 1972), 65면.

80) Pal and Tseng, 9면.

81) Lee in Levenson, *Circa 1492*, "Virūpāksha" (plate 319), 472면. 이 정의를 제외하면 리는 복잡한 라마교 신학에 대한 설명을 당연하다는 듯이 생략해버린다. 리는 국립미술관 도록에 실린 마지막 라마교 작품, "삼련판(三連板) 형식의 휴대용 성골함" (도판 320)에 대해 설명하면서 "세 겹으로 접히는 이 작은 성골함에 그려진 스물한 명의 신을 일일이 확인하는 것은 필자가 할 수 없는 일"이라고 밝힌다. 리는 이들 중 한명을 가리켜 8세기 후반에 티베트로 간 인도의 탄트라 달인 빠드마삼바바라고 일러준 뒤, 이 성골함 대신 일본승려 쿠우까이(空海)가 806년 중국에서 가져왔다는 "완벽한 상태"의 일본 신곤불교 성골함(전시회에서 선보이지도 않은 작품)에 대해 긴 분량에 걸쳐 설명한다. 리는 이 두 성골함의 도상(圖像)이 상당히 다르다는 점에 주목한다. "콘고오부지(金剛峰寺) 성골함은 역사 속 실존인물인 석가모니 부처를 고전적으로 묘사했다." 반면 "라마교 성골함은 복잡한 종교를 창시한 준(準)역사적 인물을 중점적으로 다루었다. 그는 성골함이 만들어졌을 당시 이미 전설적인 지위를 얻은 인물이다." Ibid., 472면. 이처럼 라마교는 리의 글에서 다시 한 번 비교와 폄훼의 대상이 된다. 일본의 성골함은 역사적 인물을 고전적 양식으로 그려낸 데 반해 라마교의 성골함은 고작 "준(準)역사적" 인물을 묘사했을 뿐이다. 이 인물은 부처와는 달리 고작 "전설적"인 인물이다. 게다가 그는 부처의 명료한 도덕적 가르침과는 달리 여러 요소가 결합된 "복잡한" 종교를 만들어냈다. 이처럼 라마교 성골함의 복잡한 특성은 라마교의 현재 모습이 그 기원으로부터 엄청나게 달라졌다는 사실을 보여준다.

82) Jay A. Levenson, *Circa 1492: Art in the Age of Exploration* (Washington, D.C.: National Gallery of Art, 1991), 13면. 스미스소니언 협회(the Smithsonian Institution) 산하의 국립미술관은 연방정부로부터 자금을 지원받는 국립박물관이다. 따라서 티베트를 중국의 일부로 보는 미국무부의 방침을 따를 수밖에 없다. 1968년 티베트 게릴라에 대한 미국 중앙정보국(CIA)의 지원이 중단되고 중화인민공화국과 외교관계가 수립된 후로 미국정부는 계속해서 이 방침을 고수해왔다. 그러므로 국립미술관은 그 어떠한 작품도 출처를 '티베트'로 표기하지 말라는 지시를 받았을 것이다.

83) Stuart and Roma Gelder's *The Timely Rain: Travels in New Tibet* (London: Hutchinson of London, 1964), 129면. 이 책을 쓴 겔더 부부뿐만 아니라 서구 독자들을 대상으로 중국을 옹호하는 또다른 책을 쓴 한 쑤인(Han Suyin)도 랜든이나 워델 같은 영국

장교들이 기록한 티베트불교의 특징을 신뢰할 만한 정보로 자신들의 책에 인용했다. *Lhasa: The Open City* (London: Jonathan Cape, 1977) 참조.

한편 나까무라 하지메(中村元)가 쓴 『동양인들의 사고방식』(*Ways of Thinking of Eastern People*)에서 티베트와 관련된 내용은 대부분 중국 측 자료, 식민지 장교들의 보고서, 잘못된 언어학적 분석("티베트에서 '자살'을 뜻하는 말이 단음절 단어인 것을 보면 자살이 꽤 흔한 사회적 현상이었음을 추측할 수 있다." 305면)에 근거를 두고 있다. 나까무라는 티베트인들이 문란하고, 더럽고, 육식을 즐기며, 폭력적이고, 조상에 대한 예를 갖추지 않고, 시체를 아무데나 유기하며, 그 사고방식이 주술적이면서도 논리적인(물론 일본인들만큼 논리적이지는 않지만) 잔혹한 유목민 종족이라고 묘사한다. 그는 티베트 종교에 대해 다음과 같이 설명한다.

> 티베트인들은 엄격한 도덕을 강조하는 불교를 제대로 받아들이지 못했다. 중국불교도들이 티베트에 자신들의 불교를 전하려 했지만 토착민들이 그들을 내쫓는 바람에 중국불교의 엄격한 도덕률은 끝내 티베트에 뿌리를 내리지 못했다. 대신 티베트인들은 세속적인 향락을 누리는 불교를 받아들였다. 이는 인도 밀교의 타락한 형태로 대중들로 하여금 때때로 성적 향락을 좇게 만들었다.

Hajime Nakamura, *Ways of Thinking of Eastern Peoples: India-China-Tibet-Japan* (Honolulu: University of Hawaii Press, 1964), 316면 참조.

84) J. Hutson Edgar, *The Land of Mystery, Tibet* (Melbourne: China Inland Mission, 1947), 11면.

2장 책

1) Jorge Luis Borges, "The Enigma of Edward FitzGerald," in *A Personal Anthology* (New York: Grove Press, 1967), 93~96면.

2) 이들은 Lati Rinpochay and Jeffrey Hopkins, *Death, Intermediate State, and Rebirth in Tibetan Buddhism* (Ithaca, N.Y.: Snow Lion Publications, 1985); Lama Lodö, *Bardo Teachings* (Ithaca, N.Y.: Snow Lion Publications, 1987); Glenn H. Mullin, *Death and Dying: The Tibetan Tradition* (Ithaca, N.Y.: Snow Lion Publications, 1986) 등이다. 한편 『티베트 사자의 서』를 각색한 영상도 있다. 이 영상은 레너드 코언(Leonard Cohen)이 해설을 맡았고 라다크의 모습과 애니메이션으로 나타낸 바르도를 보여준다. 영상의 제목은 『티베트 사자의 서: 죽음 이후의 해탈』(*The Tibetan Book of the Dead: The Great Liberation after Death*)이고 NHK(일본), 미스트랄(프랑스), 캐나다국립영화위

원회가 1994년에 공동으로 제작했다.

3) 이들 중 한명은 영허즈번드가 이끈 원정대에서 영국인들을 도운 다르질링 출신의 씨킴인 경관 싸르다르 바하두르 S. W. 라덴 라(Sardar Bahādur S. W. Laden La, 1876~1936)였다. 그는 13대 달라이 라마 정부로부터 라싸에 경찰대를 만들어달라는 요청을 받았고, 1914년에 열린 심라 회담에 참석했으며, 1921년에는 라싸에 파견된 찰스 벨 경의 개인 조수로 일하기도 했다. 라덴 라에 대한 내용은 Melvyn C. Goldstein, *A History of Modern Tibet, 1913-1951: The Demise of the Lamaist State* (Berkeley, Calif.: University of California Press, 1989), 121~25면; W. Y. Evans-Wentz, *The Tibetan Book of the Great Liberation* (London: Oxford University Press, 1971), 86~89면(이 책은 라덴 라에 대해 극찬을 아끼지 않는다)에 나온다. 나머지 두명은 씨킴의 굼 사원에 있었던 겔룩빠 승려, 깔마 숨돈 폴(Karma Sumdhon Paul)과 롭상 밍귤 도르제(Lobzang Mingyur Dorje)였다. 이들은 굼 사원의 원장인 몽골인 승려 셰랍 갸초(Sherab Gyatso)의 제자들이었다. 셰랍 갸초는 사라트 찬드라 다스가 편찬한 『티베트-영어 사전』의 제1저자이며 이 사실은 티베트어판 속표지에만 나와 있다(이 사실을 알려준 댄 마틴에게 감사한다). 이 두 승려에 대한 내용은 에번스-웬츠의 책 89~92면에 나온다.

4) W. Y. Evans-Wentz, *The Tibetan Book of the Dead or the After-Death Experiences on the Bardo Plane, according to Lāma Kazi Dawa-Samdup's English Rendering* (London: Oxford University Press, 1960), xix면.

5) Jay M. Winter, *Sites of Memory, Sites of Mourning: The Great War in European Cultural History* (Cambridge: Cambridge University Press, 1995) 참조.

6) 이 장례문헌과 다른 관련 문헌들이 어떻게 쓰이는지를 보려면 David Germano, "Dying, Death, and Other Opportunities," in Donald S. Lopez, Jr., ed., *Religions of Tibet in Practice* (Princeton, N.J.: Princeton University Press, 1997), 458~93면. Henk Blezer, *Kar gliṅ Źi khro: A Tantric Buddhist Concept* (Leiden: Research School CNWS, 1997) 참조.

7) 이 시기의 영국에서의 심령술 발달사를 보려면 Janet Oppenheim, *The Other World: Spiritualism and Psychical Research in England, 1850-1914* (Cambridge: Cambridge University Press, 1985) 참조.

8) 이와 같은 견해는 19세기, 심지어 20세기까지 이어졌다. Wilhelm Halbfass, *India and Europe: An Essay in Understanding* (Albany: State University of New York Press, 1988), 58~59면. 이들은 성경에 기록이 없는 '공백기' 동안 예수가 어디에 있었는지에 주로 초점을 맞추었다.

9) L. Huxley, *The Life and Letters of Sir Joseph Dalton Hooker* (London: John Murray,

1918), 2: 334~35면에는 예수의 티베트 여행을 다룬 문헌에 대한 이야기가 나온다. 이 문헌은 라다크에서 발견되었다고 한다. 한편 Nicolas Notovitch, *The Unknown Life of Jesus Christ* (Chicago: Rand McNally, 1894)에는 이 책의 저자가 라다크에서 발견한 원고 "성인 이사(Issa)의 삶"이 번역되어 실려 있다. 이 원고는 인도와 네팔에서의 예수의 행적을 다룬다. Elizabeth Clare Prophet, *The Lost Years of Jesus* (Livingston, Montana: Summit University Press, 1987)에는 예수가 티베트와 라다크에 머물었다고 주장하는 여러편의 글이 실려 있다.

10) Alfred Percy Sinnett, *Esoteric Buddhism* (London: Chapman and Hall, 1885), 181~82면. 티베트에 비밀단체가 있고 이 단체가 티베트인들에게(가끔씩 판첸 라마를 제외하고) 알려져 있지 않다는 주장은 정신세계 관련 서적에 곧잘 등장하는 내용이다. 판첸 라마의 서기인 도링(편지에서는 "존귀한 녹색 현인"이라 불린다)이 "영적 생활에 관심을 갖는 친구" 윈온에게 1921년에 보냈다는 편지,『우르가 원고』(*The Urga Manuscript*)에도 이와 같은 내용이 등장한다. "여기에 바로 충분히 이해가 갈 만한 뿌리 깊은 갈등이 있다네. 티베트의 역사를 살펴보면 현재 티베트에서 믿는 종교는 결코 고대종교가 아닐세. 지금의 종교를 따르는 사람들은 궁내 사원(宮內寺院)에서 하는 일을 지지하지 않지. 그들은 승려들의 주술을 통해 최종적인 결정을 내려서는 안 된다고 생각한다네. 하지만 궁중에 살아온 우리는 여기에 그 어느 때보다 훨씬 더 진정한 빛이 있다는 사실을 알지 않는가? 우리 궁중세력은 항상 많은 권력을 쥐어왔고 늘 환영받지만은 못했던 고당(高堂)에 지대한 영향을 끼쳐왔네." *The Urga Manuscript* (Gerrads Cross, England: Colin Smythe, 1976), 8면.

11) H. P. Blavatsky, *The Secret Doctrine*, 6th ed. (Adyar, Madras: Theosophical Publishing House, 1971), 5: 389면. 블라바쯔끼 여사를 옹호하는 사람들은 그녀가 실제로 티베트에서 수행을 했다고 주장한다. 또 그녀가 쓴 책『잔의 시』와『침묵의 목소리』(*The Voice of Silence*)가 일반대중 사이에서 이미 오래전에 자취를 감췄다고 여겨지는 고대 탄트라 경전(큐테)에서 나온 것이라고 주장한다. 이들은 티베트의 탄트라 경전이나 이에 대한 해설서 가운데『잔의 시』나『교훈집』(*The Book of Golden Precepts*)의 티베트어 원본이 존재하지 않는다는 사실은 전혀 개의치 않는다. 이 책들의 원본이 실제로 존재한다고 주장하는 책으로는 Sylvia Cranston, *HPB: The Extraordinary Life and influence of helena Blavatsky, Founder of the Modern Theosophical Movement* (New York: G. P. Putnam's Sons, 1993), 80~101면; Gregory A. Barborka, *H. P. Blavatsky, Tibet and Tulku* (Adyar, Madras: Theosophical Publishing House, 1974); David Reigle, *The Books of Kiu-te or the Tibetan Buddhist Tantras: A Preliminary Analysis*, Secret Doctrine Reference Series (San Diego: Wizards Bookshelf, 1983) 등이 있다. 신지학적 교리를 계속 불교에 끼워맞추려 한 책으로는 Alice Leighton Cleather, *Buddhism the*

Science of Life (Beijing: China Booksellers, 1928)가 있다.
12) 신지학이 유럽과 미국의 불교연구에 끼친 영향은 아직까지 거의 연구된 바 없는 주제다. 신지학협회가 세워지기 이전인 18세기와 19세기의 신비단체 및 심령술단체에 대한 내용은 James Webb, *The Occult Underground* (La Salle, Ill.: Library Press, 1973); Janet Oppenheim, *The Other World: Spiritualism and Psychical Research in England, 1850-1914* (Cambridge: Cambridge University Press, 1985); Antoine Favre, *Access to Western Esotericism* (Albany: State University of New York Press, 1994); Joscelyn Godwin, *The Theosophical Enlightenment* (Albany: State University of New York Press, 1994) 등에 나온다. 한편 신지학협회의 역사에 대한 내용을 보려면 Bruce F. Campbell, *Ancient Wisdom Received* (Berkeley: University of California Press, 1980)를, 신지학협회에 얽힌 흥미로운 일화를 보려면 Peter Washington, *Madame Blavatsky's Baboon: A History of the Mystics, Mediums, and Misfits Who Brought Spiritualism to America* (New York: Schocken books, 1995)를 참조하면 된다.

신지학협회 회원들과 티베트불교 사이의 연관성도 책 한권 분량으로 다룰 만한 주제다. 주11)에서 언급한 크랜스턴과 바보카의 책은 티베트에서 수행을 했다는 블라바쯔끼 여사의 주장을 옹호하고 있다. 이들의 책에 나오는 내용은 학자들 사이에서 고려할 가치가 없는 내용으로 여겨지지만, 티베트인들과 신지학협회 초창기 회원들 사이의 관계는 충분히 더 연구해볼 만한 주제다. 여기서 중요한 열쇠가 되는 곳은 씨킴의 다르질링에 있는 부티아 기숙학교다. 이 학교는 1874년에 문을 열었고 초대 교장은 싸랏 찬드라 다스. 티베트인 교사는 티베트-씨킴 혈통의 "라마" 우겐 갸초(Ugyen Gatso)였다. 이 학교는 벵골의 영국인 부총독 조지 캠벨 경 (Sir George Campbell)의 지시에 따라 티베트와 씨킴의 소년들을 교육시킬 목적으로 세워졌다. 물론 진짜 목적은 데릭 월러(Derek Waller)가 *The Pundits* (Lexington: University of Kentucky Press, 1990), 193면에서 설명한 대로 "장래에 티베트가 영국에 문호를 개방할 경우에 대비해 통역가, 지리탐사가, 탐험가 등을 양성"하려는 데 있었고, 학생들은 영어, 티베트어, 측량술 등을 배웠다. (때때로 티베트승려나 네팔 상인으로 변장한) 다스와 우겐 갸초는 영국 인도 측량부의 비밀요원이었고 지도를 만들고 정보를 수집하기 위해 1879년부터 여러 차례 티베트를 여행했다. 그들은 첫번째 여행에서 판첸 라마(당시 유럽인들은 판첸 라마를 '타시 라마'나 '테슈 라마'라 불렀고 '테슈 라마'는 키플링의 소설 『킴』에서 승려의 이름으로 쓰이기도 했다. 다스는 『킴』에 나오는 후리 천더 무커지의 실제 모델이라고 한다)가 있는 타쉬 룬포 사원을 방문했다. 그곳에서 그들은 판첸 라마의 "총리"이자 동체 사원의 원장인 셍첸 될꾸(그는 전집을 출간한 셍첸 로상 뗀진 뻰졸Seng chen Blo bzang bstan ' dzin dpal 'byor(1784~1843)의 화신으로 보인다)를 만났고 다스는 그에게 산스크리트어, 힌디어, 사진기와 환등기 사용법 등을 가르쳐주었다. 다스는 자신의 자서전 *Autobiography: Narrative of the Incidents of My Early Life* (Calcutta: Indian Studies: Past & Present, 1969), 56~89면(이 부분의 내용은 월러의 책 197~204면에 요약되어 있다)에 셍첸 뙬꾸와 보낸 시간에 대해 자세히 적어놓았다. 나중에 다스가 영국의 비밀요원이라는 사실이 밝혀지자 셍첸은 체포·투옥되어 라싸에서 공개 태형을 당했고 결국 1887년 6월, 창포강에서 익사형을 당했다. 이 내용은 Ekai Kawaguchi, *Three Years in Tibet* (Benares and London: Theosophical Publishing Society, 1909), 17~20면에 나온다. 셍첸이 죽은 후에는 그의 환생계보도 끊겼다.

블라바쯔끼와 올콧 대령은 자신들이 다스와 아는 사이였다고 주장했다. 올콧 대령은 1885년 6월과 1887년 7월자 일기에 다스에 대한 칭찬을 적어놓았으며 특히 7월자 일기에는 다스의 책 『1881-82년에 걸친 라싸 여행기』(*Narrative of a Journey to Lhasa in 1881-82*)를 읽었다고 기록해두었다. *Old Diary Leaves* (Adyar, India: Theosophical Publishing house, 1974-75), 3: 265~67, 4: 4~6면 참조. 한편 K. Paul Johnson, *The Masters Revealed: Madame Blavatsky and the Myth of the Great White Lodge* (Albany: State University of New York Press, 1994), 195~96면은 마하트마의 제자 중 한명인 찬드로 쿠쇼(Chandro Cusho)와 마하트마 텐둡 우겐(Ten-Dub Ughien)이 각각 사랏 찬드라 다스와 우겐 갸초를 모델로 한 가공의 인물이라고 추측했다. 타쉬룬포 사원과 사원 내의 비밀문서 보관소, 타시 라마에 대한 블라바쯔끼 여사의 집요한 관심은 조지 보글(George Bogle)의 책을 읽은 데서 비롯된 것일 수도 있지만, 다스와 우겐 갸초가 타쉬룬포 사원 및 셍첸 라마와 갖는 연관성에서 나온 것일 수도 있다. 다스와 우겐 갸초는 타쉬룬포 사원의 셍첸 라마에게 티베트 경전을 받아 다르질링으로 가져갔다. (존슨은 자신의 책(203~4면)에서 이 경전들이 블라바쯔끼 여사가 쓴 『잔의 시』 『교훈집』과 관련이 있다는 터무니없는 주장을 펼친다.) 실비아 크랜스턴은 블라바쯔끼 여사를 성인(聖人)으로 이상화한 전기를 썼다. 이 책에는 6대 판첸 라마가 쓴 것으로 알려진 티베트어 시(와 이 시의 잘못된 번역문)가 실려 있는데 이것은 원래 중국어판 『침묵의 목소리』(*Beijing: Chinese Buddhist Research Society*, 1927)에 실렸던 것이다. Cranston, 86면 참조.

에번스-웬츠가 시킴에 도착했을 무렵 다스는 이미 사망한 후였다. 그러나 다르질링에서 온 또다른 인물이 이들 사이의 연결고리 역할을 한다. 그는 바로 셍첸 라마의 개인 비서였던 몽골인 승려 셰랍 갸초였다. 셰랍 갸초는 다르질링 굼 사원(라마 고빈다는 여기서 도모 게셰 린뽀체를 만났다)의 원장을 맡아 서뱅골에 있었기 때문에 자신의 스승이 받은 형벌을 피할 수 있었다. 셰랍 갸초는 우겐 갸초처럼 영국정부를 위한 측량활동에 관여했다. Lt. Col. G. Strahan, *Report of the Explorations of Lama Serap Gyatso, 1856-68 (and others) in Sikkim, Bhutan, and Tibet*, published under the direction of Col. H. R. Thuillier, Surveyor General of India (Dehra Dun: Survey of India, 1889), 3~7면; Lt. Col. R. E. Holdich's "The Narrative Account of Lama Ugyen Gyatso's Third Season's Explorations in Tibet in 1883," in *Records of the Survey of India* 8, pt. 2 (Dehra Dun, 1915), 339~57면 참조. 셰랍 갸초는 카와구찌 에까이(河口慧海)의 스승이었고 다스가 1902년에 편찬한 티베트-영어 사전의 제1저자(티베트어판 속표지에 나온 내용에 따르면)였다. 또 에번스-웬츠가 펴낸 『티베트 해탈의 서』를 번역한 두 승려의 스승이기도 했다.

13) Sylvia Cranston, *HPB: The Extraordinary Life and Influence of Helena Blavatsky, Founder of the Modern Theosophical Movement* (New York: G. P. Putnam's Sons, 1993), 84면 참조.

14) Mircea Eliade, *No Souvenir: Journal 1957-1969*, trans. Fred Johnson, Jr. (New York: Harper and Row, 1977), 208면 참조.

15) 텅글리에 대한 내용은 Peter Washington, *Madame Blavatsky's Baboon: A History of the Mediums, Mystics, and Misfits Who Brought Spiritualism to America* (New York: Schocken Books, 1993), 108~14면에 나온다.

16) Daniel Caracostea, "Alexandra David-Neel's Early Acquaintances with Theosophy, Paris 1892," *Theosophical History* (July-October 1991): 209~13면 참조.

17) Alexandra David-Neel, *Magic and Mystery in Tibet* (New York: Dover Publications, 1971), 15, 17, 19면.

18) Ken Winkler, *Pilgrim of the Clear Light* (Berkeley, Calif.: Dawnfire Books, 1982), 44면. 이 장에 나오는 에번스-웬츠에 대한 다른 내용도 윙클러의 책을 참고한 것이다. John Myrdhin Reynolds in *Self-Liberation through Seeing with Naked Awareness* (Barrytown, N.Y.: Station Hill Press, 1989), 71~78면에는 에번스-웬츠의 삶이 잘 요약되어 있다.

19) 이 내용은 매리언 미드(Marion Meade)가 쓴 전기, *Madame Blavatsky: The Woman behind the Myth* (New York: G. P. Putnam's Sons, 1980), 413~17면을 참조한 것이다. 이밖에 Nicholas Goodrick-Clarke, *The Occult Roots of Nazism* (New York: New York University Press, 1992), 18~22면도 참조할 만하다.

20) H. P. Blavatsky, *The Secret Doctrine* (Los Angeles: Theosophy Company, 1947), 2: 743면. 이 책은 1888년에 출간된 원본의 복사본이다.

21) Alfred Percy Sinnett, *Esoteric Buddhism* (London: Chapman and Hall, 1885), 68면.

22) Blavatsky, *Secret Doctrine*, 2: 445면.

23) Ibid.

24) Ibid., 2: 303면.

25) Ibid., 2: 196n면.

26) Ibid., 2: 168면.

27) Richard Noll, *The Jung Cult* (Princeton, N.J.: Princeton University Press, 1994)를 보면 융이 심령술이나 신지학과 어떤 관련이 있었는지를 설명하는 내용이 나온다. 융은 티베트불교에 깊은 존경심을 갖고 있었지만 중국이 1959년 티베트를 침략한 사건에 항의하는 편지에는 서명하지 않았다. Frank McLynn, *Carl Gustav Jung* (London: Bantam Press, 1996), 516면 참조.

28) Luis O. Gómez, "Oriental Wisdom and the Cure of Souls: Jung and Indian East," in *Curators of the Buddha: The Study of Buddhism under Colonialism*, ed. Donald S. Lopez, Jr. (Chicago: University of Chicago Press, 1995), 197~250면 참조.

29) 뒤에 이어지는 인물정보는 Ken Winkler, *A Thousand Journeys: The Biography of Lama Anagarika Govinda* (Longmead, England: Element Books, 1990)를 참조한 내용이다. 이 전기에서는 라마 고빈다에 대한 극진한 존경심을 엿볼 수 있다.

30) Lama Anagarika Govinda, *Foundations of Tibetan Mysticism* (New York: Samuel Weiser, 1969), 25면.

31) Lama Anagarika Govinda, *The Inner Structure of the I Ching: The Book of Transformations* (New York: Weatherhill, 1981), xi면.

32) Govinda, *Foundations of Tibetan Mysticism*, 13면.

33) Ibid., 14면.

34) 에번스-웬츠가 『밀라레빠: 티베트의 위대한 요기』에 쓴 서론에 보면 좀더 분명한 내용이 나온다. "위대한 성인들은 마치 방송국에서 강력한 전파를 쏘아보내는 것처럼 인류의 진화에 있어서 극히 중요한 영성을 지구로 쏘아보낸다. 태양이 인간의 육체를 성장시키는 것처럼 그들은 인간의 정신을 성장시키면서 인류가 윤회의 수레바퀴에서 벗어날 수 있게 해준다." W. Y. Evans-Wentz, *Tibet's Great Yogi Milarepa* (London: Oxford University Press, 1969), 18면 참조.

35) Blavatsky, *Secret Doctrine*, 1: 303면.

36) H. P. Blavatsky, "Tibetan Teachings," in *Collected Writings 1883-1884-1885* (Los Angeles: Blavatsky Writings Publication Fund, 1954), 6: 98면. 블라바쯔끼 여사 및 다른 신지학협회 회원들이 타쉬룬포 사원과 판첸 라마에 매료되었던 사실은 주12)를 보면 알 수 있다.

37) 신지학협회의 초기 회원들 사이에서 '과학'은 종종 '신지학'의 동의어로 쓰였다. Henry Stelle Olcott, *The Buddhist Catechism*, 44th ed. (Adyar, Madras: Theosophical Publishing House, 1947) 참조.

38) 인간이 동물로 환생하는 문제를 두고 에번스-웬츠가 일반 불교 교리와 입장을 달리한다는 사실은 1968년 "The Buddhist Doctrine of Rebirth in Subhuman Realms"

라는 글에서 프랜시스 스토리(Francis Story, '아나가리카 수가타난다'로도 불림)가 처음으로 지적했다. 이 글은 Francis Story, *Rebirth as Doctrine and Experience* (Kandy, Sri Lanka: Buddhist Publication Society, 1975), 64~100면의 재판에 실렸다. John Myrdhin Reynolds in *Self-Liberation through Seeing with Naked Awareness* (Barrytown, N.Y.: Station Hill Press, 1989), 137면 n. 6 참조.

39) W. Y. Evans-Wentz, *The Tibetan Book of the Great Liberation* (London: Oxford University Press, 1968), 116면 n. 1.

40) 라마 고빈다는 해설에서 『바르도 퇴돌』이 "단순히 죽은 자에게 읽어주는 장례문헌인 것처럼 여겨지게 되었지만 실제로는 그렇지 않다"(lxi면)고 말한다.

41) 에번스-웬츠는 일찍이 『켈트 국가의 요정신앙』(1911)에서 다윈의 진화론을 "과학적으로 확장시키고 수정한" 이론이 바로 고대 드루이드교 사제들의 환생사상이라 주장했는데, 이 주장을 해설문에서 다시 한번 환기시킨다. 또 T. H. 헉슬리, E. B. 타일러, 윌리엄 제임스와 같은 저명한 과학자들도 환생론을 지지한다는 사실을 강조한다(x, 60~61면).

42) Timothy Leary, Ralph Metzner, Richard Alpert, *The Psychedelic Experience: A Manual Based on the Tibetan Book of the Dead* (Secaucus, N.J.: Citadel Press, 1976), 12면.

43) Ibid., 11, 30, 31면. 이러한 주장이 30여년이 지난 후에도 여전히 사람들의 흥미를 끈다는 사실은 *Tricycle: The Buddhist Review* (vol. 7, no. 1)의 1996년 가을 특집호에서 '불교와 환각체험'이 중점적으로 다뤄진 것을 보면 알 수 있다.

44) 퉁빠 린뽀체의 삶과 가르침에 대한 내용은 Rick Fields, *How the Swans Came to the Lake: A Narrative History of Buddhism in America* (Boston: Shambhala, 1986)의 13장과 14장에 나온다. 그의 자서전인 *Born in Tibet* (Boulder, Colo.: Shambhala, 1975), xvi면도 참조할 것.

45) Francesca Fremantle and Chögyam Trungpa, *The Tibetan Book of the Dead* (Boulder, Colo.: Shambhala, 1975), xvi면.

46) "A Prayer for Deliverance from Rebirth," in *Religions of Tibet in Practice*, ed. Donald S. Lopez, Jr. (Princeton, N.J.: Princeton University Press, 1997), 451면 참조.

47) Fremantle and Trungpa, p. 4. 티베트 문헌의 내용에 따르면 꿈속에 들어갔다 나올 때도 죽음의 단계와 유사한 단계를 거치며, 생각과 생각의 사이는 일종의 중간상태이다. 그러나 여기서 퉁빠 린뽀체는 이와는 또다른 이야기를 하고 있는 것처럼 보인다.

48) Ibid., 5, 6면.

49) Ibid., 8면.

50) Sogyal Rinpoche, *The Tibetan Book of Living and Dying* (San Francisco:

HarperSanFrancisco, 1992), 14면.

51) 예를 들어 죽음의 단계를 설명해놓은 겔룩빠 경전의 번역본, Lati Rinbochay and Jeffrey Hopkins's *Death, Intermediate State, and Rebirth in Tibetan Buddhism* (Ithaca, N.Y.: Snow Lion Publications, 1981)은 1만4천부 정도가 팔렸다.

52) 그는 1993년 5월 1일 캘리포니아대학교 쌘타바버라 캠퍼스에서 열린 티베트 문화 및 종교 관련 학회에서 공개강연을 하던 중 이와 같은 발언을 했다.

53) 그는 또다른 놀라운 발언을 한다. "나는 간디, 아인슈타인, 에이브러햄 링컨, 마더 테레사, 셰익스피어, 성 프란시스, 베토벤, 미껠란젤로를 떠올려본다. 만일 티베트사람들이 이들에 대해 듣게 된다면 이들을 보살이라 부를 것이다."(Sogyal Rinpoche, 101면).

54) Robert A. F. Thurman, *The Tibetan Book of the Dead* (New York: Bantam Books, 1994), xx면.

55) Blaise Pascal, *Pascal's Pensées*, trans. Martin Turnell (London: Harvill Press, 1962), 200~5면.

56) 미셸 드 쎄르또(Michel de Certeau)는 믿음의 계약적 특성에 대해 이야기한다. 특정한 대상을 믿는 사람은 믿음의 대상과의 계약관계에서 좀더 열등한 위치에 있으며 당장은 아니더라도 나중에 무언가를 돌려받을 생각으로 자신이 가진 것을 내준다. 이러한 계약관계가 유지되려면 최초에 투자한 것이 언젠가 돌아오리라는 기대, 즉 구원에 대한 기대가 있어야 한다. 또 이러한 기대는 믿음의 대상이 확실히 무언가를 줄 수 있다는 가정을 바탕으로 한다. 드 쎄르또의 주장에 따르면 믿음의 대상이 타인들의 마음속에 있는 '믿음'으로 여겨지게 되는 것은 이 대상과의 계약관계가 깨져 "우리가 더 이상 그것을 믿지 않게 될 때"이다. 다시 말해 믿는 사람이 믿음의 대상과의 계약을 끝내고 이 대상을 다른 시대나 다른 장소에 사는 누군가의 신조(信條)로 볼 때라야 믿음이 마음의 상태이자 특정명제에 대한 동의로 여겨진다는 것이다. Michel de Certeau, "What We Do When We Believe" in *On Signs*, ed. Marshall Blonsky (Baltimore: Johns Hopkins University Press, 1985), 192~202면 참조. 여기에 실린 내용은 193~96면에, 인용문은 196면에 나온다.

57) Robert A. F. Thurman, *Essential Tibetan Buddhism* (San Francisco: HarperSanFranciscom 1995), 35면.

58) 이들 문헌과 닝마빠의 다른 장례문헌에 대한 내용은 David Germano, "Dying, Death, and Other Opportunities," in *Religions of Tibet in Practice*, ed. Donald S. Lopez, Jr. (Princeton, N.J.: Princeton University Press, 1997), 458~93면에 나온다. 한편 479~80면에는 유용한 참고문헌 목록이 실려 있다.

59) Paul De Man, *Blindness and Insight: Essays in the Rhetoric of Contemporary Criticism*,

2nd ed., rev. (Minneapolis: University of Minnesota Press, 1983), 188면.

3장 눈

1) T. Lobsang Rampa, *The Third Eye* (New York: Ballantine Books, 1964), 24~25면.
2) Ibid., 20~21면. 티베트 규율에 대한 좀더 정확한 설명을 보려면 Rebecca Redwood French, *The Golden Yoke: The Legal Cosmology of Buddhist Tibet* (Ithaca, N.Y.: Cornell University Press, 1995) 참조.
3) 영국으로 돌아와 공직에서 물러난 벨은 그가 쓴 『티베트의 사람들』(*The People of Tibet*, Oxford: Clarendon Press, 1928)의 원고를 제출해 검열을 받으라는 지시를 받았다. 그는 이를 거절했고 영국정부는 더 이상 연금을 지급하지 않겠다며 그를 위협했다. 그러나 이때는 이미 그가 공직에서 물러난 지 6년이 지난 후였기 때문에 공직자 비밀엄수법을 지켜야 할 이유도, 원고를 제출해야 할 필요도 없었다. 이 정보를 알려준 알렉스 맥케이에게 감사한다. 그는 인도관할청 도서관(India Office Library)에서 연구를 하던 중 이 사실을 알게 됐다. 벨의 이력에 대한 자세한 내용은 Alex McKay, *Tibet and the British Raj: The Frontier Cadre 1904-1947* (Richmond, England: Curzon Press, 1997)에 나온다. 한편 주3)의 정보는 India Office Library and Records L/P+S/12/3982에서 찾아볼 수 있다.
4) 『제3의 눈』에 계속해서 등장하는 연 이야기는 Pierre Delattre, *Tales of a Dalai Lama* (Boston: Houghton Mifflin, 1971), 20~25면에 실린 단편 "연"(Kites)에 영감을 준 것으로 보인다.
5) T. Lobsang Rampa, *Doctors from Lhasa* (New Brunswick, N.J.: Inner Light Publications, 1990), 37면. 뒤에 나오는 인용문은 이 책에서 인용한 것들로 면수를 따로 표기하지 않았다.
6) T. Lobsang Rampa, *The Rampa Story* (New York: Bantam Books, 1968), 4면. 뒤에 나오는 인용문은 이 책에서 인용한 것들로 면수를 따로 표기하지 않았다.
7) 에번스-웬츠는 『티베트 사자의 서』의 해설에서 다음과 같이 말한다. "전해지는 이야기에 따르면 몸이 의식체를 담고 있기만 하면 7년마다 완전히 회생(回生)할 수 있다고 한다."
8) 리처드슨의 간략한 일대기는 Michael Aris and Aung San Suu Kyi, eds., *Tibetan Studies in Honour of Hugh Richardson* (Warminster, England: Aris & Phillips, 1980), vii~xi면에 실린 데이비드 스넬그로브(David Snellgrove)의 글에 나온다.
9) 휴 리처드슨이 개인적으로 보낸 편지, June 24, 1996.
10) 발행인 서문은 영어판의 경우 1쇄에만 실려 있는데 이 판본을 구할 수 없어 불어

판에 실린 내용을 번역했다. T. Lobsang Rampa, *Le troisième oeil*, trans. François Legris (Paris: Club des éditeurs, 1957). 이 구절을 옮기는 데 도움을 준 윌리엄 레이 교수에게 감사한다. 불어판은 티베트사원의 풍경을 담은 흑백사진을 싣고 사진 설명에 『티베트 사자의 서』에 나오는 글귀를 인용해 영어판보다 더 권위있는 책처럼 보인다.

11) David Snellgrove, "The Third Eye: Autobiography of a Tibetan Lama," *Oriental Art* 3, no. 2 (summer 1957), 75면.

12) Review of *The Third Eye*, by T. Lobsang Rampa, *Times Literary Supplement*, 30 November 1956, 715면.

13) 가이 윈트(Guy Wint)도 리처드슨과 마찬가지로 이 책에 반대하는 입장을 밝혔다. 그는 1956년 11월 30일자 『맨체스터 가디언』(*Manchester Guardian*, 9면)에서 다음과 같이 말했다. "이 책의 내용은 하나같이 의심스럽다. 서구나 티베트에는 롭상 람파처럼 영어로 책을 쓸 수 있는 티베트승려가 없다. (…) 게다가 이 책은 멍청한 신비주의자들이 원하는 내용으로 가득 차 있다."

14) Review of *The Third Eye*, by T. Lobsang Rampa, *Kirkus* 25, no. 62 (January 15, 1957).

15) Review of *The Third Eye*, by T. Lobsang Rampa, *Library Journal* 82, no. 670 (March 1, 1957).

16) 이 보고서는 1996년 6월 24일에 휴 리처드슨이 나에게 직접 보내준 것이다. 더 자세한 인물정보는 Christopher Evans, *Cults of Unreason* (London: Harrap, 1973), 245~46면에 실려 있다.

17) "Private v. Third Eye," *Time*, 17 February 1958, 33면. 티베트학자 첸치창(Chen Chi Chang)이 람파의 정체를 폭로한 글은 잡지 『투모로우』(*Tomorrow*)의 1958년 봄호 9~16면에 실려 있다.

18) *Daily Express* (London), 3 February 1958, 7. See also Christopher Evans, *Cults of Unreason* (London: Harrap, 1973), 243면.
리처드슨은 1996년 6월 14일자 편지에 다음과 같은 이야기를 적었다. 한 "귀부인"이 람파에게 책에 서명을 해달라고 요청했다. 그러자 람파는 "부인, 지금은 제가 티베트 펜이 없으니 책을 집에 가져가서 서명해드리겠습니다."라고 답했다. 리처드슨의 이야기에 따르면 그 책에 적힌 서명은 "세 줄짜리 의미 없는 낙서와 티베트어를 흉내 낸 글자"였다고 한다.

19) *Scottish Daily Mail*, 1 February 1958, 2면.

20) *Time*, 17 February 1958, 33면.

21) 리처드슨은 1959년 8월 7일자 『데일리 텔레그래프 앤드 모닝 포스트(런던)』(14면)에 『라싸에서 온 의사』의 짤막한 서평을 실었다. 이 서평을 보면 그는 책 속에

나오는 외국인이 자신이라는 사실을 깨닫지 못한 듯하다(아니면 여기에 대해 일부러 언급하지 않았을 수도 있다). 다음은 서평의 전문이며 제목은 「여전히 람파」(Still Rampa)이다.

『제 3의 눈』이 출간되었을 때 나는 『데일리 텔레그래프』에 이 책의 서평을 썼다. 거기서 나는 이 책에 잘못된 진술과 설명이 너무 많으므로 티베트인이 이 책을 썼을 리 없다고 주장했다. 그리고 나중에 가서 "T. 롭상 람파"는 영국 밖으로 한번도 나가본 적 없는 플림턴 출신의 씨릴 호스킨이라는 사실이 밝혀졌다.

호스킨은 이 궁지에서 빠져나가기 위해 티베트승려의 영혼이 빙의된 것처럼 행동했다. 그러나 이런 허술한 행동으로는 뭐든 쉽게 믿는 사람을 제외하면 누구도 속일 수 없으며 책에 나오는 많은 오류들을 설명할 수도 없다.

그는 이번에 후속편인 『라싸에서 온 의사』를 펴냈다. 이 책을 발행한 출판사의 주장에 따르면 전문가들은 『제 3의 눈』에 등장하는 내용이 거짓임을 입증하지 못했다고 한다. 이러한 주장은 그저 놀랍게만 들릴 뿐이다. 내가 아는 사람들 중에 티베트에 살아봤거나 티베트인들—내가 이 책을 읽어준 진짜 티베트 라마를 포함하여—을 직접 만나본 사람들은 이 책이 뻔뻔한 위조라는 사실을 단번에 알아차렸기 때문이다.

『라싸에서 온 의사』는 대부분 중국에서 벌어진 사건을 담고 있다. 이 책에서 티베트와 관련하여 그나마 가장 사실적인 부분은 저자가 티베트 의상을 입고 찍은 표지사진인데 사진을 잘 들여다보면 저자는 옷이 겹치는 부분에서 어느 쪽이 위로 와야 하는지조차 모르고 있다. 결국 이 책은 다른 티베트 관련 책들에서 모은 정보를 가지고 월터 미티(제임스 서버James Thurber의 소설에 등장하는 공상을 일삼는 인물—옮긴이)를 무색케 할 만큼 터무니없는 공상으로 치장한 또 하나의 소설이다.

22) Agehananda Bharti, "Fictitious Tibet: The Origin and Persistence of Rampaism," *Tibet Society Bulletin* 7 (1974): 3면.

23) F. Sierksma, *Tibet's Terrifying Deities* (The Hague: Mouton and Company, 1966), 107면은 티베트에서 고양이가 매우 중요하다는 람파의 주장을 티베트 봉건제도를 보여주는 민족지(ethnography)상의 증거로 삼았다. 그는 이 책에서 『제3의 눈』을 인용하며 다음과 같이 주장했다. "눈의 나라에서는 하인이 주인의 고양이에게 '야옹님 각하, 이리로 친히 오셔서 보잘 것 없는 우유를 드시겠어요?'라고 말해야 한다."

24) 각주에 대한 한마디 언급 없이 그냥 지나칠 수 없었다.

25) Pierre Bourdieu, "The Production of Belief: Contribution to an Economy of Symbolic

Goods," in *The Field of Cultural Production* (New York: Columbia University Press, 1993), 74~75면 참조.
26) 이 이야기는 Tsang Nyön Heruka, *The Life of Marpa the Translator* (Boulder, Colo.: Prajñā Press, 1982), 156~81면에 영어로 실려 있다.
27) René de Nebesky-Wojkowitz, *Oracles and Demons of Tibet: The Cult and Iconography of the Tibetan Protective Deities* (The Hague: Mouton and Company, 1956), 409~66면.
28) Paul Harrison, *The Samādhi of Direct Encounter with the Buddhas of the Present: An Annotated English Translation of the Tibetan Version of the Pratyutpanna-Buddha-Sammukhāvasthita-Samādhi-Sūtra* (Tokyo: International Institute for Buddhist Studies, 1990), 96~109면 참조.
29) Oscar Wilde, "The Decay of Lying" in *Complete Works of Oscar Wilde* (New York: Harper & Row, 1989), 977~78면.
30) 뗄마에 대한 전통적 설명은 Tulku Thondup Rinpoche, *Hidden Teachings of Tibet: An Explanation of the Terma Tradition of the Nyingma School of Buddhism* (London: Wisdom Publications, 1986)에 나온다. 뗄마 전통을 분석한 글로는 Janet B. Gyatso, "The Logic of Legitimation in the Tibetan Treasure Tradition," *History of Religions* 33, no. 1 (1993): 97~134면; Janet B. Gyatso, "Drawn from the Tibetan Treasury: The gter ma Literature," in *Tibetan Literature: Studies in Genre*, ed. Roger Jackson and José Cabezón (Ithaca, N.Y.: Snow Lion Publications, 1995), 147~69면; Michael Aris, *Hidden Treasures, Secret Lives* (London: Kegan Paul International, 1989), 15~106면이 있다.
31) Tulku Thondup, 156면.
32) Ibid., 157면; Janet B. Gyatso, "Guru Chos-dbang's gTer 'byung chen mo: An Early Survey of the Treasure Tradition and Its Strategies in Discussing Bon Literature," in *Tibetan Studies: Proceedings of the Sixth Seminar of the International Association of Tibetan Studies, Fagernes 1992*, ed. Per Kvaerne (Oslo: Institute for Comparative Research in Human Culture, 1994), 275~86면.
마이클 에어리스(Michael Aris)의 『숨겨진 보물, 비밀스러운 삶』(*Hidden Treasures, Secret Lives*)을 제외하면 티베트불교를 연구하는 서구의 학자들은 뗄마의 역사적 정통성 문제를 직접적으로 거론하는 것을 피해왔다. 또 이들은 재발견된 문헌이 언젠가 그 모습을 드러내기 위해 감춰져 있었고 발견자에 의해 새롭게 작성되었다는 사실을 인정하지 않으려 들었다. Walter Y. Evans-Wentz, *The Tibetan Book of the Dead* (London: Oxford University Press, 1960), liv~lvi면에 실린 라마 고빈다의 해설은 뗄(gter)의 진본성(眞本性)을 옹호하는 글이다. 티베트학자들이 뗄마를 가공의 문헌으로 여기기를 그토록 오랫동안 꺼려온 사실은 '신비화'라는 더 큰 주제와 관련해

연구해볼 만한 흥미로운 주제다.
33) Max Weber, "The Sociology of the World Religions" in *From Max Weber: Essays in Sociology*, ed. and trans. H. H. Gerth and C. Wright Mills (New York: Oxford University Press, 1958), 295면.
34) Ibid., 296면.
35) Bruce Lincoln, *Authority: Construction and Corrosion* (Chicago: University of Chicago Press, 1994), 3면 참조.
36) Pierre Bourdieu, *Language and Symbolic Power*, trans. Gino Raymond and Matthew Adamson (Cambridge: Harvard University Press, 1991), 109, 111면. 링컨과 부르디외의 분석은 언어행위에 관한 것이지만 문헌의 권위를 설명하는 데에도 적용될 수 있다.
37) T. Lobsang Rampa, *The Hermit* (News Brunswick, N.J.: Inner Light Publications, 1971), facing 7면.
38) Bharati, 11면. 브루스 링컨은 권위있는 말이 "화자와 청자 사이에 있다고 믿어지는 비대칭성에서 나온다"고 설명한다. "특정 화자들은 이 비대칭성을 이용해 청자의 주의를 끌 뿐만 아니라 청자의 신뢰와 존경을 받는다. 또 청자가 정말로 비대칭적 관계에 있는 것처럼 행동하게 만든다." Lincoln, 4면.
39) Bourdieu, *Language and Symbolic Power*, 109면. 이러한 사기꾼의 대표적인 예로는 영국에서 대만인 행세를 한 조지 샐머내저(George Psalmanazar, 1679?~1763)를 들 수 있다. 그는 원래 프랑스인이었지만 자신을 대만 출신으로 소개하며 영국인들을 감쪽같이 속여넘겼다. 그는 자신이 지어낸 내용을 바탕으로 대만의 문화와 종교와 언어에 대해 강의를 하기도 했다. Leslie Stephen and Sidney Lee, eds., *The Dictionary of National Biography: From Earliest Times to 1900* (London: Oxford University Press, 1973), 16: 439~42면 참조.
40) Donald S. Lopez, Jr., *Elaborations on Emptiness, Use of the Heart Sūtra* (Princeton, N.J.: Princeton University Press, 1996), 216~38면에는 악령을 내쫓는 티베트의식에 대한 분석이 실려 있다. 희생양과 추방자의 구별은 J. P. Vernant, "Ambiguity and Reversal: On the Enigmatic Structure of Oedipus Rex," trans. Page du Bois, *New Literary History* 9, no.3 (1978): 491~92면을 참고한 것이다.
41) 이 비유의 전체 내용은 Leon Hurvitz, trans., *The Scripture of the Lotus Blossom of the Fine Dharma* (New York: Columbia University Press, 1976), 58~75면에 실려 있다. 람파는 처음에 자신의 이야기를 믿을 사람이 거의 없다고 생각해 책을 쓰지 않으려 했다(그가 처음에 쓴 두권이 그러한 경우였다). 그러나 라마들에게 "목적만 좋으면 수단은 아무래도 좋다"(흔히 공산주의와 연관지어지는 견해)는 텔레파시를 받은

후 책을 쓰기로 결심했다. 라마들은 그에게 수레 세개의 비유도 들려주었다. 람파는 아이들이 불난 집에서 도망쳐 나온 후 아버지가 그들에게 약속했던 수레를 각각 한대씩 주었다고 설명한다. 그는 이 비유의 요점을 제대로 알아듣지 못한 것이다. Rampa, *The Rampa Story*, 16~17면 참조.

42) 현실 부인에 대한 내용은 J. Laplanche and J.-B. Pontails, *The Language of Psychoanalysis*, trans. Donald Nicholson-Smith (New York: W. W. Norton & Company, 1973), 118~21면에 나온다.

4장 진언

1) Michael R. Katz, ed., *Tolstoy's Short Fiction* (New York: W. W. Norton & Company, 1991), 167~72면.

2) Elizabeth Reed, *Primitive Buddhism: Its Origin and Teachings* (Chicago: Scott, Foresman, 1896), 30면에서 인용.

3) Garnet Wolseley, *Narrative of the War with China in 1860* (Wilmington, Del.: Scholarly Resources, 1972), 221~22면. 마니차의 유래에 대한 다른 설(說)들은 (울슬리의 글보다) 덜 회의적이다. 에밀 슐라긴트바이트가 1863년에 쓴 책에서 주장한 내용에 따르면 처음에는 경전을 연구하는 것이 윤회에서 벗어나기 위해 쌓아야 할 공덕 중 하나로 여겨졌지만 나중에 이것이 "단순히 경전을 읽거나 베끼는 행위"로 대체되면서 마니차를 돌리는 관행이 생겨났다고 한다. 그러나 당시에는 글을 읽을 줄 아는 사람이 거의 없었고 글을 읽을 줄 아는 사람들은 이미 다른 일에 매여 있었으므로 라마들은 "단순히 불경 두루마리를 돌리는 것만으로도 그것을 읽는 것과 마찬가지 효과가 있을 수 있다고 가르쳤다." Emil Schlagintweit, *Buddhism in Tibet Illustrated by Literary Documents and Objects of Religious Worship with an Account of the Buddhist Systems Preceding It in India* (London: Susil Gupta, 1969), 230면 참조. Lynn White, Jr., "Tibet, India, and Malaya as Sources of Western Medieval Technology," *American Historical Review* 65 (1959-60): 515~26면에는 마니차의 유래와 마니차가 끼친 영향에 대한 흥미로운 의견이 실려 있다. 그레고리 쇼펜(Gregory Schopen)은 미출간 원고 "A Note on the 'Technology of Prayer' and a Reference to a 'Revolving Book-Case' in an 11th Century Indian Inscription"에서 마니차의 선례로 볼 수 있는 인도의 기구들에 대해 이야기한다.

4) Sir M. Monier-Williams, *Buddhism: Its Connexion with Brāhmanism and Its Contrast with Christianity* (Varanasi, India: Chowkhamba Sanskrit Series Office, 1964), 378면. M. L. A. 곰퍼츠는 1926년에 출간된 『라마의 나라로 가는 길』(*The Road to Lamaland*)

에서 다음과 같이 말했다. "언젠가 티베트에 전기가 들어오면 지금보다 구원받기가 훨씬 쉬워질 것이다. 1분에 3천 바퀴를 도는 전동기 마니차는 모든 사람들을 천국에 보낼 수 있다." M. L. A. Gompertz, *The Road to Lamaland* (New York: George H. Doran Company, 1926), 186면 참조.

5) Filippo de Filippi, *An Account of Tibet: The Travels of Ippolito Desideri of Pistoia, S. J., 1712-1727*, rev. ed. (London: Routledge and Sons, 1937), 295면.

6) Carl F. Köppen, *Die Lamaische Hierarchie und Kirche* (1859; reprint, Berlin: Verlag von H. Barsdorf, 1906), 59면. 영어로 번역된 내용은 Sten Konow, "Om Mani Padme Hum," *Journal of the Bihar and Orissa Research Society* 12 (1925): 1면에 실려 있다.

7) William W. Rockhill, *The Journey of Friar William of Rubruck to the Eastern Parts of the World, 1253-55, as Narrated by Himself* (London: Hakluyt Society, 1900), 145~46면; Willem van Ruysbroek, *The Mission of Friar William of Rubruck*, trans. Peter Jackson (London: Hakluyt Society, 1990), 153~54면 참조. 다른 책에서 록힐은 라틴어 원문을 인용한다. "et dicunt semper hec verba, *on man baccam*, hoc est, *Deus tu nosti*." William W. Rockhill, *The Land of the Lamas* (London: Longmans, Green, and Go., 1891), 326면 참조.

8) Sven Hedin, *Trans-Himalaya: Discoveries and Adventures in Tibet* (London: Macmillan, 1913), 3: 307면에서 인용.

9) Ibid., 308면.

10) Johannes Nieuhof, *An Embassy from the East India Company of the United Provinces to the Grand Tartar Cham Emperor of China*, trans. John Ogilby (1669; reprint, Menston, England: Scolar Press, 1972), 40~41면의 부록 참조. 불어로 된 내용은 Athanasius Kircher, *La Chine Illustrée* (Geneva: Unicorn Verlag, 1980), 95~96면에 실려 있다. *China and France, or Two Treaties* (London, 1676), 95~96면에도 비슷한 묘사가 나오는데 메니뻬는 "원뿔형으로 무시무시하게 치솟은" 머리를 가진 것으로 그려진다.

11) de Filippi, 295~96면.

12) Thomas Astley, *New Collection of Voyages and Travels* (1747; reprint, London: Frank Cass and Company, 1968), 4: 461면 참조.

13) John Trusler, *The Habitable World Described* (London: Literary Press, 1788), 2: 257면 참조.

14) Victor Jacquemont, *Letters from India, 1829-1832*, trans. Catherine Alison Phillips (London: Macmillan, 1936), 124면; William Henry Knight, *Diary of a Pedestrian in Cashmere and Tibet* (London: Richard Bentley, 1863), 374면에는 다른 번역이 실려 있다. 이 책에서는 진언이 "옴 마니 빠니"로 나오고 "오, 보석 수련이여!"로 번역되어

있다.

15) 호지슨은 계속해서 다음과 같이 설명한다. "이 신비로운 신은 자기 자신과 보석과 연꽃(불교 교단), 이렇게 세 부분으로 이루어져 있다. 그러나 인간의 모습을 한 신은 아우구스투스든 빠드마-빠니든 간에 어디에나 존재한다. 그러므로 이 진언도 세간에 널리 알려져 있다. 반면 다른 진언들은 잘 알려져 있지 않기 때문에 우리 여행자들도 들어본 적이 없다." 호지슨의 논문은 Brian H. Hodgson, *Essays on the Languages, Literature and Religion of Nepal and Tibet* (New Dehli: Mañjuśrī Publishing House, 1972)에 실려 있다. 본문에 인용한 구절은 88면의 각주에 나온다.

16) Julius von Klaproth, "Explication et origine de la formule bouddhique om maṇi padmè hoûm," *Nouveau Journal Asiatique ou Recueil de Mémoires, d'Extraits et de Notices Relatifs à l'Histoire, à la Philosophie aux Langues, et a la Littèrature des Peuples Orientaux* (Paris) 7 (March 1831), 188면.

17) Ibid., 205~6면.

18) W. Schott, "Über den Buddhaismus in Hochasien und in China," *Philologische und historische Abhandlungen der Königlichen Akademie der Wissenschaften zu Berlin* (n.p., 1844), 187면 n. 3.

19) Ibid., 221면 n. 2.

20) Carl Friedrich Köppen, *Die Lamaische Hierarchie und Kirche* (1859; reprint, Berlin: Verlag von H. Barsdorf, 1906), 59~60면.

21) Emil Schlaginweit, *Buddhism in Tibet Illustrated by Literary Documents and Objects of Religious Worship with an Account of Buddhist Systems Preceding It in India* (1863; reprint, London: Susil Gupta, 1969), 120면.

22) Evariste-Régis Huc and Joseph Gabet, *Travels in Tartary, Thibet, and China 1844-1846*, trans. William Hazlitt (reprint, 2 vols. in 1, New York: Dover Publications, 1987), 2: 245~46면.

23) Joseph Wolff, *Travels and Adventures of Rev. Joseph Wolff, D.D., LL.D.* (London: Saunders, Otley, and Co., 1861), 194면.

24) William Henry Knight, *Diary of a Pedestrian in Cashmere and Tibet* (London: Richard Bentley, 1863), 375면. 그가 뚱뚱한 라마와 만난 이야기는 158~61면에, 마니차 사건은 200면에 나온다.

25) H. P. Blavatsky, *Collected Writings 1877: Isis Unveiled* (Wheaton, Ill.: Theosophical Publishing House, 1972), 2: 616면.

26) Sir Edwin Arnold, *The Light of Asia* (London: John Lane the Bodley Head Ltd, 1926), 177면.

27) H. A. Jäschke, *A Tibetan-English Dictionary with Special Reference to the Prevailing Dialects* (London: Routledge & Kegan Paul, 1949), 607~8면. 이 사전에서 '옴'(oṃ)은 '솜'(soṃ)으로 잘못 표기되어 있다. 라다크 지방에서 이루어진 모라비아교의 선교 활동을 보려면 John Bray, "The Moravian Church in Ladakh: The First 40 Years 1885-1925" in *Recent Research on Ladakh*, ed. Detlef Kantowsky and Reinhard Sander (Munich: Weltforum Verlag, 1983) 참조.

28) Mary Agnes Tincker, *The Jewel in the Lotos: A Novel* (Philadephia: J. B. Lippincott and Company, 1883), 330면.

29) Philangi Dasa, *Swedenborg the Buddhist: The Higher Swedenborgianism, Its Secrets and Thibetan Origin* (Los Angeles: Buddhistic Swedenborgian Brotherhood, 1887), 33면.

30) Sir M. Monier-Williams, *Buddhism, Its Connexion with Brāhmanism and its Contrast with Christianity* (Varanasi, India: Chowkhamba Sanskrit Series Office, 1964), 372, 373면 n. 3.

31) William Simpson, *The Buddhist Praying-Wheel* (London, 1896), 39면.

32) L. Austine Waddell, *Tibetan Buddhism* (New York: Dover, 1972), 148면. Albert Grünwedel, *Mythologie des Buddhismus in Tibet und der Mongolia* (Leipzig: F. A. Brockhaus, 1900), 234면에도 같은 해설이 실려 있다.

33) L. Austine Waddell, *Lhasa and Its Mysteries* (New York: Dover, 1905), 23, 29면.

34) J. Huston Edgar, *The Land of Mystery, Tibet* (Melbourne: China Inland Mission, 1930), p. 55. 또 다른 선교사가 진언이 어떻게 쓰이는지에 대해 길게 설명한 내용(진언의 의미에 대한 고찰은 나오지 않는다)을 보려면 Marion H. Duncan, *Customs and Superstitions of Tibetans* (London: Mitre Press, 1964), 181~86면 참조.

35) William Carey, *Adventures in Tibet* (Boston and Chicago: United Society for Christian Endeavor, 1901), 124~25면.

36) S. E. Brady, *The Jewel in the Lotus and Other Stories* (Shanghai: Oriental Press, 1905), 42면.

37) F. W. Thomas, "Om Maṇi Padme Hūṃ," *Journal of the Royal Asiatic Society* (1906): 464면.

38) A. H. Francke, "The Meaning of the Om-mani-padme-hum Formula," *Journal of the Royal Asiatic Society of Great Britain and Ireland* (1915): 402~3면. 하르 다얄(Har Dayal)은 『산스크리트어 불교문헌에 나타난 보살론』(*Bodhisattva Doctrine in Buddhist Sanskirt Literature*)에서 이 진언에 대해 다음과 같이 설명했다. "이것은 '보석-연꽃 여신'에게 드리는 기도로 보인다. F. W. 토머스와 A. H. 프랑케는 세간에 널리 알려진 뜻('옴, '연꽃 속의 보석')이 잘못된 해석임을 밝혀냈다." Har Dayal,

The Bodhisattva Doctrine in Buddhist Sanskrit Literature (London: Kegan Paul, Trench, Trubner & Co., 1932), 49면; Dan Martin, "On the Origin and Significance of the Prayer Wheel according to Two Nineteenth-Century Tibetan Literary Sources," *Journal of the Tibet Society* 7 (1987): 13~29면 참조.

39) G. A. Combe, *A Tibetan on Tibet* (London: T. Fisher Unwin, 1926), 48면.
40) David Macdonald, *The Land of the Lama* (London: Seeley, Service & Co., 1929), 78면.
41) Basil, J. Gould, *The Jewel in the Lotus* (London: Chatto & Windus, 1957), 1면. 한편 존 블로펠드(John Blofeld)는 중국의 현대 불교에 관한 책을 썼는데 이 책의 제목도 『연꽃 속의 보석』(*The Jewel in the Lotus*, 1948)이다.
42) André Guibaut, *Tibetan Venture*, trans. Lord Sudley (London: John Murray, 1949), 43면.
43) Marco Pallis, *Peaks and Lamas* (New York: Alfred A. Knopf, 1949), 162면.
44) Geoffrey T. Bull, *When Iron Gates Yield* (London: Hodder & Stoughton, 1955), 79면.
45) Christmas Humphreys, *Buddhism* (New York: Barnes and Noble, 1962), 203면.
46) Allen Edwardes, *The Jewel in the Lotus: A Historical Survey of the Sexual Culture of the East* (New York: Julian Press, 1959), 48~49면.
47) Lama Anagarika Govinda, *Foundations of Tibetan Mysticism* (New York: Samuel Weiser, 1969), 261면.
48) W. E. Garrett, "Mountaintop War in Remote Ladakh," *National Geographic* 123 (May 1963): 686면.
49) Robert B. Ekvall, *Religious Observances in Tibet: Patterns and Function* (Chicago: University of Chicago Press, 1964), 116면.
50) William Boyd Sinclair, *Jump to the Land of God: The Adventures of a United States Air Force Crew in Tibet* (Caldwell, Idaho: Caxton Printers, 1965), 224면 n. 2 참조.
51) Lama Anagarika Govinda, *The Way of the White Clouds: A Buddhist Pilgrim in Tibet* (London: Hutchinson, 1966), 35면.
52) John Blofeld, *The Tantric Mysticism of Tibet* (New York: E. P. Dutton, 1970), 194~95면. 월트 앤더슨(Walt Anderson)은 『공공연한 비밀: 서양인들을 위한 티베트불교 입문서』(*Open Secrets: A Western Guide to Tibetan Buddhism*, 1979)에서 다음과 같이 말했다.

티베트불교에서 가장 널리 알려진 진언은 '옴 마니 빠드메 훔'이다. 이 진언은 일반적으로 "연꽃 속의 보석 만세!"로 해석되는데 이는 정확한 번역이 아니다. 옴은 무한한 우주와 깨달음의 법칙을 의미하고, 마니(보석)와 빠드메(연꽃)는 이 진언의 핵심이 되는 내용을 담고 있다. 이들은 여러가지 의미로 해석되며 그중 한가지 예를 들면 보석은 깨달음, 연꽃은 인간의 마음을 뜻한다.

Walt Anderson, *Open Secrets: A Western Guide to Tibetan Buddhism* (New York: Penguin Books, 1980), 77면.

53) Grace Cooke, *The Jewel in the Lotus* (Liss, England: White Eagle Publishing Trust, 1973), 13면.

54) Douglas Baker, *The Jewel in the Lotus* (Essendon, England: Little Elephant, 1974). 이 책에는 면수가 표시되어 있지 않다. 이 구절은 끝에서 여섯번째 면에서 인용했다.

55) Raghavan Iyer, ed., *The Jewel in the Lotus* (London: Concord Grove Press, 1983), 7면.

56) Donald Walters, *The Jewel in the Lotus* (Nevada City, Calif.: Crystal Clarity Publishers, 1993), 27면.

57) Robert A. Paul, "A Mantra and Its Meaning," *The Psychoanalytic Study of Society* 9 (1981): 90면.

58) Marilyn M. Rhie and Robert A. F. Thurman, *Wisdom and Compassion: The Sacred Art of Tibet* (New York: Harry Abrams, 1991), 34면. 서면은 1994년에 번역 출간한 『티베트 사자의 서』의 용어해설 목록에서 진언을 "옴-연꽃 속의 보석-훔"으로 번역했다. Robert A. F. Thurman, The Tibetan Book of the Dead (New York: Bantam Books, 1994), 267~68면 참조. 존 파워스(John Powers)가 쓴 『티베트불교 입문』(*Introduction to Tibetan Buddhism*)에도 같은 해석이 실려 있다. John Powers, *Introduction to Tibetan Buddhism* (Ithaca, N.Y.: Snow Lion Publications, 1995), 230면 참조. 이 책의 앞부분에는 진언의 의미에 대한 길고 기발한 설명이 실려 있다. 파워스는 연꽃 속의 보석을 묘사하면서(성적인 의미는 제외하고) "이 모든 상징은 달라이 라마가 사는 궁전 주변을 순례하는 티베트인들의 마음속에서 살아 움직이고 있다"(15면)라고 주장했다.

59) Robert A. F. Thurman, *Essential Tibetan Buddhism* (San Francisco: HarperSanFrancisco, 1995), 38면.

60) Wolfgang von Effra, *Uncompromising Tibet: Culture-Religion-Politics* (New Delhi: Paljor Publications, 1996), 28면.

61) 다음은 싸이트에 나오는 설명이다.

이곳은 싸이버 시대의 마니차가 있는 곳입니다. 마니차는 티베트불교도들이 자기 자신과 나쁜 업으로 가득 찬 세상을 정화하기 위해 쓰는 기구입니다. 마니차 안에는 진언을 여러번 적은 종이나 마이크로필름 같은 것이 들어 있습니다. 이 진언은 '옴 마니 빠드메 훔'인데 티베트인들은 이것을 '옴 마니 뻬메 훙'으로 발음합니다.

진언의 뜻은 "마음속 연꽃에 있는 보석"이고 이 보석은 우리들 개개인 속에 감춰진 신성을 가리킵니다. 진언의 여섯 음절은 여섯가지 부정적 감정인 자만, 질투, 욕망, 무지, 탐욕, 분노를 정화시키고 동시에 여섯가지 깨우친 마음인 보시(布施)·지계(持戒)·인욕(忍辱)·정진(精進)·선정(禪定)·지혜를 낳는다고 합니다.

진언을 한번 적어서 마니차 안에 넣고 돌리면 이것을 입으로 한번 말하는 것과 똑같은 만큼의 공덕이 쌓입니다. 마찬가지로 진언이 1억번 적혀 있는 마니차를 돌리면 진언을 1억번 말하는 것과 같은 정화력이 나옵니다.

당신의 컴퓨터에서 마니차를 돌리고 싶으면 이 진언을 하드디스크에 다운받기만 하면 됩니다. 일단 다운로드가 완성되면 하드디스크 드라이브가 알아서 마니차를 돌려줄 것입니다. 요즘 나오는 하드디스크 드라이브는 분당 3600번에서 7200번까지 회전하고 평균 분당 회전수는 5400번입니다. 이처럼 빠른 회전속도 덕분에 당신은 수많은 나쁜 업을 순식간에 정화시킬 수 있습니다.

만일 때때로 인터넷상의 뉴스 배포용 게시판(Netnews)에 기사를 올린다면 .sig 파일에 진언을 첨부시켜 좋은 업을 기하급수적으로 늘릴 수 있습니다. 일단 기사를 올리고 나면 전세계의 모든 뉴스 서버가 알아서 진언을 돌려줄 것입니다. 만일 이 뉴스 서버가 쉬지 않고 작동하는 유닉스 기계라면 .sig 파일이 딸린 기사 한 개는 만료되는 순간까지 약 5조 번을 돌게 됩니다. 이렇게 되면 모든 중생들이 당신에게 고마워할 것입니다. 하지만 스팸 기사를 게재하지는 마세요. 여기서 생겨나는 나쁜 업이 좋은 업을 상쇄시킬 수도 있으니까요.

자, 이제 준비가 되셨다면 여기를 클릭해서 좋은 업을 받으세요. 당신의 컴퓨터에서 마니차가 돌아가게 하려면 파일을 저장해야 한다는 사실을 잊지 마세요. 아래 이미지를 클릭하면 영어 대신 티베트어로 적힌 진언이 저장됩니다.

[티베트어로] 옴 마니 빠드메 훔

추신: 컴퓨터 디스크 드라이브 안에서 마니차가 돌아가는 동안 가끔씩 진언을 떠올리는 것도 나쁘지 않습니다.

이처럼 신성한 말을 컴퓨터로 처리하는 내용은 아서 C. 클락(Arthur C. Clarke)이 쓴 SF 단편소설 「90억 개의 신의 이름」(The Nine Billion Names of God)에도 나온다. 이 소설에 나오는 히말라야 사원의 승려들은 신의 이름 90억개가 알려지면 세상에 종말이 올 것이라고 믿는다. 그러나 그들의 계산에 따르면 1초에 이름을 한개씩만 말해도 90억개의 이름을 전부 말하는 데 거의 290년이 걸린다. 따라서 그들은 일의 속도를 올리기 위해 사원에 컴퓨터를 들여온다. 사원으로 컴퓨터를 가져온 비행기 조종사들은 비행장에서 이륙할 준비를 하며 승려들의 말도 안 되는 믿음에 대해 이야기한다. 그리고 그들이 이야기를 나누는 동안 하나둘씩 별이 지기 시작한다.
62) André Padoux, "Mantras-What Are They?" in *Understanding Mantras*, ed. Harvey Alper (Albany, N.Y.: State University of New York Press, 1989), 302면.
63) 몽골을 연구한 유럽의 학자들은 이러한 연관성에 주목했다. P. S. Pallas, *Sammlungen historischer Nachrichten über die Mongolischen Völkerschaften* (Saint Petersburg, 1801), 2: 90면; Isaac Jacob Schmidt, *Forschungen im Gebiete der älteren religiösen, politischen und literärischen Bildungsgeschichte der Völker Mittel-Asiens, vorzüglich der Mongolen und Tibeter* (Saint Petersburg and Leipzig, 1824), 199~201면. 티베트인들이 해석한 진언의 의미는 William W. Rockhill, *Land of the Lamas*, 326~34면; David Snellgrove, *Buddhist Himalaya*, 237면; Khetsun Sangpo Rinbochay, *Tantric Practice in Nyingma* (London: Rider, 1982), 25~26면; Matthew Kapstein, "The Royal Way of Supreme Compassion" in *Religions of Tibet in Practice*, ed. Donald S. Lopez, Jr. (Princeton, N.J.: Princeton University Press, 1997), 73~76면에 실려 있다.
64) Pallis, 163면.
65) *Maṇi 'khor lo'i phan yon*, Indo-Tibetan Buddhist Literature Series (Gangtok, Sikkim: Dzongsar Khyntse (sic) Labrang Palace Monastary (sic), 1985), 136: 8b2-9a2.
66) Tenzin Gyatso, Dalai Lama XIV, *Kindness, Clarity, and Insight*, trans. Jeffrey Hopkins (Ithaca, N.Y.: Snow Lion Publications, 1984), 117면. 영어로 쓰인 달라이 라마의 해설은 최근에 역으로 티베트어로 번역되었다. *Nang pa'i lta spyod kun btus* (Dharamsala, India: Institute of Buddhist Dialectics, 1996), 168~70면 참조.
67) Dan Martin, "On the Origin of the Prayer Wheel according to Two Nineteenth-Century Literary Sources," *Journal of the Tibet Society* 7 (1987), 15면 참조. 이 구절은 데시 상게 갸초(Sde srid Sangs rgyas rgya mtsho)가 쓴 *Blang dor gsal bar ston pa'i drang thig dwangs shel me long*의 574.4에 나온다. 한편 15대 깔마빠가 땅똥곌뽀(Thang stong rgyal po)의 *'Gro don mkha' khyab ma*에 대해 해설한 책에도 비슷한 해석이 실려 있다. 영어로 번역된 내용을 보려면 the Fifteenth Karmapa Kakhyab Dorje, *A Continuous Rain to Benefit Beings*, trans. Ken McLeod (Vancouver, B.C.: Kagyu Kunkhyab Chuling, n.d.), 24면 참조.
68) 이 티베트어 문헌은 P. C. Verhagen, "The Mantra '*Oṃ maṇi-padme hūṃ*' in an Early Tibetan Grammatical Treatise," *Journal of the International Association of Buddhist Studies* 13, no. 2 (1990): 134면에 나온다. 여기서 내가 한 번역은 티베트어 구절을 문자 그대로 옮긴 페어하겐 박사의 번역과는 차이가 있다. 티베트어 문헌의 제목은 *Sgra'i rnam par dbye ba bstan pa* (P 5838)이고 여기에 인용된 구절은 the Peking *bstan 'gyur*, vol. *ngo*, 63b8-64a2의 *Mdo 'grel* 장에 실려 있다. Pieter Verhagen, "Mantras

and Grammar," in *Aspects of Buddhist Sanskrit*, ed. Kameshwar Nath Mishra (Sarnath, India: Central Institute of Higher Tibetan Studies, 1993), 320~46면 참조. 한편 둔황 사본(Dunhuang manuscripts)에 실린 진언은 Yoshiro Imaeda, "Note préliminaire sur la formule Oṃ maṇi-padme hūṃ dans les manuscrits tibétains de Touenhouang," in *Contributions aux études sur Touen-houang*, ed. Michel Soymié, Hautes etudes orientales 10 (Geneva and Paris: Librairie Droz, 1979), 71~76면에 나온다.

69) David Snellgrove, *Buddhist Himālaya: Travels and Studies in Quest of the Origins and Nature of Tibetan Religion*, 2d ed. (Kathmandu: Himalayan Book Sellers, 1995), 309면 n. 26.

70) Verhagen, "Mantra 'Oṃ maṇi-padme hūṃ,'" 138면 n. 19. 남신을 부르는 진언이 여성형으로 쓰인 까닭에 대한 추측은 Agehananda Bharati, *The Tantric Tradition* (London: Rider and Company, 1965), 133면; David Snellgrove, *Indo-Tibetan Buddhism* (Boston: Shambhala, 1987), 1: 195면 n. 134 (스넬그로브는 진언을 "오, 보석 박힌 연꽃을 지닌 이여"로 해석한다); and Martin, 21면 n. 4에 나온다.

71) Sten Konow, "Om Mani Padme Hum," *Journal of the Bihar and Orissa Research Society* 12 (1925), 5면; Edward J. Thomas, *The History of Buddhist Thought*, 2d ed. (London: Routledge and Kegan Paul, 1951), 187~88면 참조. 토머스는 마니빠드마 여신에 대한 내용이 경전에 나오지 않는다고 주장했다.

72) Konow, 11면.

73) 티베트어 원문은 *me zhes 'byung ba'i 'dreng bu ni kye zhes 'bod brda*(잘못된 철자는 바로잡았다)이다. See Antonio Agostino Giorgi, *Alphabetum Tibetanum Missionum Apostolicarum Commodo Editum* (1762; facsimile, Cologne: Editiones Una Voce, 1987), 516면. 이 구절은 521면에 라틴어로 번역되어 나온다.

74) Ibid., 516~17면. 이 구절은 라틴어로 번역되어 편집자의 해설과 함께 521~22면에 실렸다.

75) Trijang Rinpoche, *Gzungs sngags yi ge drug ma'i 'grel bshad*, in *The Colleted Works of the Venerable Khri-byan rdo-rje-'chan blo-bzan-ye-ses-bstan-'dzin-rgya-mtsho, Junior Tutor of His Holiness the Fourteenth Dalai Lama*, vol. 3 (ga) (New Dehli: Mongolian Lama Gurudeva, 1978), 67a1~5면. 본문의 구절은 내가 번역한 것이다. 이 문헌은 영어로 번역되어 Kyabje Yonzin Trijang Dorje Chang Losang Yeshe Tenzin Gyatso Pal Zangpo, "The Significance of the Six Syllable Mantra Om Ma Ni Pad Me Hum," *Tibet Journal* 7, no. 4 (winter, 1982): 3~10면에 실렸다.

76) June Campbell, *Traveller in Space: In Search of Female Identity in Tibetan Buddhism* (New York: George Braziller, 1996), 64면 참조.

77) Trijang Rinpoche, *Gzungs sngags yi ge drug ma'i 'grel bshad*, 68b5~6면. 티베트어 원문은 다음과 같다. *dang po mtshon byed rtags kyi dbang du byes na | maṇis yab kyi rdo rje nor bu dang | padmes phyag rgya'i padma dang | hūṃ yig gis de gnyis mnyam par sbyar ba la brten nas gzhi dus su bu bskyed pa dang | lam dus su lha spro pa rnams bstan.* 이 같은 티장 린뽀체의 해석은 '서구의 영향'을 받지 않은 것으로 보인다(그는 유럽언어를 할 줄 몰랐다).

78) Katz, ed., *Tolstoy's Short Fiction*, 172면.

5장 미술

1) Sherman E. Lee, *A History of Far Eastern Art* (New York: Harry N. Abrams, 1964), 108면. 이처럼 티베트미술품을 누락시키는 실수를 저지른 미술사가는 셔먼 리뿐만이 아닙니다. 디트리히 제켈(Dietrich Seckel)의 『불교미술』(*The Art of Buddhism*, New York: Crown Publishers, 1964)에 실린 200여점의 도판과 삽화 가운데서도 티베트미술품은 찾아볼 수 없으며 티베트미술에 대한 논의조차 나오지 않는다.

2) 이 장에서는 20세기, 그중에서도 티베트 디아스포라가 시작된 이후의 시기만 다루었다. 유럽과 티베트미술의 조우에 대한 뛰어난 역사적 고찰은 Anne Chayet, "Découverte de l'art Tibétain" *Art et archéologie du Tibet* (Paris: Picard, 1994), 11~20면에서 볼 수 있다.

3) Nicholas Thomas, *Entangled Objects: Exchange, Material Culture, and Colonialism in the Pacific* (Cambridge: Harvard University Press, 1991) 4면.

4) Antoinette K. Gordon, *The Iconography of Tibetan Lamaism*, rev. ed. (Rutland, Vt.: Charles E. Tuttle Company, 1959), 45면.

5) Giuseppe Tucci, *Tibetan Painted Scrolls* (Rome: La Libreria dello Stato, 1949), 1: ix면. 매우 호화롭게 제작된 이 명저는 오늘날 일부 대학도서관의 희귀본 저장실에서나 찾아볼 수 있다. 뚜치는 1957년 『세계 미술 백과사전』(*Enciclopedia Universale Dell' Arte*)에 긴 글을 기고했다. 이 책의 영역본 제목은 *Encyclopedia of World Art* (New York: McGraw-Hill, 1967)이고 뚜치가 쓴 글인 "티베트미술"은 vol. 14, 67~82면에 실려 있다. 그는 76면에서 다음과 같이 말한다. "티베트회화는 인도와 중국 회화에서 유래했고 그들에게 많은 영향을 받았다. 그러나 그들과 비교해보면 가치가 훨씬 떨어진다. 이는 티베트회화가 지나치게 많이 만들어졌기 때문이다." 티베트미술에 대한 균형 잡힌 평가를 내린 글로는 자끄 바꼬(Jacques Bacot)가 1911년에 펴낸 소책자 『티베트미술』(*L'art Tibétain*, Charlon-sur-Saone: Émile Bertrand, 1911)을 꼽을 수 있다. 그는 이 책자의 마지막 부분에서 다음과 같은 결론을 내린다. "나는 여기

에 오면서 세웠던 유일한 목표를 이룰 수 있었다. 그것은 바로 티베트인들의 명예를 회복시키고, 그들로부터 감탄 대신 자연스러운 반응을 끌어내며, 그들이 꼭 야만인만은 아니라는 사실을 보여주는 것이었다"(30면). 그러나 앞서 티베트의 종교미술과 일반미술에 대해 논하는 부분에서 그는 다음과 같이 말한다. "티베트의 종교미술과 일반미술에서는 위대한 예술이 갖추고 있는 요소를 찾아보기 어렵다. 또 일본과 중국의 회화처럼 자연과 생명을 표현하고 사상이나 시대의 동향을 녹여내는 모습도 볼 수 없다. 이들은 예술의 가장 본질적인 요소이자 감동을 자아내는 요소다"(4면).

6) 유럽과 미국이 티베트미술품을 소장하게 된 역사는 아직까지 제대로 연구되지 않은 주제다. 미국 스태튼 섬에 위치한 자끄 마르셰 티베트미술관이 초기 소장품들을 어떤 경로로 구하게 되었는지는 Barbara Lipton and Nima Dorjee Ragnubs, *Treasures of Tibetan Art: Collections of the Jacques Marchais Museum of Tibetan Art* (New York: Oxford University Press, 1996), 3~18면에 나온다. 또 261~67면에는 "제홀(Jehol)의 황금사원"에 얽힌 기묘한 이야기가 나온다.

7) Pratapaditya Pal, *The Art of Tibet* (New York: Asia Society, 1969), 7~8면.

8) Lumír Jisl, *Tibetan Art* (London: Spring Books, 1958?), 19면.

9) Pal, *The Art of Tibet*, 14면.

10) Charles Bell, *The Religion of Tibet* (Delhi: Motilal Banarsidass, 1992), 5~6면. 유럽인들뿐만 아니라 다른 지역의 사람들도 티베트의 자연환경이 미치는 영향에 대해 언급했다. 13세기의 아랍어 문헌에는 다음과 같은 글이 실려 있다. "티베트(발라드 앗-투밧)라는 나라의 공기, 물, 산, 평원은 특별한 속성을 지니고 있다. 그곳 사람들은 항상 웃음을 잃지 않으며 기쁨에 차 있다. 슬픔과 위험, 불안과 비탄은 그들에게 어떠한 영향도 미치지 않는다. (…) 그들에게서 가장 흔히 볼 수 있는 것은 웃는 얼굴이다. 심지어 동물들의 얼굴에서도 미소를 볼 수 있다." D. M. Dunlop, "Arab Relations with Tibet in the 8th and 9th Centuries A.D.," *Islam Tetkikleri Enstitüsü Dergisi* 5 (1973): 313~14면.

한편, 1901년에 티베트에 간 호주인 선교사도 벨과 비슷한 견해를 내놓았다.

티베트인들은 주변국가 사람들과 충분한 교류가 없었으므로 그들보다 오래된 문명에서 나온 지식과 경험을 받아들이지 못했다. 그리하여 그들은 옳지 못한 일을 일삼아왔고, 혹독한 자연현상을 끊임없이 왜곡해서 받아들였다. 그 결과 그들은 인간에게 불행을 안겨주는 존재들이 사는 영적 세계가 있다고 믿게 되었다. 그리고 이런 잘못된 믿음으로 인해 인간이 불행으로 가득한 현세의 삶을 견뎌내려면 내세의 원리와 그곳에서 벌어지는 일들에 정통한 집단, 영적 존재들의 간계를 좌절시키고 그들의 행동을 막을 방법을 알고 있는 집단이 필요하다고 생각하게 되었다. 이러한 점에서 라마들과 그들이 사용하는 주술도구는 티베트인들의 요구에 완벽하게 부응하는 것처럼 보였고, 오늘날 라마교는 현세와 내세의 행복을 보장하는 위대한 구원제도로 여겨지게 되었다.

결론적으로 티베트의 종교는 정령신앙을 바탕으로 그 위에 불교적 요소와 마니교적 요소 그리고 네스토리우스파 기독교적 요소가 결합된 형태로 볼 수 있다. 이때 이 모든 요소들을 하나로 통합시키는 신비로운 힘은 티베트의 지리적 특수성에서 나온다.

J. Huston Edgar, The Land of Mystery, Tibet (Melbourne: China Inland Mission, 1947), 10면 참조.

11) Maurice Olender, *The Languages of Paradise: Race, Religion, and Philology in the Nineteenth Century*, trans. Arthur Goldhammer (Cambridge: Harvard University Press, 1992), 51~57면 참조. 인용문은 55면에 나온다. 계속해서 르낭은 유대 땅의 메마르고 황량한 사막과 예수가 있었던 갈릴리의 울창한 녹지대를 대비시킨다. 이렇게 함으로써 그는 예수를 유대인이 아닌 아리아인으로 만든다. Olender, 68~74면 참조.

12) Lama Anagarika Govinda, *The Way of the White Clouds: A Buddhist Pilgrim in Tibet* (London: Hutchinson, 1966), 62, 70면. 14대 달라이 라마도 이와 비슷한 견해를 밝혔다. "광활하고 황량한 공간을 순례하면 종교 수행을 위한 올바른 자세와 의식을 갖추는 데 도움이 된다." His Holiness the Fourteenth Dalai Lama, *My Tibet*, with photographs and an introduction by Galen Rowell (Berkeley, University of California Press, 1990), 140면 참조.

13) Armand Neven, *Lamaistic Art* (Brussels: Société Générale de Banque, 1975), 10면. 한편 존 파워스는 티베트에 대해 다음과 같이 설명했다. "이 땅의 장엄한 광경은 지난 천년간 영적 구도자들에게 영감을 불러일으켜왔다. 지구상에 티베트만큼 공허를 체험하기 좋은 공간도 없을 것이다. 티베트에서는 시선을 돌리는 곳마다 공간이 의식을 압도한다. 광활한 땅은 무한대로 뻗어 있는 것처럼 보이고 길게 펼쳐진 산맥은 자연스레 우리의 시선을 열린 하늘로 이끈다." John Powers, *Introduction to Tibetan Buddhism* (Ithaca, N.Y.: Snow Lion Publications, 1995), 204면 참조.

14) Harold Osborne, ed., *The Oxford Companion to Art* (Oxford: Oxford University Press, 1970), 1135면. 필립 로슨(Philip Rawson)은 1991년에 나온 책에서 좀더 간결한 설명을 들려준다. "티베트미술은 티베트의 자연환경에 서린 난폭한 기운과 협력하고 조화를 이루고자 하는 욕구에서 생겨난다." Philip Rawson, *Sacred Tibet* (London: Thames and Hudson, 1991), 6면 참조.

15) Pratapaditya Pal and Hsien-ch'i Tseng, *Lamaist Art: The Aesthetics of Harmony* (Boston: Museum of Fine Arts, 1969), 9면. Partha Mitter, *Much Maligned Monsters: A History of European Reactions to Indian Art* (Oxford: Clarendon Press, 1977), 7~31면은 유럽인들이 인도의 신들을 괴물로 보게 된 과정을 분석한 흥미로운 글이다.
16) Pal and Tseng, 19면.
17) Pratapaditya Pal, *The Art of Tibet* (New york: Asia Society, 1969), 13면.
18) Pal and Tseng, 20면.
19) F. Sierksma, *Tibet's Terrifying Deities: Sex and Aggression in Religious Acculturation* (The Hague: Mouton & Co., 1966), 168면. 씨어크스마는 티베트 문헌 대신 에번스-웬츠, 고빈다, 다비드 넬, 뚜치의 책에 의존했으며 어떤 부분에서는 근거가 되는 문헌으로 T. 롭상 람파의 글을 인용하기도 한다.
   팔의 주장은 씨어크스마의 이론을 간소화한 내용처럼 보인다. "공격적인 성향을 띤 유목민들은 (…) 평화주의적 종교인 불교와 승려들이 요구하는 삶에 좀처럼 만족할 수 없었을 것이다. 따라서 이들에게는 자신들의 욕구를 드러낼 대용물이 필요했고 이 대용물은 무시무시한 신의 형상을 띠게 되었다. 이 신들은 물질세계뿐만 아니라 의식세계에서도 항상 분노와 적의에 가득 차 있다." Pal and Tseng, 21면 참조.
   그러나 『옥스퍼드 미술사전』은 "개혁에 성공한" 황모파(겔룩빠)와 "홍모파"(티베트에는 이러한 명칭이 따로 없지만 서양에서는 이따금씩 까규빠나 싸꺄빠를 가리키는 말로 쓰인다)가 그리는 분노존 사이에 차이가 있다고 주장한다. "차이는 주로 심리적인 것이다. 황모파의 그림에 나오는 악마들은 종교적 명상이 가져다주는 평온함의 지배를 받고 여기에 복종하는 모습을 보이지만, 홍모파 승려들은 제멋대로 격분하는 악마들을 노골적으로 그려놓았다. 이처럼 전자는 보는 이로부터 경외심을 자아내려는 목적으로 그려졌고, 후자는 보는 이를 공포와 전율로 마비시키려는 목적으로 그려졌다." Osborne, ed., 1135면 참조.
20) Pal and Tseng, 24면.
21) Ibid., 27면.
22) Pratapaditya Pal, *Art of Tibet: A Catalogue of the Los Angeles County Museum of Art Collection*, exp. ed. (Los Angeles: Los Angeles County Museum of Art, 1990), 42면. 뚜치의 설명에 따르면 "그들은 신비로운 힘을 감추고 있는 자연을 두려워하면서도 자연에 나타난 상징기호들을 가져다 씀으로써 자연으로부터 자신들을 지키려 했다." Pratapaditya Pal, *The Art of Tibet* (New York: Asia Society, 1969), 38면에서 인용.
23) Detlef Ingo Lauf, *Tibetan Sacred Art: The Heritage of Tantra* (Berkeley, Calif.: Shambhala, 1976), 47면. 여기서 라우프나 팔이나 다른 학자들이 주장한 티베트미

술의 상징성(이것은 독일의 낭만주의에서 나온 상징이론을 연상시킨다)에 이의를 제기한다고 해서 티베트불교도들이 자신들의 도상을 설명하기 위해 정교한 의미체계를 발전시켜온 사실을 부인하는 것은 아니다. 기독교의 도상과 마찬가지로 티베트불교의 도상에서도 예술적 형상과 종교적 교리 간의 연관성을 엿볼 수 있다. 예컨대 겔룩빠의 유명한 분노존, 야만따까(Yamāntaka)에 달린 두개의 뿔은 중관학파 사상에서 말하는 두가지 진리, 즉 궁극적인 진리와 세속적인 진리를 상징한다. 한편 아홉개의 머리는 아홉 종류의 불경을 의미하고, 서른네개의 팔에 몸, 말, 마음을 더한 것은 서른일곱가지의 "깨달음의 조화"를 뜻한다. 여기서 "깨달음의 조화"란 여러 종류의 명상을 가리키는 말로 팔정도(八正道, 불교 수행에서의 여덟가지 올바른 길— 옮긴이)도 여기에 포함된다. 한편 열여섯개의 다리는 열여섯가지의 공(空)을 나타내는데 여기에는 내공(內空), 외공(外空), 제일의공(第一義空), 무시공(無始空) 그리고 무엇보다도 가장 중요한 공공(空空)이 있다. 야만타카가 오른발로 짓밟고 있는 인간들 및 동물들은 탄트라수행을 통해 얻은 여덟가지 마력, 즉 하늘을 나는 능력, 투명인간이 되는 능력, 땅속을 여행하는 능력 등을 상징한다. 또 그가 왼발로 짓밟고 있는 새들은 또다른 여덟가지 마력, 즉 원하는 곳으로 순간이동하는 능력이나 화신(化身)을 만들어내는 능력 등을 상징한다. 한편 그의 발기한 남근은 무한한 행복을, 발가벗은 몸은 장애물이 없는 상태를, 하늘로 솟아 있는 머리털은 온갖 슬픔 너머의 길을 상징한다. 최감 퉁빠 린뽀체가 바즈라요기니(Vajrayoginī)의 다양한 상징에 대해 설명한 내용을 보려면 *The Silk Route and the Diamond Path: Esoteric Buddhist Art on the Trans-Himalayan Trade Route* (Los Angeles: UCLA Arts Council, 1982), 234~35면 참조.

24) Lauf, 45면.

25) Giuseppe Tucci, *Tibetan Painted Scrolls* (Rome: La Libreria dello Stato, 1949), 1: 290면.

26) Armand Neven, *Lamaistic Art* (Brussels: Société Générale de Banque, 1975), 9면.

27) P. Pal, *Tibetan Paintings: A Study of Tibetan Thankas Eleventh to Nineteenth Centuries* (London: Ravi Kumar/Sotheby Publications, 1984), 19면. 한편 다른 도록에는 다음과 같은 내용이 실려 있다. "티베트미술을 제대로 감상하려면 미술품을 보는 사람이 자기 자신, 자기 존재의 실상, 자기의식의 특성, 그림에 나타난 모든 사항을 제대로 인식해야 한다. 티베트미술은 이들을 밖으로 드러내는 놀라운 과정의 일부이지, 여기에 대한 설명이라든가 이 과정을 대체하려는 흥미로운 시도가 아니다. 만일 티베트미술을 온전히 이해하는 사람이 있다면 그는 극락정토에서 부처가 되는 법을 알고 있는 사람이다." *Sacred Art of Tibet*, 2d ed. (Berkeley, Calif.: Dharma Publishing, 1974), 6면. 도록에는 면수가 표시되어 있지 않다.

28) Philip Rawson, *Sacred Tibet* (London: Thames and Hudson, 1991), 13면.

29) Garnet Wolseley, *Narrative of the War with China in 1860* (Wilmington, Del.: Scholarly Resources, 1972), 220면.
30) W. Y. Evans-Wentz, *Tibetan Yoga and Secret Doctrines* (London: Oxford University Press, 1967), 147면 n. 2.
31) Sierksma, 197면.
32) Heinrich Zimmer, *Myths and Symbols of Indian Art and Civilization*, ed. Joseph Campbell, Bolligen Series 6 (New York: Pantheon Books, 1946), 146면.
33) Fosco Maraini, *Secret Tibet* (Delhi: Book Faith India, 1993), 77면.
34) Govinda, *Foundations of Tibetan Mysticism*, 101면.
35) Martin Brauen, *The Mandala* (London: Serindia Publications, 1997) 참조.
36) 탄트라 입문에 대한 자세한 설명을 보려면 Tenzin Gyatso, *The Kalachakra Tantra: Rite of Initiation*, trans. and ed. Jeffrey Hopkins (London: Wisdom Publications, 1985) 참조.
37) Chögyam Trungpa Rinpoche, *Visual Dharma: The Buddhist Art of Tibet* (Berkeley, Calif.: Shambhala, 1975), 23면. 그는 다른 곳에서도 분명한 어조로 다음과 같이 설명한다. "탕카는 명상의 도구로 여겨져왔지만 실제로는 그렇지 않다"(18면).
38) Govinda, *Foundations of Tibetan Mysticism*, 64면 n. 1.
39) Blofeld, *Tantric Mysticism of Tibet*, 250면.
40) Pal, *The Art of Tibet*, 39면.
41) Giuseppe Tucci, *The Theory and Practice of the Mandala: With Special Reference to the Modern Psychology of the Subconscious*, trans. Alan Houghton Brodick (New York: Samuel Weiser, 1970), 25면.
42) Ibid., vii면.
43) Marilyn M. Rhie and Robert A. F. Thurman, *Wisdom and Compassion: The Sacred Art of Tibet* (New York: Harry N. Abrams, 1991), 12면. 이 전시회와 도록을 분석한 다른 글로는 Meg McLagan, "Mystical Visions in Manhattan: Deploying Culture in the Year of Tibet" in *Tibetan Culture in Exile: Proceedings of the Seventh Seminar of the IATS, Graz, 1995*, ed. Frank Korom (Vienna, 1997); Malcolm David Eckel, "On the Road to Mandala," B & R (spring 1992): 1~8면이 있다. David Jackson, "Apropos a Recent Tibetan Art Catalogue," *Wiener Zeitschrift für die Kunde Südasiens und Archiv für Indische Philosophie* 37(1993): 109~30면은 이 도록에 실린 티베트 역사와 사회에 대한 잘못된 설명을 역사적 사실에 입각해 비판한다.
44) Rhie and Thurman, 39면.
45) Ibid., 36면.

46) Ibid., 18면.
47) Ibid., 165면.
48) Ibid., 13면.
49) Ibid., 312면. 데이비드 잭슨(David Jackson)은 이 도록에 대한 신랄한 비평에서 이와 같은 묘사에 이의를 제기했다.

> 서면의 설명을 읽다보면 티베트는 더없이 '평온한 곳'이었고 티베트인들도 자신들이 사는 나라를 일종의 축복받은 땅으로 여겨왔다는 인상을 받는다. 그러나 이러한 그림은 불완전한 것이다. 예컨대 자신들이 사냥하고 도살한 동물들을 먹고 살면서 여기에 대한 죄책감 때문에 종교지도자들의 열성적인 후원자가 된 티베트 유목민들은 이 그림의 어느 부분에 들어맞는단 말인가? 또 황량한 지역을 여행하는 라마 순례자들과 상인들을 공포에 몰아넣었던 무자비한 산적 두목들은? 사원을 지키는 난폭한 호위병 승려들(ldob ldob, 돕돕)이 없었다면 티베트 대(大)사원의 일상은 어떻게 되었을까? 이처럼 티베트에는 다른 나라들과 마찬가지로 진정한 종교지도자들 외에도 수상한 탁발승들, 미치광이들, 독실한 신자들을 상대로 장사를 하는 사기꾼들이 매우 많았다. 또 규모가 큰 사원에는 성자 같은 승려부터 차갑고 계산적인 승려까지 별의별 사람들이 다 모여 있었다.

David Jackson, "Apropos a Recent Tibetan Art Catalogue," *Wiener Zeitschrift für die Kunde Südasiens und Archiv für Indische Philosophie* 37(1993): 110면 참조. 그러나 티베트의 특정장소를 현실 속의 만다라로 묘사한 글이나 티베트 내에 감춰진 비밀낙원을 묘사한 글도 많이 있다. 티베트의 특정장소를 만다라로 묘사한 글로는 Toni Huber, "Guidebook to Lapchi," in *Religions of Tibet in Practice*, ed. Donald S. Lopez, Jr. (Princeton, N.J.: Princeton University Press, 1997), 120~34면이 있고, 비밀낙원(sbas yul, 빼율)에 대한 연구로는 Franz-Karl Erhard, "A Hidden Land in the Tibetan-Nepalese Borderlands," in *Maṇḍala and Landscape*, ed. A. W. Macdonald (New Delhi: D. K. Printworld, 1996)가 있다.

50) Rhie and Thurman, 14면.
51) Pratapaditya Pal, *The Art of Tibet* (New York: Asia Society, 1969), 38면. 다른 책에서 이슬이 설명한 내용에 따르면 티베트미술은 "승려들의 주의를 집중시키고 그들의 관심을 현세로부터 명상과 신비의 영역으로 돌리는 실질적 도구 역할을 한다." Jisl, 10면.
52) E. 진 스미스(E. Gene Smith)는 1970년에 다음과 같이 썼다. "예전보다 티베트 문헌을 훨씬 많이 구할 수 있게 되고 안목 있는 사람들이 중요한 대표작들을 살펴볼

기회가 늘면, 현재 서양의 유명한 책들과 박물관 도록을 채우고 있는 몽매와 위선은 자취를 감추게 될 것이다." E. Gene Smith, introduction to *Kongtrul's Encyclopedia of Indo-Tibetan Culture*, ed. Lokesh Chandra, pts. 1-3 (New Dehli: International Academy of Indian Culture, 1970), 52면 참조.

53) 도상측정법의 이론과 실제를 가장 잘 설명한 책으로는 David P. Jackson and Janice A. Jackson, *Tibetan Thangka Painting: Methods and Materials and Materials*, 2d rev. ed. (Ithaca, N.Y.: Snow Lion Publications, 1988), 45~73, 144~48면이 있다. Kathleen Peterson, "Sources of Variation in Tibetan Canons of Iconometry" in *Tibetan Studies in Honour of hugh Richardson*, ed. Michael Aris and Aung San Suu Kyi (Warminster: Aris and Phillips, 1980); Giuseppe Tucci, *Tibetan Painted Scrolls* (Rome: La Libreria dello Stato, 1949), 1: 291~99면 참조.

데이비드 잭슨은 최근 들어 뚜치의 『티베트 탕카』이래로 가장 뛰어난 티베트미술 연구서인 *A History of Tibetan Painting: The Great Tibetan Painters and Their Traditions* (Vienna: Verlag der Österreichischen Akademie der Wissenschaften, 1996)를 펴냈다. 이 책은 서양의 학계가 티베트회화양식을 어떻게 설명해왔는지를 전체적으로 조망하고 평가한다(19~42면). 또 티베트예술가 개개인을 중점적으로 다루고 있는데 잭슨은 이들에 대해 다음과 같이 설명한다. "티베트의 뛰어난 예술가들은 항상 위대한 라마들 및 기부자들로부터 극진한 대접과 후원을 받아왔다. 또 티베트역사를 통틀어 제법 많은 천재 예술가들이 배출되었는데 이들의 개인적 화풍은 후대에 깊은 인상을 남겼고 이들의 이름을 딴 학파가 만들어지기도 했다. 필자는 본 연구를 통해 이 특출한 예술가들과 그들이 만들어낸 전통에 대해 더 많은 사실을 알아내고자 했다."(15면). 잭슨의 책이 티베트회화 연구의 최신 경향을 보여주는 것이라면 지난 수십년간 연구의 관심사가 도상의 주제에서 의미(이 장에서 살펴본 내용)로, 그후 "화풍"과 예술학파로, 마지막으로 예술가 개개인들로 옮겨갔음을 알 수 있다. 이 과정에서 티베트예술가는 주어진 형식을 무조건 따라 베끼는 익명의 승려에서 자신만의 화풍을 지닌 천재로 변모해갔다. 그렇다면 티베트미술 연구는 다른 미술사 연구들과는 정반대로 탈중심화된 주체에서 위대한 예술가로 연구의 초점이 옮겨간 셈이다.

54) Loden Sherap Dagyab, *Tibetan Religious Art* (Wiesbaden: Otto Harrassowitz, 1977), 1: 27~28면 참조.

55) 이와 같은 설명은 Jackson and Jackson, 9~13면에 나온다. 티베트미술이 전통적으로 어떻게 쓰여왔는지를 다룬 글(최근의 쓰임새까지 다룬 폭넓은 연구)로는 Yael Bentor, "Tibetan Tourist Thangkas in the Kathmandu Valley," *Annals of Tourism Research* 20 (1993): 109~12면이 있다. 한편 티베트예술가의 역할에 대한 내용은 Anne

Chayet, *Art et archéologie du Tibet* (Paris: Picard, 1994), 165면부터 나온다. 또다른 중요한 사실은 1959년 이래로 티베트에 남은 이들이나 티베트를 떠난 이들이 계속해서 미술품을 제작해왔다는 점이다. Clare Harris, "Desperately Seeking the Dalai Lama," in *Disrupted Borders: An Intervention of Definitions and Boundaries*, ed. Sunil Gupta (London: Rivers Oram Press, 1993), 105~14면; Per Kvaerne, "The Ideological Import of Tibetan Art," in *Resistance and Reform in Tibet*, ed. Robert Barnett and Shirin Akiner (Bloomington: Indiana University Press, 1993), 166~85면 참조. 현대 티베트미술을 가장 깊이 있게 연구한 책으로는 Clare E. Harris, *Imagining Tibet: Painters of the Post-1959 Period* (London: Reaktion, forthcoming)가 있다.

마코 팰리스의 『설산과 라마』에도 티베트미술의 용도와 관련된 내용이 나온다(그러나 이 초기자료는 지금껏 별다른 주목을 받지 못했다). 팰리스는 라다크에 있는 한 티베트 농가, 부유한 귀족의 집, 승려의 암자, 사원 등의 실내풍경을 자세히 묘사하면서 티베트 미술과 공예 현장에 대한 흥미로운 논의를 들려준다. 그는 이후의 미술사가들처럼 지나친 해석의 오류를 범하지 않는다. 또 거창한 미학용어를 사용하지 않고도 미술품들이 어떻게 관리되었는지, 티베트예술가들이 자신의 작품에 대해 어떻게 이야기했는지를 설명한다. 한편 티베트미술의 독창성에 관한 골치 아픈 문제에 있어서 그는 다음과 같이 이야기한다. "대부분의 예술가들, 그중에서도 특히 화가와 조각가 들은 독창성과 창의성에 대한 이야기를 곧 불경한 자기과시에 대한 이야기로 받아들여 불쾌하게 느낄지도 모른다." Marco Pallis, *Peaks and Lamas*, 3d rev. ed. (London: Woburn Press, 1974), 349면 참조. 그러나 팰리스는 끝내 형이상학의 유혹을 이기지 못하고 다음과 같이 말한다. "그렇다면 예술가는 자신이 불교 교리에 해설을 다는 사람이자 교리에 담긴 순수한 정신과 감각계에 사는 사람들의 지성을 중재해주는 사람이라고 생각할지도 모른다"(352면). 또 이 책에는 티베트 승려가 장문의 가상대화에서 전혀 어울리지 않는 말투로 "상징적 의미"에 대해 이야기하는 내용이 나온다(354~56면).

56) Rhie and Thurman, 37면.

57) Patrul Rimpoche, *Words of My Perfect Teacher*, trans. Padmakara Translation Group (San Francisco: HarperCollins, 1994), 173~41면은 이 이야기가 실린 여러 책들 중 한권이다.

58) Rhie and Thurman, 38면. 안타깝게도 서먼과 리는 이 변형된 이야기가 실린 티베트 원전을 밝히지 않았다.

59) 비교적 짧은 의식 중 하나에 대한 설명은 Yael Bentor, "The Horseback Consecration Ritual," in *Religions of Tibet in Practice*, ed. Donald S. Lopez, Jr. (Princeton, N.J.: Princeton University Press, 1997), 234~54면에 나온다. 한편 불상 안을 채우는 과

정에 대한 설명은 Yael Bentor, "Inside Tibetan Images," *Arts of Asia* 24, no. 3 (1994): 102-9면; "On the Indian Origins of the Tibetan Practice of Depositing Relics and Dhāraṇīs and Stūpa and Images," *Journal of the American Oriental Society* 115, no. 2 (1995) 248~61면에 나온다.

60) 이 과정에 대한 설명은 Yael Bentor, "On the Symbolism of the Mirror in Indo-Tibetan Consecration Rituals," *Journal of Indian Philosophy* 23 (1995): 57~71면; Yael Bentor, *Consecration of Images and Stūpas in Indo-Tibetan Tantric Buddhism* (Leiden: E. J. Brill, 1996); Giuseppe Tucci, *Tibetan Painted Scrolls* (Rome: La Libreria dello Stato, 1949), 1: 308~16면에 나온다.

61) 이 문장은 Yael Bentor, "Literature on Consecration (Rab-gnas)," in *Tibetan Literature: Studies in Genre*, ed. Roger Jackson and José I. Cabezón (Ithaca, N.Y.: Snow Lion Publications, 1996), 294면에 인용되어 있다.

62) 비록 미술사 문헌은 없지만 미술 자체에 관해서는 상당수의 티베트 문헌이 존재한다. 이러한 문헌에 대한 내용은 E. Gene Smith, introduction to *Kongtrul's Encyclopedia of Indo-Tibetan Culture*, ed. Lokesh Chandra, pts. 1-3 (New Delhi: International Academy of Indian Culture, 1970), 42~51면에 나온다. 티베트 문헌을 광범위하게 활용한 최근 연구로는 Anne Chayet, *Art et archéologie du Tibet* (Paris: Picard, 1994); Roberto Vitali, *Early Temples of Central Tibet* (London: Serindia Publications, 1990); Franco Ricca and Erberto Lo Bue, *The Great Stupa of Gyantse: A Complete Tibetan Pantheon of the Fifteenth Century* (London: Serindia, 1983); David Jackson, *A History of Tibetan Painting: The Great Tibetan Painters and Their Traditions* (Vienna: Verlag der Österreichischen Akademie der Wissenschaften, 1996) 등이 있다.

63) P. K. Meaghen, *New Catholic Encyclopedia* (New York: McGraw Hill, 1967), 7: 348면, s.v. "idolatry."

64) *China and France, or Two Treaties* (London, 1676), 111~12면.

65) *Graham Sandberg, Tibet and the Tibetans* (London: Society for Promoting Christian Knowledge, 1906), 195면.

66) Moshe Barasch, *Icon: Studies in the History of an Idea* (New York: New York University Press, 1992), 6~8면 참조. 서양미술의 도상, 성상, 성상파괴주의를 다룬 흥미로운 연구로는 David Freedburg, *The Power of Images: Studies in the History and Theory of Response* (Chicago: University of Chicago Press, 1989)가 있다.

67) Edward Burnett Tylor, *Religion in Primitive Culture* (New York: Harper & Brothers, 1958), 2: 255면. 이 책의 초판은 『원시문화』(*Primitive Culture*)라는 제목으로 출간되었다.

68) Daniel Cozort, *Highest Yoga Tantra* (Ithaca, N.Y.: Snow Lion Publications, 1986), 107~8면에는 석가모니 부처가 이 같은 방법을 통해 성불했다는 겔룩빠의 이야기가 나온다.
69) 안느 샤예가 쓴 글에는 다음과 같은 내용이 나온다. "우리는 가끔씩 티베트인과 티베트인이 아닌 전문가들이 같은 작품을 두고 마치 완전히 다른 분야, 다른 주제의 작품인 것처럼 이야기하는 부조리한 광경을 보게 된다." Anne Chayet, *Art et archéologie du Tibet* (Paris: Picard, 1994), 20면.
70) Ibid.

6장 학문

1) Michel Strickmann, "A Survey of Tibetan Buddhist Studies," *Eastern Buddhist* 10 (1977): 128면.
2) 20세기 유럽에서 발전한 티베트학의 흥미로운 역사는 이번 장에서 다루지 않을 것이다. 이 역사를 살펴보면 유럽(특히 프랑스)의 티베트학자들이 불교가 들어오기 이전의 티베트와 티베트왕조의 몰락에 초점을 맞추게 된 배경이 무엇인지 알 수 있다(이를테면 빠리에는 둔황사본이 있다). 이들의 연구에서 불교는 진정한 티베트문화에 종말을 가져온 외부세력으로 그려진다(뵌교의 역사에서도 불교는 이처럼 묘사된다). 에리크 호르(Erik Haarh)는 『얄룬왕조』(*The Yar-luṅ Dynasty*)에서 다음과 같이 이야기한다.

> 마침내 티베트에서 기반을 다진 불교는 티베트왕조가 몰락하고 얄룬왕국이 붕괴하는 직접적인 원인이 되었다. 이는 티베트인들이 불교의 영향을 받아 평화주의자가 되었기 때문이 아니라, 불교가 티베트인들의 신앙생활과 전통을 파괴하는 요인이 되었기 때문이다. 티베트왕들은 예로부터 내려온 국가적 전통으로부터 독립된 권위─불교는 권위의 근거인 동시에 권위를 제한하는 요소이기도 했다─를 세우기 위해 불교를 신봉했다. 그러나 불교는 마지막 남은 힘을 과시하던 토착전통을 타파함으로써 티베트왕조를 몰락시켰다.

Erik Haarh, *The Yar-luṅ Dynasty: A Study with Particular Regard to the Contribution by Myths and Legends to the History of Ancient Tibet and the Origin and Nature of Its Kings* (Copenhagen: Gad, 1969), 12면 참조.
프랑스 티베트학의 또다른 주안점은 의식이나 순례 같은 '대중적' 수행이다. 이에 반해 북미의 티베트학은 주로 불교의 학문적 수행을 다루었다. 유럽 티베트학의 역사를 살펴보면 뵌교 연구가 왜 북미보다 유럽에서 더 강세를 보였는지도 알 수 있다(오늘날에는 오슬로의 페르 크베르네Per Kvaerne와 빠리의 쌈뗀 깔메를 주축으로 활발한 뵌교 연구가 이루어지고 있다).
3) 인도불교 연구에서 티베트어 지식이 얼마나 중요한지를 설득력 있게 주장한 글을 보려면 David Seyfort Ruegg, *The Study of Indian and Tibetan Thought* (Leiden: E. J. Brill, 1967) 참조.
4) 이 논쟁에 관한 이야기는 Guy Richard Welbon, *The Buddhist Nirvana and Its Western Interpreters* (Chicago: University of Chicago Press, 1968)에 나온다.
5) J. W. de Jong, *A Brief History of Buddhist Studies in Europe and America*, 2d ed., Biblioteca Indo-Buddhica, no. 33 (Delhi: Sri Satguru, 1987), 21면 참조.
6) 초마에 관한 내용과 그의 생애와 업적을 다룬 연구들은 Donald S. Lopez, Jr., *Curators of the Buddha: The Study of Buddhism under Colonialism* (Chicago: University of Chicago Press, 1995), 256~59면에 소개되어 있다.
7) Narendra Nath Bhattacharya, *History of Researches on Indian Buddhism* (New Delhi: Munshiram Manoharlal, 1981), 129~32면.
8) 1977년까지 이루어진 서양의 티베트불교 연구를 개괄적으로 소개한 글로는 Michel Strickmann, "A Survey of Tibetan Buddhist Studies," *Eastern Buddhist* 10 (1977): 128~49면이 있다.
9) 불교학 분야의 과거와 현재의 이론적 틀에 대한 논의와 비평으로는 Luis O. Gómez, "Unspoken Paradigms: Meanderings through the Metaphors of a Field," *Journal of the International Association of Buddhist Studies* 18, no. 2 (winter 1995): 183~230면; José Ignacio Cabezón, "Buddhist Studies as a Discipline and the Role of Theory," *Journal of the International Association of Buddhist Studies* 18, no. 2 (winter 1995); 231~68면이 있다.
10) Clyde A. Holbrook, "Why an Academy of Religion?" *Journal of Bible and Religion* 32 (1964): 97~105면; reprinted in *Journal of the American Academy of Religion* 59, no. 2 (summer 1991): 373~87면. John F. Wilson, "Developing the Study of Religion in American Colleges and Universities," *Journal of General Education* 20, no. 3 (October 1968): 190~208면 참조.
11) Waddell, *Tibetan Buddhism*, xi면.
12) 그러나 휴스턴 스미스가 1968년에 만든 영화『믿음을 위한 진혼곡』(하틀리 영화재단)에서는 티베트불교가 '영원의 철학'에 포함된다. 스미스는 진언과 일본의 불화가 등장하는 현란한 영상을 배경으로 "티베트인들은 진리를 그렸다"고 설명한다. 또 다음과 같은 해설도 나온다. "개별적 자아는 허구다. (…) 우리는 전체 우주

의 한 부분으로서 존재한다. (…) 우리가 자비로워질 수 있는 것은 타인을 위하여 자기를 부정하는 이타주의 때문이 아니라 한 존재가 곧 다른 존재임을 깨닫는 통찰력 덕분이다." 그러나 티베트에 가장 잘 알려진 자비론은 8세기의 인도 학자 샨띠데와(Śāntideva)가 주장한 내용이다. 그는 자비를 행하는 것은 곧 타인을 위해 자기를 부정하는 것이라고 설명했다. 스미스는 계속해서 신(新)베단타 학파의 논조를 유지하면서 "티베트불교의 가장 깊은 사상은 [다른 종교에도] 잘 들어맞는다"라고 이야기한다. 실제로 겔룩빠에서는 짠드라끼르띠(Candrakīrti, 月稱)이 주장한 (그리고 쫑카빠가 수용한) 공(空)을 제대로 이해하지 못하면 깨달음에 이를 수 없다고 본다.

스미스의 영화는 티베트승려들이 배음(倍音) 창법(한 사람이 동시에 두가지 이상의 화음을 공명시키는 창법 — 옮긴이)으로 불경을 읽는 것을 최초로 기록한 영화다. 이러한 창법의 역사(스미스는 "배음이 신비로운 감정을 불러일으킨다"고 설명한다)는 앞으로 더 연구되어야 할 주제다.

13) 13대 달라이 라마는 제한적으로나마 근대화를 꾀했으나 별다른 성공을 거두지 못했다. 그는 1913년에 귀족가문의 자제 네명을 선발해 영국으로 유학을 보냈다. 또 1920년대에는 라싸와 간체 사이에 전신선을 가설했고 영국으로부터 수력발전 장치를 들여왔으며 티베트의 군대를 정비하기 위해 무기를 구입했다. 한편 1924년에는 간체에 영어학교가 설립되었다. 그러나 이 학교는 겔룩빠 사원의 압력으로 1926년에 문을 닫았다(이와 동시에 군대를 재정비하려는 시도도 중단되었다). 1944년에 무선전신 기술자들과 수력전기 기술자들을 훈련시키기 위해 또다른 영어학교가 세워졌지만 반년 후 비슷한 압력을 받아 문을 닫았다. Melvyn C. Goldstein, *A History of Modern Tibet, 1913-1951: The Demise of the Lamaist State* (Berkeley: University of California Press, 1989), 120~38, 158~62, 421~26면 참조.

14) Waddell, *Lhasa and Its Mysteries* (New York: Dover Publications, 1905), 447~48면.

15) 그러나 이러한 상황은 티베트 디아스포라 이후로 티베트불교가 근대화 조류에 뒤늦게 합류하면서 조금씩 변화해갔다. 예를 들어 달라이 라마는 불교와 기독교 또는 불교와 유대교 간의 대화에 적극적으로 참여했다. 비교철학 분야에서는 피터 페너(Peter Fenner)의 1995년 저작인 『실재에 대한 논증』(*Reasoning into Reality: A System-Cybernetics Model and Therapeutic Interpretation of Buddhist Middle Path Analysis*)이 위즈덤 출판사에서 출간되었다. 그러나 다른 분야에서와 마찬가지로 철학 분야에서도 티베트불교와 근대화의 만남에 앞장선 사람은 로버트 서먼이었다. 그는 1984년에 펴낸 『쫑카빠의 선설심수(善說心髓)』(*Tsong Khapa's Speech of Gold in the Essence of True Eloquence: Reason and Enlightenment in the Central Philosophy of Tibet*)에서 비트겐슈타인(Wittgenstein)에 대하여 다음과 같이 썼다. "그러나 그의 중요

한 사상은 이미 인도, 티베트, 몽골, 중국, 일본에 있는 수천여명의 사상가들이 위대한 전통을 이어오면서 고도로 발전시키고 체계적으로 구축해온 것이다. 서구에서 일어난 첫번째 르네상스의 일면은 숨겨진 보물과도 같은 그리스사상을 발굴해 냈다는 것이다. 그렇다면 이제 두번째 르네상스는 이보다 더 위대한 동양사상을 발굴하는데서 시작될지도 모른다." Robert A. F. Thurman, *Tsong Khapa's Speech of Gold in the* Essence of True Eloquence: *Reason and Enlightenment in the Central Philosophy of Tibet* (Princeton, N.J.: Princeton University Press, 1984), 111면 참조. 이 책의 79면에는 다음과 같은 문장도 나온다. "쫑카빠는 비트겐슈타인보다 수세기나 앞서 '표면'(surface)에 대한 예리하고 자유로운 해석을 들려주었다."

여기서 서먼은 비교철학자들의 전형적인 수법을 써서 비트겐슈타인의 사상이 이미 수세기에 걸쳐 동양의 대가들이 이야기해온 내용이라고 주장한다. 또 두 세기 전의 슐레겔(Schlegel)과 한 세기 전의 씰(Seal)처럼 또다른 르네상스가 올 거라 예견한다. 이처럼 서먼은 쫑카빠와 티베트철학이 가장 뛰어난 현대 철학자, 비트겐슈타인의 사상만큼 심오하다는 것을 보여줌으로써 이들에게 정통성을 부여하려 든다. 또 비트겐슈타인이 알았던 것을 티베트인들은 이미 수세기 전에 알았다고 주장함으로써 티베트가 서양을 앞섰음을 암시한다. 그렇다면 그의 주장에는 동양(특히 불교도들)이 항상 보편적 진리를 간직해왔고 서양도 이를 곧 깨우치게 되리라는 가정이 깔려 있다. 즉, 기원과 목적인(目的因)이 둘 다 불교에 있는 것으로 여겨지는 것이다.

다음으로 서먼은 서양의 철학적 담론을 불교 모델에 포함시킨다. "훗날 유럽에서 버클리, 헤겔, 하이데거는 고귀한 미륵보살의 계보를 잇는 대표자로, 또 흄, 칸트, 니체, 비트겐슈타인은 심오한 문수보살의 계보를 잇는 대표자로 여겨질지도 모른다. (…) 이들은 우리가 이 책(선설심수)을 읽기 위해 만든 공덕의 밭 도상(refuge-field icon)에 포함되어야 한다"(21면). 이처럼 서먼의 설명에서 서양철학은 불교에 포섭된다.

서먼의 책에 대한 예리한 비평으로는 Paul Williams, "Tsong Khapa's Speech of Gold," *Bulletin of the School of Oriental and African Studies* 49 (1986): 299~303면이 있다. "비교 철학"에 관한 내용은 Donald S. Lopez, Jr., *Elaborations on Emptiness: Uses of the Heart Sūtra* (Princeton, N.J.: Princeton University Press, 1996), 239~60면에 실려 있다.

16) Edward Conze, *Thirty Years of Buddhist Studies* (London: Bruno Cassirer, 1967), 213면. 명상체험에 대한 미사여구를 설득력 있게 비판한 글로는 Robert H. Sharf, "Buddhist Modernism and the Rhetoric of Meditative Experience," *Numen* 42 (1995): 228~83면이 있다.

17) 게셰 왕걀의 약력은 그의 책 *The Door of Liberation*, rev. ed. (Boston: Wisdom

Publications, 1995)의 신판 서문 xxi~xxvii면에 실려 있다.
18) 가장 대표적인 예로는 자립논증파(Svātantrika)와 귀류논증파(Prāsaṅgika)를 들 수 있다. 인도 문헌에서 중관학파의 분파를 설명해놓은 부분에는 이들의 이름이 나오지 않는다. 추측컨대 이들은 11세기 후반에 티베트에서 만들어진 용어로 보인다. 훗날 티베트학자들은 이 두 분파 사이의 차이점이 무엇인지, 어느 인도학자가 어느 분파에 속하는지, 또 어느 분파가 더 우월한지 등의 문제를 놓고 논쟁을 벌였다.
19) 여기에 관련된 필자의 경험담은 "Foreigner at the Lama's Feet," in *Curators of the Buddha: The Study of Buddhism under Colonialism*, ed. Donald S. Lopez, Jr. (Chicago: University of Chicago Press, 1995), 251~95면에 실려 있다.
20) 라마 고빈다도 에번스-웬츠의 업적을 인정했다. 그는 1955년 판 『티베트 사자의 서』에 다음과 같은 해설을 썼다.

> 옛날에는 (…) "권위있는 해설자 밑에서 오랜 기간 그 경전에 대해 공부하지 않으면 섣불리 경전을 번역하려 들지 않았다. 하물며 그 경전에 담긴 가르침을 믿지도 않으면서 스스로 그것을 번역할 자격이 있다고 여기는 사람은 아무도 없었다."
> 그러나 유감스럽게도 현대에 와서는 이러한 태도가 정반대로 바뀌었다. 학자들은 그들이 해석하는 교리에 대한 믿음이 적을수록 더 유능한 연구자로 여겨진다. 그로 인해 유감스러운 결과가 생기는 것은 불을 보듯 뻔한 일이다. 특히 티베트학 분야에서는 이러한 학자들이 우월감을 갖고 경전을 다룸으로써 자신들이 들인 노력을 물거품으로 만들었다.
> 라마 카지 다와삼둡과 에번스-웬츠 박사는 오래전 로차바(티베트에서는 경전의 번역자를 로차바라 불렀다)들이 번역하던 방식을 최초로 되살려낸 이들이다. 이들은 헌신적이고 겸손한 태도로 번역에 임했고, 여러 세대의 입문자들을 거쳐 마침내 자신들에게 전해진 경전을 신성한 보물로 여겼다. 따라서 경전의 가장 사소한 대목마저도 극도의 존경심을 가지고 다루어야 한다고 생각했다.

Lama Govinda, introductory foreword to Walter Y. Evans-Wentz, *The Tibetan Book of the Dead* (London: Oxford University Press, 1960), lxiii면 참조.
21) 여기서 주목할 만한 사실은 유럽에서 교육을 받은 티베트학자들(데이비드 쎄이포트 루그와 헬무트 호프만Helmut Hoffmann)에게 논문 지도를 받은 워싱턴과 인디애나 대학의 학생들은 버지니아와 위스콘신 대학의 학생들보다 유럽식 모델에 더 가까운 논문을 썼다는 점이다. 한편 써스캐처원 대학의 학생들은 지도교수인 헤르베르트 귄터의 접근방법에 영향을 받았다.

22) 퉁빠 린뽀체는 종종 논란의 대상이 되는 인물이다. 그에 대한 글을 보려면 Peter Marin, "Spiritual Obedience," *Harper's*, February 1979, 43~58면 참조.
23) 최근에 와서 티베트불교를 이처럼 호의적으로 묘사한 책으로는 로버트 서먼이 쓴 『티베트불교의 근본사상』(*Essential Tibetan Buddhism*, San Francisco: HarperSanFrancisco, 1995)과 존 파워스가 쓴 『티베트불교 입문』(*Introduction to Tibetan Buddhism*, Ithaca, N.Y.: Snow Lion Publications, 1995)을 꼽을 수 있다. 그러나 미국의 티베트불교학자들이 펴낸 대부분의 다른 책들처럼 이 두권의 책도 학문주의와 겔룩빠 문헌에 치우쳐 있다(『티베트불교 입문』의 표지사진에서 다섯명의 학승들이 겔룩빠를 상징하는 '노란 모자'를 쓴 것만 봐도 알 수 있다).
서먼의 책은 하퍼쌘프란시스코 출판사의 근본사상 총서(Essential Series) 중 한권이며 이 총서의 다른 책들로는 *The Essential Zen*, *The Essential Tao*, *The Essential Koran*, *The Essential Kabbalah*, *The Essential Jesus*, *The Essential Rumi* 등이 있다. 서먼의 책을 읽다보면 그가 생각하는 근본적인 티베트불교는 겔룩빠의 학문적 불교라는 사실을 알 수 있다. 그의 책에 소개된 32권의 문헌 가운데 13권은 겔룩빠 문헌(그중 6권은 쫑카빠의 저작)이고 12권은 티베트 문헌이 아닌 인도 문헌(반야심경이나 샨띠데와의 저작)이며 오직 7권만이 다른 종파에 속한 티베트 저자가 쓴 것이다(이중에 감뽀빠Gampopa의 글은 4줄, 사첸 궁아 닝뽀의 글은 8줄만 소개되어 있다). 또 각 문헌을 다룬 분량만 봐도 서먼이 겔룩빠에 치우쳐 있다는 사실을 분명하게 알 수 있다. 겔룩빠 문헌은 140면에 걸쳐 다뤄지는 반면(이중에 절반 이상이 쫑카빠의 저작에 대한 내용이다) 다른 종파에 속한 티베트 저자들에 대한 내용은 30면밖에 되지 않는다. 또 인도 문헌(겔룩빠 탄트라 경전에서 특히 중요하게 여겨지는 나가르주나의 『오차제』*Pañcakrama*를 포함하여)을 다룬 내용은 이들 저자들에 대한 내용의 두배나 된다.
한편 파워스의 책에서도 학문주의적 경향이 강하게 나타난다. 전체 분량의 4분의 1은 인도불교 교리에 관한 내용이고 티베트불교의 네가지 '학파'를 다룬 내용에서도 최고 엘리뜨 승려들과 라마들이 쓴 철학적·명상적인 글에 초점이 맞춰져 있다. 심지어 「축제와 성일(聖日)」이라는 제목이 붙은 장에서도 신년을 축하하는 라싸의 묀람 축제나 쿰붐에서 열리는 버터 조각 축제처럼 사원(특히 겔룩빠)이 주도하는 축제가 중점적으로 다루어진다. 한편 대다수의 티베트인들, 승려들, 평신도들의 일상적인 관습은 「티베트 민속신앙의 애니미즘」(432~34면)이라는 제목의 3면짜리 장에서 간단하게 다루어진다(이 장은 주로 뵌교에 대한 내용을 다룬다). 한편 탄트라에 대한 내용이나 죽음의 단계에 대한 내용에서도 여지없이 겔룩빠의 견해가 소개되며 다른 종파의 문헌이나 스승들로부터 인용한 내용은 가끔씩 장식처럼 곁들여져 나온다. 결론적으로 이 두 책에 나오는 티베트역사에 대한 내용은 대부분(그리고 무비판적으로) 전통적인 불교 사료를 참고한 것이다. 또 송짼감뽀(Srong btsan sgam po) 왕에게 네팔인 왕비가 있었다는 이야기나 랑다르마(Glang dar ma) 왕이 불교를 탄압했다는 이야기의 진위가 의문시되고 있다는 점도 언급되지 않는다.
24) Giuseppe Tucci, *To Lhasa and Beyond: Diary of the Expedition to Tibet in the Year 1948* (Ithaca, N.Y.: Snow Lion Publications, 1987), 32~33면.

7장 감옥

1) Alexander Csoma de Kőrös, "Note on the Origin of the Kála-Chakra and Adi-Buddha Systems," *Tibetan Studies* (Budapest: Akadémiai Kiadó, 1984), 21면. 뽀르뚜갈의 예수회 선교사 주앙 까브랄(João Cabral)과 에스떼방 까셀라(Estevão Cacella)는 유럽에서 처음으로 샴발라에 대해 언급한 사람들로 여겨지는데 이들이 1627년에 보낸 편지에서 "셈발라"(Xembala)라는 단어를 볼 수 있다. George N. Roerich, "Studies in the Kālacakra," *Journal of the Urusvati Himalayan Research Institute of the Roerich Museum* 2 (1931): 15~16면; C. Wessels, *Early Jesuit Travellers in Central Asia 1603-1721* (1924; reprint, New Delhi: Asian Educational Services, 1992), 147~48면 참조.
2) 샴발라에 대한 이와 같은 묘사는 John R. Newman, "A Brief History of the Kalachakra," in *The Wheel of Time: Kalachakra in Context*, ed. Geshe Lhundub Sopa, Roger Jackson, and John Newman (Ithaca, N.Y.: Snow Lion Publications, 1991), 51~80면에 나온다.
3) 이 이야기의 전체 내용은 Newman, 59~63면에 나온다. 블라바쯔끼 여사도 이 이야기를 알고 있었던 것으로 보인다. 그녀는 자신의 책 『비밀교리』와 『잔의 시』에 대한 해설을 인용하면서 다음과 같이 말한다. "화이트 섬의 마지막 생존자들(스베타-드위파의 원시인들)은 이미 오래전에 사라졌다. 그들(레무리아인들) 중에 특별히 선택받은 사람들은 신성한 섬(현재 고비 사막에 있는 '전설상의' 샴발라)으로 대피했고, 저주받은 인종들은 주류 인종에게서 떨어져 나와 정글이나 지하(혈거인)에 살았다. 한편 황인종(네번째 인종)은 결국 '죄 많은 흑인종'이 되었다." 이 설명을 정리해보면 소멸된 레무리아와 아틀란티스 인종 가운데 선택을 받아 살아남은 사람들은 샴발라로 피신했고 그곳에서 아리안 인종의 스승이 되었다는 것이다. Blavatsky, *Secret Doctrine* 2: 319면 참조. 샴발라에 대한 티베트인들의 견해는 Edwin Bernbaum, *The Way to Shambhala* (Garden City, N.Y.: Anchor Press, 1980)에 나온다. 한편 샴발라에 대한 서구인들의 견해가 어떻게 변화해왔는지는 앞으로 더 연구되어야 할 주제다. 샴발라는 적어도 블라바쯔끼 여사 이래로 심령술 책에 계속해서 등장해왔다. 특히 니컬러스 로리치가 1928년 「샴발라, 눈부시게 빛나는 곳」

(Shambhala, the Resplendent)이라는 제목의 글을 발표하고 "샴발라 국기"를 홍보한 이래로 '샴발라'라는 용어는 더욱 널리 쓰이게 되었다. Nicholas Roerich, *Shambhala: In Search of the New Era* (Rochester, Vt.: Inner Traditions International, 1990) 참조. 한편 상가락쉬타(D. P. E. 링우드)가 남긴 기록에 따르면 로리치의 아들인 존경받는 티베트학자, 조지 로리치는 항상 승마복을 입고 있었다고 한다. 이는 그의 아버지의 믿음 때문이었던 것으로 보이는데 로리치는 미륵보살이 오는 길을 예비하고자 하는 이들은 히말라야 산맥을 넘어 언제 다시 나타날지 모르는 샴발라의 왕과 그의 군대에 합류할 준비가 되어 있어야 한다고 믿었다. Sangharakshita, *Facing Mount Kanchenjunga* (Glasgow: Windhorse Publications, 1991), 52면 참조. 한편 샴발라에 대한 다양한 설(說)을 모아둔 책으로는 Andrew Tomas, *Shambhala: Oasis of Light* (London: Sphere Books Limited, 1977)가 있다. 샴발라는 스리 도그 나이트(Three Dog Night)가 부른 팝송 제목, 출판사 이름, 재즈 드러머 윌리엄 후커와 기타리스트 서스턴 무어와 엘리엇 샤프가 1993년에 녹음한 앨범 제목(음반사 니팅 팩토리 워크스Knitting Factory Works에서 낸 "샴발라"Shamballa)이기도 하다. 후커는 음반 해설에 다음과 같이 썼다. "샴발라(블라바쯔끼 여사가 쓴 철자(Shamballah)와 거의 흡사한 Shamballa)는 인류의 지도자들 즉 지혜의 스승들에게 바치는 앨범이다."

4) Oscar Wilde, *Complete Works of Oscar Wilde* (New York: Harper & Row, 1989), 983면. 그는 에세이의 끝부분에서(992면) 다음과 같이 말한다. "황혼 무렵의 자연풍경은 실로 많은 것을 연상시킨다. 이 광경이 결코 멋지지 않은 것은 아니다. 그러나 이 광경의 주된 효과는 시인들이 말한 풍경을 실제로 보여주는 데 있다."

5) Ibid., 978면.

6) Ibid., 986면.

7) Ibid., 988면.

8) Heinz Bechert and Richard Gombrich, eds., *The World of Buddhism* (London: Thames and Hudson, 1984), 275~77면 참조. 더 자세한 내용은 Heinz Bechert, *Buddhismus, Staat und Gesellschaft in der Ländern des Theravāda Buddhismus* (Frankfurt: Alfred Metzner Verlag, 1966), 1: 37~108면에 실려 있다. 불교 근대주의자로는 알렉상드라 다비드-넬 같은 유럽의 신자들을 들 수 있다. 그녀는 '불교 근대주의자'라는 용어를 맨 처음으로 썼던 사람일지도 모른다. 그녀에게 불교 근대주의자는 곧 불교 개혁가를 의미했다. Alexandra David, *Le modernisme Bouddhiste et le Bouddhisme du Bouddha* (Paris: Librairie Félix Alcan, 1911), 6면 참조. 이 책의 제목을 알려준 스티븐 콜린스 교수에게 감사한다.

9) Graham Sandberg, *Tibet and Tibetans* (London: Society for Promoting Christian Knowledge, 1906), 195~96면. 쌘드버그는 이 과정에서 유럽인들이 맡았던 역

할을 지나치게 단순화한다. Charles Hallisey, "Roads Taken and Not Taken in the Study of Theravāda Buddhism," in *Curators of the Buddha: The Study of Buddhism under Colonialism*, ed. Donald S. Lopez, Jr. (Chicago: University of Chicago Press, 1995), 31~61면; and Jonathan Spencer, "The Politics of Tolerance: Buddhists and Christians, Truth and Error in Sri Lanka," in *The Pursuit of Certainty: Religious and Cultural Formulations*, ed. Wendy James (London: Routledge, 1995), 195~214면 참조.

10) His Holiness the Dalai Lama, *The Good Heart: A Buddhist Perspective on the Teachings of Jesus* (Boston: Wisdom Publications, 1996), 166면.

11) His Holiness, the Dalai Lama of Tibet, *The Way to Freedom* (San Francisco: HarperSanFrancisco, 1994), 73면.

12) Dalai Lama, *Good Heart*, 3면. 달라이 라마가 참여한 불교와 유대교 간의 대화를 다룬 내용은 Rodger Kamenetz, *The Jew in the Lotus* (San Franciscco: HarperSanFrancisco, 1994)에 나온다.

13) Dalai Lama, *Good Heart*, 41면.

14) 우파야에 대한 자세한 논의는 Donald S. Lopez, Jr., *Buddhism in Practice* (Princeton, N.J.: Princeton University Press, 1995), 27~31면에 실려 있다.

15) Dalai Lama, *Good Heart*, 81~82면.

16) Donald S. Lopez, Jr., "Do Śrāvakas Understand Emptiness?" *Journal of Indian Philosophy* 16 (1988): 65~105면 참조.

17) 이 구절은 Réne de Nebesky-Wojkowitz, *Oracles and Demons of Tibet: The Cult and Iconography of the Tibetan Protective Deities* (The Hague: Mouton & Co., 1956), 137~38면에 번역되어 실린 슉덴수행법(sādhana)에서 인용했다. Stan Royal Mumford, *Himalayan Dialogue: Tibetan Lamas and Gurung Shamans in Nepal* (Madison: University of Wisconsin Press, 1990), 125~31, 261~64면; Geshe Kelsang Gyatso, *Heart Jewel* (London: Tharpa Publications, 1991), 73~101, 137~69면 참조.

18) Nebesky Wojkowitz, 432~39면은 삽화를 곁들여 신이 영매의 몸에 들어가는 의식에 대해 설명한다.

19) 리메 운동에 관한 내용은 E. Gene Smith, introduction to *Kongtrul's Encyclopedia of Indo-Tibetan Culture*, ed. Lokesh Chandra, pts. 1-3면 (New Delhi: International Academy of Indian Culture, 1970), 1~52면; Geoffrey Samuel, *Civilized Shamans: Buddhism in Tibetan Studies* (Washington, D.C.: Smithsonian Institution Press, 1993), 533~43면에 나온다.

20) Samuel, 605면 n. 8.

21) 슉덴 숭배에 대한 찬반양론을 다룬 티베트어 문헌은 Matthew Kapstein, "The

Purificatory Gem and Its Cleaning: A Late Tibetan Polemical Discussion of Apocryphal Texts," *History of Religions* 28, no. 2 (1989): 231면 n. 40에 소개되어 있다.

22) 겔룩빠의 세 수호신(yi dam) 중 하나인 바즈라바이라바(Vajrabhairava)의 묘사 참조. Bulcsu Siklós, *The Vajrabhairava Tantras*, Buddhica Britannica, Series Continua 7 (Tring, England: Institute of Buddhist Studies, 1996), 42~43면.

23) 이 성명서는 http://www.infra.de/eureka/buf/tibet_foerderkreis/dorje_shugden/dolgyal3.html에서 볼 수 있다.

24) 이 성명서는 http://www.infra.de/eureka/buf/tibet_foerderkreis/dorje_shugden/0008.txt에서 볼 수 있다.

25) 1996년 9월 21일자 인터넷 *World Tibet News*의 기사.

26) 1996년 9월 21일자 인터넷 *World Tibet News*의 기사.

27) 중국정부가 이러한 논쟁을 이용할 것이라는 예측은 현실로 나타났다. 1996년 7월 16일의 BBC뉴스 보도에 따르면 뉴델리 소재 중국대사관에 티베트 방문비자를 신청한 세명의 티베트승려는 슈덴을 숭배하느냐는 질문을 받았다고 한다. 이 질문에 그렇다고 대답한 두명의 승려는 비자를 받았고 그렇지 않다고 대답한 승려는 비자를 받지 못했다.
웨이 써(Wei Se)는 중국정부가 발행하는 잡지 『중국의 티베트』(*China's Tibet*) vol. 7, no. 6에 쓴 기사에서 달라이 라마를 "자칭 '종교적 자유'를 믿는 사람"으로 묘사했다. 또 달라이 라마가 "티베트불교의 무고한 수호자"를 "막무가내로 부정"하고 "겔룩빠의 신성한 신을 상대로 실질적인 전쟁을 선포"했다며 그를 조롱했다. 1997년 2월 6일자 *World Tibet News Network*의 기사.

28) 이 선언문은 스노우 라이언 출판사의 정기회보 *Snow Lion* 11, no. 4 (fall 1996): 3면에 실렸다.

29) 게셰 로상 갸초를 죽인 살인범들의 이야기는 *Newsweek*, April 28, 1997, 26~28면에 길게 실려 있다. 이 기사는 달라이 라마의 다음과 같은 발언을 실었다(그는 의심할 여지없이 불교 근대주의자의 입장에서 이야기한다) "부처에게 자신이 하는 일을 더 잘되게 해달라고 기도하는 사람은 아무도 없다. 그러나 그들은 슈덴에게 가서 이런 기도를 한다. 바로 이러한 점에서 슈덴 숭배는 영혼숭배가 되어버렸다."

30) 베네딕트 앤더슨(Benedict Anderson)의 학설에 따라 티베트를 근대민족국가 이론으로 조명한 경우는 매우 드물다. 특히 광범위한 티베트의 역사적 문헌에 기초를 둔 연구는 더욱 찾아보기 어렵다. 이러한 연구의 시초로 불릴 만한 논문과 책으로는 Georges Dreyfus, "Proto-Nationalism in Tibet" in *Tibetan Studies: Proceedings of the Sixth Seminar of the International Association of Tibetan Studies, Fagernes 1992*, ed. Per Kvaerne (Oslo: Institute for Comparative Research in Human Culture, 1994), 205~18면;

Georges Dreyfus, "Law, State, and Political Ideology in Tibet," *Journal of the International Association of Buddhist Studies* 18, no. 1 (summer 1995): 117~38면; Geoffrey Samuel, *Civilized Shamans* (Washington, D.C.: Smithsonian Institution Press, 1993), 134~54면; Warren W. Smith, Jr., *Tibetan Nation: A History of Tibetan Nationalism and Sino-Tibetan Relations* (New York: Westview Press, 1996), 659~93면; the essays in Robert Barnett and Shirin Akiner, eds., *Resistance and Reform in Tibet* (Bloomington: Indiana University Press, 1994) 등이 있다.

31) 민족서사를 구성하는 요소에 대한 내용은 Stuart Hall, David Held, and Tony McGrew, eds., *Modernity and Its Futures* (Cambridge, England: Polity Press, 1992), 293~95면에 나온다.

32) Ernest Renan, "What Is a Nation?" in *Nation and Narration*, ed. Homi Bhabha (London: Routledge, 1990), 11면. 티베트정부(망명 이전과 이후 모두)는 티베트를 불교―티베트어로는 '내부인들의 종교'를 뜻하는 '낭빼최'(nang pa'i chos)라 불린다―수행의 성역으로 그리므로 뵌교 전통에 대한 이야기는 좀처럼 찾아보기 어렵다. 그러나 최근 수십년 동안 티베트를 연구하는 학자들 사이에서 뵌교에 대한 관심이 높아졌다. 데이비드 스넬그로브는 『뵌교의 아홉가지 길』(*Nine Ways of Bon*, 1976)을 펴냈고 티베트학자 쌈뗀 깔메와 빠리에 있는 그의 동료들도 뵌교 연구를 수행했다. 쌈뗀 깔메의 저작은 산악숭배와 같은 지역관습을 강조하고 뵌교를 티베트 고유의 종교로 묘사하면서 티베트에 대한 토착문화주의적 담론을 만들어냈다. 한편 뒤늦게 티베트에 들어온 불교는 보편주의를 내세우며 티베트왕국을 무너뜨리고 민족정체성을 약화시키는 데 기여한 요소로 그려졌다. Samten G. Karmay, "Mountain Cults and National Identity in Tibet," in *Resistance and Reform in Tibet*, ed. Robert Barnett and Shirin Akiner (Bloomington: Indiana University Press, 1994), 112~20면 참조. 이 논문은 티베트인들의 민족정체성에서 난폭한 산신과 링왕국의 게사르 왕이 갖는 중요성에 대해 논하고 있다. 한편 중국이 티베트를 침략하기 전에도 불교학자 겐둔 최펠(dGe 'dun chos 'phel, 1903-1951)과 같은 진보적인 사상가들은 불교가 티베트의 민족정체성을 파괴했다고 보았다. Heather Stoddard, "Tibetan Publications and National Identity," in *Resistance and Reform in Tibet*, ed. Robert Barnett and Shirin Akiner (Bloomington: Indiana University Press, 1994), 129면 참조.

33) Tsering Shakya, "Whither the Tsampa Eaters?" *Himal* (September-October 1993): 9면 참조. "티베트"라는 단어의 다양한 의미를 살핀 역사적 연구로는 Melvyn Goldstein, "Change, Conlict and Continuity among a Community of Nomadic Pastoralists," in *Resistance and Reform in Tibet*, ed. Robert Barnett and Shirin Akiner (Bloomington: Indiana University Press, 1994), 76~90면이 있다. 망명사회에서의

문화의 정치학과 관련된 내용은 Ashild Kolas, "Tibetan Nationalism: The Politics of Religion," *Journal of Peace Research* 33, no. 1 (1996): 51~66면에 나온다.

34) Melvyn Goldstein, *A History of Modern Tibet, 1913-1951* (Berkeley: University of California Press, 1989), 112~20면 참조. 여기서 주목할 만한 점은 심지어 가장 터무니없는 정치적 논쟁마저 불교 교리와 불교용어로 표현된다는 것이다.

35) 조지프 록(Joseph Rock)은 암도의 골록(Golok) 주민이 한 이야기를 인용하면서 티베트인들의 '비폭력성'에 대해 이의를 제기한다.

우리 골록 사람들을 다른 지역사람들과 비교하면 안 되지. 당신네들은 외부인들의 법, 달라이 라마의 법, 중국의 법, 당신네들의 시원찮은 부족장의 법을 따르잖아. 당신네들은 모든 이들을 두려워하지. 그리고 벌을 받지 않으려고 그들을 섬기고, 모든 것들에 두려움을 갖지. 이건 당신들뿐만 아니라 당신들의 아버지들과 할아버지들도 마찬가지였어. 우리 골록 사람들은 애초부터 우리만의 법, 우리만의 신념을 따라왔어. 골록족은 날 때부터 자신들의 자유에 대해 잘 알고 있지. 어머니의 젖을 먹으면서부터는 자신들만의 법을 배우게 되고. 골록족은 절대 변하지 않아. 우리는 어머니의 자궁에서부터 무기 다루는 법을 배우지. 우리 조상들은 전사들이었어. 그들은 용맹스럽고 두려움을 모르는 이들이었지. 그건 그들의 후손인 우리도 마찬가지야. 우리는 외부인들의 충고 따위에는 귀 기울지 않아. 오직 우리의 양심에서 나오는 목소리만 따르고 그것을 가지고 세상에 맞서지. 이것이 우리가 지금처럼 항상 자유로울 수 있었고 그 누구—보그도칸이나 달라이 라마—의 노예도 되지 않은 이유지. 우리 골록족은 티베트에서 가장 힘세고 존경받는 부족이야. 그래서 우리가 중국인들과 티베트인들을 경멸하는 거고.

Joseph Rock, *The Amnye Ma-chhen Range and Adjacent Regions: A Monographic Study*, Serie Orientale Roma 12 (Rome: Instituto Italiano per il Medio ed Estremo Oriente, 1956), 127면 참조.

36) Benedict Anderson, *Imagined Communities*, rev. ed. (London: Verso, 1991), 163~85면 참조.

37) 티베트인들은 인도와 중국에 양모, 모피, 야크 꼬리, 사향 등을 수출했고 네팔과 광범위한 외교 및 무역 관계를 맺었다. 티베트 최초의 국제 무역사절단은 1947년에 꾸려졌다. 이들은 영국과 미국 비자가 찍힌 여권을 갖고 있었으나 중국이 이에 대해 항의하자 영국과 미국은 비자를 실수로 내줬다고 주장했다. 무역사절단에 대한 내용은 Melvyn Goldstein, *A History of Modern Tibet, 1913-1951* (Berkeley: University of California Press, 1989), 570~610면에 나온다.

38) Hall, Held, and McGrew, eds., 2~3면. 성직자계급과 귀족계급의 제휴를 유럽 중세시대의 특징으로 꼽는 사람들도 있다. 기사계급(귀족들)은 성직자들을 보호하고 그들에게 기부금을 내주었다. 한편 성직자들은 이에 대한 답례로 귀족계급의 통치를 정당화했고 독신서약을 함으로써 자신의 혈통을 내세워 왕위를 요구할 수 있는 권리를 정식으로 포기했다. 종종 중세사회로 규정되는 티베트의 상황은 유럽과 비슷하면서도 달랐다. 이들 간의 가장 큰 차이는 활불제도에 있었는데 이 때문에 티베트에서는 독신이어도 얼마든지 군주의 지위에 오를 수 있었다.

39) 이 문장은 Rodger Kamenetz, *The Jew in the Lotus* (San Francisco: HarperSanFrancisco, 1994), 213면에 인용되어 있다.

40) H. H. the Dalai Lama, "The Practice of Buddhism," *Snow Lion Newsletter* (spring 1993).

41) Edward Burnett Tylor, *The Origins of Culture*, chaps. 1-10 (New York: Harper and Brothers, 1958), 1면. 이 책의 초판은 『원시문화』라는 제목으로 출간되었다.

42) Matthew Arnold, *Culture and Anarchy*, ed. Samuel Lipman (New Haven: Yale University Press, 1994), 73면. 문화의 개념이 어떻게 달라져왔는지를 보려면 Raymond Williams, *Culture and Society, 1780-1950* (London: Chatto & Windus, 1958)와 좀더 최근에 나온 Tomoko Masuzawa, "Culture," in *Critical Terms for Religious Studies*, ed. Mark C. Taylor (Chicago: University of Chicago Press, 1998) 참조.
'문화'를 뜻하는 티베트어 단어로는 '릭중'(rig gzhung, 직역하면 '지식-체계'라는 뜻이다), '릭네'(rig gnas, 직역하면 '지식-영역'이라는 뜻이고 '과학'이라는 뜻도 있다), '셰릭'(shes rig, 직역하면 '이해-지식'이라는 뜻이다)이 있다. 티베트어로 "문화대혁명"은 '릭네살제'(rig gnas gsar brje)이고 문자 그대로 풀이하면 '지식-영역-새로운-변화'라는 뜻이다. 이를 알려준 엘리엇 스펄링 교수에게 감사한다.

43) T. P. Atisha, "The Tibetan Approach to Ecology," *Tibetan Review* 26, no. 2 (1991): 9면 참조. 이와 같은 현상을 통찰력 있게 비평한 글로는 Toni Huber, "Traditional Environmental Protectionism in Tibet Reconsidered," *Tibet Journal* 16, no. 2 (autumn 1991): 63~77면; Toni Huber, "Green Tibetans: A Brief Social History," in *Tibetan Culture in Exile: Proceedings of the Seventh Seminar of the IATS, Graz, 1995*, ed. Frank Korom (Vienna, 1997), 103~119면이 있다.
한편 환경에 대한 달라이 라마의 견해는 His Holiness the Fourteenth Dalai Lama, *My Tibet*, with photographs and an introduction by Galen Rowell (Berkeley: University of California Press, 1990)에 실려 있다.

44) Renan, 18~19면.

45) 전세계의 인권과 비폭력에 대한 달라이 라마의 메시지는 티베트에 또다른 영향

을 미쳤다. 겔룩빠 승려들은 1959년 이전까지 티베트 내에서 가장 보수적인 축에 속했고 13대 달라이 라마의 근대화 시도를 좌절시키기도 했다. 그러나 중국이 티베트를 점령한 이후로 라싸 인근의 겔룩빠 승려들은 불교용어로 티베트의 독립을 외치며 반(反)중국 시위를 이끄는 데 앞장섰다. 이 같은 시위 열기가 절정에 달했던 때는 달라이 라마가 미국의회와 유럽의회에서 연설을 한 1987년과 1988년이었다. 불교가 이처럼 저항의 중심점이 된 것은 중국정부가 불교를 억압하고 티베트불교의 화신인 달라이 라마가 어쩔 수 없이 티베트 땅을 떠나야 했기 때문이다. 따라서 언젠가 도래할 그의 귀환은 티베트 내에서 메시아적 의미를 갖게 되었다. 물론 티베트 내에서 일어난 모든 저항이 비폭력적이었던 것은 아니다. 중국정부의 보도에 따르면 이따금씩 폭발물이 터지는 사건이 벌어지기도 했다. 1987년부터 1988년까지 벌어진 티베트 저항운동에 대한 내용은 Ronald D. Schwartz, *Circle of Protest: Political Ritual in the Tibetan Uprising* (New York: Columbia University Press, 1994)에 실려 있다. Elliot Sperling, "The Rhetoric of Dissent," in *Resistance and Reform in Tibet*, ed. Robert Barnett and Shirin Akiner (Bloomington: Indiana University Press, 1994), 267~84면; Jamyang Norbu, "The Tibetan Resistance Movement and the Role of the C.I.A.," 같은 책 참조. 이러한 연구들은 티베트에 있는 사람들이 단순히 중국의 지배를 받기만 하는 수동적인 희생양이 아님을 보여준다. 또 Melvyn Goldstein and Matthew Kapstein, eds., *Buddhism in Contemporary Tibet: Religious Revival and Cultural Identity* (Berkeley: University of California Press, 1998)는 티베트 내의 불교 현황을 보여준다.

한편 티베트 망명사회의 문화를 다룬 최근 연구로는 Frank J. Korom, ed., *Tibetan Culture in the Diaspora* (Vienna: Austrian Academy of Sciences, 1997); and Frank J. Korom, ed., *Constructing Tibetan Culture: Contemporary Perspectives* (World Heritage Press, 1997)가 있다.

46) A. T. Baker, *The Mahatma Letter to A. P. Sinnett from the Mahatmas M. & K. H.*, ed. Christmas Humphreys and Elsie Benjamin (New York: Rider and Company, 1948), 434면.

47) Louis M. Grafe, "Prelude to the Pilgrimage," in *My Life in Tibet*, Edwin John Dingle (Los Angeles: Econith Press, 1939), 10면.

48) Lama Anagarika Govinda, *Foundations of Tibetan Mysticism* (New York: Samuel Weiser, 1969), 13면.

49) Lama Anagarika Govinda, *The Way of White Clouds: A Buddhist Pilgrim in Tibet* (London: Hutchinson, 1966), xi면.

50) Marilyn M. Rhie and Robert A. F. Thurman, *Wisdom and Compassion: The Sacred Art*

of Tibet (New York: Harry N. Abrams, 1991), 8면. 휴스턴 스미스는 1968년에 발표한 영화 『믿음을 위한 진혼곡』(하틀리 영화재단)에서 블라바쯔끼 여사를 연상시키는 해설을 들려준다. "티베트의 전통이 우리가 사는 시대와 인류의 정신사에서 갖는 중요성은 티베트가 우리를 고대문명과 이어주는 마지막 연결고리라는 점에 있다. 이제 이집트와 메소포타미아 문명의 신비의식은 사라졌고 고대 인도와 중국의 문명도 서구화의 물결에 휩쓸려 쇠퇴해버렸다. 그러나 근대화의 물결은 다행히도 티베트를 비껴갔다."

51) 나는 1993년 캘리포니아대학교 쌘타바버라 캠퍼스에서 열린 학회에 가 있던 중 밀봉된 봉투에 든 이 인쇄물을 받게 되었다. 인쇄물의 본문 아래에는 World Service Network, P.O. Box 725, Topanga, California 90290라는 주소가 적혀 있었다. 로버트 서먼은 중국의 티베트 점령에 대한 다양한 '학설'을 소개하면서 이 인쇄물에 담긴 내용과 비슷한 견해를 내놓는다.

가장 흥미롭고도 인상적인 설은 금강역사(Vajrapani)가 마오 쩌둥으로 화(化)해 부처의 법(法)을 가르치는 기관들을 파괴하고 많은 중생들을 죽이는 극악무도한 죄를 저지르기로 결심했다는 설이다. 여기에는 세가지 이유가 있는데 먼저 첫번째는 다른 물질주의자들이 그토록 끔찍한 행위를 저질러 그에 대한 벌을 받지 않도록 하기 위해서고, 두번째는 티베트불교도들이 그들의 종교와 사상에 따르는 과시적인 요소를 떨쳐내어 이 끔찍한 시대에 다시 한번 공평과 자비와 지혜에 대한 가르침을 몸소 실현하는 능력을 갖추게 만들기 위해서고, 세번째는 인류가 지구상의 모든 생명을 보전하기 위해 폭력에서 평화로 획기적인 도약을 해야 할 이때에 인도-티베트 불교의 스승들을 이 세상 곳곳에 보내 전세계 모든 사람들에게(종교가 있든 아니든 간에) 그들의 가르침을 전파하기 위해서다.

Robert A. F. Thurman, *Essential Tibetan Buddhism* (San Francisco: HarperSanFrancisco, 1995), 7~8면 참조. 그러나 달라이 라마는 이러한 견해에 동의하지 않는 것처럼 보인다.

우리의 비극으로 인해 생겨난 일 중에 유일하게 좋은 일이 있다면 티베트불교의 가르침과 수행이 세상에 널리 퍼진 점입니다. 물론 티베트인들이 이루 다 말할 수 없는 고통을 받지 않고도 이렇게 되었더라면 모든 사람들에게 훨씬 더 좋았을 것입니다. 상상해보십시오. 티베트 라마들이 다른 나라의 비자가 찍힌 티베트 여권을 들고 이곳저곳으로 불교의 가르침을 전하러 다니는 모습을! 또 불교를 공부하는 서양 학생들은 티베트의 평화로운 산속에서 신선한 공기를 들이마시고, 사원의 대학에서 열심히 공부하며, 영성이 깃든 고독 속에서 명상을 할 수도 있었을 겁니다. 내가 이러한 이야기를 하는 것은 우리에게 닥친 시련을 불평하려는 의도가 아니라 사람들이 티베트 문제를 일종의 숙명으로 받아들이는 경향이 있기 때문입니다. 그들은 이렇게 말합니다. "어차피 그렇게 됐어야 했어. 그렇지 않았으면 티베트인들은 고립된 상태에서 세상으로 나오지 못했을 거야." 그러나 이렇게 생각하다보면 티베트의 실제 상황을 개선하고 600만명의 티베트인들이 처한 티베트 문제를 해결하는 데 소극적인 태도를 취하게 될지도 모릅니다.

H. H. the Dalai Lama, "The Practice of Buddhism," *Snow Lion Newsletter* (spring 1993) 참조.

52) Warren W. Smit, Jr., *Tibetan Nation: A History of Tibetan Nationalism and Sino-Tibetan Relations* (New York: Westview Press, 1996), 601면 참조.

53) Ibid., 609면에서는 이 제안의 조건을, 610~16면에서는 중국과 티베트 망명사회의 반응을 엿볼 수 있다

54) His Holiness the Fourteenth Dalai Lama, *My Tibet*, with photographs and introduction by Galen Rowell (Berkeley: University of California Press, 1990), 18면.

55) Pierre-Antoine Donnnet, foreword to *Tibet: Survival in Question*, trans. Tica Broch (New Delhi: Oxford University Press, 1994), viii면. 이 서문은 1993년 12월 1일에 쓰였다.

56) David Seyfort Ruegg, *Ordre spirituel et ordre temporal dans la pensée Bouddhique de l'Indie et du Tibet: Quatre conférence au Collège de France* (Paris: Collège de France, 1995).

57) Tenzin Gyatso, *Freedom in Exile: The Autobiography of the Dalai Lama* (New York: HarperCollins, 1990), 204면.

58) 1820년, 한 티베트학자는 샴발라가 유럽에 있다고 주장했다. Turrell V. Wylie, "Dating the Tibetan Geography *'Dzam gling rgyas bshad* through Its Description of the Western Hemisphere," *Central Asiastic Journal* 4 (1958-59): 300~11면; Turrell V. Wylie, "Was Christopher Columbus from Shambhala?" *Bulletin of the Institute of China Border Area Studies* (Taipei) 1 (July 1970): 24~34면. Dan Martin, "Anthropology on the Boundary and the Boundary of Anthropology," *Human Studies* 13 (1990): 119~45면, 특히 127~30면에 실린 통찰력 있는 논의도 참조할 것. 와일리가 번역한 티베트어 본문의 주요구절은 다음과 같다. "메파라짜 또는 칼람파짜[콜룸부스]로 알려진 위대한 학자는 찬란한 샴발라왕국의 찌나바[제노바]라는 도시에서 태어났다. 그는 북쪽 대륙에서 제일 먼저 사캄[싼 쌀바도르]이라는 섬에 도착했다."

찾아보기

ㄱ

가베, 조지프(Joseph Gabet) 63~65, 237, 415
간덴 띠빠(dGa' ldan khri pa) 82
간디, 모한다스(Mohandas Gandhi) 359
감뽀빠(Gampopa) 465
개릿, W. E.(W. E. Garrett) 249
개프니, 패트릭(Patrick Gaffney) 158
건륭제(乾隆帝) 27, 52~54, 90, 410
게사르(Gesar) 49, 470
게셰 로상 갸초(Geshe Losang Gyatso) 377, 469
게셰 룬둡 소파(Geshe Lhundup Sopa) 333, 334, 338, 344
게셰 왕걀(Geshe Wangyal) 91, 318~20, 333, 334, 338, 425, 463
게셰 툽텐 소파(Geshe Thupten Sopa) 342
게티, 앨리스(Alice Getty) 269
겐둔 최펠(dGe 'dun chos 'phel) 470
겔더, 스튜어트(Stuart Gelder) 95, 426
고든, 앤트워넷(Antoinette Gordon) 269
고빈다, 라마 아나가리카(Lama Anagarika Govinda) 29, 103, 118, 123~130, 142, 145, 147, 174, 248~50, 275, 286, 287, 306, 367, 387, 431, 433, 434, 439, 453, 464
곰퍼츠, M. L. A.(M. L. A. Gompertz) 406, 441
구나쁘라바(Guṇaprabha, 德光) 326
굴드 경, 바질(Sir Basil Gould) 245
귀시 칸(Güshi Khan) 33

귄터, 헤르베르트(Herbert Guenther) 312, 341, 464
그레이프, 루이스 M.(Louis M. Grafe) 387
그뤼버, 요한(Johann Grueber) 62, 298
글래드스턴, 윌리엄(William Gladstone) 239
『금강경(金剛經)』 310
기보, 앙드레(André Guibaut) 25, 246
기어, 리처드(Richard Gere) 388, 394
긴스버그, 앨런(Allen Ginsberg) 126
『까란다뷰하 경전』(Kāraṇḍavyūha Sūtra) 257, 260
까말라실라(Kamalaśīla) 331
까베손, 호세(José Cabezón) 338
까브랄, 주앙(João Cabral) 466
까셀라, 에스떼방(Estevão Cacella) 466
『깔라짜끄라 탄트라』(Kālacakra Tantra) 352
깔마 링빠(Karma gling pa) 111, 161
깔마 숨돈 폴(Karma Sumdhon Paul) 428
깔마 곽시(Karma Pakshi, 2대 깔마빠) 51
껠쌍 갸초(Kelsang Gyatso) 371~73, 375, 376

ㄴ

나가르주나(Nāgārjuna, 龍樹) 331, 465
나까무라 하지메(中村元) 427
나로빠(Nāropa) 208
나이트, 윌리엄 헨리(William Henry Knight) 238
내시, 오그던(Ogden Nash) 47

네베스키-보이코비츠, 르네 드(René de Nebesky-Wojkowitz) 208, 209
네충(Nechung) 신탁 366, 368
노엘, 프랜시스(Francis Noel) 420
니야나틸로카 마하테라(Nyānatiloka Mahāthera) 124, 127
니야나포니카 마하테라(Nyānaponika Mahāthera) 125
니체, 프리드리히(Friedrich Nietzsche) 463

ㄷ

다르마 출판사(Dharma Publishing) 340, 341
다르마끼르띠(Dharmakīrti, 法稱) 325
다르마도데(Dar ma mdo sde) 208
다르마팔라, 아나가리카(Anagarika Dharmapala) 358
다비드-넬, 알렉상드라(Alexandra David-Néel) 111, 174, 248, 453, 467
다사, 필란지(Philangi Dasa) 241
다스, 사랏 찬드라(Sarat Chandra Das) 344, 409, 431
다얄, 하르(Har Dayal) 444
다예, 더글러스(Douglas Daye) 312
다윈, 찰스(Charles Darwin) 106, 168, 434
단테, 알리기에리(Alighieri Dante) 87, 153, 253
달라이 라마(Dalai Lama) 11, 20~22, 27~29, 34, 36, 48, 51, 55~58, 65, 70, 86, 90, 92, 109, 118, 135, 157, 165, 174, 177~81, 184, 186, 202, 203,

211, 242, 243, 255, 258, 262, 264, 271, 292, 298, 301, 320, 328, 334, 342, 343, 345, 357, 359~85, 391~97, 399, 401, 404, 407, 414, 415, 417, 419, 446, 448, 462, 468, 469, 471~74
3대 달라이 라마 363, 395, 414
4대 달라이 라마 395
5대 달라이 라마 33, 258, 357, 363, 364, 366, 379
13대 달라이 라마 27, 181, 184, 202, 203, 345, 357, 428, 462, 473
14대 달라이 라마 51, 181, 376, 452
데슝 린뽀체(Deshung Rinpoche) 312
데시 상게 갸초(Sde srid sangs rgyas rgya mtsho) 258, 448
데시데리, 이뽈리또(Ippolito Desideri) 411, 413, 415, 423
델라 뻰나, 오라찌오(Orazio della Penna) 84, 262
도네, 삐에르-앙뚜안(Pierre-Antoine Donnet) 393
도르빌(d'Orville) 298
도르제 슉덴(Rdo rje shugs ldan) 363, 365, 366, 370, 375
도르지예프, 아그반(Agvan Dorzhiev) 318
도모 게셰 린뽀체(Gro mo dge bshes rin po che) 124, 126, 128, 250, 367, 431
도일, 아서 코넌(Arthur Conan Doyle) 103,
돌런, 브룩(Brooke Dolan) 39, 378
둔황사본(Dunhuang manuscripts) 449, 460
뒤르켐, 에밀(Émile Durkheim) 314

드 쎄르또, 미셸(Michel de Certeau) 435
드 쎄베라끄, 주르댕 까딸리니(Jourdain Catalini de Séverac) 61
드레퓌스, 조르주(George Dreyfus) 338
디클리어, 휴버트(Hubert Decleer) 405
딩글, 에드윈 존(Edwin John Dingle) 203, 387
딸탕 뚤꾸(Tarthang Tulku) 340, 341
땅똥곌뽀(Thang stong rgyal po) 448
똘스또이, 레프(Leo Tolstoy) 39, 227, 264
똘스또이, 일리야(Ilya Tolstoy) 39, 378
뚜치, 주세뻬(Giuseppe Tucci) 270, 278, 283, 285, 287, 289, 347, 450, 453, 457
뚤꾸 닥빠 걀첸(Sprul sku Grags pa rgyal mtshan) 363, 364
띠푸빠(Ti phu pa) 208

ㄹ

라덴 라, 싸르다르 바하두르 S. W.(Sardar Bahādur S. W. Laden La) 428
라마 예셰(Lama Yeshe) → 툽텐 예셰
라마나 마하르쉬(Ramana Maharshi) 113
라우퍼, 베르톨트(Berthold Laufer) 409, 410
라우프, 데틀레프 잉고(Detlef Ingo Lauf) 282, 453
라이스 데이비즈, 캐럴라인(Caroline Rhys Davids) 127
라이스 데이비즈, 토머스 W.(Thomas W. Rhys Davids) 75~80, 83, 127

랄루, 마르셀(Marcelle Lalou) 334
람파, 튜즈데이 롭상(Tuesday Lobsang Rampa) 40, 173~90, 192, 194, 195, 200, 201, 204~08, 211~20, 222, 247, 355, 396, 399, 437, 438, 453
랑다르마(Glang dar ma) 466
랑중 도제(Rang byung rdo rje, 3대 깔마빠) 50
랜든, 퍼시벌(Perceval Landon) 426
랭커스터, 루이스(Lewis Lancaster) 312
레그, 제임스(James Legge) 228, 424
레뮈자, 장 삐에르 아벨(Jean Pierre Abel Rémusat) 58
레싱, 페르디난트(Ferdinand Lessing) 311, 410
레인하르트, 쑤지 카슨(Susie Carson Rijnhart) 23, 72
로리치, 조지(George Roerich) 269, 467
로마, 스튜어트(Stuart Roma) 95
로머, 쌕스(Sax Rohmer) 87
로빈슨, 리처드(Richard Robinson) 312, 316, 318, 320, 333
로슨, 필립(Philip Rawson) 34, 352
록, 조지프(Joseph Rock) 471
록힐, 윌리엄 우드빌(William Woodville Rockhill) 311
롭상 밍귤 도르제(Lobzang Mingyur Dorje) 428
루그, 데이비드 쎄이포트(David Seyfort Ruegg) 312, 464
루쏘, 장-자끄(Jean-Jacques Rousseau) 58
루터, 마르틴(Martin Luther) 88
르낭, 에르네스트(Ernest Renan) 274, 379, 384, 452
리 고타미(Li Gotami) 125, 126
리, 메릴린(Marilyn Rhie) 255, 288, 289, 291
리, 셔먼(Sherman Lee) 93, 267, 269, 450
리시카, 데니스(Dennis Lishka) 312
리어리, 티모시(Timothy Leary) 101, 144, 146, 149, 151~55, 159, 164, 165, 169
리처드슨, 휴(Hugh Richardson) 190, 191, 193, 194, 203, 213, 215, 216, 436, 437
「리틀 부다」(The Little Buddha) 212, 395
린트너, 크리스티안(Christian Lindtner) 341
링 린뽀체(Ling Rinpoche) 367
링컨, 브루스(Bruce Lincoln) 440

▫

『마니차의 은덕』(Maṇi 'khor lo'i phan yon) 257
마라이니, 포스꼬(Fosco Maraini) 278, 285
마르빠(Mar pa) 208
마오 쩌둥(毛澤東) 11, 29, 211
마이클, 프란츠(Franz Michael) 403
마틴, 댄(Dan Martin) 258
마하라자(Maharaja) 남학교 111
맥도널드, 데이비드(David Macdonald) 245
메츠너, 랠프(Ralph Metzner) 101, 144,

149, 151~55, 169
모니어-윌리엄스 경, 모니어(Sir Monier Monier-Williams) 73, 76, 85, 229, 241, 242, 256, 421
『묘법연화경(妙法蓮華經)』 221, 309, 310
무디, 레이먼드(Raymond Moody) 157
무어크로프트, 윌리엄(William Moorcroft) 58, 412, 413
뮐러, F. 막스(F. Max Müller) 47, 73, 310, 414
미드, G. R. S.(G. R. S. Mead) 119
밀라레빠(Milarepa) 157, 208, 291

ㅂ

바그너, 리하르트(Richard Wagner) 310
바꼬, 자끄(Jacques Bacot) 450
바따유, 조르주(George Bataille) 33, 404
바라띠, 아게하난다(Agehananda Bharati) 204, 214
『바르도 퇴돌』(Bar do thos grol) 100, 101, 104, 119~23, 129~44, 146, 149, 154, 155, 166, 169, 434
바바 람 다스(Baba Ram Dass) → 리처드, 앨퍼트
『바보와 현자 경』(Sutra on the Wise Man and the Fool) 310
바이어, 슈테판(Stephan Beyer) 312
『반야심경(般若心經)』 109, 310
『방광대장엄경(方廣大莊嚴經)』 311, 341
버스웰, 로버트(Robert Buswell) 338
버지스, 클리퍼드(Clifford Burgess) 195
번팅, 매들린(Madeline Bunting) 372

베르똘루치, 베르나르도(Bernardo Bertolucci) 212, 395
베버, 막스(Max Weber) 212, 213, 314
베이커, 더글러스(Douglas Baker) 252
베일리, 앨리스(Alice Bailey) 108
베전트, 애니(Annie Besant) 109, 110
베헤르트, 하인츠(Heinz Bechert) 357
보르헤스, 호르헤 루이스(Jorge Luis Borges) 99
부뙨(Bu ston) 423
부르디외, 삐에르(Pierre Bourdieu) 213, 215
부버, 마르틴(Martin Buber) 128, 253
불, 제프리 T.(Geoffrey T. Bull) 247
뷔르누프, 외젠(Eugène Burnouf) 309, 310
브라운, 앤드루(Andrew Brown) 376
브래디, S. E.(S. E. Brady) 243
블라바쯔끼, 헬레나 뻬뜨로브나(Helena Petrovna Blavatsky) 82, 105~10, 113~16, 119, 135, 136, 143, 158, 168, 169, 204, 238, 240, 253, 386, 389, 429~31, 433, 466, 467, 474
블로펠드, 존(John Blofeld) 250, 287
비베카난다, 스와미(Swami Vivekananda) 248
비트겐슈타인, 루트비히(Ludwig Wittgenstein) 462, 463
비트포겔, 칼(Karl Wittfogel) 402
빠두, 앙드레(André Padoux) 257
빠드마 짤락(Padma Tsalag) 141
빠드마삼바바(Padmasambhava) 100, 130, 157, 161, 209, 210, 291, 335, 377, 379, 426

뽈로, 마르꼬(Marco Polo) 52, 55, 61
뻬까르, 베르나르(Bernard Picart) 54, 55, 57, 59, 65, 69

ㅅ

사도 바울(Saint Paul) 88
사첸 궁아 닝뽀(Sachen Gunga Nyingpo) 465
사탸난다, 스와미(Swami Satyananda) 110, 113
상가락쉬타(Sangharakshita) 467
샐머내저, 조지(George Psalmanazar) 440
샤꾸 소오엔(釋宗演) 358
샤예, 안느(Anne Chayet) 303, 460
샨띠데와(Śāntideva) 462, 465
샴발라(Shambhala) 290, 351~53, 386, 397, 466, 467, 475
샴발라 출판사(Shambhala Publications) 154, 339, 340
서먼, 로버트(Robert Thurman) 101, 137, 161~69, 255, 288, 289~91, 295, 319, 320, 334, 338
셍첸 뚤꾸(Sengchen Tulku) 430, 431
셍첸 로상 뗀진 뺀졸(Seng chen Blo bzang bstan 'dzin dpal 'byor) 430
셰랍 갸초(Sherab Gyatso) 428, 431, 432
셰랍, 폴(Paul Sherap) 245
소걀 린뽀체(Sogyal Rinpoche) 101, 156~59, 165, 166, 169
소로우, 헨리 데이비드(Henry David Thoreau) 310
쇼트, W.(W. Schott) 236

쇼펜하우어, 아르투어(Arthur Schopenhauer) 355
순교자 유스틴(Justin Martyr) 66
슈미트, 이자크 야코브(Isaac Jacob Schmidt) 44, 60, 61, 79, 80, 310, 411, 422
슈타인, R. A.(R. A. Stein) 205, 334
슈트룽크, J.(J. Strunk) 87
슈트릭만, 미셸(Michel Strickmann) 307
슐라긴트바이트, 에밀(Emil Schlagintweit) 226, 237, 414, 441,
슐레겔, 프리드리히 폰(Friedrich von Schlegel) 463
스나이더, 개리(Gary Snyder) 126
스넬그로브, 데이비드(David Snellgrove) 191, 193, 259, 312, 334, 436, 449, 470
스노우 라이언 출판사(Snow Lion Publications) 342~44
스미스, E. 진(E. Gene Smith) 322, 456
스미스, 휴스턴(Huston Smith) 284, 474
스베덴보리, 엠마누엘(Emmanuel Swedenborg) 122
스즈끼, D. T.(D. T. Suzuki) 109, 128
「스타워즈: 제다이의 귀환」(The Return of the Jedi) 21
스토리, 프랜시스(Francis Story) 434
스티븐슨, 이언(Ian Stevenson) 157
「식은 죽 먹기」(Duck Soup) 385
신지학협회(The Theosophical Society) 105, 106, 108~11, 113, 115, 127, 135, 358
쌈뗀 깔메(Samten Karmay) 409, 461, 470
쌘드버그, 그레이엄(Graham Sandberg)

298, 358, 467
쏭 린뽀체(Song Rinpoche) 367
쏭짼감뽀(Srong btsan sgam po) 379, 466
씨걸, 스티븐(Steven Seagal) 396
씨넷, A. P.(A. P. Sinnett) 106, 108, 113, 386
씨어크스마, F.(F. Sierksma) 279, 280, 285, 453
씸슨, 윌리엄(William Simpson) 242
「씸슨 가족」(The Simpsons) 20

ㅇ

아놀드, 매슈(Matthew Arnold) 383
아놀드, 에드윈(Edwin Arnold) 72, 239
아띠샤(Atiśa) 372
아르또, 앙또냉(Antonin Artaud) 21
아슈바고샤(Aśvaghoṣa) 310
아시아 하우스 갤러리(Asia House Gallery) 271, 274
안드라데, 안또니우 드(António de Andrade) 62, 231, 232
알탄 칸(Altan Khan) 395
애런슨, 하비(Harvey Aronson) 312
애벌론, 아서(Arthur Avalon) → 우드로프 경, 존
애스틀리, 토머스(Thomas Astley) 69, 71, 76, 234
앤더슨, 월트(Walt Anderson) 445
앨퍼트, 리처드(Richard Alpert) 101, 144, 146, 149, 151~55, 169
어네커, 스테판(Stefan Anacker) 312
에드거, J. 휴스턴(J. Huston Edgar) 242

에드워즈, 앨런(Allen Edwardes) 247
에르제(Hergé) 405
에번스-웬츠, 월터 Y.(Walter Y. Evans-Wentz) 101~5, 110~13, 116~19, 121, 126, 128~30, 132~37, 139~44, 146, 147, 149, 151, 152, 154, 158, 159, 161, 164, 169, 207, 248, 285, 333, 339, 389, 428, 431~34, 436, 453, 464
「에이스 벤추라 2」(Ace Ventura: When Nature Calls) 19
에크볼, 로버트(Robert Ekvall) 249
에프라, 볼프강 폰(Wolfgang von Effra) 255
엘리아데, 미르체아(Mircea Eliade) 109
「여섯 음절로 된 문자(진언)에 대한 간단한 해설」(Yi ge drug ma'i 'bru 'grel mdor sdus) 262
영, 스티븐(Steven Young) 312
영허즈번드, 프랜시스(Francis Younghusband) 75, 82, 175, 242, 378, 428
예까쩨리나 2세(Ekaterina II) 58
예수(Jesus) 88, 106, 134, 150, 167, 216, 361, 363, 415~17, 428, 429, 452, 466
예슈케, H. A.(H. A. Jäschke) 239, 240, 344
예이츠, 윌리엄 버틀러(William Butler Yeats) 110
오스틴, 앨프리드(Alfred Austin) 239
올콧, 헨리 스틸(Henry Steele Olcott) 105, 358, 431
와수반두(Vasubandhu, 世親) 326

와일드, 오스카(Oscar Wilde) 172, 210, 354~56, 386, 395
와일리, 터렐 V.(Turrell V. Wylie) 409, 475
와츠, 앨런(Alan Watts) 128
요가난다, 스와미(Swami Yogananda) 113, 253
우겐 갸초(Ugyen Gatso) 431
우드로프 경, 존(Sir John Woodroffe) 102, 130, 248
『우르가 원고』(The Urga Manuscript) 429
울슬리, 가닛(Garnet Wolseley) 229, 284, 441
울프, 조지프(Joseph Wolff) 237, 422
워델, L. 오스틴(L. Austine Waddell) 44, 78~83, 86~88, 92, 242, 315, 412, 422, 423, 426
워버그, 프레드릭(Fredric Warbrug) 191, 199
워시번, 고든 B.(Gordon B. Washburn) 271~73
워싱턴 국립미술관(Washington D. C. National Gallery of Art) 45
워즈워스, 윌리엄(William Wordsworth) 157, 210
월드 써비스 네트워크(World Service Network) 390
월터스, 도널드(Donald Walters) 253
웨이 써(Wei Se) 469
웨이먼, 알렉스(Alex Wayman) 311
웨이틀리, 리처드(Richard Whately) 74
위그, 에바리스트-레지스(Evariste-Régis Huc) 63~65, 237, 414, 415
위즈덤 출판사(Wisdom Publications) 341, 342, 344
윈트, 가이(Guy Wint) 437
윌리엄, 루브룩(William of Rubruk) 231, 413, 414, 416
윌슨, 호레이스 헤이먼(Horace Hayman Wilson) 412
유케츠와, 스리(Sri Yuketswar) 113
융, C. G.(C. G. Jung) 103, 118, 123, 129, 147, 287, 314, 418, 433
이슬, 루미르(Lumír Jisl) 266, 273, 456
『잃어버린 지평선』(Lost Horizon) 5, 7, 26, 28, 387, 400

ㅈ

자끄몽, 빅또르(Victor Jacquemont) 59, 235
잠양셰빠('Jam dbyang bzhad pa) 330, 331
장춥 걜첸(Byang chub rgyal mtshan) 379
잭슨, 데이비드(David Jackson) 456, 457
제임스, 윌리엄(William James) 110, 314, 434
조르지, 안또니오 아고스띠노(Antonio Agostino Giorgi) 262
짠드라끼르띠(Candrakīrti, 月稱) 325, 331, 462
쩨링 샤캬(Tsering Shakya) 404, 405
쫑카빠(Tsong Kha Pa) 24, 63, 64, 107, 109, 161, 165~67, 280, 290, 291, 320, 326, 331, 333, 366, 372, 415, 462, 463, 465

ㅊ

초마 데 쾨뢰시, 알렉산더(Alexander Csoma de Kőrös) 59, 311, 351, 352
최감 퉁빠(Chögyam Trungpa) 101, 154, 286, 340
철띰 껠쌍 캉깔(Tsultrim Kelsang Khangkar) 425
침머, 하인리히(Heinrich Zimmer) 128, 285

ㅋ

카와구찌 에까이(河口慧海) 9, 432
카이얌, 오마르(Omar Khayyám) 99
카지 다와삼둡(Kazi Dawa-Samdup) 102, 103, 111~13, 117, 128, 130~33, 136, 137, 158, 164
칸트, 임마누엘(Immanuel Kant) 411, 463
칼라일, 토머스(Thomas Carlyle) 228
『캐디색』(Caddyshack) 401
캐리, 윌리엄(William Carey) 243
캐미네츠, 로저(Rodger Kamenetz) 255
캐프라, 프랭크(Frank Capra) 5, 31
캐프라, 프리초프(Fritjof Capra) 340
캠벨 경, 조지(Sir George Campbell) 430
캠벨, 준(June Campbell) 263
케이브, 씨드니(Sydney Cave) 420
케춘 상뽀(Khetsun Sangpo) 321
코노브, 스텐(Sten Konow) 260
콘즈, 에드워드(Edward Conze) 109, 317
콜레스, 로저(Roger Corless) 312

콤, G. A.(G. A. Combe) 245
쾨펜, 카를 프리드리히(Carl Friedrich Köppen) 230, 237, 239, 240, 260, 412, 423
쿠빌라이 칸(Khubilai khan) 52
쿡, 그레이스(Grace Cooke) 252
쿡, 프랜시스(Francis Cook) 312
쿨, 즈왈(Djwaul Khul) 108
퀴블러로스, 엘리자베스(Elisabeth Kübler-Ross) 157
크랜스턴, 실비아(Sylvia Cranston) 430, 431
크리슈나무르티(Krishnamurti) 109
크리야난다, 스와미(Swami Kriyananda) → 월터스, 도널드
클라인, 앤(Anne Klein) 330
클라크, 월터 E.(Walter E. Clark) 269
클라크, 제임스 프리먼(James Freeman Clarke) 73
클라프로트, 하인리히 율리우스 폰(Heinrich Julius von Klaproth) 236
키르케고르, 쇠렌(Søren Kierkegaard) 314
키르허, 아타나시우스(Athanasius Kircher) 56, 65, 232~34, 416
키플링, 러디어드(Rudyard Kipling) 81, 423, 430
킹, 마틴 루서(Martin Luther King) 359

ㅌ

타고르, 라빈드라나스(Rabindranath Tagore) 125, 253
타일러 E. B.(E. B. Tylor) 299, 313, 382,

434

태허(太虛) 358

테니슨, 앨프리드(Alfred Tennyson) 239

토머스, F. W.(F. W. Thomas) 244, 260, 444, 449

툽텐 예셰(Thupten Yeshe) 342

트러슬러, 존(John Trusler) 58, 411, 412

『티베트 문자』(Alphabetum Tibetanum) 236, 262

티쏭데짼(Khri srong lde btsan) 290, 335

티장 린뽀체(Khri byang rin po che) 262, 367, 450

팅글리, 캐서린(Katherine Tingley) 110

팅커, 매리 애그니스(Mary Agnes Tincker) 241

ㅍ

파봉카빠(Pha bong kha pa) 367, 368

파워스, 존(John Powers) 446, 452, 465

판첸 라마(Panchen Lama) 82, 380, 394, 395, 429, 430, 433
  1대 판첸 라마 363
  6대 판첸 라마 431
    로상 최기 걀첸(Blo bzang chos kyi rgyal mtshan) 363
    테슈 라마(Teshu Lama) 24, 108, 430

판첸 소남 닥빠(Pan chen Bsod nams grags pa) 363

팔, 프라타파디트야(Pratapaditya Pal) 93, 274, 276, 278, 279, 281, 284, 287, 292, 409, 414, 453,

팔라스, 페터 지몬(Peter Simon Pallas) 58, 234, 411, 415, 419

팰리스, 마코(Marco Pallis) 32, 191, 193, 195, 246, 257, 319, 458

페어하겐, 피터(Pieter Verhagen) 259, 448

페티트, 라티(Rati Petit) → 리 고타미(Li Gotami)

포이어바흐, 루트비히(Ludwig Feuerbach) 314

폴, 로버트(Robert Paul) 254

푸꼬, 필립 에두아르(Philippe Édouard Foucaux) 310, 341

프랑케, A. H.(A. H. Francke) 244, 410, 444

프레맨틀, 프란체스카(Francesca Fremantle) 101, 154, 161, 168

프레비시, 찰스(Charles Prebish) 312

프레스터 존(Prester-John) 56, 57, 65, 415, 419

프레이레, 에마노엘(Emanoel Freyre) 413

프레이저, 제임스(James Frazer) 49, 77, 78, 313

프로이트, 지그문트(Sigmund Freud) 118, 120, 121, 222, 314

프리먼, 로런스(Laurence Freeman) 360

플라톤(Platon) 119, 134, 137, 143

피츠제럴드, 에드워드(Edward FitzGerald) 99, 100

ㅎ

하러, 하인리히(Heinrich Harrer) 125, 191, 193

하비, 앤드루(Andrew Harvey) 158

하이데거, 마르틴(Martin Heidegger) 463
한 쑤인(Han Suyin) 426
헉슬리, T. H.(T. H. Huxley) 434
헉슬리, 올더스(Aldous Huxley) 147
험프리스, 크리스마스(Christmas Humphreys) 25, 109, 247, 402
헤겔, G. W. F.(G. W. F. Hegel) 29, 58, 59, 463
헤딘, 스벤(Sven Hedin) 412
헤로도토스(Herodotus) 141
헬름스, 제시(Jesse Helms) 22

호스킨, 시릴 헨리(Cyril Henry Hoskin) → 람파, 튜즈데이 롭상(Tuesday Lobsang Rampa)
호지슨, 브라이언 H.(Brian H. Hodgson) 235, 244, 248, 309, 443
호프만, 에른스트 로타(Ernst Lothar Hoffmann) → 고빈다, 라마 아나가리카
호프만, 헬무트(Helmut Hoffmann) 417, 464
흄, 데이비드(Hume, David) 463
힐턴, 제임스(James Hilton) 5, 26, 28, 352, 387, 397, 400, 405

도널드 S. 로페즈 주니어(Donald S. Lopez, Jr.)
1952년 워싱턴 D.C.에서 태어났으며 버지니아대학교에서 종교학 및 불교학으로 박사학위를 받았다. 현재 미시간대학교 석좌교수로 재직 중이며 미국예술과학아카데미 회원이다. 한중일을 비롯해 인도, 티베트 등 아시아의 종교에 특별한 관심을 기울이는 저자는 미국의 티베트학과 불교학의 위상을 높인 석학으로 손꼽힌다. 대표작인 『샹그릴라의 포로들』은 티베트학의 필독서이자 티베트에 대한 환상을 깨는 문제적 저작으로 인정받고 있다.

정희은
연세대학교 영어영문학과를 졸업하고 미시간대학교에서 문화인류학으로 석사학위를 받았다. 대학원 시절 티베트문화의 정치학에 가졌던 관심을 계기로 『샹그릴라의 포로들』을 번역하게 됐다. 옮긴 책으로 『모터사이클 필로소피』 『가진 자, 가지지 못한 자』 등이 있다.

샹그릴라의 포로들
우리가 티베트라고 믿었던 것들의 진실

초판 1쇄 발행 / 2013년 3월 5일

지은이 / 도널드 S. 로페즈 주니어
옮긴이 / 정희은
펴낸이 / 강일우
책임편집 / 윤동희
펴낸곳 / (주)창비
등록 / 1986년 8월 5일 제85호
주소 / 413-120 경기도 파주시 회동길 184
전화 / 031-955-3333
팩시밀리 / 영업 031-955-3399 편집 031-955-3400
홈페이지 / www.changbi.com
전자우편 / human@changbi.com

한국어판 ⓒ (주)창비 2013
ISBN 978-89-364-8263-3 93910

* 이 책 내용의 전부 또는 일부를 재사용하려면
  반드시 저작권자와 창비 양측의 동의를 받아야 합니다.
* 책값은 뒤표지에 표시되어 있습니다.